中华经典名著

全本全注全译丛书

杨天才◎译注

周易

中華書局

图书在版编目(CIP)数据

周易/杨天才译注. —2 版. —北京:中华书局,2022.2
(2025.2重印)
(中华经典名著全本全注全译丛书)
ISBN 978-7-101-15641-6

Ⅰ.周… Ⅱ.杨… Ⅲ.①《周易》-译文②《周易》-注释
Ⅳ.B221.2

中国版本图书馆CIP数据核字(2022)第022351号

书　　名　周　易
译 注 者　杨天才
丛 书 名　中华经典名著全本全注全译丛书
责任编辑　周　旻
装帧设计　毛　淳
责任印制　陈丽娜
出版发行　中华书局
(北京市丰台区太平桥西里38号　100073)
http://www.zhbc.com.cn
E-mail:zhbc@zhbc.com.cn
印　　刷　北京中科印刷有限公司
版　　次　2011年3月第1版
2022年2月第2版
2025年2月第27次印刷
规　　格　开本/880×1230毫米　1/32
印张22⅜　字数400千字
印　　数　670001-720000册
国际书号　ISBN 978-7-101-15641-6
定　　价　49.00元

目　录

前言 …………………………………………………… 1

周易上经 ……………………………………………… 1

乾 …………………………………………………… 1
坤 …………………………………………………… 25
屯 …………………………………………………… 44
蒙 …………………………………………………… 53
需 …………………………………………………… 62
讼 …………………………………………………… 71
师 …………………………………………………… 80
比 …………………………………………………… 89
小畜 ………………………………………………… 97
履 …………………………………………………… 106
泰 …………………………………………………… 115
否 …………………………………………………… 125
同人 ………………………………………………… 133
大有 ………………………………………………… 141
谦 …………………………………………………… 148
豫 …………………………………………………… 156
随 …………………………………………………… 165

蛊 …… 173
临 …… 181
观 …… 189
噬嗑 …… 198
贲 …… 206
剥 …… 215
复 …… 224
无妄 …… 232
大畜 …… 241
颐 …… 249
大过 …… 256
坎 …… 265
离 …… 273
周易下经 …… 281
咸 …… 281
恒 …… 290
遁 …… 298
大壮 …… 306
晋 …… 314
明夷 …… 322
家人 …… 330
睽 …… 338
蹇 …… 347
解 …… 355
损 …… 363
益 …… 371
夬 …… 379

姤 …… 387
萃 …… 395
升 …… 403
困 …… 411
井 …… 420
革 …… 428
鼎 …… 436
震 …… 444
艮 …… 453
渐 …… 460
归妹 …… 469
丰 …… 477
旅 …… 485
巽 …… 493
兑 …… 501
涣 …… 509
节 …… 516
中孚 …… 524
小过 …… 532
既济 …… 542
未济 …… 551
周易系辞上 …… 560
周易系辞下 …… 604
周易说卦 …… 646
周易序卦 …… 670
周易杂卦 …… 681

前言

一　关于《周易》的一些基本问题

《周易》本来是殷末周初人们用来占卜算卦的方法，起初，它并不是一本书，也没有我们今天所看到的卦爻辞，更没有《彖传》、《系辞》、《象传》、《文言》、《说卦》等被后代易学家称为《易传》或“十翼”的部分，只是蕴涵数理逻辑的卦画而已。后来，经过长期的演绎，这些卦画与事物产生了一定的对应规律性后，人们就逐渐在每个卦画下系属了一些简约的卦辞。再后来，《易》“变则通，通则久”，于是，又在六十四卦的各爻之下系属了爻辞。至此，《易》就有了卦画、卦辞和爻辞，形成了汉代易学家称之为《易经》的部分。到了汉代，又将《易传》并入，就成了我们现在看到的《周易》的样子。

《易经》的创作过程大致经历了三个阶段：阴阳概念的产生，八卦创立，重卦并撰成卦爻辞。

无论是八卦还是六十四卦都是由阴阳两爻组合而成的。在古人心目中，天地、男女、昼夜、炎凉、上下、胜负……几乎生活环境中的一切现象都体现着普遍的、相互对立的矛盾。根据这种直感的、朴素的观察，前人把宇宙间变化万端、纷繁复杂的事物分为阴、阳两大类，用阴、阳两种符号表示：阴物为--，阳物为—，象征着广泛的相互对立的种种事物、现象。

在此基础上，古人以阴、阳符号为“爻”，每三爻叠成一卦，出现了“八卦”。八卦各有不同的名称、形式，分别是乾(☰)、坤(☷)、震(☳)、巽(☴)、坎(☵)、离(☲)、艮(☶)、兑(☱)。八卦的取象，已经从阴阳二爻对事物的广泛象征发展到对自然界八种基本物质的具体象征，这八种基本物质是：天、地、雷、风、水、火、山、泽。在后来的易理演绎和易筮运用的过程中，八卦的卦象又不断扩展增益，可以分别象征八种类型的诸多物象。

此后八卦两两相重，出现了六十四卦，并产生了解说这些卦形所寓哲理的卦爻辞。卦爻辞的出现有两大意义：其一是使《周易》成为卦形符号与语言文字有机结合的一部特殊的哲学著作；其二是使易象从隐晦的符号暗示发展为用文字表述的带有一定文学性的形象。卦爻辞的表现形式是“假象喻意”，即拟取人们生活中习见常闻的物象，通过文字的具体表述，使卦形、爻形内涵的象征旨趣更为鲜明生动，而每卦的卦辞与六则爻辞在相互联系中披露了该卦所蕴涵的事物运动、变化、发展的哲理；六十四卦相承相受，从六十四种角度分别展示不同的环境条件下的事理特征和变化规律——此时，《周易》“经”文全部创成，其独具体系的哲学思想已趋成熟。

现存的《易传》共七种十篇，又称“十翼”，它们是《文言》、《彖》上下、《象》上下、《系辞》上下、《说卦》、《序卦》、《杂卦》。这十篇的创作宗旨均在解释《易经》的大义，但各有一定的侧重点或特定的角度。《文言》分前后两节，分别解说《乾》、《坤》两卦的象征意旨，故前节称《乾文言》，后节称《坤文言》。《彖》随上下经分为上下两篇，共六十四节，分释六十四卦卦名、卦辞及一卦大旨。《象》亦随上下经分为上下两篇，阐释各卦的卦象及各爻的爻象，其中释卦象者六十四则，称《大象传》，释爻象者三百八十六则，称《小象传》。《系辞》因自身篇幅较长分为上下两篇，可视为早期的《易》义通论，对《易经》的各方面内容作了较为全面、可取的辨析、阐发，有助于后人理解八卦、六十四卦及卦爻辞的大义，简言之，其要义在于发《易》义之深微，示读《易》之范例。《说卦》是阐说八卦象例的专论。《序卦》旨在解说《周易》六十四卦的编排次序，揭示诸卦相承的意义。《杂卦》即打散《序卦》所揭示的卦序，把六十四卦重新分成三十二组，两两对举，以精要的语言概括卦旨。总之，《易传》是今天研究《易经》最重要的"津梁"，其本身的哲学内涵也值得深入探讨。

《周易》经传的作者与创作时代是易学史上争论已久的问题。

八卦的作者，《系辞下》以为是伏羲，前人多信而不疑。重卦始于何人，唐前主要有四种说法：伏羲说（王弼）、神农说（郑玄）、夏禹说（孙盛）、文王说（司马迁）。卦爻辞的作者，唐前主要有两种说法：一、卦爻辞均为文王所作（郑玄）；二、卦辞是文王所作，爻辞是周公所作（《周易正义·序》）。《易传》的作者唐前人多认为是孔子，如司马迁说："孔子晚而喜《易》，序《彖》、《系》、《象》、《说卦》、《文言》。"（《史记·孔子世家》）同时，班固还在《艺文志》中引述了伏羲始作八卦诸语，又曰："至于殷周之际，纣在上位，逆天暴物，文王以诸侯顺命而行道，天人之占可得而效。于是重《易》六爻作上下篇。孔氏为之《彖》、《象》、《系辞》、《文言》、《序卦》之属十篇。故曰《易》道深矣，人更三圣，世历三古。"其中的"三圣"、"三古"，颜师古注曰："伏羲为上古，文王为中古，孔子为下古。"

到北宋，欧阳修第一次对《易传》为孔子所作的说法提出了质疑，他撰《易童子问》，认为"十翼"非出自一人之手，《系辞》、《文言》、《说卦》、《序卦》、《杂卦》不是孔子所撰，而《彖》、《象》二种可能是孔子所撰。自此以后，疑古之风渐启。至清朝末年、民国初年、二十世纪二三十年代，学术界的主要倾向是否定汉儒说法，认为《周易》经部的作者当是周初人，而不是伏羲、文王（顾颉刚等），甚至有人认为其写定可能要到西周晚期（李镜池等）。《易传》的作者不是一人，更不是孔子，其成文时间晚至战国末(郭沫若)甚至西汉昭、宣之后(李镜池)。此后四十余年,人们的探讨一直没有停止,也没有一致的结论,而较有影响的看法是卦爻辞作于周初,《易传》作于春秋战国间,作者均非一人,而是经过多人多时加工编纂而成的。近年来,随着对商周甲骨文、陶文、金文中一些"奇字"的探研,根据《周礼》、《山海经》等古代文献对"三易"之法,对《连山》、《归藏》等筮书的记载,人们开始认同清人顾炎武等据古代文献及《左传》所载春秋筮例得出的重卦应在周以前,"不始于文王",而周初的卦爻辞写定以后,《周易》才被取名为"《易》"的结论。

笔者认为《系辞下》说:"古者包牺氏之王天下也,仰则观象于天,俯则观法于地,观鸟兽之文,与地之宜;近取诸身,远取诸物,于是始作八卦,以通神明之德,以类万物之情。"包牺氏就是伏羲氏,伏羲"观物取象"画出了八卦。又据《周礼·春官·宗伯》记载:"上古太卜掌三易之法:一曰《连山》,二曰《归藏》,三曰《周易》。其经卦皆八,其别卦皆六十有四。"所谓"三易之法",其实是指"连山易"、"归藏易"、"周易"三种不同时代的认识世界与人生的方法,它们都由六十四卦组成。《周易正义·序》引郑玄《易赞》及《易论》曰:"夏曰《连山》,殷曰《归藏》,周曰《周易》。"这就说明六十四卦在夏朝已经就有了。因此,有的学者就认为,六十四卦的符号也是伏羲发明的,这种说法在时代上来看,是完全有可能的。伏羲"观物取象","一画天地开",使人类从混沌中走出来,走进了文明觉悟的时代。至于司马迁在《史记》里所说的"文王拘而演《周易》",首先,文王不是六十四卦的发明人,即演绎人;其次,在中国古代"演"既可以解释为"演绎",也可以理解为"演算",如果是前一种,文王"演"的《易》可能是在推演六十四卦的变化形式,如果是后一种,文王拘在"羑里"时,可能只是演算着六十四卦的意义。总之,基于司马迁在《史记》记载的史事,结合《系辞》里有关"《易》之所兴"的推断来看,文王对《周易》是做了很多工作的。汉代以后的学者,基本认为卦辞是文王通过推演后系属在六十四卦的卦象上的。通过以上的分析,我们可以推测，班固在《汉书》里所说的“人更三圣”的最后一位，可能指的是周公，既然文王做了卦辞，那么，汉以后的儒生们就认为，六十四卦有三百八十六爻，爻辞就是周公创作的。

人们多已接受《易传》成于众手的说法，而孔子与《易》的关系似乎仅如《论语》里记载的“加我数年，五十以学《易》，可以无大过矣”，是一个读者。可是这又如何解释司马迁、班固等人言之凿凿的孔子作《易传》说呢？马王堆出土帛书《周易》的传文部分让我们看到孔子与《易传》有着更深、更近的联系。帛书的《易传》有《系辞》两篇、《二三子问》两篇，又有《要》、《缪和》、《昭力》各一篇。经李学勤先生考证后发现，其中的《要》“记载有孔子同子贡的问答，也说到‘夫子老而好《易》’。特别值得注意的是，孔子‘后世之士疑丘者，或以《易》乎’这句话口吻和《孟子》所载孔子所说‘知我者其惟《春秋》乎’是很类似的。孔子说知我罪我，其惟《春秋》，是因为他对《春秋》作了笔削，所以他与《易》的关系也一定不是一个读者，而是一定意义上的作者，他所作的，只能是解释经文的《易》”。那么，我们可以认为孔子曾经作过《易传》，现存的《易传》是他的弟子后学对其编纂、加工，甚至加入了自己理解的产物，这在古代文献的形成过程中是很正常的。或者，我们至少可以认为孔子是《易传》的作者之一。

《周易》这一书名对于真正深入理解与掌握其思维特征与基本方法十分重要。

“周”字基本有以下几种意思：一、指周代；二、循环往复（见《周易·系辞》“周流六虚……不可为典要，唯变所适”）；三、周知万物（见《周易·系辞》“知周乎万物而道济天下”）；四、周密。在《周礼》的“三易之法”里，《周易》只是“三易之法”中的一种，显然《周易》的“周”还是应该与“循环往复”的方法与“周知万物”的特征有关系。

再说“易”字。东汉末年的经学大家郑玄以为：“《易》有三义：简易、变易、不易。”按《说文解字》解释:“易,蜥易、蝘蜓、守宫也,象形。”《秘书》说:“日月为易,象阴阳也。”这些解释有两种基本意思,一是蜥易等爬行类动物,二是指由“日”“月”合成的文字。其实,这两种意思都描述了人类对世界的认识首先是从日月交替和变化开始的,而且这两种天体的运行与古人的生活联系得也最为密切。但是,如果只有变化,或者所有事物都存在绝对的变化之中时,事物也就变得不可知了。因此,郑玄在提出“变易”意义时,也提出“不易”作为“变易”的对立面。这种道理与现行的马克思主义哲学体系中有关静止与运动的关系有异曲同工之妙。而且,更为重要的是,《周易》通过分析的方法,将任何事物都分成对立统一的关系加以理解和阐释,而“对立统一”规律又贯穿于一切事物发展的始终,这样,《易》就不仅能够永远地认识事物的本质属性和变化规律,而且,还能够通过对立与统一的规律使这些本质和规律变得简单清楚。因此,郑玄提出的“变易”的“不易”是世界观,而“简易”则是方法论,“简易”存在于“不易”与“变易”之中。当“易”字包含的变化通过“八卦”与“六十四卦”的数理演绎方式得以体现时,事物的变化也就进入到这个数理的演绎体系中,顺着这种数理体系推理,人们也就能够在某种程度上预知未知世界的部分情况。

实际上,《周易》的基本原理就是通过不断“变化”的方法,拓展、深化着人们对现实世界和未知世界的认识。

通过对《周易》一书书名的解说,可知《周易》是我国一部特殊的哲学专著。

《易经》的最初结构和核心思想是“阴阳”两种事物的对立与统一形式。庄子认为“易以道阴阳”,《易传》作者明确指出“一阴一阳之谓道”,“道”在形式上是混沌难分的,因而也就是无法认识的,所以老子认为“道可道,非常道”。对道体的认识本身也反映了古人在《周易》产生之前就已经有了某种抽象思维的能力,或者说正因为古人有了抽象思维的能力才从意识中产生了“道”的模糊性与抽象性。《周易》在认识上的意义就在于它将“道”分为阴阳两种对立形式，使“道”从“不可道”的神秘感觉中走出来，展现出人们可以认知的世界面貌。又因为它认识的对象及这种对象展现的面貌是世界存在的根本形式和发展形态，所以它不仅不可能终止人们对它的认识，而且还在发展与变化中更加深入、广泛地开拓着人们的认识能力，因而也就必然随着人们的思维发展存在着，并将继续存在下去。而且当《周易》解析了“道”的存在形式时，“道”本身也就反映了发展的必然性和普遍联系的原则，这是因为阴阳的形态无处不有，无时不在，它贯穿于一切事物存在与发展的始终，其发展的必然性是因为阴阳的“变通”性，其普遍联系的原则，是因为道体是事物发展变化的根源。正因为如此，它成为先秦以前中国古代知识分子认识世界的主题，成为生成宇宙万物的根源。老子指出：“道生一，一生二，二生三，三生万物。”因为“道”是混沌一团的、不可“道”的、幽妙难明的形质，因此，古人把它称作“太极”。《周易》基本元素是阴阳，根本方法也是阴阳，本质内容和符号特征也是阴阳。从卦象到卦爻辞，《周易》就是通过对阴阳两种属性的解释来揭示天、人、地的生存逻辑与发展变化的，代表着那个时期人们探索、认识世界的观点和方法，也记载着那个时期人们认识世界的经验和体会。通过以上的分析，在继承古人的经验和知识的基础上，我们认为，《易经》就是通过阴阳两种符号的组合结构与变化方式，象征性地反映世间万物的本质特征与变化规律的世界观和方法论。它以普遍联系的观点与对立统一的方法对事物的发展与变化预先做出吉、凶、悔、吝等判断，其目的是劝善惩恶，避凶趋吉。

《周易》本是一本用来占卜算卦的书，一直笼罩在宗教仪式和神秘奇异的迷雾之中。《易传》的出现，使得《周易》具备了义理富赡、博大精深的思想内容，同时，也赋予《周易》“推天道以明人事”的神圣责任。是古人以其具象思维从卦象和阴阳之道中逐渐悟出一些抽象玄奥的哲理，使其成为融数学、伦理、哲学、历史等为一体的人文科学。帛书《易传》之《要》篇记述了孔子不信卜筮而观其德义的《易》学观，清楚而明确地将占卜之《易》与哲理之《易》区别开来。因此，战国以后的《易》便有了两种精神：一是用《易》占卜解疑的数术学，一是用《易》教化人心、安邦治国的经学。根据这种情况，班固的《汉书·艺文志》将内容属于前者的书归类于"数术"类，将内容属于后者的书归为"六艺"类。其实，《易》从占卜的书上升到经学的书，反映着古人对《易》学思想的认识从天道、神道向着人道的转变过程。总的来看，卦画→卦爻辞→易经→易传的发展过程，也就是天道→神道→人道→义理的变化过程。

二　读《易》需要了解的一些基本术语

当位与不当位

因为六十四卦为两两相重组合而成的，所以，其各卦分上下两卦，按古法通例，解卦时，从下卦开始，先说下卦，后说上卦。卦中各爻的位置，也是从下往上数，因此，最底下的那个爻位，才是一爻，念作"初爻"。最上面的爻位数为六爻，但是，为了避免与标志阴爻的"六"相重，于是就读作"上爻"。按《周易》演算方法的通例，阳爻以"九"为标志，如初九、九三、九五；阴爻以"六"为标志，如六二、六四、上六。

六爻在卦中的位次有奇偶之分，阴数对应于偶，阳数对应于奇，初、三、五为奇，以阳爻对应；二、四、六为偶，以阴爻对应。以阴居阴位、阳居阳位谓之"当位"，反之，以阴居阳、以阳居阴则谓之"不当位"，或称"失位"。当位之爻象征着遵循"正道"，符合规律，所以在爻辞中多以"吉"或"无咎"论；而"不当位"（失位）则悖逆正道，违背规律，多以"凶"、"吝"、"悔"言。但是，当位与不当位在具体的一卦中，其吉凶的判断也并非必然如此。一方面要看它与上下周围的关系，另一方面还要看它能不能因"变"得"正"，故《周易集解》中引虞翻、荀爽等人的注解时往往有“之正”之说，即本有其“悔”，变“正”则“无悔”；本有其“咎”，变正则“无咎”。

世应

在六十四卦中，爻辞的吉凶悔吝情况不是孤立存在的，而是相互联系的，这种联系有一个基本对应的形式：世应。“世”为世爻，“应”为应爻，简称“世应”。“世应”以联系的方法来揭示爻与爻之间的关系，这种关系一方面决定着自身的得失，另一方面又影响着所对应爻位的吉凶。世应本身存在于爻位与卦体之中，后又通过京房创立的“八宫卦”体系加以明确。具体而言，世爻：八个经卦（又叫纯卦）各自以上爻为世，其他各卦自初爻变起，依次为初、二、三、四、五，各以其所变之爻为世爻，游魂卦（八宫之第七卦）以第四爻为世爻，归魂卦（八宫之最后一卦）以第三爻为世爻。应爻：就是与世爻相对应的爻，世应之间总是相隔两个爻位，即初与四应，二与五应，三与上应。世爻为一卦之主。古人在占筮时以世爻代表占问者本人，以应爻象征占问者所问的事、人、时、地、物等。

中、正、比、应

古人占卦时，先是找到所筮之卦的动爻，然后再看它与其他各爻产生的关系。这种方法逐渐成为通用的“中正比应”方法。

中：各卦的二爻居下卦之中，各卦的五爻居上卦之中，其卦气最为纯粹，称为“中”。一般而言，这两爻在一卦中的地位最重要，卦爻辞的意义更为吉利。

正：卦中六爻，按“当位”与“不当位”来分析，一般而言，当位则正，“正”的爻位意思多属吉利。如果这个爻位不仅当位，而且还处在二、五爻，即为“中正”，其爻辞的意思就更为吉利。

比：在一卦之六爻中，相邻之间的爻称之为“比”。“比”有承、乘之区别，如二爻往下与初爻比，就叫做“乘”，二爻往上与三爻比，就叫做“承”。同理，四爻往下与三爻比，就叫做“乘”，四爻往上与五爻相比，就叫做“承”。在“比”的关系中，还要看阴阳爻所处的位置，如阴爻在上，阳爻在下，阴爻“乘”阳爻，那么这个阴爻的爻辞意思多为不吉。如果阴爻在下，阳爻在上，阴爻“承”阳爻，即阴爻上承比附于处在上面的阳爻，那么这个阴爻的爻辞意义多属吉利。因此，“比”以阳上而阴下为宜。

应：按八宫卦的变化规则找出一卦的世爻，与之隔两位而对应的爻就称为“应”，合称“世应”。根据古法，相应的两爻必须是一阴一阳才能相互感应，俱阴或俱阳皆不能感应。初爻为本，为始；上爻为末，为终。初、四两爻，二、五两爻，三、上两爻之间的关系，往往影响着所占之爻的意义。“应”则往往以阴在上，阳在下为宜。

《系辞上》说：“六爻之动，三极之道也。”意思就是，在每个卦象的六个爻位中，只要找到动爻，就能通过天、人、地三者之间的关系，找到未知事物的答案和意义。又说：“六爻之义易以贡。”就是说，六爻中的意义是通过变化的方式呈现在人们眼前的。虽然蕴涵在卦爻辞中的意义有时是隐晦难明的，有时是捉摸不定的，有时是委婉曲折的，但是，只要读《易》者在分析卦象时运用“中正比应”之法，就可以找到使“六爻之义易以贡”的方法，同时，也就找到六爻蕴涵在卦爻辞里的意义，达到“知者观其彖辞，则思过半矣”的理解水平。《彖传》对一卦大义所做的判断，其实，就是运用“中正比应”的结果。

互卦

互卦又叫做“互体”。在一卦之中，还能互连出一个卦，其方法是：除初、上爻外，下互卦以二与四为“同功”，互出一下卦；上互卦以三与五为“同功”，互出一上卦，这种从互相关联中找出的卦，就叫“互卦”。如《谦》卦(䷎)中的二至四互为一个坎，三至五互为一个震，下坎上震，于是，《谦》卦中又互出一个《解》卦(䷧)。互卦的发明主要是汉代主张以象数理解《周易》卦象和卦爻辞的易学家以增多卦象的方式来强化对卦象内容的解说。

反对与旁通

反对是以上下卦象的变化来显示卦与卦之间的关系，即上卦变为下卦，下卦变为上卦，如《明夷》(䷣)的反对就形成《晋》(䷢)；或上卦以相反的卦象变为下卦，下卦卦象不变而易位于上卦，如《观》(䷓)的反对形成了《临》(䷒)；或上下卦象俱以相反的卦象上下易位，如《渐》(䷴)反对成《归妹》(䷵)等。旁通是本卦的六爻尽变，即阴爻变为阳爻，阳爻变为阴爻，则本卦就变为与之对应的另一卦，如《比》(䷇)与《大有》(䷍)旁通。通过"反对"与"旁通"的对应关系，就使得六十四卦的卦与卦之间形成相生相存、相辅相成的既对立又统一的辩证关系。同时，正是因为这样的关系，就使得《周易》象征的世间万物都处在普遍联系之中。对于今天学习和研究《周易》的人而言，了解了反对与旁通，有两个方面的意义：一是自宋朝以后，很多《周易》的图画都以反对与旁通的关系来陈列；二是汉人注解《周易》时多以旁通与反对的关系来说明爻辞的深义，如唐朝李鼎祚的《周易集解》中所引用的荀爽、虞翻等人的注解，往往是运用反对与旁通来曲尽其解，解析卦爻辞的意义的。

卦主

卦主就是指一卦之主，基本有两层意思：一是成卦之主，指一个卦的形成是由某一个爻所变而成，那么，这个爻就是这个卦的卦主，如《乾》、《坤》之用爻。二是决定一卦关键意义的爻，即在意义方面能够影响整个卦象的那个爻。一般而言，多以二、五爻为主。总的说来，卦主的意义不仅往往与《彖传》意义是符合的，而且爻辞的意义也多为吉利。

卦德

卦德是古人从八卦卦象所对应的物象中揭示出的行为特点和内容特征，这些特征是从卦象的象征性含义中得出的本质属性。在某种程度上，它揭示了八卦象征事物的最基本的情况。在《周易》这本书中，卦德是通过八经卦的《彖传》，以极其简约的言辞加以说明。因六十四卦皆为两卦相重而成，所以，卦德不仅对理解八经卦的意义极为重要，对理解八经卦以外的其他五十六卦也同样重要。卦德是从物的属性推及人的性情，这就使得《周易》本身的义理得到发挥，形成了做人、做事的信念和行为准则，也就是人生哲学。如《乾》卦的卦德是“刚健”，推及人就是“天行健，君子以自强不息”，《坤》的卦德是“柔顺”，推及人就是“地势坤，君子以厚德载物”。读《易》必先从认识卦德着手，因为它不仅是卦的核心内容，而且对人生也有着深刻切实的指导意义。

三　译注通例

一、本书从形成初稿到校审完毕历时六年，以“给《周易》一个干净的本子”为宗旨，原文以阮刻《十三经注疏》本之《周易正义》为底本，偶有校改处则注明依据；同时，除去了不属于底本的“易图”及“易例”部分，这也是本书的主要特征。

二、本书主要内容有：题解、原文、注释、译文、评析。其中题解、注释、评析为作者在长期学习和研习前人注解的基础之上的心得，其中于前人未解或解之未的之处多有新见。当然，作者并不敢视此为确定之说，只是出于“引玉”之思而言之，或为贻笑大方，冀见之于高明批正，当为学易、研易之快事。

三、“题解”部分，主要概述一题、一卦之大义，并从内容上做出简略解析，期以明确、简要的解释，勾勒出卦象及卦爻辞的主要内容。

四、“注释”部分，在标明疑难字音、字义和分析句式前提下，主要解释卦爻辞与卦象之间的联系及其所蕴涵的意义。在注解观点及方法上，以突破前人在理、气、象、数方面之成见为尝试，不做分释而为通解，本之以象，疏之以理，基于对卦象的理解来使卦爻辞的意义阐发尽可能地接近本义。历来解《易》者或重“义理”，或重“象数”，本书最大的特点是兼顾二者，能以义理解释通，则不再牵强附会“象数”；能以象数解释通的地方，就不再穿凿附赘其“义理”。以“通”解为目的，不偏持门户之见。间或有个人之见，也本着“持之有故，言之成理”的求证态度，力求义理的解释以卦象为基础。在引用前人注解时，以解释经义为目的，不涉及注解者本身存在的学术争论，故如有不妥之处，期待读者更有高明之见。

五、“评析”部分。《周易》内容表现有两个基本的特征：其一，《周易》本是一种古老的占筮之书；其二，卦爻辞的意义本是卦象的文字表现形式。因此，对于占验吉凶而言，重在阐发动变之爻的意义，所以“述评”基本上是一爻就附有一“述评”。对于卦爻辞的意义，“述评”则采取立足于卦象，旁通于其他，在简述前人注解的基础上，发挥其大义。

六、本书所引文献，对常用的书名简略名称：如王弼《周易注》简称为《王注》；孔颖达《周易正义》简称为《正义》；李鼎祚《周易集解》简称为《集解》；对于《周易尚氏学》简称为《尚氏学》等等。

七、著者能撰写此书，幸赖前人的研究成果，在注解过程中，苦戒含糊其辞、模棱两可之说。然书中难免有见识浅陋之处，诚心期待读者的批评指正。

杨天才、张善文

2010 年 12 月

周易上经

乾(䷀)

【题解】

《乾》卦为六十四卦之首，它最大的特点是六爻皆为阳爻，是六十四卦中唯一的一个纯阳之卦。《乾》卦以“天”来喻指其刚健、正大的美德，又以“龙”为喻，来宣扬“天”之纯阳刚健的精神，解释天体的运行规律。这两种比喻实际上说的是一体一用的关系，即“天”为《乾》之体，“龙”为《乾》之用。朱熹在《朱子语类》中说：“《易》难看，不比他书，《易》说一个物，非真是一个物，如说‘龙’非真龙。”实际上，整个《周易》这本书都是以象征性的比喻来说明事物的特征和运行规律。只是在《乾》卦中，这种特征更为突出、显著。《乾》卦开篇就以“元，亨，利，贞”四言，高度概括“天”具有开创万物、并使之亨通吉利、和谐富裕、光大正直的功德。这些“功德”不仅是“乾道”之本，也是万物之本。以这种根本来说明人事，则君子之行：或“勿用”，或“乾乾”，或“利见大人”，或亢而“有悔”。但是，作为君子始终如一的精神是“天行健，君子以自强不息”。

乾①：元，亨，利，贞②。

【注释】

①乾:卦名,下上皆为☰,象征着"天"象的阳刚之气和刚健之行。

②元:开始。亨:亨通。利:和谐。贞:正直。

【译文】

《乾》卦象征着天:是万物的开始,有亨通的力量,能和谐而有利于物,有光明正大的品格。

【评析】

古人认为自混沌开明以后,天就以其光明和温暖普照着大地,它高高在上,周流运转,变化无穷,沿着春、夏、秋、冬四季循环往复,制约、主宰着大自然和人类。

初九①,潜龙②,勿用③。

【注释】

①初九:《周易》六十四卦均由初、二、三、四、五、上六个爻位组成,此处因爻位处于一卦中的开始,所以叫"初"。古人用《周易》占筮时,用"九"代表阳,用"六"代表阴。本爻为阳爻,故称"初九"。

②潜龙:初九以潜伏在深水中的龙象征着一个人的力量和道德还没有成长到足以发挥自己的作用。

③勿用:龙在深水中潜伏时,因为尚未等到腾飞的时机,故宜于潜伏在下,以等待时机。

【译文】

初九,当巨龙还潜伏在深水之中时,就不应该使自己发挥作用。

【评析】

在中国,龙以强大的威力和变化莫测的特征成为中华民族的文化符号。几千年来,这种文化符号解释着中国人能屈能伸、灵活变通的心性,也解释着乾乾刚健、自强不息精神的力量。此处,"初九"以其在

《乾》卦中的不利位置象征着君子的德才尚未能达到实现自己的理想时机，因此，就应该像“潜伏”在深水中的龙一样，隐忍一时，不要妄动。

九二，见龙在田①，利见大人②。

【注释】

①见（xiàn）：出现。田：田地。九二在初之上，已上于“潜”位，故以田地象征。

②大人：在《易经》中，大人是贵族的通称，在这里是指那些有道德修养并身居高位的人。

【译文】

九二，当巨龙出现在田野之间时，就有利于去拜见大人。

【评析】

“九二”以龙来象征大人，龙出现在田野之间时，就如同有道德、有作为的人来到民间，接近民众，体察民情，这是值得高兴的事。这时，如果你能见到他，他会帮助你解决困难。也有学者以为“利见”之“见”读为“现”，意指出现，也可以讲得通。但是，按《易》例，初与四应，二与五应，三与上应，断辞取意宜考虑所应之爻的位置。因九二所应之爻在九五，九五为尊，为君王，故理解为“拜见”为是。

九三，君子终日乾乾①，夕惕若厉②。无咎③。

【注释】

①君子：是贵族和读书人的通称，后来泛指一切有才有德的人。终日：就是一整天。乾乾：勤勉而刚健。

②夕惕若厉：惕，警惕。若，像，如。厉，危险。

③咎:小的灾难。

【译文】

九三,君子整天勤勉健进,直到夜静更深时还像遇到危险一样保持着警惕,这样,就会免于灾祸。

【评析】

有的《周易》读本和学者在“若”后断句,以“若”为语助词,将“惕若”解为警惕的样子,意也通,但是,按《周易》卦爻辞的一般句式,“无咎”作为断句决疑之辞常常处在句尾。

九三爻辞所指的“君子”也是《周易》称之为“经”的部分首次出现的“君子”,由此可见,“君子”作为中国人文心理象征道德品行的文化符号在殷末周初就已经深入人心。后来,“君子”成为儒家文化推崇和追求理想人格的最高境界,深远而广泛地影响着中国人的思想、品德、言行等诸多方面,也成为中国人“修身、齐家、治国、平天下”的标准。

作为君子,就应该像“九三”一样乾乾警惕,勤谨慎重。在社会实践中,一方面,“九三”成为中国人自勉“修身”的标准,另一方面,“九三”也成为中国人做人、做事的坚强精神和不屈意志鼓励着一代又一代的仁人志士。

九四,或跃在渊①,无咎。

【注释】

①或:疑惑之心。跃:暂时起飞的样子。渊:深渊,这里指龙安身之处。

【译文】

九四,龙时而有飞起之状,时而又伏处在深渊之中,这种情形没有过错。

【评析】

因为居于九四的龙既不能安于地，也不能飞于天，故而于进退之间多有疑惑。这说明，龙所处的地位和时间还未达到飞腾的时机，故而有时进时退之疑。“跃”，一方面是“自修”其功，另一方面也是“自试”其力。

九五，飞龙在天[①]，利见大人[②]。

【注释】

①九五，飞龙在天：九五在爻位上象征着君王，古人以龙比君，九为阳，为高，故以“飞龙在天”象征君王处于大有作为之时。

②利见(xiàn)大人：见，出现。九五所应之爻在九二，九二在下，不能理解为“大人”，但是，应爻在九五，本身为九五之尊，所以宜解为“出现大人”。

【译文】

九五，当飞龙在天空自由飞腾时，此时利于出现有道德并居于高位的人。

【评析】

在《周易》中，若阳爻处于第五爻时，则往往以吉利解释。作为龙，在处于九五之位时，就如同有道德的人居于高位，因而能有所作为。此时就有利于出现大人，或者能见到圣人之功绩。

上九，亢龙[①]，有悔[②]。

【注释】

①亢龙：亢，过分，极度，过高。上九位于《乾》之极高之处，故曰“亢龙”。

②悔：悔恨，这里指不幸、懊悔的事情。

【译文】

上九，龙飞至极高之处，就会出现悔恨之事。

【评析】

天生万物，有盈有虚，有进有退，一张一弛，文武之道。子曰："过犹不及。"龙处于穷极过高之处，"知进而不知退，知存而不知亡，知得而不知丧"，故终有悔恨之事发生。

用九①，见群龙无首②，吉。

【注释】

①用九：《乾》卦特有之爻题。依古筮法，筮遇《乾》卦，六爻皆七，则以卦辞断事，六爻皆九，则以"用九"爻辞断事，用九犹言"通九"，是六爻皆九之意。九，纯阳之数，象征着天。

②群龙：《乾》卦，六爻皆为纯阳，犹群龙相聚。

【译文】

用九，群龙相聚而没有一个以首领自居，吉利。

【评析】

"九"为天德，若六爻皆变，则变为《坤》卦，阳刚之性变为阴柔之态，故而"无首"，而群龙相聚，是阳中有阳。群龙以其纯阳之德、阳刚之性于变中不自居首位，有同和之美、谦让之德，所以就显得很吉利。

《彖》曰①：大哉乾元②，万物资始，乃统天③。云行雨施，品物流形④。大明终始⑤，六位时成⑥。时乘六龙以御天⑦。乾道变化，各正性命。保合大和⑧，乃利贞。首出庶物⑨，万国咸宁⑩。

【注释】

①彖（tuàn）：断定，断定一卦之义。

②乾元：乾之元气。元，阳和之气开始产生。

③统天：统，继续，统属。统天，就是统属于天。

④品物：各类事物。

⑤大明：指太阳。

⑥六位：一说为六爻之位；一说为天地四时之位。天在上方，地在下方，日出处为东方，日入处为西方，向日处为南方，背日处为北方。

⑦时：时间，名词用作状语，这里指"按照时间"。乘：驾驶。

⑧大和：太和，阴阳化合之气，即太和之气。

⑨庶物：庶，众也。庶物，即众物。

⑩万国：天下万方之地。咸：皆，都。宁：安宁。

【译文】

《彖传》说：崇高而伟大的上天啊！您是所有事物的统领，万物依赖您的阳气而生息，世间万物都统属于天道。云儿在天空飘荡，雨水降落在大地，各类事物随地成形。辉煌温暖的太阳周而复始地运转，按照上天、下地、东西南北六种位置形成了昼夜变化和春、夏、秋、冬的季节变化。犹如羲和驾驶着六条龙拉着太阳运转在天空。虽然大自然变化莫测，但是它还是以自己的规律保持事物的正道本性。保全太和元气，以利于守持正固。阳气周流不息，当春天到来时，大地又沐浴在春光里，万物萌生，天下万方都和美安泰。

【评析】

《彖传》以动情的语言歌颂了《乾》卦所具有的美德，因为乾象征的"天"体不仅开启了光明，而且以"元、亨、利、贞"的品德成就了四时之序：春配元，夏有亨，秋成利，冬藏贞。这样的情景和时序使得万物的生长都依赖于天的光明和温暖。古人还想象有序地运行着光明和温暖的天，应该有“龙”牵引着太阳来巡视天空，于是就将时序的推进与龙的活动规律联系起来，认为这样的变化是由于龙按照它们自己在时节上的反应而进行活动的结果。龙自“潜伏”、“在田”、“乾乾”、“跃渊”到“在天”的变化，实际上，就是阳气不断升进的过程，也就是从冬至到夏至的六种时序和节气。因为它们能与时俱进，各安其性，各尽其职，就使得天地之间充满着太和之气，万物也因此而兴旺茂盛，各方安宁，举国安泰。

《象》曰①：天行健②，君子以自强不息③。

【注释】

①象：即形象、象征之意。在《周易》中，象有二义：一是指卦形和卦爻辞，故《系辞下》曰：“《易》者，象也。”宋人项安世《周易玩辞》言：“凡卦辞皆曰象，凡卦画皆曰象。”二是指“十翼”中的《象传》，旨在阐释卦象、爻象的象征意义。在这里是指第二义。《象传》又有《大象传》、《小象传》之分，前者每卦一则，释上下卦象，即《正义》所言：“总象一卦，故谓之《大象》。”后者每卦六则，释六爻爻象，即《正义》所言：“释六爻之《象辞》，谓之《小象》。”

②行：指天道，在这里指天体的运行。

③君子以自强不息：指君子效法《乾》卦之“健行”之象，其立身、行事始终保持奋发图强的精神。以，介词，词后省略“之”字，可释为“依此”、“像这样”（后之六十三卦《象传》中的“以”字均同此义）。

【译文】

《象传》说：“天体以劲健刚强的方式运行，君子也应当像天体的运行一样自强不息。

【评析】

《象传》作者说事论理的根本依据是因“象”取义，当然，这也是《周易》描述事物情景的根本特征。《乾》卦的《象传》概括出天象的总体特征就是“健”，这种特征具体在一个人的品格方面就是“自强不息”的精神。《乾》卦各爻辞的意义都是在“健行”的特征上展开的，整个中华民族的精神和中国人的品格特征也是基于这种精神而建立起来的。孔子认为“惟天为大，惟尧则之”，也许我们可以这样以为，正是《周易》的文化培育了中国人的天人观，同样，我们也有理由认为，中国人的“天人观”成就了《周易》的人文情怀。

“潜龙勿用”，阳在下也①。“见龙在田”，德施普也②。“终日乾乾”③，反覆道也④。“或跃在渊”，进无咎也。“飞龙在天”，大人造也⑤。“亢龙有悔”，盈不可久也⑥。“用九”，天德不可为首也。

【注释】

①阳在下：指初九，虽有阳气，然而阳气潜伏在下。

②德施普：普，遍布，广大。《墨子·尚贤》：“圣人之德，若天之高，若地之普。”

③乾乾：《说卦》曰：“乾，健也。”即刚健。

④覆：犹言“反”，反复。

⑤造：这里指九五爻，孔颖达曰：“造，为也。”有作为。

⑥盈：盈满。

【译文】

“潜伏在水中的龙，暂时不宜施展自己的能力”，这是因为龙属于阳性之物，潜在水下时，说明阳气还很微弱。“巨龙出现在田间”，也就是阳气之德普泽广施于世间之时。“整日勤勉健进”，反复行其正道而不知疲倦。“有时飞起，有时伏处深渊”，前进也不会有灾害。“巨龙在天空自由飞腾”，这是大人奋发有为之时。“龙飞至极高之处则会有悔恨之事发生”，因为刚强过甚的行为是不能持久的。用九，它在说明天的美德在于不自居首位。

【评析】

龙的活动方式和规律是与气候的变化和时节相联系的，时有春夏秋冬，龙也有潜伏、在田、跃渊、飞腾在天的不同情况。在这段文字里，我们虽然知道龙既有“乾乾”之德，也有奋发有为的精神和能力，但是，它还是要待时而动，见机而行，不能妄动，更不可穷极其能。龙飞得不能过高，人做事也不能过极，过极则反，必有悔恨之事。龙的美德也就是天的美德，“天不言，四时成焉”，天德之所以能至高无上，就在于它以有序不争的精神实现着一团和气的气象。

《文言》曰①：“元”者，善之长也②；“亨”者，嘉之会也③；“利”者，义之和也④；“贞”者，事之干也⑤。君子体仁足以长人⑥；嘉会足以合礼⑦；利物足以和义⑧；贞固足以干事⑨。君子行此四德者，故曰“乾：元、亨、利、贞”。

【注释】

①《文言》：又称《文言传》，为“十翼”之一，旨在文饰《乾》、《坤》两卦之言辞。《正义》引庄氏曰：“以《乾》、《坤》德大，故特文饰以为《文言》。”

②“元”者，善之长也：“元”是开初的生长，是生命的开始，如《本义》所言：“天地之德莫先于此，故于时为春，于人则为仁，而众善之长也。”

③“亨”者，嘉之会也：嘉，嘉美。会，会合。嘉之会，即美好之聚合。《本义》曰：“亨者，生物之通，物至于此，莫不嘉美，故于时为夏，于人则为礼，而众美之会也。”

④义之和：义，宜，适宜。和，相应。

⑤事之干：干，主干，犹言“根本”。

⑥体：读为履，践行。

⑦礼：礼节。《集解》引何妥曰：“礼，是交接会通之道，故以配‘通’。‘五礼’有吉、凶、宾、军、嘉，故以‘嘉’合于‘礼’也。”

⑧义：正义，情义，善。

⑨贞固：贞，正，正义，正道。贞固，《本义》曰：“知正之所在，而固守之。”就是坚定地守持正义。

【译文】

《文言》说：开初的生长，是众善之长；亨通，是美好事物的集合；有利，是“义”的和谐体；正直，是做事的根本。君子实践仁德之本，就足以为人们的尊长；会聚美好的事物，就符合“礼”；有利于物，有利于人，则足以和谐“正义”，坚守正义、正直的品德就能做成事情。君子就是能够实行这四种美德的人，所以说他们就像《乾》卦的卦象所蕴涵的哲理一样，具有“元始，亨通，利人，正直”的品德。

【评析】

元、亨、利、贞，是《乾》之四德，它们按照时序来表现自己的能力和品性，于时则有春、夏、秋、冬，于人则有仁、义、礼、智。君子明其理、明其德、践其行。只有用此四德严格要求自己，才能利人而成为人之尊长，才能有为做事。

初九曰“潜龙勿用”，何谓也？子曰：“龙，德而隐者也①。不易乎世②，不成乎名，遁世无闷③，不见是而无闷。乐则行之④，忧则违之，确乎其不可拔⑤，‘潜龙’也。”

【注释】

①隐:潜藏,隐居。

②不易乎世:易,更改,改变。乎,介词,于。

③遁世无闷:遁,逃避。闷,烦恼,苦闷。《集解》引崔憬曰:"道虽不行,达理无闷。"就是说世间虽然无道,若通达明理也就见怪不怪了。

④乐则行之:之,指示代词,这里指所乐之事,后"之"字同。

⑤确乎其不可拔:确,坚定。拔,犹言"移"。初九虽潜居下位,然阳刚之德与君子之行则坚定不移。

【译文】

初九的爻辞说"巨龙潜伏在水中时,就不要发挥自己的作用",这说的什么意思呢?孔子说:"这是指有龙一样的品德而暂时隐居的人,他们不会因世俗的丑恶而改变自己的坚贞品德,也不会因侥幸的成功而扬名于世。他们遁隐于世也不苦闷,不能扬名于世也不苦闷。所乐于做的事就去实行,所忧愁的事就避开不去做,具有坚韧不拔的意志,这就是'潜龙'。"

【评析】

《论语·里仁》曰:"君子无终食之间违仁,造次必于是,颠沛必于是。"龙在潜伏时,虽然暂时不能发挥作用,但是,因为它当位居正,有坚韧不拔的意志,不仅不为世俗的丑恶所动摇、改变它的美德,相反,其高尚的修养使它能通达明理,故而于其进退之间均不失其阳刚之德。

九二曰"见龙在田,利见大人",何谓也?子曰:"龙德而正中者也①。庸言之信②,庸行之谨,闲邪存其诚③,善世而不伐④,德博而化⑤。《易》曰'见龙在田,利见大人',君德也。"

【注释】

①正中：指九二爻居《乾》下卦之中。

②庸言之信：庸，平常。信，真实可信。《正义》："从始至末，常言之信实，常行之谨慎。"

③闲邪：闲，防，犹言"防止"。闲邪，防止邪恶。

④善世而不伐：善，美德。世，世间，天下。善世，指《乾》之九二能以美德利天下。伐，夸耀。不伐，即不夸耀自己的好处。

⑤德博：德，道德。博，广大。

【译文】

九二的爻辞说"当巨龙出现在田间时，就利于拜见大人"，这是什么意思呢？孔子说："有龙一样品德的人，他也就是立身中正的人。他平常所言必讲信用，他的平常之行为也是谨慎的，防止邪恶而内心保持真诚，有功于人、有惠于民而从不自我夸耀，其道德广大而能感化人心。《周易》说'巨龙出现在田间，就有利于拜见大人'，这才是人君之德啊！"

【评析】

《孟子》曰："人知之，亦嚣嚣；人不知，亦嚣嚣。"九二爻居《乾》下卦之中，"二"本属于阴爻之位，而此处为阳爻所居，这种情况，就如同德才兼备的人沦落在垄亩之中。然君子即使是失身于卑贱之位，其所言也是真实可信的，其所行也是谨慎可靠的。此时，他要时常防止邪恶的事污染自己，同时，内心还要始终保持真诚，用自己的美好品德去感化人们。如老子之言："上德不德，是以有德。"君子身处下位时，常常不能为人所理解，这时不仅不能放纵自己，相反，更应该保持自己真诚不欺、谨慎可靠的品德修养。

九三曰"君子终日乾乾，夕惕若厉，无咎"，何谓也？子曰："君子进德修业①。忠信②，所以进德也。修辞立其诚③，所以居业也④。知至至之⑤，可与言几也⑥。知终终之⑦，可与存义也[8]。是故居上位而不骄，在下位而不忧，故乾乾因其时而惕[9]，虽危无咎矣。”

【注释】

①进德：增进、提高道德修养。《正义》曰：“推忠于人，以信待物，人则亲而尊之，其德日进，是进德也。”修业：修美事业。

②忠信：对朋友忠实不欺，与人言而有信。

③修辞立其诚：修饰言辞，不妄语，不虚言。

④居业：居，蓄积，累积。《尚氏学》曰：“居者，蓄也，积也，业以积而高大也。”

⑤知至至之：至，达到。知至，就是知道事业所能达到的目标。至之，就是达到某种地步。

⑥几：事发前的征兆。《系辞下》曰：“几者，动之微也，吉凶之先见者也。”

⑦知终终之：前一个“终”作名词，指事物的结果；后一个“终”作动词，即“以……为结果”。

⑧存义：存其所适宜的行为。承上文“知至”、“终之”，意指知道所能达到目标和所能得到的结果，就应当至则至，当止则止。

⑨因其时：因，随，顺。意指随其时间而保持警惕性。

【译文】

九三的爻辞说“君子整日勤勉健进，直到夜间还像是遇到危险一样保持警惕，这样就会免于灾祸”，这是什么意思呢？孔子指出：“这就是说，君子要不断地增进自己的道德修养、发展事业。忠诚待人，言而有信，通过增进道德和修饰自己的言辞树立诚实可靠的形象，这也是蓄积功业的方法。知道自己的事业上所能达到的目标，就去努力实现它，这样的人才是可以谈论事物发展的征兆的人。能预知自己将有某种结果，而去努力奋斗得到这种结果，这样的人就可以与他共同保持适宜的状况。因此这样的人能身居上位而不骄傲，身处下位而不忧愁，所以能随着时间的不断流逝，而始终保持强健和警惕，即使是有危险也不会酿成灾祸。”

【评析】

九三为我们的人生确立了一个君子标准，那就是以“终日乾乾”的精神“进德修业”和“修辞立诚”。同时指出，“进德”的方法在于讲求“忠信”，“修辞”的关键在于“立诚”。曾子曰：“吾日三省吾身：为人谋而不忠乎？与朋友交而不信乎？传不习乎？”忠信是做人的根本前提，也是做人的最高境界。因为，只有具备诚实忠信的言行和品德，我们才能与朋友和他人保持良好的合作关系。

九四曰“或跃在渊，无咎”，何谓也？子曰：“上下无常①，非为邪也②。进退无恒，非离群也。君子进德修业，欲及时也③，故无咎。”

【注释】

①上下无常：常，常规，恒定。《集解》引荀爽曰：“进谓居五，退谓居初。”上为进，下为退。

②非为邪：非私心邪念之为，接下句可知进退之事因时间而定。

③及时：赶得上、抓得住时机。

【译文】

九四的爻辞说“龙有时飞起，有时又伏于深渊，这种情形没有过错”，这句话是什么意思？孔子说：“这是指君子之行，或上升，或下降，本没有什么一定不变的道理，这种行为并非出于自私的邪念。或进取，或隐退，本没有什么常规可循，这也并非是脱离群众。君子涵养道德，建功立业，就是要在需要自己的时候，抓住机会，不失时机，这样才能尽可能地避免灾祸。”

【评析】

九四爻上临九五之尊位，下应初爻而不得，或进或退，虽有“上下无常”之惑，然“跃在渊”中，目的并不在“疑惑”，而在于“解惑”，以期达到“进德修业”、“及时”而动的理想境界。

九五曰“飞龙在天，利见大人”，何谓也？子曰：“同声相应，同气相求①；水流湿，火就燥②；云从龙，风从虎；圣人作而万物睹③；本乎天者亲上④，本乎地者亲下，则各从其类也⑤。”

【注释】

①同声相应，同气相求：阳刚之声与阳刚之声相应，九五为君，上应于天，故有同声之感应。同气为阴气与阴气相感应，阳气与阳气相感应。

②就：接近。

③圣人作而万物睹：作，创造。睹，目之所见。指圣人创造卦象，使万物可睹。

④本乎天者亲上：亲，亲近，依附。《尚氏学》：“天地者，阴阳。本乎天者亲上，谓阳性上升顺行……本乎地者亲下，谓阴性下降逆行。”

⑤各从其类：《本义》谓“本乎天者谓动物，本乎地者谓植物”，则同类之物本是相互依附的。

【译文】

九五的爻辞说“巨龙在天空自由飞腾，利于出现大人”，是什么意思呢？孔子说：“这是在譬喻相同的声音是相互感应的，同类的气息是相互吸引的；水向湿处流，火向干燥的地方烧；云随着龙吟啸而涌动，风跟随着老虎呼啸而出现；圣人创作卦的目的在于以类比的方式描绘和说明万物的情理，这样，万物就可以欣然呈现在人们的眼前。依附于天的东西本来就亲近于上，依附于地的东西本来就亲近于下，世间万物都是按照类别而相从相应。”

【评析】

古人很早就注意到事物之间存在着普遍联系，一件事物的存在可能预示着另一件事物的发生。只要人们善于观察，就会从一件事物的发生与变化看到另一件事物的情况。君子秉持“飞龙”阳刚之德，故当“飞龙在天”时，就象征着将有“大人物”出世，这就是“同声相应，同气相求”的道理。且“人以群分，方以类别”，“圣人作卦”就是以类比的方法和普遍联系的观点来“类万物之情”、“通神明之德”。

上九曰“亢龙有悔”，何谓也？子曰：“贵而无位，高而无民①，贤人在下位而无辅②，是以动而‘有悔’也。”

【注释】

①无民：九五为君王之位，上九则太高，已失去君王之位，故高贵太甚则脱离民众。正如《集解》引荀爽曰：“在上故贵，失正故失位。”又引何妥之言：“既不处九五帝王之位，故无民也。”

②无辅：即上九与九三均为两阳相对而不相应。故君不以臣为臣，臣也不知君在何处。如贤人在下位失意，君王则在朝中无人相助，故《集解》引荀爽曰：“两阳无应，故无辅。”

【译文】

上九的爻辞说“巨龙飞至极高之处，就会有悔恨之事发生”，这句话是什么意思呢？孔子说：“这就像一个尊贵的人没有实际的地位，爬得太高而远远脱离了民众，贤人居于下位而朝中却无人辅佐君主，所以若要妄动就会发生悔恨之事。”

【评析】

做事、做人都不能走极端，人们常说："飞得越高，摔得越重。"上下之间应当有沟通和交流，处高位而"骄"则必有二失：其一，脱离群众，失去民众的拥护，成为孤家寡人；其二，失去贤人的帮助。故高位之险不在"得"而在"失"。对于人的品格修养而言，唯有"在上位而不骄，在下位而不忧"才算得上君子。而最难做到的也是这种上下一定、得失无二的坚贞。

"潜龙勿用"，下也①。"见龙在田"，时舍也②。"终日乾乾"，行事也③。"或跃在渊"，自试也。"飞龙在天"，上治也④。"亢龙有悔"，穷之灾也。乾元"用九"，天下治也⑤。

【注释】

①下：身处下位。

②时舍：舍，居。时舍，犹一时之居。

③行事：勤勉做事。

④上治：上，通"尚"。崇尚。《正义》释此为"言圣人居上位而治理"，于理也通。

⑤天下治："用九"由极阳转为阴，由刚转柔，故能治天下。

【译文】

"巨龙潜伏于水中，暂时不要施展才能"，说明它的地位处在低下。"巨龙出现在田间"，这是贤人暂时的居住之所。"整日勤勉健行"，这是君子勉励做事的精神。"有时飞起，有时又伏于深渊"，这是自我试验，展示自己才华的时候。"巨龙腾飞于天"，这说君王在上治理着国家。"巨龙飞得太高，就有悔恨之事"，这说明过极就会有灾祸。天有元德，天有善德，所以至"用九"则化刚为柔，由阳变阴，阴阳合和，天下大治。

【评析】

此段文字将"龙"在不同时间所表现的行为与君子的相应行为相比,以"龙"为喻体来象征君子之行要因时而动,动而适宜,不能过极。

"潜龙勿用",阳气潜藏①;"见龙在田",天下文明②;"终日乾乾",与时偕行③;"或跃在渊",乾道乃革④;"飞龙在天",乃位乎天德;"亢龙有悔",与时偕极⑤;《乾》元"用九",乃是天则⑥。

【注释】

①潜藏:时在夏历之十一月,阳气还在地中,故曰"潜藏"。

②天下文明:九二之爻象征着阳气已经冒出地面,这时草木萌生,万物欣荣,故曰"天下文明"。

③偕:俱,全。行:运行。

④革:变革,即改变。

⑤偕:同。极:过度,过极。

⑥天则:则,法则,这里指天体运行的规律。

【译文】

"潜伏在深渊中的龙,暂时不要施展才能",这是因为阳气还潜藏在地下;"巨龙出现在田间",天下就欣欣向荣,光辉灿烂,一片文明的气象;"整日勤勉健行",就是为了随着时光不断进取;"有时飞起,有时又伏于深渊",这是因为天道、阳气正处在改变之时;"龙腾飞于天",这是"龙"德性已上达天位;"龙飞得过高就有悔恨之事",是因为它与时间一起推进到一个穷极过度之时;《乾》有出生万物之德,"用九"象征着大自然的法则。

【评析】

时间的变化不仅改变着"龙"的精神状态,而且改变着"龙"对待自己的态度。“天”是什么？其实，“天”就是时间，故古人以“天时”名之，《系辞》亦曰：“观乎天文，以察时变。”事物的发展以空间的形式展开，却以时间的形式来衡量，即使是空间本身也要受到时间的制约。就《乾》卦蕴涵的道德观而言，变则因时而变，化则因时而化。

“《乾》元”者，始而亨者也。“利贞”者，性情也①。《乾》始能以美利利天下②，不言所利，大矣哉！大哉乾乎！刚健中正，纯粹精也③。六爻发挥④，旁通情也⑤。“时乘六龙”⑥，以“御天”也。“云行雨施”，天下平也。

【注释】

①性：天之本性。情：天之心情。

②以美利利：前一“利”作名词，指有利、利益；后一“利”作动词，即“使……有利”。美利，即美好有利。

③纯粹：米不杂曰“纯”，谷不杂曰“粹”。纯粹，就是不杂不变。

④发挥：《广雅·释诂》曰：“挥，动也。”这里指六爻的变化运动。

⑤旁通情：旁，广大，即广通于万物。《集解》引陆绩曰：“《乾》六爻发挥变动，旁通于《坤》，《坤》来入《乾》，以成六十四卦，故曰‘旁通情’也。”

⑥时乘六龙：以四时之变，六爻之动来驾驶六龙。如《月令》所言：“盛德在木则行春令，盛德在火则行夏令，盛德在金则行秋令，盛德在水则行冬令。”

【译文】

“《乾》能出生万物”，就在于它具有创造万物的美德并使之亨通发展。“有利于万物，守正持固”，此乃天之本性、真情。《乾》一开始就能以美好有利的方法而利天下之万物，却不说出它所给予世间的恩惠，这是多么的伟大啊！伟大啊！您刚健中正，纯粹不杂，至精至诚。《乾》卦六爻的运动变化，通达于万物发展的情理。就像六条巨龙顺应时序巡视着天空一样，云儿因此而飘动，雨水因此而下降，给大地万物带来安详和平。

【评析】

《乾》象征的是天之刚健中正、纯粹精诚的美德，并以美德利物、利人，故而能生万物并使之按照时间亨通发展。但是，它却从不去宣扬自己的善行。不言而成，成而不言，其"美利"天下的品德只是通过"发挥"与"旁通"来践实。

君子以成德为行①，日可见之行也②。"潜"之为言也③，隐而未见④，行而未成⑤，是以君子"弗用"也。

【注释】

①成德为行：行，行动。《集解》引干宝曰："君子之行，动静可观，进退可度。动以成德，无所苟行也。"

②日：副词，作状语，即每日。

③为：动词，作为。言：讲，谈论。

④隐而未见（xiàn）：隐，隐藏。见，出现，显现。

⑤未成：即事业、德行尚未达到显著。

【译文】

君子以成就美德作为自己的行为准则，每天都能使自己的道德有所增进。而初九爻"潜"的意思却是退隐潜伏而不显现，这是因为其德行尚未显著，所以君子暂时就不去施展才能。

【评析】

初九阳气潜伏，"龙"因时而隐；但是，初九之"隐"并不是归隐，也不是隐退，而是通过隐藏的方式来蓄积力量，等待时机。《孟子·公孙丑》

曰："虽有智慧，不如乘势；虽有镃基，不如待时。"《乾》的六阳爻同处一卦之中，其吉凶悔咎的意义各不相同，这与其他的卦象不同，因为，其他的卦象主要是通过爻位来说事，而《乾》卦的爻位说的其实就是时间。

君子学以聚之①，问以辩之②，宽以居之，仁以行之③。《易》曰："见龙在田，利见大人。"君德也。

【注释】

①学以聚之：九二爻处上进之位，但仍然在田野之间，尚未启用，更需要积累自己的知识。

②问以辩之：辩，通"辨"。多问才能有辨，孔子"入太庙，每事问"，故君子之于学，学则有问，问则能辨，辨而能明。

③仁以行之：之，复指"仁德"，即用仁德来指导自己的行动。

【译文】

君子依靠学习来积累自己的知识，靠多向别人请教提问来辨明是非，靠胸怀宽广来居于适宜之位置，靠心存仁爱来支配自己的行为。《周易》说："巨龙出现在田野之间，有利于去拜见大人。"因为大人有君子之德。

【评析】

子曰："有朋自远方来，不亦乐乎？"然君子之所乐，非为有朋来访，而在朋友能成就"学以聚之，问以辩之"的条件。这样，一则可以切磋竞进，二则免于孤陋寡闻。其"宽以居之"，或解为"居室之宽"，此非圣人作《文言》之本义，"宽"应解为心宽，非为室宽。

九三重刚而不中①，上不在天，下不在田②，故乾乾因其时而惕，虽危无咎矣。

【注释】

①重刚而不中：初九、九二均为阳爻，九三又是阳爻，故为“重刚”。《乾》下卦九二为正中，《乾》上卦九五为正中，九三位居三位，故失正中之位。

②上不在天，下不在田：上不在天，即不在九五之位，九五为人君之位；下不在田，即不在九二之位，故九三是悬于进退之间的位置。

【译文】

九三是重阳强刚之位，然而其居位不在正中，上不能通达于天，下不能立身于田间，之所以要强健，就因为自身处在必须保持高度警惕之时，这样即使是面临危险也没有灾祸。

【评析】

与其说九三的《文言》是在说明爻位，毋宁说是在说明这种爻位所代表的时间。这个时间，一方面使九三偏离了中正的位置，另一方面，这个位置有着更大的责任。

九四重刚而不中，上不在天，下不在田，中不在人①，故“或”之②。“或”之者，疑之也，故“无咎”。

【注释】

①中不在人：九四爻，上不在君位，下又不在田野之位，中不在人位，故失中正之位。《系辞下》曰“《易》有天道，有地道，有人道，兼三才而两之”，即指卦之六爻，上、五为“天”，四、三为“人”，二、初为“地”。

②或：疑惑，即疑而未决。之：指“上不在天，下不在田，中不在人”的情况。

【译文】

九四也是处在多重阳刚之上，也不在正中之位，上不在九五之天位，下不在九二之田野之位，中不在九三人群之位，而且比九三还多了一层，即“中不在人”位。故感到“疑惑”，因为有“疑而未决”之警惕性，所以没有灾祸。

【评析】

人之所难，不在于进，也不在于退，而在于进退之间。九四处于《乾》上卦之不正之位，陷入了进退两难的困境之中，然“疑”而能慎，则无大错。

夫“大人”者①，与天地合其德，与日月合其明，与四时合其序，与鬼神合其吉凶②，先天而天弗违③，后天而奉天时④。天且弗违，而况于人乎？况于鬼神乎？

【注释】

①夫：发语词，此处无意。

②鬼神：非真指鬼神。鬼，隐秘莫测之事。神，精灵幽妙之形。

③先天：先于天地阴阳化物之前，这里指“道”。古人认为未有天地之前，先有天地之道。圣人能遵循“道”（即客观规律），所以“天”也顺着他。

④后天：指后于天地阴阳化物。奉：遵循。虞翻曰：“奉，承行。”《说文》：“承，奉也。”故此处当解为“顺承”之意。

【译文】

九五之爻所称颂的“大人”，他的心灵能与天地万物沟通，能像日月的光辉一样普照大地，治理天下也能顺应四时之节序，而且还具有如“鬼神”一样隐秘幽妙的能力揭示吉凶的预兆，因为他能行先天之道，故天也不违背他，后于天道而行事，却能顺应天时四序。天尚且不违背他，何况人呢？何况鬼神呢？

【评析】

身处九五之尊的“大人”，上应天时，下顺民情，其行事如四时之有序，如日月之同辉。且唯其如此，他也就上可以先于天道而行，下可以顺应天时而动，故天地万物都能遵循他的号令。

"亢"之为言也，知进而不知退，知存而不知亡，知得而不知丧[①]。其唯圣人乎[②]！知进退存亡而不失其正者[③]，其唯圣人乎！

【注释】

①丧：失去，丧失。此处指"亢"之过极，定难持久，必有所丧失。

②其：语气词，有"恐怕"、"大概"之意。

③正：中正之位，中正之德。

【译文】

《乾》卦之上九所说的"亢"，是在譬喻某些人只晓得进取而不知道及时隐退，只知道生存而不知道衰亡，只知道一味地去获得利益而不知道要舍弃一些。知道这些事情的人，恐怕只有圣人吧！因为圣人深知进取、引退、生存、衰亡之理，并因此不使自己的行为失去正道，这样明智的人，大概只有圣人啊！

【评析】

"亢"象征着事物发展到过极的情况，"月盈则亏"，"日中则损"，这是常理，也是常识。《文言》在揭示了产生"亢极"原因的同时，启示我们，过分与过极都是违背自然的错误行为，生存与发展的前提是"欠缺"的状态和谦虚的精神，如老子所言："功成而弗居，夫惟弗居，是以不去。"

坤（䷁）

【题解】

《坤》与《乾》同为"天地之门户"，是以纯阴来象征"含弘广大"的大地有“德合无疆”的内涵。如果说《乾》象以“刚健中正”的纯粹来张扬“自强不息”的君子之行，那么，《坤》则以“柔顺利贞”的宁静来表彰“厚德载物”的君子之美。在《坤》象中，我们看到君子的美德是由表及里地得到体现，在初六的爻辞中，这种体现主要是启发人们要“驯致其道”，“驯”，义通“顺”。在实际生活中，“顺利”是一个词，“顺”是“利”的前提，只有顺从、顺应“其道”，才能达到“利”的境界。体现在六二爻辞上，就是以“直方大”的地象来修养“正直方大”的君子之德，正如《论语》所言“德不孤，必有邻”。美德，不仅本身代表着力量，而且它还会聚集更多的力量。养成并聚集了道德之后，就会有所行动，故《坤》六三以“含章”之美德、善才而“从王事”。然而，六三的可贵之处就在于虽有所成，却不自恃其“成”，因而能善始善终。老子云“天得一而清，地得一而宁”，地象的道德不仅在于她的“含弘光大”与“厚德载物”，还在于她有安宁沉静的、如月光一样温柔静美的仪态。顺至《坤》六四之“括囊无咎”，其内敛矜持的意蕴里，仿佛能将一颗躁动的心沉浸在那静谧柔美的月光里。至于六五的“黄裳元吉”则使历代封建帝王将“黄裳”霸占为他们的专利。但是，真正的“黄裳”并不是穿着于外体的服饰，而是《象传》所言之“文在中”的敦厚之德与内美之质。至于上六的“其血玄黄”，在揭示阴极而“战”的惨烈与悲壮时，更多地启示人们物不可极，极则生变，而且这种“变”是本象之中的变化，是一种异化的逆变，必然没有好的结果。故《乾》“亢”则有“悔”，《坤》“极”就流“血”。总而言之，《坤》道，即地道、妻道、臣道，她有安静顺从的品行，她有正直方大的仪态，她有含蓄内敛的心性，她有含弘光大的“厚德”。正因为如此，她能将“黄中通理，正位居体”的内美之质“畅于四肢，发于事业”，因而她就当之无愧地成为六十四卦中唯一称得上“美之至”的卦象。

坤①：元，亨②，利牝马之贞③。君子有攸往，先迷；后得主，利④。西南得朋，东北丧朋⑤。安贞吉⑥。

【注释】

①坤：卦名，下卦、上卦皆为☷，象征着地、母亲、马等。《说卦》，“坤，地也”，“坤，顺也”，就是说《坤》于“象”则象征着大地，于“行”则象征着顺从。

②元：这里的“元”与《乾》卦中的“元”略同，因为天大，地也大，天能生物，地能化物。亨：天地相配，乾坤合德，所以能亨通。

③利牝马之贞：牝，《说文》解释：“牝，畜母也。”就是母马。贞，正，就是要守正而行。《集解》引干宝注曰：“行天者莫若龙，行地者莫若马；故《乾》以龙系，《坤》以马象也。”龙行天上为阳，马行在地为阴。

④君子有攸往，先迷；后得主，利：攸往，所往之地。《集解》引卢氏曰：“《坤》，臣道也，妻道也。”坤为阴，应随人后而行，不宜抢先而行。若抢先则有迷路之失，若随后则有得主之喜，故有利。

⑤西南得朋，东北丧朋：尚秉和先生以《十二辟卦图》为说，指出《坤》居西北亥位，阴气逆行，沿西南方向前行遇阳气而渐盛，故“阴得阳为朋”，若沿东北方向前行，则失阳气渐尽，故东北行则丧朋。尚氏之说虽于理也通，却忽略了《十二辟卦图》应晚于《坤》卦卦辞。揆理度情，此处不妨以文王八卦的方位为解，则《坤》卦位于西南时六爻皆阴，同类为朋，以阴居阴，故曰“得朋”。《坤》卦相对的卦象《艮》卦(䷳)，则六阴爻变出两阳爻，余有四阴爻，故曰“丧朋”。

⑥安贞吉：安，安守。贞，正道。意指《坤》若安分随顺则能吉利。

【译文】

《坤》卦，它象征着大地，大地有元始之生，亨通之利，有利于像牝马一样守持正道。君子若要与人有来往，就要随着别人的后面，让别人来做主，必有利益，若是抢先或居首位，就会迷失方向。往西南会得到朋友，往东北则会丧失朋友。安分守正就会吉利。

【评析】

《坤》之卦辞，概括起来，反映着作为纯阴之卦的《坤》具有两种特征：一是先行则迷，二是后顺则吉。阴晦不明，如在黑夜，故类于迷道之物，如牝马之类。我们说“老马识途”，但是，那个识途的“老马”定然不是“牝马”，而是一匹公马。在现实生活中，我们也有这样的经验，即女性的方向感远不如男性的方向感明确，因为男人为阳，女人为阴。那些表现于外在的特征，实际上是由阴阳的内在本质所决定的。天化育万物，地生载万物。天地相配，阴阳相合而生育万物，乾坤有相合之理，阴阳有相合之情。然而，乾以强健为德，坤以阴柔为美。《坤》为阴，象征着臣道、妻道，要有随顺安分的守正之心，不能抢先冒进。

《彖》曰：至哉坤元①，万物资生，乃顺承天。坤厚载物，德合无疆②。含弘光大③，品物咸亨④。牝马地类，行地无疆，柔顺利贞。君子攸行⑤，先迷失道，后顺得常⑥。西南得朋，乃与类行⑦。东北丧朋，乃终有庆⑧。安贞之吉⑨，应地无疆。

【注释】

①至哉坤元：坤，坤为地。元，大。这里指生育万物的大地有至善的美德。

②无疆：地广博无边，长久无疆。

③含：包容。弘：《尔雅·释诂》：“弘，大也。”

④品物：即万物。亨：亨通畅达。

⑤攸行：攸，助词，用于动词前，相当于“所”。攸行，即所往之地。

⑥后顺得常：常，经常恒久之道。《坤》为阴卦，其德为柔顺，其行应随从。若“先行”则迷，故曰“先迷”；若后随顺于阳刚之德，则能

得其恒久之道。

⑦类行：类，类别，这里指同类之人。类行，就是与志同之士共行。

⑧终有庆：庆，福庆吉祥之事。“先迷”而“后顺”，故“终有庆”。

⑨安贞之吉：安，安分，安心。贞，正直，正道。即安分守正就会吉祥。

【译文】

《彖传》说：美德至极的大地啊，万物的滋生依赖您，您顺承天道，厚实的土地上承载着万物，天地相合，阴阳相生的德性广大无边。您含育一切生命并使之发扬光大，使万物都能亨通和顺。牝马是地上的生物，它能驰骋在无边无际的大地上，以柔顺的性情安分守正。君子若争先前行则易于迷失正道，若能随顺人后，就会走上正道。往西南方向前行，就会得到朋友，并且可以与朋友共赴前程。若向东北方向前进，则会失去朋友，但最终还是会吉祥福庆。安分守正的吉祥，应和着大地的美德而向无边无际的远方展开。

【评析】

“坤元”的美德不仅在于她有生育万物的厚实博大，更重要的是，她还有柔顺安正、含弘随和的心量。因此，她上可以顺承阳光的照耀而哺育万物的生长，下可以安分随顺地承载万物。这是因为对应《乾》卦的《坤》卦有着阴柔之美和随顺而安的品性，她安于处下，安于在后。如果保持她的本性之正，则往往是吉利的；反之，如果违背自然规律，违背其内在本质而欲争强、抢先，就会迷惘失道。

《象》曰：地势坤①。君子以厚德载物②。

【注释】

①地势坤：坤，下、上均为阴，为地，故地势有随顺之德。坤为顺，“坤”古字作“巛”，而“巛”为顺的借字，自《周易正义》改作“坤”。

②厚：用如动词，在这里有增进、增厚的意思。

【译文】

《象传》说：广大无垠的大地包含着随顺安分的美德。君子从中悟出做人的道理，以大地之德来修养自己的品德，这样也能像大地一样包容、承载万物。

【评析】

《乾》之德在自强不息，《坤》之德在厚德载物，其所以如此，就在于《坤》能知阳而守阴，知雄而守雌，有安于在下、随和顺从的美德。君子也应从地理之情、地势之性中顿悟出做人的道理，在具备自强不息的精神后，更应该有厚德载物的心性和气量。

初六①：履霜，坚冰至②。

【注释】

①初六：居下卦之第一位，故称“初”；又因为它是阴爻，故称“六”（参《乾》之初九注）。

②履霜，坚冰至：履，践，踏，踩。至，到来。初六阴气始来，故有霜象，然始于纯阴之卦，则“坚冰至”。或曰《乾》与《坤》旁通，“乾为寒”，时至《坤》卦，则阴消尽阳，故曰“坚冰至”。

【译文】

初六，当你踩着微霜时，严寒与坚冰也就即将来到。

【评析】

由微霜至坚冰，大自然的物候与气象是随着时间的推移而变化的。只要我们注意观察那些发生在我们周围的事情，我们就能比较准确地预知未来。因为，时间既能改变一切，也会告诉我们答案。

《象》曰：“履霜坚冰”，阴始凝也①，驯致其道②，至坚冰也。

【注释】

①阴始凝：阴，阴寒之气。始，初六为“始”。凝，凝结。《五经通义》曰：“寒气凝以为霜，从地升也。”古人认为寒气是从地中升起的。

②驯：犹言“顺”，《说卦》曰“坤为顺”，就是说《坤》有“顺从”之德。致：使之到来。

【译文】

《象传》说：“踩着微霜即将迎来寒冬和坚冰”，从时间上说，这说明已经到阴气开始凝结的时节，顺从其中的规律看待事物，那么，结成坚冰的时候也就自然到来。

【评析】

初六，居《坤》卦之初，本为阳爻之位，然而阴气已经开始从地中升起，故作为《坤》卦之阴爻就要顺从自然规律，使寒冬和坚冰逐渐来到。因而朱熹就说：“其端甚微，而其势必盛。”谚语有“冰冻三尺，非一日之寒”，君子应有见微知著、审时度势的能力。

六二，直方大①，不习②，无不利。

【注释】

①直方大：六二处中正之位，有端方之体，宏大之德。也有学者认为：直，读为《诗·宛丘》“值其鹭羽”之值，犹言“持”；方，并船。意谓操持方舟渡河。

②不习：习，学习，熟悉。因六二处中正之位，故不学习，也能够具有顺从道德的品性。

【译文】

六二，正直、端方、宏大，虽然是不熟悉其事，也不会有不利的事发生。

【评析】

如果说《乾》卦强调的是人的行为，那么，《坤》卦强调的则是人的道德，而德之美善者，莫过于《坤》之六二。六二爻处《坤》卦中正之位，所以有正直、端方、宏大的品德，即使是不学习，也能够顺利行事。正如朱熹所言："《坤》卦中惟这一爻最纯粹。"因为它得中正之位，故而有德。

《象》曰：六二之动[①]，直以方也[②]。"不习，无不利"，地道光也[③]。

【注释】

①六二之动：六二的变动于中正之位，顺从事物规律性。

②直以方：直，值也，训为"持"。方，方正。即持以方正之德。

③地道光：光，借为"广"，有广大之义。《集解》引干宝曰："女德光于夫，士德光于国也。"地以厚德载物，又能生长收成万物，所以其德"光大"。

【译文】

《象传》说：六二的变动，是坚持方正的法则，"不学习，未必不利"，因为地有广大的道德。

【评析】

事物的变动有变好的，也有变坏的。六二爻因处于《坤》卦的中正之位，故这种变动也是坚持其方正之品性，这很符合广大无边的地势所具有的美德。

六三，含章，可贞[①]，或从王事[②]，无成有终[③]。

【注释】

①含章，可贞：含，包含，包裹。章，《正义》曰："章，美也。"贞，正直。

阴消阳至三，则坤道成，《说卦》曰“坤为文”。三本为阳位，以阴居之，故有阴包阳之象，故曰“含章”。

②王事：即公家之事，国家之事。

③无成有终：成，成功。终，事情的发展有好的结果。三失位于《坤》，故曰“无成”，动而变正则成《谦》(䷎)，《谦》之九三曰“劳谦君子，有终，吉”，故曰“有终”。

【译文】

六三，蕴含着阳刚之美德，所占问的事情是可行的；或者跟随君王去做事，成功之后，不要把功劳归于自己，谨守为臣之道，这样就能够有好的结果。

【评析】

六三处阳爻之位而为阴爻，故有以阴爻包含阳爻的情形。其所占问之事是可行的，然而，若辅佐君王有功，则应该不居功自大才能善终。

《象》曰“含章可贞”，以时发也①。“或从王事”，知光大也②。

【注释】

①以时发：以，介词，自，按照。时，时间，时机。发，发动。以时发，即按照时机去做事。

②知光大：知，智慧。六三从王事则为“智”；事而“有终”，故能“光大”。

【译文】

《象传》说：“蕴含阳刚之美德，所占问的事情是可行的”，按照时机去发挥作用，“或者跟从君王去做事”，其智慧是广博宏大的。

【评析】

有智慧的人应该见机行事，应时而发，这是因为六三之爻蕴含着阳刚之德，有以阴包阳、含而不发的智慧和耐心守正的品性。

六四，括囊[①]，无咎无誉[②]。

【注释】

①括：《广雅·释诂四》释："结也。"《方言》十二释："闭也。"即束缚、扎紧之义。囊：口袋。《集解》引《九家易说卦》曰："坤中虚，故为'囊'。"

②无咎无誉：咎，灾殃，罪过，过失。誉，赞誉，美好的名声。《文言》曰："天地闭，贤人隐。"六四近五则多惧，"多惧"就有警惕之心，故曰"无咎"；位不在中，且无下应，就不能建功立业，故曰"无誉"。

【译文】

六四，束紧口袋，就不会有危害，也不要求赞誉。

【评析】

《坤》之六四爻以束紧口袋为喻，来说明括囊即可使内无所出，也可使外无所入，劝说人在不当言之时，就应缄默其口。不求有功赞誉，但求无过无悔，正所谓君子之道"慎于言而敏于行"。

《象》曰："括囊无咎"，慎不害也[①]。

【注释】

①慎：谨慎，在这里是指慎于言，少说话。不害：无所害。

【译文】

束紧口袋，就会使灾祸之事进不来，所以君子慎于言，就不会受到危害。

【评析】

老子曰："多言数穷，不如守中。"孔子要求，君子当"讷于言"，"慎于言”，“察颜色而言”，谚语有：“祸从口出，病从口入。”这些都在劝喻人们谨慎自己的言行，危害的事才能不降到自己的身上。

六五，黄裳[①]，元吉[②]。

【注释】

①黄裳：黄，黄为中和之色，坤为土地，中土之色为黄，土又能生万物，故于诸色中最为贵重。裳，下身所着之衣饰。《集解》：“黄，中之色；裳，下之饰；元，善之长也。”此处以“黄裳”喻指中和之德。

②元吉：元，相当于大，长。五本为阳位，六阴居之，象征着有中和之德的君王谦居君位，以治天下，故曰“元吉”。

【译文】

六五，身穿黄色裙裳，就很吉祥。

【评析】

在中国文化中，黄色被尊为高贵的颜色，这是因为它象征着土地的颜色，土能生长万物，故深受人们的尊崇。六五在《坤》卦中居五爻，本为君王之位，然而，《坤》之道是为臣之道，为妻之道，因此，六五就有臣居君位之嫌，故欲安人心、定天下，就必须内服中和之气，如黄色服于下饰一样。

《象》曰：“黄裳元吉”，文在中也[①]。

【注释】

①文在中：文，“坤为文”。文，谓“温文”，与“威武”相对。五在《坤》上之中，故《象传》说：“文在中。”

【译文】

《象传》说："身穿黄色裙裳，就很吉祥"，这是因为它以温和之性、中和之德处于中正之位。

【评析】

六五居尊位而谦和，所以事情会吉祥如意。正如朱熹所言："这是那居中处下之道。《乾》之九五，自是刚健底道理；《坤》之六五，自是柔顺底道理，各随他阴阳，自有一个道理。"这也就是说，虽然同居五位，但是阴阳之性不同，其道理也自然不同。

上六，龙战于野[①]，其血玄黄[②]。

【注释】

①龙战：战，交战，《坤》之所处之位在亥，临戌之西北方，西北为《乾》卦之位，故《坤》阴必与之有交战之事。按，"战"又训为"接"，"龙战"，即阴阳交合。《坤》之上六阴气至盛，阴气甚极而阳气来复，故《坤》尽则《复》(䷗)来。《说文》云："《易》曰'龙战于野'，'战'者'接'也。"野：《乾》居西北广漠之方，故称"野"。

②其血玄黄：玄，赤黑色。血为精气所致。"天玄地黄"，承上句，可知戌亥之位为《坤》至《乾》位之地，居则天地二气交合于此，故曰"其血玄黄"。

【译文】

上六，龙在原野上交战，流出青黄相杂的鲜血。

【评析】

《坤》为纯阴，然运行至戌亥之方，遇纯阳之气，故有一战。此所谓"阴阳相薄"之理。

《象》曰："龙战于野"，其道穷也[①]。

【注释】

①其道穷：道，即《坤》之道。穷，穷尽，至极。上六居《坤》之穷尽之处，故曰“其道穷”。

【译文】

《象传》说：“龙在原野上交战”，这是因为《坤》之上六的纯阴之道已经走到穷尽之处。

【评析】

龙之所以于原野一战，在于它的纯阴之道已经运行到至极。极则生变。

用六①，利永贞②。

【注释】

①用六：义与《乾》卦“用九”相对。在筮法中，凡筮得阴爻，或为“六”，或为“八”，其“六”为可变之数，“八”为不可变之数，据筮法之原则，用“六”不用“八”，若筮后六爻皆八，则以卦辞断事，若筮后六爻皆六，则以“用六”之爻辞为占（参《乾》之用九）。

②利永贞：永，永久，持久。《坤》之“用六”为极柔至变之时，且《坤》为臣道，柔为本分，以柔顺为正则有利于持久。

【译文】

用六，有利于永久地保持正直之心。

【评析】

做人、做事需要守住本分，《坤》为臣道、妻道，当以柔顺为正道。能走正道，且不失本分，故能持久，故老子有言曰：“柔之胜刚也，弱之胜强也。”

《象》曰：用六“永贞”，以大终也①。

【注释】

①以大终：阳大而阴小，阴柔而阳刚。《坤》至阴至柔，故“无成而有终”。“大终”，就是阴极而转阳的结果。

【译文】

《象传》说：用六“能永远保持正直之心”，所以也就能得到以阴之柔顺而归之于阳气的结果。

【评析】

阴以柔顺为本，但是，纯阴则不能成事，故“用六”以至阴转阳为终。

《文言》曰：坤至柔而动也刚①，至静而德方②，后得主而有常③，含万物而化光④。坤道其顺乎，承天而时行⑤。

【注释】

①坤至柔而动也刚：《坤》虽至柔，然动而有变，变则为刚。故《集解》引《九家易》曰：“坤一变而成震(☳)，阴动生阳，故‘动也刚’。”

②至静而德方：至静，阴静而阳动，《坤》为纯阴之象，故曰“至静”。德方，谓《坤》之恩德因阳动而流布于四方。古人认为天圆地方，然此处含有“流布四方”之意。《集解》引荀爽曰：“坤性至静，得阳而动，布于四方也。”

③后得主：《坤》性阴而“先迷”，动而为《震》，《震》为主持祭祀之主，故曰“后得主”，“得主”实谓从其“阳”。

④含万物而化光：《说卦》曰“坤以藏之”，地道能藏，故曰“含万物”，《象传》曰“含弘光大”，《系辞上》曰“坤化万物”，化育万物，则其德光大，故曰“化光”。

⑤承天而时行：承，承接，顺应。而，犹言“以”。天行其四时之节，《坤》顺承天道，故曰“承天而时行”。

【译文】

《文言》说：象征大地的坤道虽然有至阴至柔的秉性，但它的运行是刚强的。它安安静静地将它的美好品德流布于四方。以他人为主，随从在后，顺从人君，所以能保持永恒之道。大地包容万物，化育万物，使万物弘扬光大。坤道是多么的柔顺啊！它顺承天道，顺应四时之序而运行。

【评析】

古人认为天圆地方，圆而动，方则静。大地的道德在于阴柔至静，但是，它却能从顺应天道中，使它的柔顺之德得以发挥，因而默默地响应着天上的雷声，静静地接应着天上的光辉，使万物得以生长、繁荣。

积善之家必有余庆，积不善之家必有余殃。臣弑其君，子弑其父①，非一朝一夕之故，其所由来者渐矣②，由辩之不早辩也③。《易》曰“履霜，坚冰至”，盖言顺也④。

【注释】

①臣弑其君，子弑其父：弑，下杀上，幼杀长，谓之“弑”。《坤》阴消阳至三则成《否》(䷋)，《否》下坤上乾。《说卦》曰“乾为君”，“坤为臣”，坤成而乾灭，故曰“臣弑其君”。《坤》阴消阳至二成《遁》(䷠)，《遁》下艮上乾，《说卦》曰“乾为父”，“艮为少男”，即父之少子。艮成则乾灭，故曰“子弑其父”。

②其所由来者渐：渐，渐进，逐步发展。阴消阳非一日之事，实从初至二、至三，故曰“由来者渐”。

③由辩之不早辩也：由，由于，因为；辩，通“辨”，《经典释文》引马融曰：“别也。”即这是因为其辨之不早的缘故。

④顺：遵循。《说文》：“循，顺也。”故“循”与“顺”同义。

【译文】

积德行善的家族，必有很多福庆之事；累积了很多恶劣行为的家族，必然留下许多祸殃。臣民杀害君王，儿子杀害父亲，并非一朝一夕的原因所致。其作恶的由来是逐渐形成的，只不过是君王和父亲没有及早地辨清真相。《周易》说“踩着微霜时，坚冰也就即将到来”，这句话可能是在譬喻阴险丑恶的事是顺着时间累积的。

【评析】

事物的发展有一定的过程，积恶与积善一样，均非一朝一夕之所为，只要人们去细心观察，就会预见其必然趋势，故知善而多积善则多有福庆，正所谓“前人栽树，后人乘凉”。反之，则恶有恶报。明智之举是见微知著，防患于未然。

“直”其正也，“方”其义也①。君子敬以直内，义以方外②，敬义立而德不孤③。“直、方、大，不习无不利”，则不疑其所行也。

【注释】

①“直”其正也，“方”其义也：直，正直，即存心要正；方，方正；义，适宜，合理。此句意谓为人做事要以原则性去适应其物理人情。

②敬以直内，义以方外：内，内心，以恭敬之德而使内心正直，以“仁义”之德而形端方于外。故《正义》曰“内，谓心也。用此恭敬以直内心”，“用此义事以方正外物”。

③德不孤：谓美德传扬，众人响应。

【译文】

“直”是品性正直，“方”是指行为仁义。君子以其恭敬之德而使内心正直，行为仁义则使其外形端方。树立了恭敬、仁义的品德就会在道德上不孤立。“正直、端方、宏大，不熟悉也未必不获利”，这说明只要道德美好，就应对自己的行为无所疑虑。

【评析】

孔子说“德不孤，必有邻”。道德的力量在于能以正直的品格团结人，只要自己的行为是正确的，就不要怕别人说什么，更不要对自己的行动疑虑重重。

阴虽有美，含之以从王事①，弗敢成也②。地道也，妻道也，臣道也，地道无成而代有终也③。

【注释】

①含之：内含其美，含藏不显。

②弗敢成：《坤》为臣道，虽内含其美，也要唯《乾》命是从，故虽有“成”而不敢自称为“成”。故《系辞上》曰：“《乾》知大始，《坤》化成物。”即坤道非无成就，只是不敢居功而已。

③代有终：代，代替，《说文》释“更也”。地替代天道而终成结果。《集解》曰：“是凡之生，皆始于《乾》而终于《坤》，成物即终也。”

【译文】

阴柔的地道虽然含其内美之德、之才，“含”其美德、美才而跟从君王做事，即使是有所成就也不敢自居其功。因为地道就是妻道、臣道。故地道不将成就归之于己，却替代天道去成就万物。

【评析】

地道象征着臣道、妻道，故其虽有内美之德、之才，却含而不露，隐而不显。原因就在于：其一，地虽有成就万物之实，然而谨守臣道，不居功自傲；其二，成就万物的结果虽然表现于地，而其原因则在于天。

天地变化，草木蕃①。天地闭，贤人隐②。《易》曰：“括囊，无咎无誉”，盖言谨也。

【注释】

①草木蕃：蕃，繁衍。天地变化，阴阳二气交通，则草木繁衍。

②天地闭，贤人隐：闭，闭塞，闭塞无光、无道。此句指《坤》之六四，《坤》阴消阳至四，则乾坤皆无，故曰“天地闭”，于是贤人退避归隐。

【译文】

天体与大地运转变化，草木繁衍茂盛。而当天地闭塞昏暗时，贤人就退避归隐。《周易》说：“束紧口袋，没有过错，也没有荣誉。”这大概说的就是要严谨处事吧。

【评析】

“括囊”则“无咎”、“无誉”，就是用譬喻的方式启发人们，当身逢无道之乱世时，就应该像束紧的口袋一样，隐藏自己的言行。不要求取荣誉，也就不会因此而招致过错，这是一种明哲保身的处世方法。

君子黄中通理[①]，正位居体[②]，美在其中，而畅于四支[③]，发于事业，美之至也。

【注释】

①黄中通理：黄，地之色，其色中和，譬喻君子之德。理，文理。《尚氏学》曰：“理，文也；《坤》为文，故曰‘理’。‘黄中通理’者，言由中发外，有文理可见。”

②正位居体：六五虽居贵位之正，但以阴柔为用，故以“黄裳”之中和之色来饰其德才。

③支：通“肢”，即四肢。

【译文】

君子以中和之黄色通达于文理，端正地居于正义之位，使美德含于内心，舒畅四肢，并将这些美德发挥到事业之中，这是最美好的事。

【评析】

黄色象征着地道，它是中和之色，能够体现君子端居正位的美德，圣人有言曰“心宽体胖”，故有德则能使四肢通泰舒畅，将这样的心情和身体发挥到事业中去，岂不是“美之至也”！

阴疑于阳必战①，为其嫌于无阳也②，故称“龙”焉。犹未离其类也，故称“血”焉③。夫玄黄者，天地之杂也，天玄而地黄。

【注释】

①阴疑(nǐ)于阳必战：疑，通“拟”，比拟。朱熹曰：“疑，谓均敌而无大小之差也。”王引之曰：“疑之言拟也。”即阴气到了与阳气相抗衡时，阴阳二气就会有一战。

②为其嫌于无阳：《集解》本无“无”字，“嫌”作“兼”，即阴中有阳，《坤》之上六卦象兼阴阳二气。《说文》曰：“嫌，疑也。”同上文之“疑于阳”之“疑”。

③犹未离其类也，故称“血”：上六，虽已兼有阴阳二气，然仍属《坤》卦，故曰“犹未离其类也”。血，阴气之类为“血”。朱熹曰：“血，阴属。”因犹未离其阴类，故称“血”。

【译文】

当阴气强盛到与阳气相抗衡时，就会与阳气发生交战。这是因为阴气可与阳气抗衡，所以就可以与《乾》一样被称作“龙”，但是，它仍然未脱离阴属之类，故称“血”。青黄之色，就是天地之色的相互杂合，天的颜色是青蓝色的，地的颜色是黄的。

【评析】

阴气达到极致时，就会与阳气抗衡。二者既对立，又统一，阴中有阳，阳中有阴，阴气是在阳气的升长中逐渐形成，阳气是在阴气的凝结中升长。阳与阴总是在对立中相互依存。

屯(䷂)

【题解】

《屯》象征着万物初生的景象。“刚柔始交”，则万物“生于忧患”；“天造草昧”，则“多难兴邦”。故《易》以《乾》、《坤》开篇之后，就以《屯》来阐释万物开始的道理，既以“元亨，利贞”来总说卦情，又以“刚柔始交而难生”来说明生物之初的艰难。筮得《屯》卦，下卦为震，震为动，上卦为坎，坎为陷，动而有陷，如行而遇险，故其卦爻辞以其“难”启示人们：《屯》利于内建诸侯，而不利于外有攸往。卦中六爻，以不同的物象和富有哲理性的意象揭示“屯”道：初“盘桓”，君子以“居正”不出为利；二“屯邅”，女子以“守贞待字”为宜；三“即鹿”，应知退而不进；四“求婚”，亲下则获吉；五居位不正，宜“柔小”用事；上位虽正，却“泣血涟如”。《屯》通体多难，但是，“艰难困苦，玉汝于成”，生命就是在这种艰难中发育的，邦国也正是在这种艰难困苦中成立的。因此，唯“难生”之《屯》，才能展示君子经天纬地之才。

屯①：元亨，利贞②。勿用有攸往。利建侯。

【注释】

①屯(zhūn)：卦名，下震☳上坎☵，震为动，坎为险，动而遇险，所以“屯”从字形到卦象都象征出生的艰难。《说文》曰：“屯，难也，像竹木之初生，屯然有难。”

②元亨，利贞：元，大。亨，亨通。利贞，有利于所占问之事。

【译文】

《屯》卦：亨通之至，有利于所占问之事。不要出门远行，有利于建立诸侯。

【评析】

《白虎通义》引逸礼《王度记》曰："诸侯封不过百里，象雷震百里。"《屯》之"元亨"在于"建侯"，而不在于"攸往"。建国封侯，正是《屯》之《象传》中所说的"经纶"之事。《屯》下震上坎，《说卦》曰"震为雷"，"为长子"；"坎为险，为陷"。春雷震动时，也就是万物生长时，而雷震百里之地也就是封侯之地。震又为长子。按《序卦》："革物者莫若鼎，故受之以'鼎'。主器者莫若长子，故受之以'震'。"按古制，唯嫡长子有继承侯国的权利。然而，要成就此功、此业则必要经历"动乎险中"的艰苦卓绝，并在此过程中使"君子"的"经纶"之才有验证与展示的用武之地。

《彖》曰：屯，刚柔始交而难生①。动乎险中②，大亨贞③。雷雨之动满盈，天造草昧④。宜寻建侯而不宁⑤。

【注释】

①刚柔始交而难生：阳为刚，阴为柔，下震一阳初生于阴爻之下，故称"刚柔始交"。一阳屈居于二阴之下，此为一"难"；动而遇险，此为二"难"。

②动乎险：《屯》之上卦为坎，坎为陷，下卦为震，震为动，故曰"动乎险"。即动于险难之中。

③大亨贞：大即"元"，大亨即"元亨"。贞，有利。

④天造草昧：昧，冥昧。阴覆于初阳，故曰"昧"。

⑤不宁：因初生有"难"，"造"昧多艰，故不可以宁而无事。

【译文】

《象传》说：屯象征着刚柔开始交感而产生的艰难，虽然它萌动于艰险之中，却还是亨通而有利的。天地之间充盈着雷雨时，上天就开辟世界创造万物于冥昧之中。在适宜于建立诸侯的时候，本来就不能安宁无事。

《象》曰：云雷，屯。君子以经纶[①]。

【注释】

①经纶：经，常也，用如动词"治理"。纶，青丝绶带，用如动词"治理"。经纶，即治理国家。

【译文】

《象传》说：雷声在乌云中震动，天空正在酝酿"初生"的希望。君子也应有所感动而经略天下，治理国家。

【评析】

"屯"象征着雷雨震动之时，生一阳于水中、陷中，萌生万物于冥昧之中，故多有艰难险阻，然而初生本来就是艰难的，我们在艰难中应该看到，一阳所生的光明已经来到，而且要勉励自己要有排除万难的坚强意志，来迎接生长与发展。《周易本义》曰："屯难之世，君子有为之时也。"也就是说，生命在萌生时所遇到的困难，既传达着困难，也兆示着希望，这正是君子奋发有为的时候。

初九，磐桓[①]，利居贞[②]，利建侯。

【注释】

①磐桓：磐，通"盘"。磐桓，即盘桓，徘徊。

②利居贞：居，即居守。一阳生于二阴之下，坎险之下，身微力弱，故利于居而守正。

【译文】

初九，盘桓徘徊时，利于居守正道，利于建立诸侯。

《象》曰：虽磐桓，志行正也①。以贵下贱②，大得民也。

【注释】

①志行正：志在行正义之道。

②以贵下贱：《屯》初爻为阳，阳为贵，然屈居二阴及一卦之下，故曰"以贵下贱"。

【译文】

《象传》说：虽然初九在遇到危险时会徘徊犹豫，然而有志于践行正道。如果能以尊贵的身份来到社会底层，就能大得民心。

【评析】

《老子》有言曰："善用人者为之下。"《屯》，一阳生于冥昧之中，上有阴气为重，险难于前，故徘徊犹豫实所难免，但是，它启示"君子"，欲得人心，就要放下架子，深入到社会底层，去关心人民的疾苦，这样才能受到他们的拥护和爱戴。

六二，屯如邅如①，乘马班如②。匪寇婚媾③。女子贞不字④，十年乃字。

【注释】

①屯如邅（zhān）如：屯，聚集。如，语气词。邅，转悠。《释文》引马融曰："难行不进之貌。"

②班如：班，通“盘”，盘旋。《尚氏学》谓“班如”为马多之状，并引吴汝纶先生《易说》云：“《汉书》：‘车班班，往河间。’”

③匪：同“非”。婚媾：即婚姻之事。

④不字：字，许嫁。《礼记·曲礼上》：“女子许嫁笄而字。”不字，即不许嫁。

【译文】

六二，有许多人聚集在一起，乘着马回环徘徊，纷纷前来。但是他们不是强盗，他们是来求婚姻的，女子若在此时不应许，则十年之后才能结成姻缘。

《象》曰：六二之难，乘刚也①。十年乃字，反常也②。

【注释】

①乘刚：乘，凌驾。乘刚，就是指六二爻乘于初九之上，阳为刚，阴在上，故称“乘刚”。

②十年乃字，反常也：六二以阴居阴，当位居正，上应九五，应及时嫁人，“宜其室家”，而此误至“十年乃字”，违背常理，故曰“反常”。或注“反”借为“返”，返于常理、常道。六二“不字”，误至十年后“乃字”，则归于妇女之常道。此说也通。

【译文】

《象传》说：六二陷入困难，因为它凌驾于初九阳刚之上，违犯了男尊女卑，阴下阳上的常理。十年后才许嫁，这是违背常理的。

【评析】

一般而言，在《易》理中，阳为刚，阴为柔，其初并没有贵贱之分，故《复》之六二曰：“休复，吉。”《家人》之六二曰：“窥观，利女贞。”《坤》之六二、六五，皆以吉论。此处，《屯》之六二仅以“十年不字”为辞，并未言之以“难”，更没有把这种“难”与六二在初九之上的爻象相联系，然而此爻的《象传》却解释为“六二之难”原因在于“乘刚”，这与整个《易》理并不相符。按卦象，六二之“十年不字”，非“乘刚”有难，而是因为六二虽当位居正，然上应九五，须经历“坎”险。且六二至九五，又有六三、六四为阻挠，故“字”迟至“十年”。

六三，即鹿无虞①，惟入于林中，君子几不如舍②，往吝③。

【注释】

①即：追逐，接近。虞：古代掌管山泽禽兽的官员。

③几不如舍：几，接近，求取。舍，舍去。

④往吝：往，前往。吝，困难。上卦为坎，《说卦》曰“坎为水”，“坎为险、为陷”，往而遇险，故曰“往吝”。

【译文】

六三，没有虞官引导就追逐山鹿，结果进入茫茫的森林之中，君子与其紧随其后，不如暂时舍弃，如果执意前往，就会陷入困境。

《象》曰：“即鹿无虞”，以从禽也①。君子舍之，往吝穷也②。

【注释】

①从禽：从，紧随其后，追踪。禽，鸟兽的统称。“从禽”义与“即鹿”同。

②往吝穷：穷，穷于术，穷于途，无路可走之意。六三本应上应上六，然上六处《屯》之穷尽之处，且三、上皆为阴，故不能相应，又有坎水为阻，故曰“往吝穷”。

【译文】

《象传》说："在没有虞官的引导下就追逐山鹿"，是因为紧紧地追赶野鹿。君子不如暂时舍弃，执意前往会陷入困境，无路可走。

【评析】

《系辞》曰："《易》者，象也，象也者，像也。"圣人作《易》，观象系辞。六三的爻辞说明：在六三上应上六的过程中，六三须与三个卦象产生联系，六三在震，震为足、为动，故有"即"之行；六三至九五成艮象，艮为狗，故类如鹿象；上为坎，坎为荆棘，故有林中之象；又坎为险，故有"往吝"之象；因六三不当位，故曰"无虞"。这一连串的卦象与爻象既为我们展示了古人捕猎的生动画面，又寓教于辞，警示来者。

六四，乘马班如，求婚媾①。往吉，无不利②。

【注释】

①求婚媾：阴爻六四顺承比合于阳爻九五，故有婚媾之事。又六四下应初九，初九在震，震为长子，二者相应，也有婚媾之事。

②无不利：有应有比，阴阳相亲，亲成婚姻，顺于情理，故无有不利。

【译文】

六四，乘着马纷纷前去，求取婚姻。前往是吉利的，无有不利之事。

《象》曰：求而往①，明也。

【注释】

①求而往：四阴求初阳，有礼贤下士之德。《尚氏学》曰："四与初本为正应，婚媾而已；然必求者，以二、三为阻也，知其阻而往求之，故往吉也。"

【译文】

《象传》说：求婚而前往，这是明智之举。

【评析】

同说求婚之事，然六二与六四的结果迥然不同，这是因为阳气在上，则吉；阴气在上，则逆。六四有当位之正，然上比于九五之阳，下求于初阳，故进也吉，退也吉。

九五，屯其膏①，小，贞吉②；大，贞凶。

【注释】

①屯其膏：膏，用如动词，谓"施膏泽"。《集解》引虞翻曰："坎雨称'膏'，《诗》云'阴雨膏之'是其义也。"

②小，贞吉：坎为水，九五在坎中，犹如雨水之中，有润泽之象，九五当位居中，故曰"贞吉"。然上下皆阴，阴小而阳大，故曰"小贞吉"。

【译文】

九五，在草木萌发初生时遇到雨水的润泽，若雨水小，就吉祥；若雨水滂沱，则凶。

《象》曰："屯其膏"，施未光也。

【译文】

《象传》说："在草木萌发初生时遇到雨水的润泽"，说明九五所施恩泽德惠尚未广大。

【评析】

《屯》为水中有雷之象，云行雨施，就会膏泽万物。九五处于两阴之间，阳陷于阴中，故不宜“大”其膏泽。其实，《屯》时应在春季，春雷震而雨水动，春雨膏泽万物时，宜小不宜大。如杜甫《春夜喜雨》之：“好雨知时节，当春乃发生。随风潜入夜，润物细无声。”前人解说此卦，或将“小，贞吉；大，贞凶”解释为不得已；或将其解释为对小事有利，大事无利；或解释蓄物小则吉，蓄物大则凶，此皆为忘乎卦象之说。

上六，乘马班如，泣血涟如①。

【注释】

①涟如：犹涟然，流泪不断之状。

【译文】

上六，乘马盘旋徘徊，泪流如血涟涟不止。

《象》曰：“泣血涟如”，何可长也①。

【注释】

①何可长（cháng）：长，即长久之长，上六乘刚于九五，本来就不能长，且泪流如血，其痛感之悲，必有所变，故“不可长”也。

【译文】

《象传》说：“泪流如血涟涟不止”怎么能长久呢？

【评析】

上六以阴居阴，本属当位之爻，然下应六三，六三失位无应，犹如危急困厄时无人相救，徒居坎险之极，故有泣血之悲。坎为血卦，流血如流泪之状，其悲痛之情，难以言表，显然不是吉兆。痛至于此，于情则至深，于身则损身，故不能长久。

蒙(䷃)

【题解】

《蒙》象征着事物初生后的蒙昧幼稚的状况。从卦序上看,《蒙》出现在《屯》之后,体现出圣人"爱人"、"育人"的良苦用心。既然人有"蒙稚",就应当"发蒙"教导。故《礼记·学记》云:"玉不琢,不成器;人不学,不知道。是故古之王者,建国君民,教学为先。"先以教学,充分说明了古人对教育的重视。这种重视不仅有古人"尊师敬教"的精神,而且也有如何施教的方针,如卦辞所言"匪我求童蒙,童蒙求我",就与《礼记·曲礼上》"礼闻来学,不闻往教"的原则相一致;而卦辞所谓"再三渎,渎则不告"的教学态度,则与《论语·述而》中的"举一隅不以三隅反,则不复也"的方法相一致。在《蒙》卦中,二阳象征着启蒙者,四阴象征着被启蒙者,如程颐所言:"二阳为治蒙者,四阴皆处蒙者也。"其中九二以阳刚之德居下卦之中正,有"师表"之象;上九则以"击蒙"来说明教育方法和原则;六五谦居上卦之正,象征着谦虚好学的君子;初、三、四爻以"发蒙"、"勿用取女"、"困蒙"为喻,来说明人处在"蒙昧幼稚"时的困窘和危难。明末理学家、教育家蔡清在其《易经蒙引》中说:"在蒙者便当求明者,在明者便当发蒙者,而各有其道。"总的来说,这个"道"就是"蒙以养正"。

蒙①:亨。匪我求童蒙,童蒙求我②。初筮告③,再三渎④,渎则不告。利贞。

【注释】

①蒙:卦名,下坎☵上艮☶,象征着启蒙。其字义为"幼小"。《集解》引干宝曰:"蒙,为物之稚;施之于人,则童蒙也。苟得其运,

虽蒙必亨，故曰‘蒙’亨。”《说文》曰：“蒙，细小貌。”对人而言，细小就意味着蒙昧，故《蒙》卦就与人的教育有关，教育细小者就是启蒙。

②匪我求童蒙，童蒙求我：童蒙，即幼童。《蒙》之卦象有延师求教之义，故曰“童蒙求我”。《蒙》之上卦为艮，艮为童蒙。《集解》引虞翻曰：“童蒙谓五，艮为童蒙，我谓二。”卦中六五下应九二，故曰“匪我求童蒙，童蒙求我”。

③筮（shì）：筮有二义，一是作名词，指用筮草做成的占卜工具；二是作动词，指古人用筮草占问吉凶的方法。这里用第二义。

④渎：亵渎，轻侮。

【译文】

《蒙》卦本义是幼稚蒙昧，象征着教育：亨通。不是我去求幼童，是幼童来有求于我。初次占筮，我告以教诲之辞，若接二连三地来问就是亵渎和轻侮，若轻侮，就不给以教诲。利于做事。

【评析】

《蒙》卦既有幼稚蒙昧之义，又有延师启蒙之象。童蒙幼稚，就有所问。九二爻值中正之位，故无求于人，六五为阴，虚居尊位，又处在艮中，为少男之身，应虚心下问，然问之太繁则有轻侮师尊之嫌。《蒙》之所言“童蒙求我”，“渎则不告”，意在告诫人们师道尊严，不可轻侮。当然，这里强调的师道，实际上并不尽指教学者个人，也是指教与学的关系与态度。

《彖》曰：蒙，山下有险，险而止①，蒙。“蒙亨”，以亨行时中也②。“匪我求童蒙，童蒙求我”，志应也③。“初筮告”，以刚中也④。“再三渎，渎则不告”，渎蒙也。蒙以养正，圣功也⑤。

【注释】

①山下有险，险而止：下卦为坎，坎为险，上卦为艮，艮为山，山为止。其卦就有山下有险之象，遇险而止。

②亨行：亨，亨通。行，九二与六五相应交通，使上下两卦都得以亨通。时中：这是指九二位居下卦中位，如得时之正。

③志应：指九二阳爻与六五阴爻阴阳相亲，心志相应。

④以刚中：九二为阳爻，阳爻为刚，且居中正之位。

⑤蒙以养正，圣功也：二阳居刚中，二与五应，以二养五，五变而得正，故曰“养正”。古人以为“建国君居，教学为先”，教养弟子除去蒙昧，使其正直，故曰“圣功”。

【译文】

《彖传》说：蒙昧，譬如高山之下遇险，遇险而停止前行，这就是蒙昧不明啊！“蒙昧而亨通”，因为亨行于合适的时机。“不是我求童蒙来问我，而是要童蒙来求我启发他”，只有这样，二者的心志才能互相应和。“初次占问时就告知”，因为九二以阳刚居中正之位。“若再三地来问，就是亵渎，亵渎则不能告知”，因为这是亵渎启蒙之道。启蒙就是培养人的正直品格，这是圣人的功德。

《象》曰：山下出泉①，蒙。君子以果行育德②。

【注释】

①山下出泉：艮为山，在上，坎为水，在下，如山下流水之象。

②君子以果行育德：果，果决，勇敢。育，养也。《说卦》曰“艮为果”，坚而多节，故“果”有坚毅之象，故“果行”就是以果决之行培养其德。

【译文】

《象传》说：山下流动着泉水，就如蒙昧渐渐开启。君子就是要以果决之行来培养美德。

【评析】

《蒙》，下卦为坎，上卦为艮，由下而上则有二五之应，其卦象应在延师求教之象；由上而下，则仿佛有一懵懂小儿走在坎水上，蒙昧而不识险，故必求知于师，师以睿智启蒙，则能亨通于适时之机。在《蒙》卦中，我们看到知识的重要性在其启蒙之功，而启蒙之功则一在避险之知，二在“养正”之德。山因水而灵，水因山而止。孔子曰：“仁者不忧，知者不惑，勇者不惧。”君子之心当仁，君子之思当知，君子之行当勇。故曰“果行育德”。

初六，发蒙①，利用刑人②，用说桎梏③，以往吝④。

【注释】

①发蒙：发，启发。初六动于《蒙》之初爻，有启发蒙昧之象。

②利用刑人：利用，即利于。刑人，《蒙》卦初动而变为兑，兑为刑，时在正秋。刑人，即受刑之人。

③用说（tuō）桎梏：说，即脱离。桎梏，古之刑具。《说文》，“桎，足械也”，“梏，手械也”。

④以往吝：吝，难，困难。往吝，即往有困难。初六居坎之初爻，动而往，往至于坎，“坎为险，为陷”，故曰“往吝”。

【译文】

初六，启发蒙昧，利于受刑之人，脱去桎梏，然前行仍然有困难。

《象》曰：“利用刑人”，以正法也①。

【注释】

①正法：严正其法。

【译文】

《象传》说："有利于受刑之人"，这是为了严正国家的法律。

【评析】

脱去刑具，启发蒙昧，虽然都是好事，但是因为山下之坎已变为"兑"，《说卦》曰"艮为手"，艮为手足，入于兑，犹入于刑，故仍然有桎梏之事，毁折之难。子曰："道之以政，齐之以刑，民免而无耻；道之以礼，齐之以德，有耻且格。"故严正其法不仅在桎梏"刑人"，更在其脱去桎梏。桎梏为刑具，一制一脱，才称得上是"利于刑人"的"正法"。

九二，包蒙①，吉。纳妇②，吉。子克家③。

【注释】

①包：包养，包涵。《说文》："包，象人怀妊，巳在其中，象子未成形也"。九二在四阴之包养之中，又九二动而化坤，坤为母，九二至六四为震，震为长子，故有妊娠之象。

②纳妇：纳，接纳，接受。九二为阳爻，有六五来应，故有纳妇之象。

③子克家：克，能够，胜任。子，九二至六四形成震，震为子，子居刚中，又能得六五为助，故能够治家。

【译文】

九二，为众阴所包涵，吉祥。就像迎娶美丽贤淑的媳妇一样，吉祥。因为儿子已经有能力治理家庭，可以给他娶亲了。

《象》曰："子克家"，刚柔接也①。

【注释】

①刚柔接：九二与六五相应，故阳刚与阴柔相接。六五居于尊位，

能虚心求教于九二，二五能相应而合。

【译文】

《象传》说："儿子能治理家庭"，这是因为阳刚与阴柔互相接应。

【评析】

九二有众阴包养，又能上应六五之尊位，上有亲，内有助，上下亲和，故吉而又吉。儿子有能力治理家庭，不仅在于自居阳刚之位，更在于他们有六五相应为助。九二启示人们，一个人不能孤立于世界之外，总是或助人，或为人所助，个人的存在与发展必须以他人的存在与发展为前提。

六三，勿用取女①，见金夫②，不有躬，无攸利③。

【注释】

①勿用取女：取，同"娶"。六三爻下乘二阳，失位不正，本应上应上九，然六四至上九为艮，艮为止，又为六四、六五二阴所阻，所行不顺，娶之不吉，故曰"勿用取女"。

②金夫：六三既不得上应，退而见九二，九二至六四互震，震为夫，阳为金，故称"金夫"。《尚氏学》："金夫者，美称。《诗》'有匪君子，如金如锡，如圭如璧'，《左传》'思我王度，式如玉，式如金'。皆以金喻人之美。"

③不有躬，无攸利：有，通"由"。躬，身体。《正义》曰："为女不能自保其躬，固守贞信，乃'非礼而动'；行而不顺，若欲娶之，无所利益。"六三失位不足，不能保持自身之正，以非礼之动来乘二阳之刚，有非礼之行。

【译文】

六三，不宜娶这个女子为妻，因为当她见到美男子，就会不顾礼节地接近这个美男子，所以娶她为妻是很不利的。

《象》曰："勿用取女"，行不顺也[1]。

【注释】

①行不顺：行，行事。六三阴居阳位，失位不正，故不吉。《集解》引虞翻曰："失位乘刚，故行不顺也。"

【译文】

《象传》说："不宜娶此女子为妻"，因为这件事不顺利。

【评析】

《诗》云"静如处子"，"窈窕淑女"，"静女其姝"。女子之美在于温顺，文静，若躁动而无礼，则为人所轻视。《蒙》之六三之所以多凶，就在于阴居了阳位，如孔子之所谓："名不正，则言不顺。"其行无礼，其事则不顺，所以娶妻之吉在于礼，非礼勿行，非礼勿娶。《系辞下》曰"三多凶"，六三失位不正，"失位多凶"，故"行不顺"。

六四，困蒙，吝[1]。

【注释】

①困蒙，吝：吝，难，困难。六四处于两阴爻之间，故上下为蒙昧所困，且远于师教，故"吝"。

【译文】

六四，困于蒙昧，如陷入困境之中。

《象》曰："困蒙之吝"，独远实也[1]。

【注释】

①独远实：阳为实，阳实阴虚。六四独困于二阴之中，上不能应上

九，下不能应九二，故曰“独远实”。《集解》引王弼曰：“阳称‘实’也。独远于阳，处两阴之中，暗莫之发，故曰‘困蒙’也。”

【译文】

《象传》说：“陷于蒙昧之中的困难”，是因为它远离于师教。

【评析】

“近朱者赤，近墨者黑”，六四之吝，在其不仅自身蒙昧，而且周围也为蒙昧所包围。既不能自救其身，也不能求救于人，困而无助，昧又无师，均因远于九二之阳所致。“君子居必择邻，游必就士”，故孟母以“三迁”之明，使其子近于师而益于教。

六五，童蒙①，吉。

【注释】

①童蒙：六五处艮之中位，艮为少男，类如童子，故曰“童蒙”。下应九二，求教于九二，六五属阴，九二属阳，阴暗而阳明，以暗就明，故吉。

【译文】

六五，幼童受到启蒙，吉祥。

《象》曰：“童蒙”之“吉”，顺以巽也①。

【注释】

①顺：恭顺。巽（xùn）：通“逊”，谦让。

【译文】

《象传》说：“幼童受到启蒙”的“吉祥”，是因为幼童能如和风一样顺应老师的教诲。

【评析】

《蒙》卦的重要性就在于它以形象生动的卦象说明教育是脱离愚昧、克服困难的力量，有子无教，就会使其陷入困境，不能自拔。教育环境直接影响着教育的成果，所以重视教育就应重视其环境建设。恭于求师，顺于师教，这样教育才能顺利进行。学习的态度本身就是学习，而且它比学问更重要，因为态度不仅决定着人的学习，而且反映着人的道德。

上九，击蒙①，不利为寇②，利御寇③。

【注释】

①击：敲打，敲击。

②不利为寇：寇，伤害，危害。《蒙》上卦为艮，艮为止；下卦为坎，《说卦》"坎为险"，"坎为寇"。艮在上，止险止寇，故曰"不利为寇"。

③利御寇：御，禁止，抵御。坎下艮上，止高险下，居高临下，故曰"利于御寇"。

【译文】

上九，以责罚的方式启发幼童的蒙昧，不利于做伤害别人的盗寇之事，有利于做抵御别人伤害的事。

《象》曰："利用御寇"，上下顺也①。

【注释】

①上下顺：《蒙》卦的六三至六五互出一个坤，"坤为顺"，自上御下，坤顺其中，故曰"上下顺"。

【译文】

《象传》说："有利于做抵御别人伤害的事"，就能使上下之间的意志顺畅。

【评析】

对幼童的教育，有时会采用责罚的方式，但不能"击"之过猛，猛则必有伤害。美好的目的要靠正确的方法去实现，因为任何一种事都不能独立存在，于普遍联系中寻找合适的方法，就能得到好的配合，事情也就能顺利发展。

需(䷄)

【题解】

在六十四卦中，凡言有"利涉大川"的卦，多有进取之象，《需》卦就是这样的一个卦。但是，进取需要耐心、稳步、有序地进行，而不是轻举妄动。所以《彖传》以"需，须也"，阐明卦德。《需》中六爻，初言"无咎"，二言"终吉"，三言"慎不败"，四言"顺以德"，五言"贞吉"，上又言"终吉"，皆无凶象，这表明以诚实、耐心、慎重的态度进取，就会吉祥有利。所以吕祖谦说："大抵天下之事，若能款曲停待，终是少错。"

需①：有孚②，光亨③。贞吉，利涉大川④。

【注释】

①需：卦名，下乾☰上坎☵，按《说卦》，坎为水，乾为天，水在天上，故有下雨之情。《京房易传》曰："需，云上于天，凝于阴而待于阳，故曰需者待也。"

②有孚：孚，诚信。《说卦》曰"坎为孚"。上卦为坎，故曰"有孚"。

③光亨：有光明、亨通之意。按《说卦》，"离为日，为光"。九三至九五互为离，离下有天，如日光普照于天，故有"光亨"之象。

④利涉大川：大川，川流不息之大河。《需》之上卦为坎，有水之象，故曰“大川”。

【译文】

《需》卦象征着等待：心怀诚信，光明亨通。守持正直之心，利于涉过大河。

【评析】

水为养命之源，老子曰：“上善若水，水善利万物而不争。”中国是一个农业文化为主体的民族，古人对“水”的渴望胜过其他。但是，水流成川，则有阻于行路之便，持之以诚信，待之以天晴，则有利于涉过大川。马其昶《重定周易费氏学》曰：“舟楫之利，最是天地大用。凡言涉川，其象皆取诸乾、坤、坎、巽四卦，其义则所谓致远以利天下者是已，非为涉险之喻。惟不利涉大川，乃取险象尔，皆在坎体。所谓水能载舟，水能覆舟，坎险故也。”

《彖》曰：“需”，须也①。险在前也②，刚健而不陷③，其义不困穷矣④。“需，有孚，光亨，贞吉”，位乎天位⑤，以正中也⑥。“利涉大川”，往有功也⑦。

【注释】

①须：等待。《说卦》曰“乾为马”，马能健行，然前有坎险，故宜“须待”。

②险在前：坎为水、为陷，故“险于前”者，是指有险象于“乾”前。

③刚健而不陷：指《需》之下卦为乾，乾有刚健之行，故曰“刚健”。《集解》引何妥曰：“坎为险也，有险于前，不可妄涉，故须待时然后动也。”

④其义不困穷：义，犹言“宜”。待其时而动，则不至于“困穷”致难。

⑤位乎天位：“乾为天”，九五爻居乾之上，故曰“位乎天位”。

⑥以正中：九五居坎之中，以九五之尊居光明之位，故曰“正中”。

⑦往有功：此指“利涉大川”之结果，故《正义》曰：“以乾刚健，故行险有功也。”

【译文】

《彖传》说：“需”，就是等待。因为有险象于前，等待就不会使乾之刚健之行陷入困境，适宜的时候再前行就不会导致困穷之苦。“等待，心怀诚信，光明亨通，坚持正直之德”，这是因为九五居天君之位，保持正中之德行的缘故。“利于涉过大河”，建立功业。

《象》曰：云上于天①，需。君子以饮食宴乐②。

【注释】

①云上于天：乾为天，坎为水，水在天上为云，云浮于天，故曰“云上于天”。

②君子以饮食宴乐：前有大川，上有云雨，暂不能前行，等待之时，君子以作乐饮食而乐观其时。

【译文】

《象传》说：云浮动在天空的情景，就是《需》卦。在这个时候，君子应该在家饮食作乐等待天晴。

【评析】

古人涉河，不仅要备有舟楫之用，而且要等待天晴，因此，时机要比工具更为重要。时不我利，则不能行而有成，往而有功。《需》卦呈现在人们面前的是这样一种情景：象征阳刚健行的乾，前有大川为阻，上有云雨即降，故暂不能前行，此时正好以饮食之乐养身正体。俗话说：“天下雨留人。”古人出行遇雨则止，天晴而行，这本是常理，但是，现代人已经很难体会这个“常理”，因为现代化的交通工具使人们已经没有这样的经验了。

初九，需于郊①，利用恒②，无咎③。

【注释】

①需于郊：郊，城市周围地区，郊野之地。按卦象，“乾为野”，即郊野之地。《需》下卦为乾，上应六四，六四在坎，遇险则“需”于郊野。

②利用恒：恒，长久，经常。等待需要恒心与耐心的支持。

③无咎：咎，灾祸，过失。遇险而用恒心等待，所以就没有过失。

【译文】

初九，在郊外等待，有利于保持恒心，如此则没有过失。

《象》曰：“需于郊”，不犯难行也①。“利用恒无咎”，未失常也②。

【注释】

①不犯难行：犯，冒着。因前有险情，前行有难，等待于郊野之外，就远避于难，故曰“不犯难行”。

②未失常：常，经常，常道。坎之难在五，初应于四，远于难，故未失常理。

【译文】

《象传》说“等待于郊野之处”，不冒险前行。“用恒心等待则没有过失和灾难”，远离灾害未失常理。

【评析】

需以时，待于地，利在恒。人，作为行为的主体，有时坚持就是胜利，而胜利往往青睐那些坚持到最后的人。就某种意义讲，等待本身不仅是一种坚持，而且是一种行为。因为既然动而有险，不如知难而退，保持正道，静观其变。初九动而应于六四，就是等待时机、远害避祸。

九二，需于沙①，小有言②，终吉。

【注释】

①需于沙：沙，九二应于九五，而九五为坎中之刚，如柔水之中的硬物，故曰“沙”，这说明“需”而涉“大川”的人，又往前进了一步。由郊外而至于水边。

②言：言论，这里指责让。因九二至六四为兑象，兑为口，有口舌之事，故为“言”。

【译文】

九二，等待于沙滩之中，虽有口舌之事，最终还是吉利的。

《象》曰：“需于沙”，衍在中也①。虽小有言，以终吉也。

【注释】

①衍（yǎn）在中：衍，沼泽。《说文》：“衍，流也。”《穆天子传》三：“天子乃遂东征，南绝沙衍。”此句于“需于沙”相释，当解为沼泽。《集解》引荀爽注：“二应于五，水中之刚，故曰‘沙’。知前有沙漠而不进也。”

【译文】

《象传》说：“在沙滩中等待”，水流于其中。即使稍有言语口舌之事，但是最终还是吉利。

【评析】

九二上应九五，九五刚中而正，故虽“小有言”而终无危难。在实际生活中也是这样的，有时我们面临困难，只要我们有好友帮助，最终就有可能获得吉利的结果。九五对于九二而言，就如同是一个好朋友。九二之动虽然向坎难接近了一步，但是，因为这时离险象尚远，所以还是处于等待中，且有九五接应，故最终还是有惊而无险。

九三，需于泥①，致寇至②。

【注释】

①需于泥：泥，泥潭，泥泞。譬喻濒临困境。《周易集解纂疏》："坎为水，泥在水旁，故称泥。"

②致寇至：坎为寇，九三近临于水而陷于泥，故有招寇之象。

【译文】

九三，等待于泥潭之中，不能进也不能退，结果招致强寇来侵。

《象》曰："需于泥"，灾在外也①。自我致寇②，敬慎不败也③。

【注释】

①灾在外：指九三居于坎象之外，坎为险，故身在灾险之外。《正义》："泥犹居水之外，即灾在身外之义。"

②自我致寇：自己来到坎水边，坎为险，就在身边，故如招致强寇。

③敬慎不败：敬慎，犹谨慎。《需》之下卦为乾，乾之九三有"终日乾乾，夕惕若厉"之德，故能谨慎而不败。

【译文】

《象传》说："等待于泥潭之中"，这时灾难尚存在于自身之外。是我的前行招致了强寇，虽然如此，只要谨慎就不会失败。

【评析】

等待的地方，越是靠近“大川”，就越是接近危险。九三因濒临于坎水，其险情也就随之严重。但是，因为九三有“乾乾”之德，所以，即使是有“需于泥”之难和“致寇”之险，依然能“不败”。《象传》昭示人们：卦象中所兆示的危险和困难，在事情未发生之前，还是有避免的可能。由此可知，《周易》预测吉凶的主要目的，并不在于判断出凶险危难，而是通过吉凶悔吝的预见，预先准备避凶趋吉的方法。

六四，需于血①，出自穴②。

【注释】

①需于血：血，喻伤之重。六四居于坎下，为阳所伤，伤而见血，如在血洎之中。

②出自穴：穴，喻险之深。六四居于坎下，坎本为阴，坎之下乃阴中之阴，故有穴象。《王注》曰：“穴者，阴之路也。处坎之始，居穴者也。”六四虽已有险，还是能从穴中逃出，故曰“出自穴”。

【译文】

六四，在血洎中等待，从洞穴中爬出。

《象》曰：“需于血”，顺以听也①。

【注释】

①顺以听：坎为耳，六四居于坎下，上有九五为天，处下而听于天命。

【译文】

《象传》说：“在血洎中等待”，要顺从地听命于九五。

【评析】

六四身陷阴险大难之中,却“大难不死”,还自穴中逃出。其所以如此,就在于六四当位居正,上有比,下有应,又处在九五之下,终未失其柔顺之道,故尚有生机。阴顺于阳,下顺于上,此天道常理,然认识它、领会它,并最终能接受它的人不多。《需》以六四之险象昭示人们,顺则化险为夷,险而能生。故老子曰“勇于敢则杀,勇于不敢则活”,柔顺不仅是生存之德,而且是生存之道。

九五,需于酒食①,贞吉。

【注释】

①需于酒食:九五位居坎中,“坎为水”。又《需》之九三至九五互为离,“离为火”,水在离上,故有蒸煮之象,象如饮食、酒食之需。《集解》引荀爽曰:“五互离坎,水在火上,酒食之象。”《序卦》曰:“惟《需》有饮食之道。”

【译文】

九五,在危险面前,不犯险前行,却需待于酒食之前,这是吉利的。

《象》曰:“酒食贞吉”,以中正也①。

【注释】

①以中正:九五当位居正,尊居《需》中,故曰“中正”。

【译文】

《象传》说:“需待于酒食之前是吉利的”,这是因为九五居于中正之尊位。

【评析】

《需》至九五刚中之正位,就可以享受酒食之美味,这种好处来自于水在上而火在下的卦象，象生于物，有象则必有物。九五多吉，因其有中正之德，君子之行，天尊之位，故多吉祥如意。

上六，入于穴[1]，有不速之客三人来[2]，敬之终吉[3]。

【注释】

①入于穴：上六处于坎穷极之处，如在坎水之穷深之处，故曰“入于穴”。

②有不速之客三人来：速，邀请，招致。三人，谓下卦之三阳，三阳动而自至，故曰“不速之客”。

③敬之：阴顺于阳，故上六虽遇不速之客，上六也要尊敬他们。

【译文】

上六，返入于地穴之中，有三位不速之客来到，恭敬相待，最终是吉利的。

《象》曰：“不速之客来，敬之终吉”，虽不当位[1]，未大失也[2]。

【注释】

①虽不当位：上六以阴处阴，应属“当位”，辞曰“不当位”，实因其位在坎险之穷极之处。

②未大失：上六“居不当位”，然当位而下应九三，所以未有大失。

【译文】

《象传》说：“不经邀请的客人来到，恭敬地接待他们，最终是吉利”，即使其位有不当之处，也不会有大的过失。

【评析】

《需》卦有云水之象，然至上六则变为坎阴之极。古人认为云从地中升，升而入天，降而为雨，又入于地。故天地之物，物物相生，变中有变。然变而不当位，则非变者所自愿，如不速之客，非其自愿如此，自有其不得已的原因。在生活中，我们不可做不速之客，但是，当别人作为不速之客而到来时，我们应该待之以礼，如《论语》之所谓“君子敬而无失”。

讼(䷅)

【题解】

《讼》象征着争议和诉讼。或争而不已，或争而结怨，不损人，则必损于人，二者必居其一。故卦以“中吉”而“终凶”来劝诫那些陷于争讼的人，不要因为时或有“吉”而争讼不已，否则必遭遇“终凶”之实。《论语·颜渊》载孔子之言曰：“听讼，吾犹人也，必也，使无讼乎。”所以筮遇此卦的人切不可因卦辞有“中吉”和九五爻之“元吉”，就心迷于讼之得而不知讼之祸。因为所谓“元吉”，并非指争讼者本人，而是指评判争讼的君子。在此卦象中，除九五外，皆为持讼者本人，初六以不“永”讼而“终吉”，九二以“归”而“无眚”，六三以守“贞”而“终吉”，九四以“不克讼”而获“吉”，上九因讼“受服”而终得“三褫”之辱。儒家政治理想是“和为贵”，而争讼则是他们力求避免的事，息事宁人与和睦相处才是他们寻求社会和谐的方法。

讼①：有孚窒惕②，中吉③，终凶④。利见大人⑤，不利涉大川⑥。

【注释】

①讼：卦名，下坎☵上乾☰，水就下而行，天向上而行，一上一下，其所行方向有迥异不和之象。《说文》：“讼，争也，从言公声。”《释

文》："争也，言之于公也。"《本义》释为"争辩"。

②有孚窒惕：坎之九二为孚，孚，诚信。窒，堵塞，遏制。惕，恐惧。有孚，按《说卦》，"坎为孚"。九二失位于坎中，上无所应，故其诚信被堵塞。又因居位不正，故有恐惧感。

③中吉：讼则争而不亲，然九二以阳刚之德居于中位，象征着《讼》有"中吉"之象。

④终凶：争而讼，讼而有所得，然而，讼为不祥之事，不可长久，争之太甚，终之必凶。

⑤利见大人：大人指九五，九五得位而居中正之位，故曰"大人"。人有争讼，必言之于公，决断于"大人"，故曰"利见大人"。

⑥不利涉大川：上九处于《讼》之穷极之处，且不当位，下应六三，六三在坎，坎为险难，故曰"不利涉大川"。

【译文】

《讼》卦象征着争辩之事，因为诚信被阻塞而心情恐惧。其过程中可能有暂时的吉利，然最终还是凶险的。此时，有利于去拜见大人，但不利于去涉越大川。

【评析】

"冤家宜解不宜结"。《讼》而"得理饶人"，则有"中吉"之象；《讼》而"结怨"则必"终凶"。其所谓"利见大人"，则对世人有更大的启发，因为有了争讼之事，不能私自了事，应诉诸于法律才是正理。

《彖》曰：讼，上刚下险，险而健①，讼。"讼有孚窒惕，中吉"，刚来而得中也②。"终凶"，讼不可成也③。"利见大人"，尚中正也④。"不利涉大川"，入于渊也。

【注释】

①上刚下险，险而健：上刚指乾，下险为坎。坎内而外乾，险于内而

健行于外,故曰“险而健”。

②刚来而得中:九二为阳,阳为刚,阳本为三位,来居二位,故曰“刚来而得中”。

③“终凶”,讼不可成也:讼为不亲之争辩,因诚信堵塞而争,诚信不在,故曰“终凶”,且“不可成”也。

④尚中正:《讼》卦唯有九五当位而正,其余均失位而不正。九五居君位,以阳刚而决断九二与九四之争,故在卦中深为众爻所崇尚。

【译文】

《彖传》说:争辩之事,是因为上有阳刚之乾,下有坎水为险,内险而外健,故有争辩之事。“争讼是因为诚信被阻塞,心有恐惧,其过程可能有暂时的吉利”,阳刚之爻来归于中位。卦辞说“最终是凶险的”,原因就在于争讼之事是不可能有所成功的。“利于去拜见大人”,因为九五得中正之位,能决断九二与九四之争,因而深受其崇尚。“不利于涉越大川”,这是因为阳来居于坎水之中,如“入于深渊”。

《象》曰:天与水违行①,讼。君子以作事谋始②。

【注释】

①天与水违行:《讼》之上卦为乾,乾为天,下卦为坎,坎为水。古人认为日月星辰皆自东向西运转,水自西向东流动,故天与水之运转的方向不同。《集解》引荀爽曰:“天自西转,水自东流,上下违行,成讼之象也。”又《程传》曰:“天上水下,相违而行。”于义也通。

②君子以作事谋始:君子指《讼》之上卦乾,乾为君子,有元始之德,故其“作事”之初就要有谋划。

【译文】

《象传》说:天与水相背而行,故有讼象。君子因有元始之德,作事之初就要有谋划。

【评析】

《彖传》从下卦与上卦之间的阴阳关系来论断《讼》卦的吉凶，因为讼本有不亲之争，争之于公，则必诉诸“大人”。虽然大人有中正之明，决断争讼，但是，《讼》因失诚信而来，故不可持久，也不可有所成，其终以“入渊”必“凶”。《讼》卦以阴阳失位不和的卦象来告诫人们争讼之事是不吉利的。《讼》又有天水违行、上下不和之象，“违行”则有“争”，不和则必“讼”。人常曰：“早知如此，何必当初。”君子当深谋远虑，防患于未然。不然，难免终乱、终凶之后则生愧悔之心、窘迫之情。

初六，不永所事[①]，小有言[②]，终吉。

【注释】

①不永所事：初六以阴居《讼》卦初爻，有退而不争之象，故不能永于讼事。永，长久。《正义》：“永，长也。不可长久为斗讼之事，以讼不可终也。”

②小有言：言，争论，责难。初六处“讼”之始，遇九四相犯，变而正，故“小有言”，即稍有责难之语。

【译文】

初六，不能长久从事诉讼之事，稍有言语责难，最终是吉利。

《象》曰：“不永所事”，讼不可长也。虽“小有言”，其辩明也[①]。

【注释】

①其辩明：《讼》卦九五处中正之位，具有分清辨明是非的能力。

【译文】

《象传》说:“不能长久从事诉讼之事”,因为诉讼之事本身是不能长久的。虽然“稍有言语相伤”,然有九五处阳刚中正之位,能辨明是非。

【评析】

《讼》之上、下之行相背,爻多失位,有诉讼之象。其初六动而有变,变而成兑,兑为口舌,故有言语之伤。因初六与九四相应,九四失位,与初六有诉讼之事,然初六处下,且能变而正,使讼不能长久,故最终还是吉利。事有所变,人也应有所变,变而得正则吉,若筮得初六变,则初变为正,使讼不可久,终岂不吉?俗言“得饶人处且饶人”,意在劝诫人们“讼不可久”。

九二,不克讼①,归而逋②。其邑人三百户③,无眚④。

【注释】

①不克讼:克,能够,胜任。九二居阳而失位,与九四争而不能赢,且变刚为柔,不能与五敌,故不能克。

②归而逋:逋,逃亡,逃跑。

③其邑人三百户:一个三百户的小城。九二变阴后则下卦为坤,坤为户,乾为百,故曰“三百户”。《集解》引虞翻曰:“眚,灾也,坎为‘眚’。谓二变应五,乾为‘百’,坤为‘户’,三爻,故‘三百户’。”

④无眚(shěng):眚,灾异。无眚,即无灾难。

【译文】

九二,不能赢得诉讼,回家后就急速逃跑。跑到一个有三百户人家的城中,就没有灾难了。

《象》曰:“不克讼”,归逋窜也。自下讼上,患至掇也①。

【注释】

①患至掇(duō):掇,停止。九二身居坎险之中,遭遇祸患后,逃而罢讼,故曰"掇"。吴汝纶《易说》:"掇,借为'辍'。辍,止也,患至而止,即讼而'不克',逃离家园。"

【译文】

《象传》说:"不能赢得诉讼",就回到家里,立即逃跑。这是因为九二以下讼上,以民告官,故有灾难来到,灾难来而逃跑则灾难就暂时停止了。

【评析】

自古就有"民不告官"之说,九二以失位之刚,怒而告上,告之不能赢,则急急逃跑,跑至人多处才能无灾。告则有失,逃则有谋,终免于难。九二处不正之位,然变而柔,柔虽不能胜九四之刚,但是,罢其讼而逃其难,则虽有患而终无难。如《诗·魏风》有"逝将去女,适彼乐土"之歌。

六三,食旧德[①],贞厉[②],终吉。或从王事,无成[③]。

【注释】

①食旧德:六三不正,不能胜九四之阳刚,变而为阳,阳来自乾,"乾为旧",故曰"食旧德"。

②贞厉:厉,危险,祸乱。六三失位不正,且居于坎险之中,故曰"厉"。

③或从王事,无成:六三失位不正,其所应之上九也失位不正。其跟随君王做事,成功而不居功。《集解》引虞翻曰:"乾为王,二变《否》时,坤为事。"六三临九四,故从君王而辅助之。

【译文】

六三,享用往日累积的功德,虽然占测的结果是危难,但最终会吉利的。或跟随君王做事,但不要把成绩归于自己。

《象》曰:“食旧德”,从上吉也[1]。

【注释】

①从上吉:六三处于阳刚之下,故尊从上之阳刚则吉。

【译文】

《象传》说:“享用往日累积的功德”,尊从于上位之阳刚则会吉利。

【评析】

《集解》引侯果曰:“虽失其位,专心应上,故能保全旧恩。”六三之所以“食旧德”而享有“终吉”之果,就在于他坚持“或从王事”、尊从于上、顺应于上的臣道,实践了“地道无成而有终”的本分。且六三虽有事王之德,辅王之功,却秉持“知雄守雌”之心性,故而不仅没有矜功伐善之心,还深怀老子所谓“为而不有”和“功成弗居”的美德,因而能于《讼》中享有“终吉”之果。此《老子》所谓:“夫唯不争,故天下莫与之争。”

九四,不克讼,复即命渝[1]。安贞吉[2]。

【注释】

①复即命渝:复,返还,恢复。即,就,接近,相当于现代汉语的“就位于……”。渝,改变。九四失位不正,与初六争讼,“讼”而不能“克”,则回复到应有之位,九四复于阴位,就有归正之吉。

②安贞吉:九四动而变阴,九二先于九四已变为阴,则下卦有坤象,如此则同有坤之所谓“安贞吉”。

【译文】

九四,不能赢得诉讼,就复其本来之位,改变争讼的想法。安于已变之正位就吉利。

《象》曰:“复即命渝”,安贞不失也①。

【注释】

①“复即命渝”,安贞不失也:九四既变,变阴而正其位,则如人安于本分,守持正道,故无过失。

【译文】

《象传》说:“复其本来之位,改变争讼的想法”,安于已变之正位则没有过失。

【评析】

九四不能胜初六,则退而求其本位,复于本位也就随之改变它的诉讼争胜之心。《论语》曰:“过则勿惮改。”又曰:“君子思不出其位。”其位正则人也正,其位不正则人也不能正。九四之所以有“安贞不失”的好处,就在于它既能罢争讼之事,又能复于正当之位。

九五,讼,元吉①。

【注释】

①元吉:九五居尊位中正,能明辨争讼之事,故大吉。

【译文】

九五,明辨诉讼之事,大吉。

《象》曰:“讼,元吉”以中正也①。

【注释】

①以中正:处尊位而为众爻之主,用其中正之德辨明是非,故曰“中正”。

【译文】

《象传》说："明辨诉讼之事，大吉"，因其居九五之尊位，有中正之德。

【评析】

《讼》之爻多失位而争，争而多凶，唯赖于九五决之以理、辨之以正。人能用其正则吉，君能用其正则大吉。《集解》引王弼曰："处得尊，讼之主。用其中正，以断枉直。中则不过，正则不邪，刚则无所溺，公则无所偏，故'讼元吉'。"

上九，或锡之鞶带①，终朝三褫之②。

【注释】

①或锡之鞶(pán)带：或，疑惑，《乾文言》曰："或之者，疑之也。"锡，即"赐"。鞶带，《说文》："大带也。"即束衣的革质大带。这里是以朝中之服饰来比喻高官厚禄。

②终朝三褫(chǐ)：终，尽，整个。终朝，指从天明至夜晚的一整日。三褫，三指多次；褫，《尚氏学》："褫，夺也。"以讼而得"鞶带"，得之不正，故一日之间，被九五夺去三次。

【译文】

上九，在疑虑中被赐予鞶带，又在一日之间多次剥夺这一赏赐。

《象》曰：以讼受服①，亦不足敬也②。

【注释】

①以讼受服：因争讼所得朝服。

②亦不足敬：讼因阻塞诚信之心而起，有不正之心，不亲之争，虽得

其显贵，故曰“不足敬”。

【译文】

《象传》说：因为争讼而得到显贵的服饰，故不足以为人所敬重。

【评析】

《乾凿度》曰：“初为元士，二为大夫，三为三公，四为诸侯，五为天子，上为宗庙。”上九失位不正，故有所惑，惑而赐“鞶带”，又间有争讼之事，实惑而有惑，虽有受赐之幸，然一日之间被夺之再三。上九因讼而得，得之不正，不正则难以长久。失者不能服，得者心有惧，故不足以有“敬”。

师(䷆)

【题解】

《师》卦强调的“用兵之道”：其一，在于“正”，只有正义之师才有资格用兵，才能如其《彖传》所言“毒天下之民从之”。其二，是欲治兵必先选将，也就是说，必须用人得当，如《师》之所谓“丈人吉”，“小人”则“乱邦矣”。也因此，《师》之六爻皆一一演示其用人与用兵的关系：初六强调军纪必须要严明，九二因用将得当而吉利，六三因用人不当而无功，六四行军有序而“无咎”，六五则直接说明用人当否的两种结果，上六则强调“小人勿用”。实际上，这些都在不同程度上揭示用兵之道的关键在于自己要“正”，故《彖传》曰：“能以众正，可以王矣。”

师①：贞丈人吉②，无咎。

【注释】

①师：卦名，下坎☵上坤☷，象征民众，兵众。

②贞丈人吉：贞，占测。或以为“正当”之正，也讲得通。丈人，指贤明之长者。《释文》：“丈人，严庄之称。”《师》之九二居中正之位，

上应六五，故能“贞正”而“吉”。

【译文】

《师》卦象征军旅之事：占测行军用兵的结果是，如果贤明之长者执掌军旅就吉祥，没有灾害。

【评析】

《师》以上坤下坎之象象征一阳为长而统众人之旅。军旅之事，于内须严明军纪，于外则须师出有名，故须守持正义、正直之道，才能以“师”正天下。《孙子兵法》曰“兵者国之大事，死生之地，存亡之道”，《老子》曰“兵者，不祥之器”，“不得已而用之”，此均言军旅之事为国之大事，不仅军旅之命运掌握在一人之手，而且一国之命运也掌握在一人之手，故非贤明之长者不可以为之。

《彖》曰：师，众也①。贞，正也。能以众正②，可以王矣③。刚中而应④，行险而顺⑤，以此毒天下⑥，而民从之，吉又何咎矣。

【注释】

①师，众也：上卦为坤，坤为众；下卦为坎，坎为水。《国语·晋语》“坎，劳也，水也，众也”，故“坎”、“坤”均为众象。且天下之众莫多于水，以水喻众于理甚通。

②能以众正：以，使。九二居中为阳，阳为升，阴为降。阳升至其五则能使众人正，且阳御众阴，阴为众，故能使众人正。

③可以王矣：九二失位，然在军旅之中为众人响应，升至其五，则可以为王。《集解》引虞翻曰：“坤为众。谓失二位，变之五为《比》(䷇)，故‘能以众正’乃‘可以王矣’。”

④刚中而应：刚中，指九二处下卦之中位，应，指得六五之应。

⑤行险而顺：下坎为险，上坤为顺，故《正义》曰：“‘行险’谓下体坎

也，'而顺'谓上体坤也。"

⑥毒：治理。《释文》引马融曰："毒，治也。"俞樾曰："毒读为督，治也。"

【译文】

《彖传》说：军旅之事，是众人所组成的军队。贞，就是要坚守正道、正义。能使兵众坚守正道、正义，就可以为君王了。譬如有刚健中正之人在军旅之中响应君王，执行危险的任务而能顺应天下之民心，以此来治理天下，而民众纷纷顺而从之，吉利得很，还哪有什么灾害！

《象》曰：地中有水，师①。君子以容民畜众②。

【注释】

①地中有水，师：坎为水，水为众多之象，地中有水之象就如同民中有兵之象。

②君子以容民畜众：容，宽容。《集解》引虞翻曰："容，宽也。"容民，即广泛地容纳民众。畜，畜养。地能畜养万物，君也能以其道而畜养民众。

【译文】

《象传》说：地中蓄积着很多的水，这种情况象征着兵众和军旅之事。君子深悟其中的道理而广泛地容纳百姓畜养民众。

【评析】

《师》卦的卦象与卦辞关键强调两个意义：一是众，一是正。无"众"则不能成军，不"正"则无法行军。按中国传统的军事观点，优秀的军事家总是注重把自己的军队锻炼成军纪严明的军队。与之相应的是，中国伟大的政治家总是让自己的军队师出有名。这两种因素联系在一起，才能形成正义之师。

初六，师出以律①，否臧凶②。

【注释】

①师出以律：律，法令，军纪。初六阴居阳位，位既不正，法令恐不能行。

②否臧凶：否，不也；臧，善也，好也。否臧，即军纪不好。军纪不严，出师必凶。

【译文】

初六，军旅出征必遵循国法军纪，反之，则必有凶险。

《象》曰："师出以律"，失律凶也①。

【注释】

①失律凶：九二失位不正，故曰"失律"。师本属"不详之事"，又居坎险之中，"坎为险"，故曰"凶"。

【译文】

《象传》说："军旅出征必遵循国法军纪"，没有国法军纪的约束就会有凶险。

【评析】

《孙子兵法》曰"法令孰得"，"赏罚孰明"，以此可以观"胜负孰得"。"军令如山"，是军人，就必须以"服从命令为天职"，信奉"一切行动听指挥"，"步调一致才能得胜利"。因为，军令是治军的前提，也是胜利的前提。

九二，在师中吉，无咎①。王三锡命②。

【注释】

①在师中吉，无咎：九二以阳刚之德居中，上与君王相应，下有众人从之，秉持阳刚之德于众阴之中显示“将才”，故曰“中吉”，吉则“无咎”。

②王三锡命：三，泛指“多次”。锡，通“赐”。九二为将，上应六五，六五以阴居阳，虚心锡命与九二，九二受君命于师中，故曰“王三锡命”。

【译文】

九二，贤明长者在军旅之中就吉利，也没有灾害。受到君王多次奖赏并委以重任。

《象》曰：“在师中吉”，承天宠也①。“王三锡命”，怀万邦也②。

【注释】

①承天宠：六五为君，二、五相应，九二因“相应”而承受六五之君的信任及宠爱，故曰“承天宠”。

②怀万邦：怀，归服。《尔雅·释言》曰：“怀，来也。”邦，国家。六三以上为坤，坤土为“邦”，在《师》卦中，群阴因九二之德而归服于六五，故曰“怀万邦”。

【译文】

《象传》说：“贤明长者在军旅之中就吉利”，承受天子君王的宠爱。“受到君王多次奖赏并委以重任”，四方万邦之民皆因此而归服君王。

【评析】

《孙子兵法》曰：“将者，智、信、仁、勇、严也。”九二以阳刚之德居群阴之中，成为唯一可以信赖的将才。但是，九二的爻辞还是通过强调“承天宠”和“三锡命”来说明九二的作用必须得到六五的认可，才有可能是“师中吉”。

六三，师或舆尸[①]，凶。

【注释】

①师或舆尸：或，有时，或者，也许之意。舆尸，舆，车辆。尸，尸体。坎为舆，坤阴为死，死象为尸。坤在舆上，故曰“舆尸”。

【译文】

六三，军旅出征有时会运输尸体归来，有凶险。

《象》曰：“师或舆尸”，大无功也[①]。

【注释】

①大无功：六三失位乘刚，内外无应，以此帅师必然大败，故无功而有丧。

【译文】

《象传》说：“军旅出征有时会运输尸体归来”，说明六三无战功，很失败。

【评析】

六三以“舆尸”喻其失败，则六三既遭其败，又见其残。其败之如此，皆因六三用兵无道，治军无法。六三既“失位”于用人不当，又“乘刚”于有职无能，上不得其应，下不得其助，所以败而无功。由此观之，用兵之道，关键在于用将。

六四，师左次[①]，无咎[②]。

【注释】

①师左次：次，驻扎。《左传·庄公三年》：“凡师，一宿为舍，再宿为信，过信为次。”

②无咎：六四当位居正，然柔不能进，又与失位的初六无法相应，只能按兵不动。按兵法，右靠高山，左临水泽驻扎军队是符合常理的，故曰“无咎”。

【译文】

六四，军队驻扎于左方，就没有灾难。

《象》曰：“左次无咎”，未失常也。

【译文】

《象传》说：“军队驻扎于左方，就没有灾难”，没有违背正道、常理。

【评析】

《老子》曰：“吉事尚左，凶事尚右。”又曰：“君子居则贵左，用兵则贵右。兵者不祥之器，非君子之器。”左是生位、阳位，右则是阴位、死位。又《礼记·檀弓》篇记孔子丧姐，郑注云：“丧尚右，右，阴也；吉尚左，左，阳也。”《周易正义》曰：“行师之法，欲右背高者，此兵法也。故《汉书》韩信云‘兵法欲右背高陵，前左水泽’。”六四承五而无应，上无所应，进无所胜，退以次之。其不战而退符合用兵之道，其退而舍之也符合地理形势。

六五，田有禽[①]。利执言[②]，无咎。长子帅师[③]，弟子舆尸，贞凶[④]。

【注释】

①田有禽：田，打猎。禽，通“擒”，擒获。田有禽，即打猎而有所

擒获。

②利执言：言，话，言论。六五失位而处尊，有发布命令的权力。

③长子帅师：互卦为震，震为长子，统领众阴，如一将而统三军。

④弟子舆尸，贞凶：弟子，指三爻，互卦有震象。三以阴居阳，失位不正，且九二乘刚。失位乘阳，故“贞凶”。

【译文】

六五，打猎有所擒获。有利于发布命令，没有灾祸。长子统帅军队，弟弟打了败仗载着尸体而归，这件事是很凶险的。

《象》曰：“长子帅师”，以中行也①。“弟子舆尸”，使不当也②。

【注释】

①“长子帅师”，以中行也：六五阴居阳位，处尊而失位，下应九二，九二在师中，应王命而统众阴，受益于“中行”之道，故曰“以中行”。《集解》引荀爽曰：“‘长子’谓九二也。五处中应二，受任帅师，当上升五，故曰‘长子帅师，以中行也’。”

②使不当：使，用人。弟子居三，位在坎中，坎为震之弟。三应上而不应五，有失位之过，乘刚之错，使之不当，故曰“使不当”。

【译文】

《象传》说：“长子统帅军队”，这是因为九二以中正之道行师。“弟弟失败载着尸体而归”，这是因为用人不当啊！

【评析】

“长子帅师”、“弟子舆尸”，明显的对比之辞系于“利执言”的六五，意味深长。因为，对于六五而言，虽未有将才之能，却身居君王之位，有“执言”的地位。若用师，功成在将，用将在君。若六五用人不当，则九二也不能帅师。

上六，大君有命[1]，开国承家[2]，小人勿用[3]。

【注释】

①大君有命：大君，天子，君王。《集解》引干宝曰："大君，圣人也。有命，天命也。"上六位居六五之上，故曰"大君"。

②开国承家：开国，裂土以封诸侯。承家，采邑以立大夫。《集解》曰："开国，封诸侯也。承家，立都邑也。"上六居坤上，坤为土、为地、为城邑，下不能应三，然有"开国承家"之责。

③小人勿用：小人指六三，上本与三应，然三失位不正，不能应上六，犹不能任以重任，故曰"小人勿用"。

【译文】

上六，君王发布命令，裂土分封诸侯，采邑赏封大夫，小人不可重用。

《象》曰："大君有命"，以正功也[1]。"小人勿用"，必乱邦也[2]。

【注释】

①以正功：正，作动词，犹"评定"。

②乱邦：祸乱邦国。

【译文】

《象传》说："君王发布命令"，就是为了公正地评定功劳。"小人不可重用"，说明任用小人必然导致祸乱国家。

【评析】

功大者"开国"，功小者"承家"，小人者"勿用"。赏罚之事有关国家政纪，须因功而封，不可因亲而赐。"小人勿用"是《师》卦的劝诫之辞，也是不可忽视的用人之道。阴为小人，阴多则小人多。《师》以一阳御众阴，有小人多于君子之象。人常说“防小人，不防君子”。军旅之事，关乎国之存亡，若委之以小人，岂一军之败，国也随之而亡。故论功行赏是为了奖励有功之臣，能赏罚分明，方可以服众人而治国家。在此过程中，一方面是赏有功，另一方面也要罚小人。因为小人者，无才无德之人，用之必乱国。“勿用”即应罚之，不罚而仅“勿用”，小人也可以乱国。

比（䷇）

【题解】

《比》卦强调人与人之间的和谐关系。“比”就是说人与人之间应“亲切辅助”。《彖》曰：“比，吉也；比，辅也。”《荀子·议兵》曰：“六马不和，则造父不能以致远；士民不亲附，则汤、武不能以必胜也。”《比》从德、人、上下、内外等方面来说明“比”的意义。初六以“比”而“有孚”，强调人欲与人有“比”，必要心怀诚信；六二以“自内”提示，“比”应内附而不应外索；六三以“匪人”来指明所“比”之人应有正直的品德；六四则以外比于贤，来说明“比”应以贤人为友，而不应有内外之分；九五因以中正居尊，故以“显比”来宣扬其亲比于下的仁爱之德；上六则以“无首”来揭示不能终“比”则必终于“凶”。《比》卦的理想是要实现上下皆亲的“和谐”状态。

比①：吉。原筮②，元永贞，无咎。不宁方来③，后夫凶④。

【注释】

①比：卦名，下坤☷上坎☵，《说文》：“比，密也，二人为从，反从为比。”水流于地，亲而附之，附之无间，相融相合。

②原筮：原，卜也。《周礼·太卜》：“掌三兆之法，一曰玉兆，二曰瓦

兆，三曰原兆。”故“原”训为“卜”。

③不宁方来：宁，安乐。方，四方之国。不安宁之四方之国来归附。《正义》曰：“此是宁乐之时，若能与人亲比，则不宁之方皆悉归来。”

④后夫凶：夫，语气词，后来归服者则有凶险。

【译文】

《比》卦象征着亲近和团结：吉利。卜筮其卦象，则知元统大业利于坚持正道，无有灾祸。不安宁的四方之国均来归附，后来者有凶险。

《彖》曰：比，吉也①；比，辅也②，下顺从也③。“原筮，元永贞，无咎”，以刚中也④。“不宁方来”，上下应也⑤。“后夫凶”，其道穷也⑥。

【注释】

①比，吉也：亲则不争，比则归附，故“吉”。

②比，辅也：上下相应，众阴归附亲近于一阳，故有亲而辅助之象。

③下顺从：众阴在下，上应于九五之阳。《集解》引崔憬曰：“下比于上，是下顺也。”

④以刚中：指九五以阳刚之德而当位居于上坎之中。

⑤上下应：所谓上下应，蕴有二义：其一，九五居四阴之上，四阴顺从于九五之阳刚，九五以尊贵之位下亲四阴，故有上下相应之亲。其二，六二居中得正，上与九五相应。

⑥其道穷：指上六。上六虽然当位于上，然于四方之归为后，又处于《比》卦之穷尽之处，失礼无道，违道失人，故曰“其道穷”。

【译文】

《彖传》说：亲近归附，就能吉祥如意；“比”，归附而又顺从，这是因为九五之下有众阴顺从。“元统大业利于坚持正道，无有灾祸”，这是因为九五以阳刚之德上居中正之位。“不安宁的四方之国均来归附”，这是因为九五与四阴相亲相应。“后来者有凶险”，这是因为后来者失礼无道，穷途末路。

《象》曰：地上有水，比[1]。先王以建万国，亲诸侯[2]。

【注释】

①地上有水，比：地得水则滋润，水得地则相依，相亲而依，故曰“比”。《程传》：“夫物相亲比而无间者，莫如水在地上，所以为‘比’也。”

②亲诸侯：坤为土，土成“万国”，万国既立，则应亲近其诸侯。

【译文】

《象传》说：地上有水的情形，象征着亲密比辅的关系。先代的君王因此而建立万国之邦，亲近诸侯。

【评析】

《比》卦以水流于地象征众望所归的形势，天下皆亲而内附。此安宁有庆之时，后来者上违君王之心，下失众人所愿，礼失则无所成，故有凶险危及其身。《象传》归纳了《比》卦吉凶相对的几种情况，并一一分析了导致吉凶的原因，从总体上使人们对“比”而亲之的吉利和“后夫凶”的后果有了进一步的认识。“莫道君行早，更有早行人”，对于得民心、顺民意的大好形势，不仅要从内心里认同它，而且还要积极响应，后至者则招致上下怨恨。坤象为腹，坎象为心，腹心相亲，一如水地相依之情，故“先王”效法《比》卦之象，而有亲近诸侯之心。

初六，有孚比之[1]，无咎。有孚盈缶[2]，终来有它，吉[3]。

【注释】

①有孚比之：孚，诚信。初失位，变而得正，上与四应，四在坎，坎为孚，故曰“有孚比之”。

②有孚盈缶（fǒu）：盈，满，充满。缶，古代瓦制容器。《说文》：“缶，瓦器，所以盛酒浆。”坎为水，坎为孚，下为坤象，坤内虚而外实，中空而外有，器像缶，故曰“有孚盈缶”。

③终来有它，吉：来，使动用法，使之来。初本与四应，然失位则不能应四，舍四而应五，犹如外来之“比”，一如“有它”之“吉”。

【译文】

初六，怀着诚信来归附“九五”之君，没有灾祸。满腹的诚信犹如满缶的水一样，若终有其他来归附，这种情况也是吉利的。

《象》曰：《比》之初六，有它吉也①。

【注释】

①有它吉：初本不应于五，内怀诚信而由外归附，故曰“有它”。

【译文】

《象传》说：《比》卦的初六，内附于九五，就如同来自它方的吉利。

【评析】

古人日常所用的器皿多为陶土制成。《比》上为坎，坎为水；《比》下为坤，坤为土。由土制成缶，就有了“盈”水的器皿缶。又《说卦》曰：“坎为孚。”孚，就是诚信。在日常生活中，如果我们心慌意乱，我们就无法将水盛入缶中；反之，如果我们能心怀诚信，心定意闲，我们就能把水盈满于缶中。《比》卦通过“盈缶”的卦象和情景告诫人们，诚信是做人的根本，也是做事的前提。

六二，比之自内①，贞吉。

【注释】

①比之自内：六二得位于坤之中，自坤内而比于九五。坤中犹国之内部，故曰“比之自内”。《本义》曰：“柔顺中正，上应九五；自内比外，而得其正；吉之道也。”

【译文】

六二，以中正仁和之心亲近归附于君王，吉利。

《象》曰：“比之自内”，不自失也①。

【注释】

①不自失：六二当位于坤，上应九五，居地应水，故无所失。

【译文】

《象传》说：“在内而亲近归附于君王”，说明六二坚持正道而不使自己有所过失。

【评析】

六二以阴居坤中，得位而正，柔顺而亲比于君王，始则顺于人，终则顺于己，亲自内，顺于正，所以有吉利之兆。上不失其亲，内不失于道，有亲可靠，实谓亲上加亲，诚如《论语》所谓“因不失其亲，亦可宗也”。

六三，比之匪人①。

【注释】

①比之匪人：六三失位不正，本应上应上六，然上六失位，失位无应，故曰“匪人”。匪，通“非”，指行为不正当的人。

【译文】

六三，亲近归附于行为不正当的人。

《象》曰："比之匪人"，不亦伤乎①？

【注释】

①不亦伤乎：依《集解》引干宝说，"伤"为伤害。《正义》释"伤"为悲伤。二义均通。

【译文】

《象传》说："亲近归附于行为不正当的人"，就像亲近辅佐暴君一样，就会受到伤害。

【评析】

六三失位无应，阴柔而不能居正，"三多凶"，故有"匪人"之说。《周易折中》引赵彦肃曰："初比于五，先也；二，应也；四，承也。六三无是三者之义，将不能比五矣。"此说与此爻义甚切。子曰"毋友不如己者"，又曰"择其善者而从之"，古代仁人志士常常信奉"良禽择木而栖，良臣择主而事"的生存法则，六三爻辞与《象传》则将这种道理做了形象化的说明。

六四，外比之，贞吉①。

【注释】

①外比之，贞吉：六四在外卦，然能承五比五，故曰"外比"。《集解》引虞翻曰："在外体，故称'外'。"

【译文】

六四，自外亲近归附九五之尊，吉利。

《象》曰：外比于贤，以从上也①。

【注释】

①外比于贤,以从上也:五在四上,四近于五,故承而从之。

【译文】

《象传》说:六四自外辅佐其贤君,说明六四有顺从君王的意志。

【评析】

《系辞》曰“四多惧”,这一通例在《比》卦中就不能应验了。六四临近君王之位,理应有“伴君”之惧,然因其当位居正,以柔从刚,以阴顺阳,亲附于上,虽在外卦,却因“近”而“比”,就如贤臣在外而亲附于内、于上一样。

九五,显比①,王用三驱②,失前禽③,邑人不诫④,吉。

【注释】

①显比:显,光明。九五居中,如道德光明悬著在天,引得众阴来比。

②王用三驱:三驱,三面围拢,仅一面张网,使愿者入网,不愿者离去。

③失前禽:向己者则舍之,背己者则射之,所以“失前禽”。九五在坎中,坎为荆棘;六三至九五互艮,艮为狗,类如禽。有禽,有荆棘,也有手,即有猎捕之象。

④邑人不诫:九五下应六二,六二在坤,坤为城邑、为民,故曰“邑人”。上下相亲,内外比合,故曰“不诫”。

【译文】

九五,光明之德使四方皆来归附,先王在围猎时,三面围拢,仅张开一面网,任前面的猎物走离,属下邑人因此知先王有仁德之心而不诫惧,这当然是一件吉利的事。

《象》曰："显比"之吉，位正中也[①]。舍逆取顺，"失前禽"也。"邑人不诫"，上使中也[②]。

【注释】

①位正中：九五居《坎》卦之中正之位，当位而公正无私，故《周易学说》引刘沅曰："显，光明之意。上下相比，至公无私，故曰'显比'。"

②使：任用，派遣。中：为公正守中之人。

【译文】

《象传》说："光明之德使四方皆来归附"所形成的吉祥，来自于九五居于《比》卦正中之位。舍弃悖逆而接取顺从，"任前面的猎物走离"。"属下邑人因此知先王有仁德之心而不诫惧"，这是因为居于九五之位的君王使用中正之人的缘故。

【评析】

九五用"三驱"之法，说明先王有爱及"禽兽"的仁德之心，而《象传》则以"舍逆取顺"之意进一步说明先君"失前禽"的深意。古之先王围猎，网而驱之，使走者自走，来者自来，不强求，不滥杀，施仁爱而"失前禽"。《史记·殷本纪》曰：汤出，见野张网四面，祝曰："自天下四方皆入吾网。"汤曰："嘻，尽之矣！"乃去其三面，祝曰："欲左，左。欲右，右。不用命，乃入吾网。"诸侯闻之，曰："汤德至矣，及禽兽。"这个故事说明先王之所以用"三驱"之法，是将仁爱之心推及禽兽。因为九五有这样的善德，遂使"邑人"也没有了诫惧之心。如此，则光明之德使四方之人归附，如《论语》所言："为政以德，譬如北辰，居其所而众星拱之。"

上六，比之无首[①]，凶。

【注释】

①无首：首，始也，首先。无首，即后于“比”。上六虽当位于比，然“比”而后来，冷了众人之心，有违于“比”道。

【译文】

上六，亲近归附时不能领先居首，有凶险。

《象》曰：“比之无首”，无所终也①。

【注释】

①无所终：上六阴居其上，“比”而后至。后至则无所成，也无所终。

【译文】

《象传》说：“亲近归附时不能领先居首”，最终无所归附。

【评析】

因为上六在归附时是最后来到的，所以，就应了卦辞之“后夫凶”的意思。《正义》曰：先王用“三驱”的本意是“爱来，恶去”。那么，上六不能及时归附于君王，则终为王所弃。

小　畜(䷈)

【题解】

按《易》理通例来说，阴小而阳大，六四是《小畜》唯一的一个阴爻，因以阴畜阳，故其畜量则“小”。卦以“密云不雨”为喻，来说明阴阳不调的状况。因其卦有“风行天下”之象，故有利于修“文德”之事，以等待时机。卦中六爻，初、二皆因“复道”而“吉”，九三以“脱辐”为喻言其有“决躁”之失，六四因“有孚”、“去惕”而“无咎”，九五诚信有实而利人，上九失正于“畜”道，则以“征凶”戒之。

小畜[①]：亨。密云不雨[②]。自我西郊[③]。

【注释】

①小畜：卦名，下乾☰上巽☴，象征着“小有畜积”的一种情状。畜，聚积，养育。卦有一阴畜众阳，阴为小，阳为大，以“小”畜“大”，故曰“小畜”。

②密云不雨：上为巽，巽为风，风行天上则卷云而去，云去则无雨，故曰“密云不雨”。

③自我西郊：因互卦为兑，兑为西，乾为野，故曰“西郊”。

【译文】

《小畜》象征着小有畜积：亨通。浓云密布却不降雨，云气从城邑的西郊升起。

《彖》曰：“小畜”，柔得位而上下应之[①]，曰小畜。健而巽[②]，刚中而志行[③]，乃亨。“密云不雨”，尚往也[④]。“自我西郊”，施未行也[⑤]。

【注释】

①柔得位而上下应之：六四得位，且有阴柔之顺，故使得上下相应。

②健而巽：健，指下卦乾，“乾为健”。巽，指上卦为巽。内乾而外巽，故称“健而巽”。

③刚中而志行：刚中，指二、五为阳爻各居于下、上卦之中。又因五得位而中，二虽失位，然变而应之，故其志可以行通。

④尚往：尚，通“上”，这里指阳气上行，阴气太弱，只能“小畜”阳气，则云“不雨”而往。

⑤施未行：施，散布。阴不能胜阳，故只有“密云”而未能雨，故曰

"施未行"。

【译文】

《彖传》说:"小有畜积",是六四爻以柔顺之德当位而上下阳爻皆来相应,这种情形就叫做"小畜"。乾之刚健之德遇巽之随顺之性,则九五、九二之刚中之志就可以施行,因而得以亨通。"浓云密布却不能降雨",这是因为阳气上行离去,云气无法聚集成雨水。"云气从我所住的城邑之郊外飘来",云气散布但未能降下雨来。

《象》曰:风行天上①,"小畜"。君子以懿文德②。

【注释】

①风行天上:巽为风,乾为天,巽在乾上,故称"风行天上"。

②懿(yì):美,善。《说文》曰:"懿,专一而美也。"文德:巽为风,《象传》以风比德教、教化。

【译文】

《象传》说:风流行于天空之上,象征着"小有畜积"。君子识其时机未到,功德未成,故修美其文章道德以待其时机来到。

【评析】

凡物之能生,皆合于阴阳。《小畜》阴气不足以敌阳气,故虽有"密云",天也"不雨"。又有"风行天上",故云气往而不能积成云雨之势,终随风散去。这种情景启示我们,当我们的知识和德行尚未聚积到胜过对立面时,我们的志气也就不能行得通。《象传》以"风行天上"的卦象来说明,当一种力量尚未畜积到足以建功立业时,就应该以修养自己的文章和道德以等待时机:一方面是阴阳和谐的天时,另一方面则是自身的文章和道德要纯粹而精美。如屈原之:"纷吾既有此内美兮,又重之以修能。"

初九，复自道[①]，何其咎？吉。

【注释】

①复自道：复，返还。此句应有二义：其一，初九为阳爻，《小畜》下卦为乾，乾为纯阳，初九就阳而得其正位，故有返还其道之象。其二，初九以阳刚当位居正，上应六四之阴，《传》曰“一阴一阳之谓道”，初九与六四阴阳相应合和，故曰“复自道”。

【译文】

初九，返回到正道，又有什么灾害呢？这本来就是吉祥的。

《象》曰：“复自道”，其义“吉”也[①]。

【注释】

①其义“吉”：义，读为“宜”，指合适，应当。以阳遇阴，以刚应柔，甚合于自然之道，故吉祥如意。

【译文】

《象传》说：“返还其正道”，其行为正当而获得“吉祥”。

【评析】

初九以阳刚之德下居《小畜》，然当位居正，上应于六四之阴而远于阴，下就于乾之健行之德，往来返还之间皆在阴阳之中，虽为二、三所阻，然回复于自己的得正之位，“求仁而得仁，又何怨”。自己本来就处于得正之位，又能应变于阴阳之中，退能守正，进可有应，因“复”而有“道”，故进退自如，从容无失。

九二，牵复[①]，吉。

【注释】

①牵复:牵,牵连。《集解》引崔憬曰:“四柔得位,群刚所应。二以中和,牵复自守,不失于行也。”九二本与九五应,然九二失位,上不能应于九五,强牵而复。巽为绳索,失位不应,以绳子强牵而使之复,虽如此,然自居中位,又不失于阴阳之应,则“牵复”也“吉”。

【译文】

九二,牵连于初,旁通于六四而畜之,故吉利。

《象》曰:牵复在中①,亦不自失也。

【注释】

①牵复在中:九二失位于中,故曰“在中”。既就阳位,就当应于阴,上无所应,舍五应四,四在巽,“巽为绳”,故曰“牵复”。

【译文】

《象传》说:九二虽牵复于四,而其位在乾刚之中,因而没有自失其道。

【评析】

初与四应,故曰“自复”。九二与九五无应,旁应于六四而“畜”之,勉而行之,故曰“牵复”。初得正,二得中,故曰“亦不失”。

九三,舆说輹①。夫妻反目②。

【注释】

①舆说(tuō)輹(fù):舆,大车。輹,《说文》曰“辐,车轴缚也”,即车厢下勾连底板与车轴的部件。说,脱离。《说卦》曰“坤为大舆”,

按,《小畜》旁通于《豫》(☳☷),《豫》之下卦为“坤”象,变至九三则成乾,坤象不见,故曰“说輹”。

②反目:九三至九五互为离象,“离为目”。九三本与上应,然上失位不正,不能下应九三,故有“反目”之象。

【译文】

九三,车厢与车轴相脱离。这种情形象征着夫妻反目成仇。

《象》曰:“夫妻反目”,不能正室也[1]。

【注释】

①不能正室:室,妻室。《礼记·曲礼上》曰“三十曰‘壮’,有室”,郑玄注:“有室,有妻也,妻称室。”九三为阳,为夫,六四为阴,为妻。九三在六四之下,故不能正妻室。

【译文】

《象传》说:“夫妻反目成仇”,这种情形是在说明九三为“夫”,为阴四所制,不能正其妻室。

【评析】

朱熹曰:“《易》不比《诗》、《书》……只一两个字,便是一个道理。”《小畜》之九三以生动形象的比喻说明两种事物的错位之失,阴柔乘于阳刚,则夫不能正妻室,妻不能守其道,故于家不和,于事不吉。历来易家对《小畜》的解释纷纭不一,究其原因,主要是因为他们过多地掺入了义理的成分,以理说理,置卦象而不顾,以至于此。就《小畜》卦辞来看,主要是在说明“密云不雨”和“风行天上”的卦象,而九三却以“舆说輹”来喻言“夫妻反目”之事。其实,细察卦象,则可以发现,下卦乾,乾为老夫,上卦为巽,巽为长女。以此为婚配,本有不和的隐患。且九二至六四互有兑,兑为少女;九三至九五互有离象,离为中女。又众阳聚合一阴,九三近于六四,并为六四所乘,故“反目”之事也就自然应在九三。

六四，有孚①，血去惕出②，无咎。

【注释】

①有孚："孚"指九五，九五以刚健之德而给六四以诚信。

②血去惕出：血，《正义》曰："凡称血者，阴阳相伤也。"《释文》引马融曰："当作恤，忧也。"惕，忧惧。承上句，九五既以刚健之德给予六四诚信，则六四之忧惧之心消除。

【译文】

六四，九五以阳刚之德而给予六四以诚信，则六四之忧惧之心消除，这种情况没有灾害。

《象》曰："有孚惕出"①，上合志也②。

【注释】

①有孚：六四当位处正，既下应初九，又能顺承于上，当位处正，故"有孚"。

②上合志：指六四上承九五之志。上顺承则"合志"，故曰"上合志"。

【译文】

《象传》说："借助九五给予的诚信，六四心中的忧惧消除了"，这是因为六四以柔顺之德而上合于九五的意志。

【评析】

六四以一阴畜众阳，本有忧惧之心，所幸它能借助九五之诚信，故而能去除忧惧之心。《折中》引项安世曰："以阴畜阳，以小包大，能无忧乎？独恃与五有孚，故能离其血惕，去而出之，以免于咎。"这种情形就如同女子借助了男性之阳刚之气，才能无所畏惧。阴顺于阳，下承于上，诚如孔子所谓"君使臣以礼，臣事君以忠"，上下之间意气相得，意志相合。

九五，有孚挛如①，富以其邻②。

【注释】

①挛(luán)：牵系。《释文》引马融曰："挛，连也。"《集解》引虞翻曰："挛，引也。"此三义均与"牵引"之义合。

②富以其邻：九五有六四为邻，六四畜众阳之实，六四畜之，九五用之，故曰"富以其邻"。

【译文】

九五，心怀诚信之德，牵引上下之众阳而畜以一阴之中，这说明九五不是独享畜积之富。

《象》曰："有孚挛如"，不独富也①。

【注释】

①不独富：九五当位居正，中正仁和，尊居一卦之主，秉持阳刚之德，因而能不独享六四之财而使其自富其身。

【译文】

《象传》说："心怀诚信之德，牵引上下之众阳而畜以一阴之中"，不独享其财富。

【评析】

按《易》之通例，阴虚而阳实。《小畜》以六四畜积众阳之实，九五邻近六四，近水楼台，本应独享"小畜"之实，然九五尊居君王之位，中正仁和，诚信"挛如"，不仅没有"独富"的私心，而且还能用"小畜"之实供养亲邻。

上九，既雨既处①，尚德载②。妇贞厉③，月几望④；君子征凶⑤。

【注释】

①既雨既处：《玉篇》曰："既，已也。"上动而为坎，坎为水，雨降则为水，故曰"既雨"。处，停止。上九本应于九三，然上九失位，九三不能来应，故曰"既处"。

②尚德载：尚，通"上"。德，《集解》本作"得"，高亨曰："德，读为得。"此处应以高说为是。上为阳德，变坎为车，上九得车而有载乘之象。

③妇贞厉：《小畜》之上卦为巽，巽为长女，为妇。上动而变坎，坎成则巽毁，故曰"妇贞厉"。

④月几望：几，近也。月几望即月圆将满之时。此以月圆而未满之象为喻，来劝诫阴不可过极。

⑤君子征凶：征，进。君子为阳，小人为阴，上动而变坎，坎之阴盛于巽，阴盛于阳，故曰"君子征凶"。

【译文】

上九，密云已经降下雨来，阳刚之气已经畜止于终极，上九为阴气所积载。此时妇女必须守持正道以防止祸乱和危险，要像月亮将圆而未满的样子，阴气不能过盛；君子在阴气太盛时前进，就会遇到凶险。

《象》曰："既雨既处"，德积载也①。"君子征凶"，有所疑也②。

【注释】

①德积载：承爻辞之"既雨既处"可知，上九之所以能"既雨"，在于畜积至积载之状。

②"君子征凶"，有所疑也：疑，疑惑。坎象为心，遇阴气兼于阳，故心存疑虑，疑而有征则必凶。故《正义》曰："言所以'征凶'者，阴气盛满，被阳有所疑忌，必见战伐，故'征凶'。"

【译文】

《象传》说："密云已经降下雨来，阳刚之气已经畜止于终极"，这是因为上九被阴气所积载。"君子在阴气太盛时前进，就会遇到凶险"，就会心存疑忌。

【评析】

历来易家对《小畜》之上九解释纷繁复杂，至今仍"有所疑"。其实，所谓"既雨"，按《说卦》，坎为水、为雨，然《小畜》上九失位，上九失位则坎象毁，坎象毁则雨象已过，故曰"既雨"。所谓"既处"，实际上是在说明雨已停止的状态。所谓"德积载"，"德者，得也"。"尚"，读为上。积与畜积的意义相同。载，以下载上。因六四在下，承载上九之阳，故曰"德积载"。至于"妇贞厉"、"月几望"与"君子征凶"，实际上有着前后因果的关系。按《说卦》，坎为月，古人以月亮比拟女人。因上九失位使坎象毁，故曰"妇贞厉"。至于"君子征凶"，原因有三：一为"月几望"，阴盛于阳，故君子"有所疑"；其二，月象为夜象，君子焉有夜行之理；其三，上九以阳居阴，虽有失位之嫌，然阳为君子，故上九有"君子"之称，然失位则不能下应于九三。总此三种原因，则君子不能有"征"，征则必凶。

履(䷉)

【题解】

我们常说"老虎的屁股摸不得"，《履》卦以"履虎尾"为喻，形象地警示人们"老虎的尾巴踩不得"。这里讲到的"老虎"并非指真老虎，而是喻指走路时可能遇到的危险。适当"履"行，如初九的"素履"，九二的"幽人"之履，九四的"愬愬"之履，上九的"视履"都是慎行正道之履，或"无咎"，或"贞吉"。唯九五履行得过于刚猛，故有危险。六三因履而"眇视"而"跛履"，故有"咥人"之凶。就卦象而言，六三不仅失位不当，而且还应着"虎"象而来。

履[①]:履虎尾,不咥人[②]。亨。

【注释】

①履:卦名,下兑☱上乾☰,《正义》释:"履,践行也。"以兑之柔小,对应于乾阳之刚,故有"履"象。

②履虎尾,不咥(dié)人:咥,咬。兑为西方之卦,西方为虎,又兑为口,六三为虎口,故有"咥人"之象。兑为阴柔,乾为阳刚,兑行于乾下,如履之于虎尾,然履之以柔,则人不伤虎,虎也不伤人,故"亨"而"不咥人"。

【译文】

《履》卦:象征着人轻轻地踩了一下老虎的尾巴,因未踩伤踩痛虎,虎不咬人,故亨通。

《彖》曰:"履",柔履刚也。说而应乎乾[①],是以"履虎尾,不咥人"。亨,刚中正,履帝位而不疚[②],光明也。

【注释】

①说而应乎乾:说,通"悦"。六三爻应上九爻,也就等于兑应于乾。六三以和悦之态度对待乾之刚强。

②刚中正,履帝位而不疚:刚中正,指九五爻,九五居乾之中,当位而正,故曰"刚中正"。帝位,九五为君王之位,故曰"帝位"。疚,《说卦》曰"坎为心","坎为疾"。九五以刚中履帝位之正,坎象不见,故曰"不疚"。

【译文】

《彖传》说:"轻轻地行走",就是以轻柔之足行走于坚刚之体上。以和悦之情应和其乾刚之体,所以即使是一不小心,"轻轻地踩着了老虎的尾巴，老虎也不会咬人”。亨通，这是因为乾以阳刚之德而居于中正之位，履行“帝王”之职而无有灾害，显现出道德光明。

《象》曰：上天下泽①，“履”。君子以辩上下，定民志②。

【注释】

①上天下泽：乾为天在上，兑为泽处下，故曰“上天下泽”。

②君子以辩上下，定民志：天在上，泽处下，上下既分，然后民志有定。

【译文】

《象传》说：上为乾，为天；下为兑，为泽。这种情景就像人“轻轻地行走”。君子以其卦象而分辨其上下之名分，端正百姓的心志。

【评析】

按《序卦》曰：“物畜然后有礼，故受之于《履》。”崔憬曰：“履，礼也。”《彖传》作“柔履刚”解，以柔履之，则履之以礼，故无害。以“柔履刚”，则虎不食人；以悦应强，则强不伤人。这种对应强者的态度说明，强者并非就一定能伤人，如果我们以正确的方法对应刚强，则或“愬愬终吉”，有惊无险；或“履道坦坦”，“幽人贞吉”。《庄子》曰：“礼以道行。”“履”既为践行之义，就当以礼节止。“天尊地卑，乾坤定矣”，乾为天在上，地聚泽居下，此本自然之理。君子研习此卦，当知柔之有道，柔能胜刚。

初九，素履往①，无咎②。

【注释】

①素履往：素，白色而无华饰之文采。《增韵》曰：“白，素也。”履，鞋子。有人断句于“履”后，但是按《易》例，“无咎”是断句。

②无咎：初与四应，初九当位，九四失位不正，在外卦，故初九之应

称“往”。无应而“往”本有其咎，然“素履”而往则“无咎”。

【译文】

初九，穿着洁白柔软的鞋子，轻轻前行，没有灾害。

《象》曰：“素履之往”，独行愿也[①]。

【注释】

①独行愿：初九不为他人之奢华所动，坚持自己的朴实的美德。如《正义》所言：“素履之往，它人尚华，己独质素，则何咎也。”

【译文】

《象传》说：“穿着洁白柔软的鞋子，轻轻前行”，这是因为初九自己愿意奉行朴实的美德。

【评析】

初九为阳在下，故行事谨慎，朴实无华，谦恭好礼，有“潜渊”之德，“素”而有礼，独行其愿。在此，只一个“独”字，《象传》的作者就为我们刻画出初九执著坚定的神态和凛然独行的节操。在某种意义上，初九独行其愿的行动，就是孔子“造次必于是，颠沛必于是”的精神实践。

九二，履道坦坦[①]，幽人贞吉[②]。

【注释】

①履道坦坦：九二失位不能应九五，然二者居中位，如走直道。又九二至九四互离，离为日，履日下直道，故曰“履道坦坦”。

②幽人贞吉：幽，幽深。《论衡·知实》云：“退而幽思。”“幽思”即深思。九二虽失位于中，然以阳居阴位，明生暗中，如深思明哲之人，故曰“幽人贞吉”。

【译文】

九二，深思明哲的人走在平坦的道路上，吉利。

《象》曰："幽人贞吉"，中不自乱也①。

【注释】

①中不自乱：九二失位不正，本属不当，然居中守正则不乱，故曰"中不自乱"。

【译文】

《象传》说："深思明哲的人走在平坦的道路上，吉利"，这是因为他的心中不乱。

【评析】

对于《履》之九二爻，历来有多种解释。总起来看，前人对"幽人"的解释略可归为两类：或说是幽静安恬之人，或说是幽系之人，即被囚之人。此二说皆不通。因为九二既以阳居阴，失位不正，且阳动而阴静，又何以见"幽静安恬"？若以第二种论，则九二既有"坦坦"之"履"，又何以为囚？既然为吉，又怎么可能在幽禁之中？从字义看，幽本义为"隐"。《说文》："幽，隐也。"《尔雅》："幽，微也。"二义均有"隐蔽"之义，然再深究其义，幽何以能"隐"，则其义在蔽于"深"。故《尔雅》又曰："浚，幽深也。"《书·舜典》："浚哲文明。"《论衡·知实》云："退而幽思。""幽思"，即深思，则幽人可解为"深思之人"，也可谓"既明且哲"之人。实际上，爻辞"幽人贞吉"本身既包含有一个前提也包含着一个结论，即不做"幽人"则失位"不吉"，若做得了"幽人"则"贞吉"。

六三，眇能视①，跛能履②，履虎尾③，咥人，凶④。武人为于大君⑤。

【注释】

①眇(miǎo)能视：眇，《说文》："眇，一目小也。"九二至九四互有离象，离为目，然六三居离中而失位，失位不正，故曰"眇能视"。

②跛能履：跛，跛足。《说卦》曰："震为足。"九二至六三为半震之象，乾为健行，六三失位则乾象毁，故曰"跛能履"。

③履虎尾：六三失位，不中不正，目盲而足跛，有跌跌撞撞之窘态，故曰"履虎尾"。

④咥人，凶：目盲而不能视，足跛而不能行，踩着老虎的尾巴必为虎所啮伤。《集解》引虞翻曰："既跛又眇，视步不能，为虎所啮，故'咥人凶'，《象》曰'位不当'也。"

⑤武人为于大君：三，本为阳刚武人之位，六三虽失位于《履》，然上应于上九，上九在九五之上，故曰"大君"。三上而应之，故曰"武人为于大君"。

【译文】

六三，目盲而视物，足跛而行路，踩着了老虎的尾巴，老虎就会咬人，有凶险。武士要效力于大人君王。

【评析】

六三因失位于《履》，既眇又跛，可谓多灾多难。究其原因，皆因其失位不正，身不正，则名分不正，名分不正，则淹蹇多难，故孔子曰："名不正则言不顺，言不顺则事不成。"

《象》曰："眇能视"，不足以有明也。"跛能履"，不足以与行也。"咥人之凶"，位不当也。"武人为于大君"，志刚也①。

【注释】

①志刚：六三不正，动而有变，变而成乾，乾有刚强之德，故曰"志

刚”。又六三上应上九，上九在乾，应而有志于乾，故曰“志刚”。

【译文】

《象传》说：“目盲而视物”，不足以辨明事物。“足跛而行路”，力不足以行走。“老虎咬人有凶险”，在于六三居于不当、不正之位。“武士要效力于大人君王”，因为他有乾刚之志。

【评析】

凡世事有凶有吉，凶可以变吉，吉也可能变凶。六三既盲于目，又跛于足，明不能辨物，力不能制虎，则必为虎所伤，多凶多难。但是，《老子》有言曰“祸兮福所倚，福兮祸所伏”，若六三动变而成乾，则持志而上应于乾，仍有武人之勇可“为于大君”，终可补其不当位之失。

九四，履虎尾，愬愬①，终吉②。

【注释】

①愬愬（sè）：《释文》引《子夏传》曰：“恐惧貌。”

②终吉：九四虽有“履虎尾”之危，但是九四为阳爻，居乾为刚，而又能以“愬愬”之谨慎小心走在老虎尾巴之后，故最终是吉利的。

【译文】

九四，小心翼翼地走在老虎的尾巴之后，心中保持警惕，终将是吉利的。

《象》曰：“愬愬终吉”，志行也①。

【注释】

①志行：因九四能以谨慎而免于凶，故其志愿就得以实行。

【译文】

《象传》说："小心翼翼地走在老虎的尾巴之后，心中保持警惕，终将是吉利的"，这样他的志愿也就得以实行。

【评析】

《履》唯六三、九四爻有"履虎尾"之辞，且二者均失位不正，可见，卦辞中的"虎尾"应指下兑，而非上乾，前人多以上乾为虎尾，实为乱象之说。按卦象，兑主西方，西方为白虎。乾为马，为健行，六三因位在兑之尾，故曰"履虎尾"。九四应乾之健行于兑上，下不能应初，故而也有"履虎尾"之忧。然其有上行之势，且以"愬愬"之心而履之，故有惊无险，化险为夷，有"终吉"之果。

九五，夬履①，贞厉。

【注释】

①夬(guài)履：夬，决断。《集解》引干宝曰："夬，决也。"九五以阳刚之德而居中正之位，故有果决之行。

【译文】

九五，刚猛果断地行走，是会有危险的。

《象》曰："夬履贞厉"，位正当也①。

【注释】

①位正当：位，指卦位，九五以阳为得位，当位中正，故曰"位正当"。

【译文】

《象传》说："刚猛果断地行走是会有危险的"，这是因为九五处尊得位，恃正决刚的缘故。

【评析】

九五恃其得位之正，又有君临天下之气势，故行事果决，无所忌惮。然而，《履》本应以“柔履刚”，九五却以刚履柔，故“贞厉”。《王注》曰：“得位处尊，以刚决正，故曰‘夬’。”正所谓“刚则易折”。“诸葛一生惟谨慎，吕端大事不糊涂”，凡干大事，应居安思危。九五位尊任重，一言一行，事关社稷民众，更应该谨慎处事。九五之“厉”，用朱熹《周易本义》一言可蔽之，曰“伤于所恃”。

上九，视履考祥①，其旋元吉②。

【注释】

①视履考祥：考，考察。祥，吉祥，美善。上九处《履》之极，能审视履之善否。故《正义》曰：“履道已成，故视其所履之行，善恶得失，考其祸福之征祥。”

②其旋元吉：旋，回还。元，大。上九尊居乾之极，转身向下而应于兑三，刚极而返回于柔道，故“元吉”。

【译文】

上九，回顾所行之善恶，就可以考察吉凶之征兆，这是因为上九能回还而下应于三爻之阴，所以很吉祥。

《象》曰：元吉在上，大有庆也①。

【注释】

①大有庆也：上九能以阳极还柔，故“吉”而有“庆”。

【译文】

《象传》说：很吉祥的情况存在于上九之位，这说明上九有很大的福庆。

【评析】

高而无危，极而能还，这是上九的圣明之处，而其所以能圣明如此，就在于他能从其他几爻所履行的经历中考察得失，吸取教训。《集解》引卢氏曰："王者履礼于上，则万方有庆于下。"上九视履之善恶而考察得失，即以阳合阴，由刚还柔，故上九之"庆"，也是应了"积善之家，必有余庆"的道理。

泰(䷊)

【题解】

在《周易》里，一个卦象的吉利与否取决于三个方面的因素：交流、相应、变通。三者之中，"交流"与"相应"是"变通"的前提。交流，就是下卦与上卦交流，下爻与上爻交流。相应，就是爻与爻之间的阴阳属性要相应。有了交流与相应，自然也就能够实现变通。"变通"不仅是《周易》认识世界的方法，也是认识世界的目的。在《周易》六十四卦里，《泰》卦是唯一实现"交流"、"相应"和"变通"的卦。它一反大自然的本来面貌，将"天上地下"变化为"地上天下"。这种"反态"使得"天地交"泰，爻爻相应，气象变通。于是六爻之中，初九"征吉"，九二"得尚"，九三"有福"，六四"戒孚"，六五"元吉"，唯上六"泰"极而"吝"。

泰①：小往大来②，吉，亨。

【注释】

①泰：卦名，下乾☰上坤☷。《说文》："泰，滑也。"滑而不滞则通，引申为通。《序卦》曰："泰者，通也。"观其卦象，阳来而阴去，小往而大来，阴阳二气相互交感而通，通则久，久而安，故气泰则人安。

②小往：坤与乾比，也就是天与地比，则天大而地小。坤在外卦，纯

阴为小，于象为“往”，故曰“小往”。大来：乾为天，天为大，纯阳而大，天在地下，为内卦，于象为“来”，故曰“大来”。

【译文】

《泰》卦象征着通顺安泰：坤道柔小往外，乾道伟大入内，吉祥，亨通。

《彖》曰：“泰，小往大来。吉，亨。”则是天地交而万物通也，上下交而其志同也①。内阳而外阴，内健而外顺，内君子而外小人，君子道长，小人道消也②。

【注释】

①上下交而其志同：上喻君子，下喻臣子，上下交则表明其志气相投相合。

②君子道长，小人道消也：阳为君子，阴为小人，阴阳二气至《泰》卦时，已至于立春的时节，这时阳息而生，阴消而降，阴气已经渐渐消亡，而阳气则渐渐兴旺生长。

【译文】

《彖传》说：“通泰，坤道柔小往外，乾道伟大入内，吉祥，亨通。”就是说天地交感而万物亨通，上下交感互应则人们的志气相同。内卦有阳而外卦有阴，内为刚健而外为柔顺，内为君子而外为小人，于是君子之道兴旺生长，小人之道减弱消亡。

《象》曰：天地交，泰。后以财成天地之道①，辅相天地之宜②，以左右民。

【注释】

①后以财成天地之道：后，君王。上古之君称“后”，后世之君始称

"王"。财,《释文》引荀爽注,作"裁"。《集解》引郑注,曰"节"。《本义》释"财"同"裁"。由卦象可知,泰处于阴阳二气运行的通泰之时,故君王分其时节以裁制时序之变。

②辅相天地之宜:《集解》引郑注曰:"辅、相,左右助也。"宜,适当。君王分时节序以指导百姓的生活,使其与天地时序的变化相应相合。

【译文】

《象传》说:天地交合,通泰。君王由此而裁制成天地运行之道,辅助天地以适当的方式运行,这样就可以保佑百姓生存发展。

【评析】

《周礼·考工记》之所谓:"天有时,地有气。"朱熹在其《周易本义》曰:"天地交而二气通,故为泰。"这样的解释来自于卦象,也来自于卦位。因为阴居于外而在上,阳处于内而在下。阴阳二气的上下错位正说明了二气已经发生了交感,天地已经相通,故万物能通泰地生长。"孤阴不生,独阳不长",阴气上行,阳气下降,上下交感,阴阳相通。若以此理对应于人事,则上下"志同"。唯其志同,君王才能观察天地运行之道,裁制时序之节,使百姓能按时节的变化而安排生产活动,辅助并保佑百姓顺利平安地顺应天道。

初九,拔茅茹①,以其汇②。征吉③。

【注释】

①茅:茅草,《说文》:"菅也。"茹:《集解》引虞翻曰:"茹,茅根。"王弼曰:"茹,相牵引之貌也。"

②以其汇:汇,郑注"类也"。即以其同类而聚集在一起。

③征吉:坤为阴,为顺;乾为阳,为健进。阳气上升则为进,进而顺,故曰"征吉"。

【译文】

初九,拔出茅草,茅草与根相连着,这是因为它们以同类相聚。此时此景,前进就会吉祥。

《象》曰:“拔茅征吉”,志在外也①。

【注释】

①志在外:初九为阳,阳气上升,升则上应六四。六四在坤,坤为外卦,乾为内卦。乾,健行至坤,故曰“志在外”。

【译文】

《象传》说:“拔出茅草,前进就会吉祥”,这说明初九的志愿在于向外发展。

【评析】

《尚氏学》认为:“坤为茅茹。”又言“此象失传”,故引《易林》以证之。其实,就卦象而言,以初九之阳刚对应六四之阴柔,则茅茹之柔象已焕然而出,再深入研究,则六四位居坤下,有柔而又柔之容,更类茅茹之象。《乾文言》曰:“本乎天者亲上,本乎地者亲下,则各从其类也。”茅茹附于地上,为初九上应之象,以理推之,则“坤为茅茹”不仅在爻辞之中,而且也在象中。

九二,包荒①,用冯河,不遐遗②。朋亡③,得尚于中行④。

【注释】

①包:包容,囊括。荒:巟,荒为古今字,巟从巜,巜为川之本字。《说文》:“巟,水广也。”《集解》引虞翻曰:“巟,大川。”

②用冯(píng)河,不遐遗:冯,通“淜”。《说文》:“淜,无舟渡河也。”

《尔雅·释训》:“冯河,徒涉也。”即徒步涉过河水。遐,遐远。遗,遗忘。不遐遗,即远而无所遗忘。

③朋亡:《坤》卦有“西南得朋,东北丧朋”之说,《泰》卦所处的位置正是东北方,乾之九二上应六五,六五处坤中,故曰“朋亡”。

④得尚于中行:尚,保佑,辅助。九二为臣,上应君王六五,二者俱居于卦中,以阳而应阴,故得阴阳中和之道。

【译文】

九二,以包容之心,囊括之志,徒步涉过河水,无论多远都无所遗弃。心中也不结党营私,而以中正之德去辅佑君王。

《象》曰:“包荒,得尚于中行”,以光大也①。

【注释】

①以光大:以,因为。九二以阳居阴,阳阳光明,故曰“以光大”。

【译文】

《象传》说:“以包容之心,囊括之志,徒步涉过河水,以中正之德去辅佑君王”,这是因为九二有光明正大的道德。

【评析】

陶铸同志曾经说过:“心地无私天地宽。”九二以阳刚之德而居于乾中,但是,九二要历尽艰险去辅佐处在六五的君王,就需要有包容天地的气量和囊括四海的意志。《中庸》曰:“致中和,天地位焉,万物育焉。”因九二身处乾之正中,虽有失位之嫌,但是,他能有包容天地的气度和以刚健中正之德上应六五之阴柔,故曰“光大”。故能以其“光大”之德而“得尚于中行”。

九三,无平不陂①,无往不复②。艰贞无咎③。勿恤其

孚④，于食有福⑤。

【注释】

①无平不陂：平，九三爻处天地相交之处，平而能分，故曰“平”。“平”而面临变革，故曰“无平”。陂，通“坡”，即倾斜的山坡。

②无往不复：乾本在上、在天，因《泰》而互通至下，相交于地。九三上应上六，又复于本位，故曰“无往不复”。

③艰贞无咎：艰，《集解》引虞翻注作“险”。九三所处的位置，如《乾文言》所言“上不在天，下不在田”，本有“夕惕若厉”之心，又位于阴阳相交之处，至六五互有震象，故曰“艰”。三虽“多凶”而“艰”，然以阳居阳，当位居正，又能应于上六，故曰“无咎”。

④勿恤其孚：恤，忧虑。孚，诚信。意谓不要担心自己的诚信不为人所理解。

⑤于食有福：九三在乾，乾为福。九二至六四互为兑，兑为口，上应坤象，坤有多食之象，故曰“于食有福”。

【译文】

九三，世上的事物未有平坦而无坡的情况，也没有往而不复还的情况。艰难曲折时须守持正道，就会免于灾害。不要担心自己的诚信不能被人理解，在食物供给方面有幸福。

《象》曰：“无往不复”，天地际也①。

【注释】

①天地际：际，交接。乾为天，坤为地，九三位于两卦相交接之处，故曰“际”。

【译文】

《象传》说：“世上的事没有往而不复还的情况”，这是因为九三处于天地交接之处。

【评析】

九三以“平”与“陂”和“往”与“复”为喻，说明世上的事没有一成不变的道理。非此则即彼，有往则必有复，有平则必有陂。否极泰来，泰极否来。九三处于天地之位将要发生变革之时，为乾之极，所应之爻上六为坤之极，两极处在乾坤交接之间，可升而归其乾之本位，有“复自道”之意。而且，因为九三位于阴阳二气的交合点，很容易产生变革，故九三在《泰》中的位置，实际上也反映着事物发展的基本规律。

六四，翩翩①，不富以其邻②，不戒以孚③。

【注释】

①翩翩：疾飞的样子，《诗·小雅·巷伯》“缉缉翩翩”，毛传云“往来貌”，四与三接，下应初九之间，互有兑，兑为悦。兑下为乾，乾为天。兑，悦然翻飞于天，故有“翩翩”之状。尚氏以互震为蝶，于理也通。

②不富以其邻：《泰》之互卦为《归妹》(䷵)，下兑上震，兑与震为邻，故曰“其邻”。六四处于坤卦，坤为阴，阴为虚，虚则无实，故“不富”。其上六五、上六皆为阴虚，又九二至六四互为兑。按《说卦》：“兑为刚卤，为毁折。”故曰“不富以其邻”。

③不戒以孚：即不以其诚信之心而戒其行为，六四当位居正，虽有乘阳之嫌，然下应于初九，初九为乾，阳为君子，故可以“不戒”。

【译文】

六四，翩翩地飞来飞去，因上与阴虚为邻，下有乘阳之嫌，故不富裕，这是因其不以诚信戒其行为的缘故。

《象》曰：“翩翩不富”，皆失实也①。“不戒以孚”，中心愿也②。

【注释】

①皆失实：按卦例，阴虚阳实，上坤为阴，六四在坤，故曰“皆失实”。

②中心愿：按卦例，阳升而阴降，六四邻近九三，有下降之愿，且阴喜应阳，非初九所强，实六四之所愿，故曰“中心愿”。

【译文】

《象传》说：“翩翩地飞来飞去，因上与阴虚为邻，下有乘阳之嫌，故不富裕”，原因全在于阴虚而失实的缘故。“不以诚信戒其行为”，这说明坤之阴爻都有下降而乘阳的愿望。

【评析】

《周易本义》曰：“阴虚而阳实，故凡言不富者，皆阴爻也。”人常言“远亲不如近邻”，子曰：“里仁为美，择不处仁，焉得知？”六四以阴虚为邻，又有乘阳之嫌，故曰“不富以其邻”。至于“翩翩”，前人有多说，或以义理，或以音训，而因象见义者则很少。尚氏以互震为蝶，以卦象论，震为龙，龙有腾飞之象，以蝶类之，未尝不可。现试以兑为蝶类之：九二与六四互为兑，兑为少女，为悦。乾为天，少女悦然而飞天，翩翩如花蝶之貌，故曰“翩翩”。如此，则不仅于理通，于情、于象、于貌也通。

六五，帝乙归妹①，以祉元吉②。

【注释】

①帝乙归妹：帝乙，据《子夏易传》、京房、荀爽等人的注，皆认为是古帝商汤。归妹，古代女子出嫁称为“归”。妹，古称女子，少女。《说文》曰“女弟也”。六五尊居中位，故曰“帝”。六五下应九二，九二至六四互为兑，兑为少女。九三与六五互为震，震为长子，以兑为妹而归之于九二，故曰“归妹”。

②以祉元吉：祉，获得幸福，六五居《泰》卦之主，又有“归妹”之喜，

故曰“元吉”。

【译文】

六五，帝乙嫁出了自己的妹妹，其妹因下嫁而获得幸福，这件事很吉祥。

《象》曰：“以祉元吉”，中以行愿也①。

【注释】

①中以行愿：六五处尊居中，屈尊而下应阳，既顺应阴阳之情，又符合女子从夫之礼，故以其中和之礼而行其下嫁之愿。

【译文】

《象传》说：“获得幸福，且很吉祥”，这是因为六五以“中和”之德实现了自己美好的愿望。

【评析】

京房在其《易传》载汤嫁妹之辞曰：“无以天子之尊而乘诸侯，无以天子之贵而骄诸侯。阴之从阳，女之顺夫，本天地之义也。往事而夫，必以礼义。”六五，以阴居尊，以阴应阳，象征着帝王家的女子下嫁。古之筮者以“帝乙归妹”之事为例，来说明“男大当婚，女大当嫁”是顺应天道的大喜事。六五因下应于九二之阳而得到幸福，原因不仅在于六五能屈尊下嫁，更在于她以中正之礼实现了自己的愿望。

上六，城复于隍①，勿用师②，自邑告命③。贞吝④。

【注释】

①城复于隍：复，通“覆”，即倾覆。隍，护城的壕沟。《说文》曰：“隍，城池也。”九三至六五互为震，震为艮之覆象，艮为城，艮覆

为震,则曰“城覆”。又九二至六四互为兑,“兑为泽”,“为毁折”,类如护城河,故有“城覆于隍”之象。

②勿用师:坤为众,有兵众之象,然上六处在穷极之地,上临群阴之象,阴柔之甚,不可以用兵,故曰“勿用师”。

③自邑告命:坤为土,土筑城邑,坤性阴,阴皆有下降之志,故曰“自邑”。告,请,传达。命,训令。

④贞吝:贞,占问,吝,困难。

【译文】

上六,城墙倾覆于壕沟之中,这时不可出征用兵,城邑中的人请命不要用兵。因为占问的结果是有难。

《象》曰:“城复于隍”,其命乱也①。

【注释】

①其命乱:泰道行将灭亡,否道将要形成,卑不上承,尊不下施,故“其命乱”。

【译文】

《象传》说:“城墙倾覆于壕沟之中”,这是因为阴乘于阳,尊卑颠倒,政令不顺。

【评析】

上六为《泰》之极,极则有变,变《泰》为《否》,则上下不交,政令不顺,又有“城覆于隍”这样的不祥之兆。子曰“言不顺则事不成”,《泰》之上九有令不行,有禁不止,故有“命乱”之失。而“命乱”之时,又有阴虚之弱,且无强兵可用。“城覆于隍”、“命乱”、“勿用师”,这一连串的麻烦皆聚集于上,则《泰》之上六,不仅不能泰安,而且还有危而又危的险情,故观《泰》之象,玩《泰》之辞,方可见圣人居安思危的良苦用心。

否(䷋)

【题解】

变化之理本来是事物的本质特征,也是《周易》的普遍特征,而这种特征在《否》、《泰》两卦体现得最为充分,因为这两卦代表着事物发展变化的两个终极。本来天上地下是天地的本来面貌,但是,这种固定不变的位置说明天地、上下之间缺乏交流互动,使事物处于闭塞不通的情况而不能发展。对于人而言,《否》象征着小人行志,君子困厄之时;对于事而言,《否》象征着闭塞不通,难以成就大业。然而至九四则有"否极泰来"之势。总的说来,《否》卦是在说明"小人吉,大人否"的道理,小人于吉中有"包羞"之耻,君子于否中有不乱群之志。卦之六爻:初有"吉",二有"亨",九四"无咎"得福,九五则于大人"吉",上九"先否而后喜",唯有六三因居位不正而蒙受耻辱。

否①:否之匪人②,不利君子贞③,大往小来④。

【注释】

①否(pǐ):卦名,下坤☷上乾☰,闭塞不通。

②匪人:匪,通"非"。《否》与《泰》反,阴气剥阳,不利君子,又非人道,故曰"匪人"。

③不利君子贞:阳为君子,阴为小人,《否》下之三阴剥上之三阳,阴阳两种势力对峙僵持,闭塞不通,三阳有渐去之势,故不利于君子之行。

④大往小来:阳为大,阴为小,"大往"即阳消而去,"小来"即阴来而长。

【译文】

《否》卦:《否》卦象征着闭塞不通,不利于人道,不利于君子之行,因为这时是正大的阳气消往而去，卑弱的阴气生长而来。

《彖》曰："否之匪人，不利君子贞，大往小来。"则是天地不交而万物不通也①，上下不交而天下无邦也②；内阴而外阳，内柔而外刚，内小人而外君子③，小人道长，君子道消也④。

【注释】

①天地不交而万物不通：乾居上而不降，坤居下而不升，故曰"不交"，天地不交实为阴阳不交，阴阳不交则万物的化育就不能通畅。

②上下不交而天下无邦：上为君，下为臣，上下不交则天下不能成邦国。

③内阴而外阳，内柔而外刚，内小人而外君子：坤为阴柔在内，乾为阳刚在外，这种情况同时也就象征着小人于朝内当道，君子流放在外。

④小人道长，君子道消：《否》有闭塞不通之象，故于小人则其道日长，于君子则其道日消。

【译文】

《彖传》说："闭塞而不利于人道，不利于君子之行，因为正大的阳气消失而去，卑弱的阴气生长而来。"这是因为天地不能交通使得万物的生长不能通达，君臣上下不能相互交流，使得国君的天下没有邦国的辅助。阴气居内，阳气居外，柔顺者居内，刚强者居外，小人居内，君子居外。这种情况就像是小人之道在增长，君子之道在消亡。

《象》曰：天地不交，"否"。君子以俭德辟难①，不可荣以禄②。

【注释】

①以俭德辟难：即以俭为德，辟开危难。

②不可荣以禄：乾为福、为禄。乾不施下，故“不可荣以禄”。

【译文】

《象传》说：天地不能相互交通，象征着“闭塞”不通的情况。君子以勤俭之德避难，不可追求荣华、俸禄。

【评析】

《序卦》曰：“物不可以终通，故受之《否》。”《否》卦象征着由通泰转变为否闭的状态。于其时，则阳气日渐衰退，阴气日渐生长；于其事，则君子居外在野，小人居内在朝；于其势，则君子不通，小人得势。当此之时，君子应不求荣禄有功与闻达显贵，唯以俭德避难为是。故南容“三复白圭”，孔子称赞南容是“邦有道，不废，邦无道，免于刑戮”，并“以其兄之子妻之”。

初六，拔茅茹以其汇[①]。贞吉，亨。

【注释】

①拔茅茹以其汇：坤顺而柔，故曰“茅茹”。汇，郑注曰：“汇者，类也。”坤阴有三，类多如汇，故曰“以其汇”。

【译文】

初六，拔起茅草，根系相连，这是因为草根以同类相聚的缘故。这种情况是吉祥的，也是亨通的。

《象》曰：“拔茅贞吉”，志在君也[①]。

【注释】

①志在君：初六上与九四相应，九四居于乾卦之初，故曰“志在君”。

【译文】

《象传》说：初六之所以有“拔起茅草与吉祥如意”的好事，就因为初六有上应九四之君的志向。

【评析】

《否》与《泰》二卦之初爻皆以“茅茹”取象，然而，《泰》卦初爻为阳，《否》卦初爻为阴，故象虽同类，而其志则不同。《论语》有言曰：“君子之德，风；小人之德，草。”阳为君子，于《泰》有生长之道；阴为小人，于《否》则有闭塞之道。君子进则吉，故其爻辞告以“征吉”；小人守正则吉，故爻辞告以“贞吉”。

六二，包承①，小人吉，大人否②。亨。

【注释】

①包：包容，二五相应，就是二为五所包容。承：六二顺承于九五，故曰“承”。

②小人吉，大人否：小人受包容则吉，而于大人则否。如《经义述闻》所言：“六二包承于五，小人之道也；九五之大人若与二相包承，则以君子而入小人之群，是‘乱群’也。故必不与相包承，而其道乃亨。”六二受九五“包承”，故曰“小人吉”；而大人不愿同流随波，故“否”而有“亨”。

【译文】

六二，被包容且顺承上位之尊者，小人吉利，大人不为这种小人之道所包容。故亨通。

《象》曰：“大人否，亨”，不乱群也①。

【注释】

①不乱群：群，小人同而好群，下坤之三爻皆阴，如小人为群，九五不屈尊而入于群小，故“不乱群”。

【译文】

《象传》说：“大人不入于小人之道，亨通”，这说明大人不能为小人之道所乱。

【评析】

“君子和而不同，小人同而不和”。六二当位居中，上应九五之尊，本以吉论，然居在《否》中，为群小所包围，故有小人之象，正所谓：“与善人居，如入芝兰之室，久而不闻其香……与不善人居，如入鲍鱼之肆，久而不闻其臭。”六二居正《否》中，既可以为大人，也可以为小人。若知《否》道，不以俭德独善其身，误入群小，则“吉”而为“小人”；若能以俭德退身无为，正己而不乱其群，则为“大人”而“亨”。六二既知小人之“邪”，当反其道而不行之，洁身自好，独善其身，此之谓“道不同，不相为谋”。

六三，包羞①。

【注释】

①包羞：羞耻，羞辱。《否》之所成在于六三，六三处在下卦之终，不中不正，位既不当，又为九四所包，故曰“包羞”。

【译文】

六三，被包容而行小人之道，终致羞辱。

《象》曰：“包羞”，位不当也①。

【注释】

①位不当：以阴居阳位，违义失正，故曰“位不当”。

【译文】

《象传》说：“被包容而行小人之道，终致羞辱”，说明六三居于不正当之位。

【评析】

《系辞》曰：“圣人之大宝曰位。”三本多凶，若失位不正，则不仅有凶，且有其耻。然《否》之六三爻辞言“包羞”而不言“凶”，似对六三有劝勉之心，一如孟子之所谓“无羞恶之心，非人也”。六三既能包羞，则有“知耻近乎勇”的德行。杜牧《题乌江亭》云：“胜败兵家不可期，包羞忍耻是男儿。江东子弟多才俊，卷土重来未可知。”《否》之六三启示人们：蒙“羞”而“知耻”，才是有“勇”之人，才是真“男儿”。

九四，有命无咎①，畴离祉②。

【注释】

①命：天命，也就是天之所令，六三至九五互为巽卦，九四在互巽中，巽为号令。无咎：九四以阳居阴位，虽有不正之嫌，然受命于上，故“无咎”。

②畴(chóu)离祉：畴，通“俦”，同类，一起。离，依附，附着。祉，福，得福。乾为福，九四因失位而附于乾象，故曰“畴离祉”。

【译文】

九四，承受上天之命，没有过错，因类附于乾而获得幸福。

《象》曰：“有命无咎”，志行也。

【译文】

《象传》说："承受上天之命，没有过错"，这说明九四奉命扭转否道的行动正在进行。

【评析】

近朱者赤，近墨者黑。六二居在阴中，虽当位而有"小人"之象；九四失位于阳下，"无咎"而"畴离祉"。

九五，休否①，大人吉②。其亡其亡③，系于苞桑④。

【注释】

①休否：休，止息，停止。六三至九五互为巽，巽为木。乾为人，人依树木，有休息之象。《否》道于此"大人"之位，方可休息一阵，故曰"休否"。

②大人吉：九五以其正大之道尊处君位，阴不能消其阳刚之正气，故曰"大人吉"。

③其亡其亡：其，语气词。又"其"有"几"音，又有"几"义，《释诂》："几，近也。"其亡，犹言"将要灭亡"。因《否》道阴浸阳消，坤三阴将要消去九五之阳，故曰"其亡其亡"。

④系于苞桑：苞，丛生，茂盛，根本深固。《诗·大雅·常武》"如山之苞"，就是此义。桑，桑木，古人言："田上之木，莫过于桑。"《周易集解纂疏》引京房注《典术》："桑木者，箕星之精，神木也。"六三至九五互巽，巽为木。九五为大人，有救世之责，故曰"系于苞桑"。

【译文】

九五，使否闭停止，大人就会得到吉祥。将要灭亡！将要灭亡！要使我系之于如山之固，如桑之坚。

《象》曰：大人之吉，位正当也。

【译文】

《象传》说：大人能得到吉祥，这是因为他居于九五之正当之位。

【评析】

九五尊居君王之位，担负着存亡继绝的重要使命。因此，能于“其亡其亡”的《否》道之中坚持“系于苞桑”的积极态度，真可谓不辱使命。《朱子语类》曰：“有戒惧危亡之心，则便有苞桑系固之象。盖能戒惧危亡，则如系于苞桑，坚固不拔矣。”九五居阳刚中正之位，在危机迫近时，不仅没有惊惶失措，而且有着“系于苞桑”的决心和准备，救危亡于将倒。由此观之，则“休否”之吉并非“系于苞桑”，实系于君子之德。

上九，倾否①，先否后喜②。

【注释】

①倾否：倾，倾覆。上九居《否》道终极之时，下应六三，六三失位，且在坤阴之中，虚而不能承阳，故有“倾否”之象。

②先否后喜：否道在先，故曰“先否”。上九失位不正，下应六三，动而变正，则三之上，成《咸》卦。咸，下艮上兑，有少女取悦少男之象。动而变，变正而悦，故曰“后喜”。

【译文】

上九，倾覆否闭的局势，起先还有否闭之困，尔后则通泰喜悦。

《象》曰：否终则倾，何可长也。

【译文】

《象传》说：否闭之道终极之时，就会使否道倾覆，如此则否道怎么能长久呢！

【评析】

物极必反，泰极则反于否，否极则反于泰。事物的变化规律总是以起伏不定的状态和循环往复的方式进行。在展现希望时，也隐藏着危亡；在显示危亡时，又给人们以希望。在此，否道启示着人们：尽管天地或有反常之时，但是，总体上看，还是以时节有序地成就着万物，而丝毫没有毁灭万物的本性。因此，人应该顺应天地之道，保持热爱生命的信念和希望。因为，就整个人类而言，真正放弃生命的是人类自己，而不是天地。

同　人(䷌)

【题解】

《同人》卦因六二以柔中当位，上应九五，因而名之以“同人”，《礼记·礼运》载孔子之叹：“大道之行也，天下为公。”故“人不独亲其亲，不独子其子”，“是谓大同”。同样是孔子，在《论语·子路》中他却以冷静精辟的态度说：“君子和而不同，小人同而不和。”由此可知，“同”之义因其所言的对象不同，意义也有所不同。《礼记》之所谓“同”是一种政治理想，故而孔子赞叹，《论语》之所谓“同”指人在思想上相同，故孔子不赞。《周易》之“同”是指人们在“言行”上保持一致性，因此，在《同人》卦中，没有真正以“吉”对应的爻位，其中初以“同”“无咎”，二因“同”而“吝”，三、四、五皆有兵象，上九仅“无悔”而已。于是王弼于此卦叹曰：“凡处‘同人’而不泰焉，则必用师矣！”言下之意，即今日之“同”实为往日攻战而来。

同人[1]：同人于野[2]，亨。利涉大川。利君子贞[3]。

【注释】

①同人：卦名，下离☲上乾☰，象征着与人同志。下离为日，上乾为天，日附于天，“悬象著明”，此为一同；六二与九五俱得位而处中正之位，又相互因应，是谓二同。

②同人于野：野，原野。《本义》曰：“同人于野，谓旷达而无私也。”乾为野，有六二上应，故曰“同人于野”。

③利君子贞：内卦文明而外卦刚健，六二中正而应，心怀文明而健行，故“利君子贞”。

【译文】

在广阔的原野上行走，其志气相同，亨通。有利于涉过大河，有利于君子守正持固。

《彖》曰：同人，柔得位得中，而应乎乾[1]，曰同人。同人曰：“同人于野，亨。利涉大川”，乾行也[2]。文明以健[3]，中正而应，君子正也[4]。唯君子为能通天下之志[5]。

【注释】

①柔得位得中，而应乎乾：阴为柔，六二以阴柔之德居下离之中，上应于乾之九五爻，故曰“应乎乾”。

②乾行：指《乾》卦有“刚健”之行。

③文明以健：《同人》之内卦为离，离为火，火有文明之象；外卦为乾，乾有“健行”之德，故曰“文明以健”。

④中正而应，君子正也：指六二居其中正之位，上应于乾之九五，即因应君子“正大”之德，故曰“君子正也”。

⑤唯君子为能通天下之志：乾为天，故曰“天下”。离有文明普照天下；六二至九四互为巽，巽为风，风有风气传扬、播送天下，则君子能“通天下之志”。

【译文】

《彖传》说:《同人》卦,六二以其阴柔之爻得中正之位,上应于乾之刚健之德,象征着和同于人。《同人》卦说:"在原野上行走,与人志气相同,亨通。有利于涉过大河",这正应了乾之刚健之行。其卦内文明而外刚健,位居中正而上应于乾,这是君子和同于人的纯正美德。只有君子才能通达于天下人的心志。

《象》曰:天与火①,同人。君子以类族辨物②。

【注释】

①天与火:与,作动词,犹"亲"。天在上,火有炎上之势,故天与火同性,两相亲和。

②以类族辨物:类,用如动词,犹言"类析"。族,聚集。此句意谓按照类别的聚集来辨别事物的性质。

【译文】

《象传》说:天与火相亲近,象征着人与人之间志气相同。君子以事物的类别来辨别事物的本质特性。

【评析】

《同人》之六二一心一意上应九五,此所谓"本乎天者亲上"。亲则和,和则同,则《同人》之同,实为君子心志相同。其内秉文明之德,外持刚健之行,于象,则"悬象著明",光被四表;于德,则刚健中正,正大光明;于事,则传播文教,教化人心。如《中庸》之所谓"高明配天","不见而章,不动而变,无为而成",故而能"通天下之志"。

初九,同人于门①,无咎。

【注释】

①同人于门：初九上应九四，六二至九四互为巽，巽为门。初九在巽下，如在门内，故曰“同人于门”。

【译文】

初九，出门与人志气相同，必无灾害。

《象》曰：“出门同人”，又谁咎也。

【译文】

《象传》说：“出门与人志气相同”，又有谁能使其有灾害！

【评析】

初九为阳，其所应九四也是阳，阳阳相同，此为一同；下离为火，火势向上，上乾为天，天也为上，上上同性，此为二同。按《说卦》曰“巽为人”，人由门而入，故巽也为门。初在巽下，如同在门内，同门相亲，就是我们常常讲的“同门”。

六二，同人于宗①，吝②。

【注释】

①同人于宗：宗，宗亲。六二以阴柔之性得中正之位，上应九五，九五居一卦之尊，如同宗主一样，故曰“同人于宗”。

②吝：吝啬，吝惜。在《同人》卦里，除六二之外，均为阳爻。因六二只与九五相应，不与其他阳爻相应，故曰“吝”。

【译文】

六二，仅与同宗血亲求同，有难。

《象》曰："同人于宗"，吝道也。

【译文】

《象传》说："仅与同宗血亲求同"，说明六二以阴柔合和之德与贞静吝惜之心唯与九五和同。

【评析】

或有学者以为"同人于宗"的"宗"读为"众"，然"同人"于"众"，岂有"吝"意？或释吝为"难"，然与众人同，又岂有"难"意？根据卦象，六二唯相应于九五，正所谓"吝"。

九三，伏戎于莽①，升其高陵②，三岁不兴③。

【注释】

①伏戎于莽：《同人》下卦为离，离有兵戎之象，互巽，"巽为伏"，巽有草木之象，故"伏戎于莽"。

②升其高陵：九三与九五互乾，乾为陵，为行，六二至九四互为巽，巽为高。为兵之道，在于占领有利地势，故于理、于象皆有"升其高陵"的理由。

③三岁不兴：乾为天，一岁等于一周天，因爻在九三之位，故曰"三岁"。兴，兴起，"三岁不兴"即三年也不敢兴兵作战。

【译文】

九三，潜伏兵戎于草莽之中，登上高陵频频察看，三年也不敢兴兵作战。

《象》曰："伏戎于莽"，敌刚也①。"三岁不兴"，安行也②。

【注释】

①敌刚：九三与九五之刚强相敌。

②安行：安，安稳。行，健行。九三当位而正，离上乾下，故曰“安行”。或释“安”为疑问代词，意如“怎么，如何”，然按古代汉语语法的通例，凡“也”字煞句，通常是判断句。且根据卦象，也没有用疑问词的地方。

【译文】

《象传》说：“潜伏兵戎于草莽之中”，这是因为敌人刚强。“三年也不敢兴兵作战”，这说明九三是为了安稳健行。

【评析】

阳阳相敌，阴阴相斥。九三居离之上，按《说卦》，离为戈戟，本有兵戎之象，加之九三不能与上九相应，故与乾之三阳为敌。敌强我弱，则九三虽有“乾乾”之德，也只能“伏戎于莽”，“先为不可胜，以待敌之可胜”。

九四，乘其墉[①]，弗克攻，吉[②]。

【注释】

①乘其墉（yōng）：墉，城墙。六二至九四互为巽，巽为高，九四在巽上，故曰“乘其墉”。

②弗克攻，吉：离有兵戎之象，巽为入，兵象入于九四，故有“攻”象。然九四乘墉居高，又依恃乾刚，敌攻而不克，故曰“吉”。

【译文】

九四，登上高墙，敌人不能攻打我，吉利。

《象》曰：“乘其墉”，义弗克也[①]。其“吉”，则困而反则也[②]。

【注释】

①义弗克也:义,意思,道理,即按照卦象显示的道理,不能攻克。九四以乾刚之勇乘其墉,兼“甲胄”武装,居高临下,易守难攻,不能被敌方攻克。

②困而反则:乾刚不能克,然其为乱兵所克,皆因九四自己失位不正。若反正而当位,则下应初九,化敌为友,“克”象不存,故曰“困而反则”。

【译文】

《象传》说:“登上高墙”,不能为敌方所克,其所以有如此“吉利”的情况,就是因为九四能知“失位”之“困”而变正“返则”。

【评析】

九四失位不正,下不能应于初九,且有兵戎之象,本应以凶论,而爻辞则曰“吉”,故历来易家或曰“不得其义”,或曰“不得其解”。究其原因,就在于注解者淆乱了攻防之阵,因为他们在解释此爻时,多以九四为攻击者,而以九五或乾卦为被攻击者,以至于或误解妄说,或“不得其解”。其实,既然《说卦》已经言明“离为戈兵,为甲胄”,《同人》有兵戎之象,则进攻者应为下离,而非九四。九四“乘其墉”显然是在防守,居高临下,防敌有道,使敌“弗克攻”,故曰“吉”。

九五,同人先号咷而后笑①,大师克②,相遇。

【注释】

①同人先号咷而后笑:二与五应,互有巽,巽为风,如号咷之声,先遇敌,故曰“先号咷”;旁通于《师》(䷆),大师克敌于号咷之后,故曰“后笑”。

②大师:大哉乾元,乾为大。师,兵马,军队。《说卦》曰“离为甲

胄”，借指军旅征战之事，《同人》下离上乾，故曰“大师”。

【译文】

九五，与人和同时先是号啕而哭，尔后笑容满面，这是因为大军克敌告捷而归，志气相同的人相遇在一起。

《象》曰：同人之先，以中直也[①]。大师相遇[②]，言相克也[③]。

【注释】

①中直：指九五有乾道的真诚中直之性。

②大师相遇：六二欲合于九五，中间有三、四之强相隔，故须九五用师战胜其强后，才能与其相合。

③言相克：此处意在解释“大师”，而非自言相克。

【译文】

《象传》说：一开始就和同于人，乾德真诚中直。待大军相遇后，九五战胜三、四之强后，才能与六二言语相合。

【评析】

二、五同心，故《系辞上》释此爻曰：“同心之言，其臭如兰。”九五与六二的亲合，关系到全局的亲和，而实现亲和的途径则必须经历“大师”之事，才能相遇。在此，“遇”为二五遇合之遇，非大师相遇之遇。六二上应九五，因有九三、九四途中阻截，又有离为兵象；六二至九三又互为巽，巽为入，兵象入，则有“大师”之事，故九五欲实现与六二相遇，就必须以大师临之九三、九四，然后才能“相遇”。

上九，同人于郊[①]，无悔[②]。

【注释】

①同人于郊：郊，城外之地称“郊”。按《易》例，乾为野，上九处外卦与乾之极，故曰“郊”。

②无悔：《同人》之上卦为乾，按乾之上九应“有悔”，其所以言“无悔”，在于上九逸于兵象相争之外，不参与世事，悠悠于郊野之上，得其“同人”而乐，无违“同人”之道，故“无悔”。

【译文】

上九，在远郊野外而和同于人，也是没有悔恨的。

《象》曰：“同人于郊”，志未得也。

【译文】

《象传》说：“在远郊野外而和同于人”，这说明上九的志向未能如愿。

【评析】

上九虽失位于穷极之处，却依然秉持“同人”之德，独处郊野之外，不与内争，故“无悔”。另一方面，上九虽有同人之心，可惜无人与其同心，故“志未得”。

大　有(䷍)

【题解】

《系辞上》曰：“富有之谓大业，日新之谓盛德。”富家大有往往与国泰民安的政绩相联系。具体在《大有》卦中，“柔得尊位”，“上下应之”，这是多么好的太平盛世啊！故卦中六爻，如杨万里所评：“六爻亨一、吉二、无咎三。明主在上，群贤毕集，无一败治之小人，无一害治之匪德。”(《诚斋易传》)这里所说的“吉二”，就是六五与上九。六五以阴虚居上，为众阳朝拱，一阴之虚承受众阳之实，故有“威如”、“交如”之吉。上九失位无应，然有六五之君为邻，得其“天佑”之吉。

大有①：元亨②。

【注释】

①大有：卦名，下乾☰上离☲，乾为天，天为大，又有日丽于天，普照万物，生长万物，具“大有”之象。

②元亨：九二处乾之中正之位，故曰“元”，六五下应九二，故有“亨”。

【译文】

《大有》卦象征着大有收获：极为亨通。

《彖》曰：“大有”，柔得尊位大中①，而上下应之②，曰“大有”。其德刚健而文明③，应乎天而时行④，是以元亨。

【注释】

①柔得尊位大中：《王注》曰：“处尊以柔，居中以大。体无二阴，以分其应。上下应之，靡所不纳。《大有》之义也。”大有之六五为卦主，六五以阴柔居五之尊位，有中正之德。《正义》曰：“柔处尊位，是其大也；居上卦之内，是其中也。”

②上下应之：六居五位，上下之阳皆应之。

③其德刚健而文明：外卦为离，离为火，火有文明之象；内卦为乾，乾有刚健之德。

④应乎天而时行：离为日，日行天上，顺应天道，以时而行。

【译文】

《彖传》说：“大有收获”，这是因为阴柔居于尊崇之位，身居高位，中正有德，上下响应，这种情况就称之为“大有收获”。《大有》内秉刚健之德，外著文明之光，能顺应天体的规律，按照时节运行，所以大有亨通。

《象》曰：火在天上，“大有”①。君子以遏恶扬善②，顺天休命③。

【注释】

①火在天上，“大有”：离为火，在乾上，乾为天，故曰“火在天上”，于时为夏，夏季万物并生，故曰“大有”。

②遏恶扬善：《集解》引虞翻曰：“遏，绝。扬，举也。”乾阳为善，坤阴为恶。光明于天，故曰“遏恶扬善”。

③顺天休命：《释诂》曰：“休，美也。”顺天休命，就是说要顺应天道，美化政令。

【译文】

《象传》说：日光如火，高悬于天，象征着“大有收获”。君子遏止邪恶，弘扬善德，顺应天道，美化万物之性和政令。

【评析】

天上之火就是太阳，她给这个世界带来了光明，也带来了生命。离本为阴卦，有女象，《大有》以阴居尊位，得上下众阳响应，圣人体验到太阳的灿烂光辉能生长万物，也能驱除腐朽，故以“遏恶扬善，顺天休命”治理天下。

初九，无交害①，匪咎②。艰则无咎③。

【注释】

①无交害：害，初与四应，四失位为害、为恶人，初不应四，故曰“无

交害”。

②匪咎：匪，通“非”。咎，灾祸，过失。初不应“害”，故“无咎”。

③艰则无咎：初居乾下，虽秉君子之德，然有“潜渊”之艰，故曰“艰则无咎”。

【译文】

初九，不与恶害相交，自然无有过错。即使身处患难之中也没有灾祸。

《象》曰：《大有》初九，无交害也。

【译文】

《象传》说：《大有》的初九，无与恶害相交。

【评析】

子曰：“择不处仁，焉得知。”初九虽当位居正，然位处乾下，且上不与失位之九四相应，有患难之象，处“潜渊”之艰，而不以“交害”为援，知以“明哲”而“无咎”。

九二，大车以载[①]，有攸往，无咎。

【注释】

①大车以载：大车，《大有》旁通于《比》(☷☵)，《比》之下卦坤，坤为大车，乾阳为实，载实于上，故曰“大车以载”。

【译文】

九二，用大车承载“大有”之财富，有所前往，必无灾祸。

《象》曰：“大车以载”，积中不败也[①]。

【注释】

①积中不败:载物之重,路途之远,只有将物品积载于正中,才能不败于途中。

【译文】

《象传》说:"用大车承载'大有'之财富",将物承载在正中就不会失败。

【评析】

按《易》例,阳为实,阴为虚。《大有》之所以为"大",就是因为有五阳之实应于一阴之虚。且九二应于六五,阴阳相亲,故有"大车"之"载"。

九三,公用亨于天子①,小人弗克②。

【注释】

①公用亨于天子:九三为"公侯"。亨,通"享"。九三有刚正之德,四为"害",不能用,故六五虚心纳贤,九三以公侯之刚正受到君王的重用。

②小人弗克:小人指九四。

【译文】

九三,公侯享用天子的宴请之礼,小人则不能享受此种礼遇。

《象》曰:公用亨于天子,小人害也①。

【注释】

①小人:指九四爻,九四失位不正,故为"小人"。

【译文】

《象传》说:公侯享用天子的宴请之礼,小人受此礼遇必致祸害。

【评析】

九三当位且有刚正之德，因此，深受君王的信任和重用。《诗》云“率土之滨，莫非王臣”，在《大有》之九三爻辞中，我们看到君臣间和睦相处的亲切关系，也注意到古人对“小人”之“害”的警惕性。

九四，匪其尪①，无咎。

【注释】

①匪：通“非”。尪(wāng)：邪曲不正。《正义》本作“彭”，《集解》本作“尪”，九四以阳居阴，失位不正，宜作“尪”解。

【译文】

九四，排除自身的邪曲不正，无所祸害。

《象》曰：“匪其尪，无咎。”明辩晰也①。

【注释】

①明辩晰：辩，同“辨”，别也。晰，《说文》释：“昭明也，从日，析声。”九四刚正而失位，若“匪其尪”，则可谓能“辩晰”而“明”是非。

【译文】

《象传》说：“排除自身的邪曲不正，无所祸害”。这说明九四能辨明自身的处境。

【评析】

从初九爻辞之“无交害”至九四，皆以四爻为“害”、为“小人”来阐释卦义。九四失位不正，故多非议。《本义》曰：“六五柔中之君，九四以刚近之，有僭逼之嫌。”然若能“匪其尪”、“明辩晰”，也可以“无咎”。“小惩而大诫，此小人之福也。”这也是对“小人”的劝惩之辞，指给他们一条生路,并不是一棍子将其打死。

六五,厥孚交如①,威如②,吉。

【注释】

①厥孚交如:厥,代词,其。孚,诚信。如,语气词。九二与六五应,六五以诚信接应,故其"交"则"孚"。

②威如:乾有阳刚之德,故曰"威如"。

【译文】

六五,用诚信与人交往,威严庄重,吉祥。

《象》曰:"厥孚交如",信以发志也①;"威如之吉",易而无备也②。

【注释】

①信以发志:信,诚信。发,启发,激发。以己之信启发他人之诚信。

②易而无备:易,平易,简易。六五以阴居尊位,以柔顺之性行中正之德,其诚信足以服人,故有威不用,行简易之政,无所防备。

【译文】

《象传》说:"用诚信与人交往",这说明六五用诚信来感化、激发他人的心志;"威严庄重而得到吉祥",这是因为六五简易而对人无所防备。

【评析】

《中庸》曰:"唯天下至诚,为能尽其性;能尽其性,则能尽人之性;能尽人之性,则能尽物之性;能尽物之性,则可以赞天地之化育。"六五居离中，下应九二，光融天道，不怒而威，“信以发志”，故“厥孚”而“交”，“交”“孚”有“吉”，深得《大有》之益。

上九，自天佑之①，吉，无不利。

【注释】

①自天佑之：上九位在离上，离为日，日悬于天，又有六五承之，故得“天佑之”。

【译文】

上九，得到上天的帮助，吉祥，无有不利。

《象》曰：《大有》上吉，自天佑也。

【译文】

《象传》说：《大有》上九的吉祥，是来自于上天的佑助。

【评析】

子曰：“佑者，助也。天之所助者，顺也；人之所助者，信也。”上九处《大有》穷尽之处，本与三应，然上九失位不正，不能应下，本应以凶论，然辞曰“吉，无不利”，其主要原因不是因为它自身的位置，而是因为它得天之“佑”。

谦(䷎)

【题解】

《谦》卦六爻，初、二、三皆因谦德而获“吉”，四、五皆因谦而“无不利”，上六因谦德极盛，断之以“可用行师”。综观六爻，无一不吉。孔子曰：“《易》先《同人》后《大有》，承之以《谦》。不亦可乎？”《谦》卦以“君子有终”

来劝勉君子之行，算得上是对“谦谦君子”的最高嘉奖。周公曾经就以此来劝诫伯禽曰：“故《易》有一道，大足以守天下，中足以守其国家，近足以守其身，谦之谓也？”《尚书·大禹谟》曰：“满招损，谦受益。”故《谦》之《象传》以“裒多益寡，称物平施”称赞君子之行。正所谓“谦虚使人进步”，在几千年的华夏文化中，谦虚始终是被视为君子所奉行的美德。

谦①：亨。君子有终②。

【注释】

①谦：卦名，下艮☶上坤☷，艮为山，坤为地。山本应在地上，而在《谦》象中，高山却卑处地下以象征“谦虚”。

②君子有终：唯三为阳爻，故称其为君子，《集解》引虞翻曰：“‘君子’为三，艮‘终万物’，故‘君子有终’。”

【译文】

《谦》卦象征着谦虚：亨通。君子若保持谦虚的美德就能得到美好的结果。

《彖》曰：谦，亨。天道下济而光明①，地道卑而上行②。天道亏盈而益谦③，地道变盈而流谦④，鬼神害盈而福谦⑤，人道恶盈而好谦⑥。谦，尊而光，卑而不可逾⑦，君子之终也。

【注释】

①天道下济而光明：《尔雅·释言》：“济，成也。”“天道”有日月之行，风雨雷电。自上而下，哺育万物，故曰“下济”。

②地道卑而上行：卑，地低处。上行，地气上行与天气相交。《正义》曰：“地体卑柔而气上行，交通于天以生万物也。”

③天道亏盈而益谦：亏，损也。如日高则落，月满则亏，故曰“亏盈”。又如日出则上升，月虚则渐盈，故曰“亏盈”而“益谦”。

④地道变盈而流谦：俞樾曰：“变，毁也，流，流而使之益也。”变盈，如河水满则溢，山陵高则摧。流谦，地洼则渐平，沟虚则水至。

⑤鬼神害盈而福谦：指富裕过甚则为鬼神所忌害。《集解》引崔憬曰：“朱门之家，鬼阚其室；黍稷非馨，明德惟馨，是其义矣。”

⑥人道恶盈而好谦：“满招损，谦受益”，此人道之所以恶盈。

⑦卑而不可逾：逾，凌越。这是说谦虚的人即使是身处下位，也不可为人所凌越。

【译文】

《彖传》说：谦虚，亨通。天因为能将其光明、雨露下济于地而愈显其光明，大地的本性在于处于低底之处而地气则冉冉上升。天道的规律是亏损满盈而补益谦虚，大地的规律是改变满盈而充实谦虚，鬼神的本性是损害满盈而施福于谦虚，人类的本性是厌恶满盈而爱好谦虚。人爱好谦虚，处于尊位就光荣，即使是处于卑贱之位也不可超越，所以君子能有好的结果。

《象》曰：地中有山①，谦。君子以裒多益寡②，称物平施③。

【注释】

①地中有山：《谦》卦之内为艮，外为坤，艮为山，坤为地，山高而处于地下，此内高峻而外卑下之象，故谓之“谦”。如《集解》引郑玄之言曰：“高能下下，谦之象。”

②裒(póu)多益寡：裒，削减。益，补充，补助。即削减过多者以补充寡少者。

③称物平施：称，《说文》：“称，铨也。铨，衡也。”施，予也。即权衡

物之轻重而公平地施予。

【译文】

《象传》说：巍峨的高山就在大地之中，这种情形象征着谦虚。因此，君子对待事物的态度是削减过多的，补充不足的，权衡事物，然后公平地施予。

【评析】

“裒多益寡，称物平施”，《谦》卦强调的思想，反映了古人的对社会公平的一种热切向往。对此，古人以“地中有山”这样的卦象来说明“天道”、“地道”、“鬼神之道”、“人道”对谦虚的作用力，从而使谦虚的品格上升到无所能及的境界。

初六，谦谦君子，用涉大川①，吉。

【注释】

①谦谦君子，用涉大川：谦谦，即谦而又谦。六二至六四互为坎，坎为水。初六本与四应，然初失位不能应四，动而变正，则上应六四，涉川而应四，故曰“用涉大川”。

【译文】

初六，谦而又谦的君子，可以涉越大河，吉祥。

《象》曰：“谦谦君子”，卑以自牧也①。

【注释】

①卑以自牧：牧，《说文》曰：“牧，养牛人也，从攴，从牛。”牧牛必有守护，故“牧”有“守”义，从其义而设官为“牧”，故义又有“司”义，即管理。“卑以自牧”即用谦卑之品性来修养自己的道德。

【译文】

《象传》说："君子谦而又谦"，这说明初六以谦卑来制约自己。

【评析】

初本阳爻之位，而《谦》之初六则以阴居阳，又处在《谦》最下位，"知雄守雌"，"卑以自牧"，谦而又谦，故有"谦谦君子"之风。

六二，鸣谦[①]，贞吉。

【注释】

①鸣谦：九三至六五互震，震为雷，雷震而鸣，声应六二，故曰"鸣谦"。六二于《谦》中当位居中，实属《谦》中之谦，故曰"贞吉"。

【译文】

六二，宣扬谦虚的美德，吉祥。

《象》曰："鸣谦贞吉"，中心得也[①]。

【注释】

①中心得：六二得中正之位，如心怀谦德之象，故曰"中心得"。

【译文】

《象传》说："宣扬谦虚的美德能获得吉祥"，这是因为心中坚守正道的缘故。

【评析】

周公曾劝诫其子伯禽曰："故《易》有一道，大足以守天下，中足以守其国家，近足以守其身，谦之谓也。"《谦》初六因身处最下，以卑"自牧"，而《谦》之六二则以中正之位，超越"自牧"而"鸣谦"，从而使更多的人受益于"谦"。

九三，劳谦[①]，君子有终[②]，吉。

【注释】

①劳谦：九三本有“乾乾”、“夕惕”之德，于《谦》中又位居互坎之中，坎为劳，故曰“劳谦”。

②君子有终：阳为君子，九三为一卦之主，故曰“君子”。九三处艮上，艮为“万物之终始”，故曰“君子有终”。

【译文】

九三，有功劳而能谦虚的君子，必然有一个美好的结果，吉祥。

《象》曰：“劳谦君子”，万民服也[①]。

【注释】

①万民服：指九三以阳居下，上下皆阴，阴为民，阴喜阳，九三又有谦德，为众阴所重，故曰“万民服”。

【译文】

《象传》说：“有功劳而能谦虚的君子”，天下的万民都信服他。

【评析】

《老子》曰：“为而不恃，功成而弗居。”因君子有功不居，谦以自守，故而更为人民所敬重、信服。子曰：“劳而不伐，有功而不德，厚之至也。语以其功下人者也。德言盛。礼言恭。谦也者，致恭以存其位者也。”九三之“劳谦”，不仅使君子自身“吉”而“有终”，而且使万民敬服。如此，则“谦”之受益者，岂独君子，实及于万民。

六四，无不利，㧑谦[①]。

【注释】

①㧑(huī)谦:㧑,注有多义:一是《集解》所引荀爽注:"㧑犹举也。"二是《本义》、《说文》所注:㧑与"挥"同。三是高亨按《释文》注:㧑读为"宣"。今采"挥"义,"㧑谦"即发挥谦虚的美德。

【译文】

六四,无有不利,发挥谦虚的美德。

《象》曰:"无不利㧑谦",不违则也①。

【注释】

①不违则:指六四以阴居四,临近君位,当位处正,居功臣之上而能"㧑谦",故"不违则"。

【译文】

《象传》说:"无有不利,发挥谦虚的美德",说明六四不违背谦虚的法则。

【评析】

从卦象上来看,六四位在互震中,本应下应初六,因初六失位不得相应,近取九三而应之,九三居艮上,艮为手,震为动,手动,故有"挥"象。就卦德而言,六四乘三承五,如朱熹所言"不敢自安"之位。然因其当位居正,发挥谦虚之美德,与众阴一起拥护九三,因而与整个《谦》卦的精神保持一致。

六五,不富以其邻①,利用侵伐②,无不利。

【注释】

①不富以其邻:以,因也。邻,指四、上爻。六五以阴柔居君位,虽

以谦德服众，然众阴乘阳，阴虚而阳实，故不能富。

②利用侵伐：六五本与二应，因柔居尊位不能相应，君命在己，有讨伐之权，故曰“利用侵伐”。

【译文】

六五，不富裕是因为其邻国的原因，我用武力讨伐，无有不利。

《象》曰：“利用侵伐”，征不服也[1]。

【注释】

①征不服：六五以柔处尊，虽有谦德，或有不服者，征之则服。

【译文】

《象传》说：“我用武力讨伐”，只是征伐那些骄横不服的邦国。

【评析】

谦虚的美德表现在具体的行动上，就是退让、谦和。然而，对于那些恃强凌弱者而言，这种美德并不能使其信服，故而必须强之以武力征伐。《谦》之六二至六四互坎，坎为寇，有寇则必伐，则谦德并非虚弱之象，也并非无原则的虚与委蛇和逆来顺受，而是当伐则伐，宜谦则谦。

上六，鸣谦，利用行师征邑国[1]。

【注释】

①利用行师征邑国：行师，即出兵。邑，古代行政区域名，一般而言，以三十家为一邑。《说文》释“国也”，故“邑”为小国。上六虽有谦虚的美名，但是因其阴柔且居偏远，使其与九三之相应受到重重阻碍，其“志未得”，故有“用师”之意。

【译文】

上六，宣扬谦虚的美德，就有利于用兵作战，征伐那些不服的小国和都邑。

《象》曰："鸣谦"，志未得也[①]。"可用行师"，征邑国也。

【注释】

①志未得：上六身居高位，有很谦虚的美名，本与九三相应，然众阴喜阳，上应三受阻，故曰"志未得"。

【译文】

《象传》说："宣扬谦虚的美德"，然而心中的志向仍然未能实现。"可以出兵作战"，征伐那些不服的邑国。

【评析】

《谦》六四至上六为坤，六二至六四互为坎，则二至六有《师》象。故自五爻始，有用兵征伐之语。谦德有礼，礼不能服之，则须用兵征伐。《论语》曰："君子无所争，必也射乎。揖让而升，下而饮，其争也君子。"故用礼谦让的同时还须有武力的准备。当谦则谦，谦而好礼，方可谓之"谦谦君子"；当武则武，武而"用师"，凛然难犯，此《谦》之文武之道。

豫(䷏)

【题解】

《豫》卦以"顺以动"的主要特征启示人们，当雷声在大地上震动时，一则有利于"建侯行师"，二则"天地如之"。雷声是上天献给大地的音乐盛典。随着雷声的震动，感受雷声的云天山河、花木鸟兽也应着雷声而动。这样的盛典表现着大地生命最大的欢乐。雷声给大地欢乐使先王"作乐崇德"，使"天地如之"。《乐记》曰："移风易俗，莫善于乐。"故舜有一夔足以治国。初六失位，应四而遇险，故有"凶"；六二因位居"中正”而吉；三“有悔”；五以“不死”为喻说明守正防病的必要性；上六“无咎”。《豫》之六爻，唯九四为阳，居震应坤，为《豫》卦之主，因其将欢乐献给众生而使自己“大有得”。

豫[①]：利建侯行师[②]。

【注释】

①豫：卦名，下坤☷上震☳，象征着“欢乐”。《尔雅·释诂》：“豫，乐也。”

②利建侯：封侯建国，震为长子，下临坤，坤为地，为城邑，故曰“利建侯”。行师：行军，出征。《豫》下坤上震，其六三至六五互有坎象，坎为水，“兵形象水”，因此，《易》有坎象则多言师，如《师》、《谦》、《豫》等。又坎为寇，长子监国御寇，故曰“行师”。

【译文】

《豫》卦象征着欢乐：有利于建立诸侯，行军出征。

《彖》曰：豫[①]，刚应而志行[②]，顺以动[③]，豫。豫顺以动，故天地如之[④]，而况建侯行师乎？天地以顺动，故日月不过，而四时不忒[⑤]。圣人以顺动，则刑罚清而民服，豫之时义大矣哉[⑥]！

【注释】

①豫：喜悦，欢乐。《集解》引郑曰：“坤，顺也；震，动也。顺其性而动者，莫不得其所，故谓之‘豫’。豫，喜豫悦乐之貌也。”

②刚应而志行：刚应，指九四爻有众阴爻相应。志行，因众阴相应而从，故志向得以实现。

③顺以动：坤为顺，震为动，坤下震上，故“顺以动”。

④天地如之：如，《说文》释：“随从也。”指天地之动随着雷声的震动而来，春雷震动时，春天就来了，于是开始了一年四季之变。

⑤四时：指四季。忒(tè)：差错。

⑥豫之时义大矣哉：当春雷震动时，大地回春，万物欣然复苏，其乐融融，此时、此情、此景关乎民生，意义就非常大。

【译文】

《彖传》说：欢乐，因为在此卦象之中有阳刚与阴柔相应，使得心中的志向能实现，顺着事物的本性而动，就会得到欢乐。之所以欢乐，是因为顺应事物的本性而动，所以天地的运行也是这样。更何况封侯建国、出师征战这样的事呢？天地能按照事物本性运动，所以日月的运转就不会出现过错，四季的更替也不会出现差错。圣人顺应事物的本性行动，那么运用刑罚就清楚分明，老百姓也就信服。“欢乐”的时候包涵的意义是多么伟大啊！

《象》曰：雷出地奋①，豫。先王以作乐崇德②，殷荐之上帝③，以配祖考④。

【注释】

①雷出地奋：震为雷，坤为地，震为“动”，雷动于地上，故曰“雷出地奋”。

②先王以作乐崇德：崇，尊崇，赞扬。先代的君王受《豫》情启发，心有所感而制作音乐歌舞，以赞赏天地的美德。

③殷：盛。荐：献。

④配：配享。祖考：即祖先。

【译文】

《象传》说：雷声发出时，大地都感到振奋，欢乐。先代圣明的君王因此而制作音乐以赞赏美德，并以盛大的场面将其乐歌呈献给伟大的天帝，同时，让祖先的神灵配享。

【评析】

《尔雅》曰："豫，安乐。"《诗·小雅·白驹》云："尔公尔侯，逸豫无期。"豫，即乐。或有易家引《中庸》"凡事豫则立，不豫则废"释"豫"为"预备"，义与卦象不符。按，卦象有春雷震动，卦辞曰"利建侯"，《彖传》曰"顺以动"，《象传》曰"作乐崇德"，此皆有欢乐之情，并无"预备"之意。从某种意义上看，《豫》是一个描绘音乐和研究乐理的卦，雷声震动万物，这是上天的音乐，它感动着人心，也使整个大地都感到欣喜、振奋、欢乐。圣明的先王感悟雷声之于大地与万物的喜悦和振奋，作乐配天，颂祖娱民，如《诗》之《商颂》、《周颂》、《鲁颂》。百姓手舞足蹈，歌颂天地，赞扬祖先，敬奉天帝，献给祖先，其乐融融，洋洋大观。此正所谓："豫之时义大矣哉！"

初六，鸣豫，凶[①]。

【注释】

①鸣豫，凶：初六阴居阳位，失位在下，上应九四，九四为一卦之主，位在震，震为雷，雷动而"鸣"，故曰"鸣豫"。又初六应四，四在坎中，坎为险，失于位而应于险，故曰"凶"。

【译文】

初六，狂呼乱喊地娱乐，有凶险。

《象》曰："初六鸣豫"，志穷凶也[①]。

【注释】

①志穷凶也：乐极则丧志，身处于失位下贱之地，不思进取，乐极则必生凶。

【译文】

《象传》说:“狂呼乱喊地娱乐”,这是因为它欢乐之极,乐极生凶。

【评析】

《王注》曰:“处《豫》之初,而特得志于上,乐过则淫,志穷则凶。豫何可鸣!”《王注》曰“得志于上”,《象传》曰“志穷凶”,二者的区别在于,《王注》以应为说,初能应上,故曰“得志于上”。而《象传》以爻象释义,初失位,虽有应,却应在坎险之中,故曰“志穷”。

六二,介于石①,不终日②,贞吉。

【注释】

①介于石:介,《说文》曰“从人,从八”,训为“间”。则“介”引申为“两者之间”。《史记·十二诸侯年表序》:“楚介江淮。”介,即“间”,用作动词。“介于石”,即“使石有间”。六二至九四互为艮,艮为手,三上为震,震为动,手动于石上,故六二为“攻玉”之事。

②不终日:艮为终始,六二在艮下,当位居正,为治玉攻石之事,不及“终日”而功成,故曰“贞吉”。

【译文】

六二,攻石治玉,不到一天就做成了,这是一件吉祥可庆的事。

《象》曰:“不终日贞吉”,以中正也。

【译文】

《象传》说:“攻石治玉,不到一天就做成了,吉祥可庆”,这是因为六二以君子之德当位居正的缘故。

【评析】

对于《豫》之六二爻辞的解释，尤其是“介于石”的确切意义，前代易学家做了很多的探索，或以文训义，或从文字及卦象两方面训义。如《王注》释“介”为“坚定”，《正义》宗之，并延义为“耿介”，朱熹训“介”为“坚确”。然诸说皆因拘泥字义而忽略卦象，故难符爻辞之义。《尚氏学》引《释文》、《广韵》等训“介”为“触”，又据艮象释“介于石”即“触于石”。尚氏说义近于爻象，而迥异于辞义。因为，若释六二“触石”以坚，则无以释“不终日”。现就卦象、爻辞及《易传》三方面“研几”六二并析解如下：六二既与九四互艮，艮为手，艮为石。《豫》上震，震为动，手动于石上，则使石有“间”。间而“不终日”，功成事顺，故曰“贞吉”。且如上所注，治玉攻石之事，本上古“日用”之常事，写入爻辞之中，也合乎情理。如以此解，则不仅符合卦象与辞义，而且也通于《系辞》之义。《系辞》曰：“介如石焉，宁用终日，断可识矣！君子知微知彰，知柔知刚，万夫之望。”断，即介其石而“断”其石。如以上述三种(卦象、辞义、《易传》)为依据，若不引互卦为说，我们就可以得到通顺并切近的解释：上震为动，动于坤上，坤为土，在五行中，土石同类，同入坤象而为地，则震动坤上，也有动土攻石之象。

六三，盱豫①，悔，迟有悔②。

【注释】

①盱(xū)豫：盱，忧愁。《尔雅》曰：“忧也。”《诗·小雅·何人斯》有：“壹者之来，云何其盱。”又《诗·小雅·都人士》：“我不见兮，云何盱矣！”意皆“忧愁”。六三失位在《豫》，位居互坎下，坎为疾，故曰“盱豫”，即忧而未乐之义。

②迟有悔：迟，六二至九四艮，艮为止，故有“迟”象。本已“盱豫”有悔，若迟缓，则违背《豫》道，又增其“悔”，如《本义》所谓：“当速

悔，若悔之太迟则必有悔也。”

【译文】

六三，以媚眼取悦九四而得到欢乐，必有悔恨；若醒悟迟缓必将更加悔恨。

《象》曰：“盱豫有悔”，位不当也①。

【注释】

①位不当也：这是说六三以阴居阳，失位不正。

【译文】

《象传》说：“以媚眼取悦九四而得到欢乐，必有悔恨”，这是因为六三所处的位置不当所致。

【评析】

“盱”字前人有多种解释，至今无确定意义。《王注》以“盱”为“睢盱”。《正义》曰：“睢盱者，喜悦之貌。若睢盱之求豫，则悔吝也。”《集解》引向秀曰：“睢盱，小人喜悦佞媚之貌也。”朱熹曰：“盱，上视也。”可译为“张目仰视”。

现就以上三种试论之。六三失位不正，又居坎象之中，何以言“喜悦”？朱说以六三承上之九四，故以“上视”为解，然《尔雅》曰“盱，忧也”，已引《诗》用“盱”两处，皆以“忧”为义，并无“上视”之义。再者《集解》既以言六三“喜悦佞媚”，则“悔”从何出？

现试以从“盱”字本义看卦象，六三因失位不正，居互坎下，坎为忧，“为心疾”，则六三无有“豫”情而有“盱”心。六三与六五，均近于九四，然二者又皆在互坎之中，故一为“盱有悔”，一为“贞疾”。若联系二爻而释义，则六三与六五爻辞，义出坎象甚明。六三处豫而不得豫，近阳、喜阳而不能和合于阳、相应于阳，故“悔而又悔”。正所谓：“人生愁恨何能免，销魂独我情何限！”（李煜《子夜歌》）“牵牛织女遥相望，尔独何辜限河梁？”（曹丕《燕歌行》）此情此景，不由使人想起：“冠盖满京华，斯人独憔悴。”（杜甫《梦李白》）

九四，由豫[1]，大有得[2]，勿疑。朋盍簪[3]。

【注释】

①由豫：由，自，从也。九四为《豫》之卦主，为众阴之宗主，故众阴之乐皆来自于九四一阳之所为，故曰“由豫”。

②大有得：九四为阳，阳为大，一阳得众阴，故“大有得”。

③朋盍簪：朋，朋友，《尚氏学》曰：“阳以阴为朋。”盍，合也。簪，古代人用来束发的头饰。九四如簪子束发一样，将众阴聚合在一起。

【译文】

九四，人们依赖他而得到欢乐，大有所得，至诚不疑。这会使自己的朋友像头发括束于簪子一样聚拢在一起。

《象》曰：“由豫大有得”，志大行也。

【译文】

《象传》说：“人们依赖他而得到欢乐，大有所得”，这说明九四的志向大为成功。

【评析】

九四为一卦之主，有众星捧月之势。在这样的情况下，九四更应当保持至诚不疑的胸怀和气量，使自己的朋友紧密地团结在自己的周围，这样才能不辜负大家的期望，同时，也能使自己“大有得”，“志大行”。

六五，贞疾①，恒不死②。

【注释】

①贞疾：六五虽尊居中位，然失位而不能下应六二，其位又在互坎之上，故曰“贞疾”。

②恒不死：恒，长久。六五尊居五位之中，又乘阳于《豫》，故虽有“疾”，却能久病不“死”。

【译文】

六五，要预防疾病，只要长久地预防就不会死。

《象》曰：“六五贞疾”，乘刚也①。“恒不死”，中未亡也②。

【注释】

①乘刚：六五以阴处尊，位于九四之上，阳为刚，故曰“乘刚”。

②中未亡：六五处尊而乘刚，然居中怀柔，有中和之道，故“未亡”。

【译文】

《象传》说：“六五要预防疾病”，这是因为他凌乘于九四之刚直之上。“只要长久地预防就不会死”，这是因为六五以阴柔处尊位，行中和之道，故不能败亡。

【评析】

注《易》之书，多训“贞”为“正”。高亨《周易大传今注》注“贞”为“占问”，释此句为“贞问疾病，筮遇此爻，则久不死，其寿尚长”。相较其义并联系卦象、爻辞看，则释以“贞问”义通卦象及爻辞。六五以阴柔之性凌乘于九四之阳，难以安心处身，思虑忧患之间，又有染疾之忧。然而，因其居中正之位，中和怀柔，使阴阳平和，故“贞疾”而“未亡”。

上六，冥豫①，成有渝。无咎②。

【注释】

①冥豫：冥，《说文》："幽也。"《释言》："冥，晦也。""冥豫"，即天昏地暗还在娱乐。

②无咎：上六处《豫》之极，虽当位于上，然与失位之六三无应，至变而有应，则"豫"而不极，故"无咎"。

【译文】

上六，日昏天暗还一味地耽于娱乐，如改正有所变化则无灾祸。

《象》曰："冥豫"在上，何可长也①？

【注释】

①何可长：因上六处于极上之位，极则有变，故不可长。

【译文】

《象传》说："日昏天暗还一味地耽于娱乐"，处于上位之极，怎么能够长久呢？

【评析】

冥之义，于日为夜，于月为晦。上六之过在"冥"，"冥"而耽于娱乐，乐而忘返，义在说明日"昏"而人也"昏"。因此，欲"无咎"则须"成渝"，"渝"则"无咎"。

随（䷐）

【题解】

《说卦》云"动万物者莫疾乎雷"，"说万物者莫说乎泽"，故《彖传》以"动而悦"来赞美《随》卦之德。孔子说："三人行，必有我师焉；择其善者而从之，其不善者而改之。”从中可以看出孔子随从善道的乐观情绪。同样，《随》卦以“元亨，利贞”来赞美随从于善道的品德。具体到六爻：初九“出门”而“有功”，六二随从“小子”而有“失”，六三失“小”得“大”，九四“有孚”而“无咎”，九五因“孚”而“吉”，上六则“穷”于随道。晏子曰：“君子居必择邻，游必就士。”故君子之“随”必“择善而从”。

随①：元亨，利贞，无咎。

【注释】

①随：卦名，下震☳上兑☱。随，《说文》：“从也。”从卦象看，下震为长男，上兑为少女。从卦德看，上兑为悦，下震为动，联想起来，均有“随”意。故《集解》引郑玄曰：“震，动也。兑，说（悦）也。内动之以德，外说之以言，则天下之人咸慕其行而随从之，故谓之‘随’也。”

【译文】

《随》卦象征着随从、顺应：大为亨通，有利于做大事，无灾祸。

《彖》曰：随，刚来而下柔①，动而说②，随。大亨贞无咎，而天下随时③，随时之义大矣哉！

【注释】

①刚来而下柔：震为阳卦，附内卦而来，故曰“刚来”。兑为阴卦，震居阴卦之下，又初九居六二、六三之下。九四、九五居上六之下，均为阳刚下居阴柔之下，故曰“下柔”。

②动而说：《随》之内卦为震，外卦为兑，《说卦》曰“震为动”，“兑为说（悦）”，故曰“动而说”。

③天下随时:《随》有雷来入于泽之象,为秋天之卦。春种夏长,秋收冬藏,天下随时而动,随时而生,随时而有,随时而收,故曰“天下随时”。

【译文】

《彖传》说:随从,阳刚来屈居于阴柔之下,震动而充满喜悦,故有众人相随。大为亨通,做大事而无灾害,因而使天下之物随之以适宜的时机,随从以适宜的时机意义非常伟大啊!

《象》曰:泽中有雷[①],随。君子以向晦入宴息[②]。

【注释】

①泽中有雷:兑为泽,震为雷,雷动入于泽中,雷在泽下,故曰“泽中有雷”。

②向晦入宴息:向,趋向。晦,日暮,晚上。宴,安也;宴息,即休息。兑为西方之卦,二阳处于一阴之下,为日落之处,故曰“晦”。震动而入于兑,故曰“向晦”。六二至九四互艮,艮为止,止则安,君子向晦而止,则有“宴息”之象。

【译文】

《象传》说:大泽中有雷声,象征着随从。随着日晦天晚之时来到,君子也回家入室休息。

【评析】

《随》之所以有“随从”的意义,就在于《随》有内动外悦的卦象。这种卦象隐含着“刚来而下柔”的“随从”之举。故《周易折中》引王逢曰:“上能下下,下之所以随上;贵以下贱,贱之所以随贵;随之义,刚下柔也。”且雷动之以德,则众随之以德。君子法象“天下随时”的法则,故“泽中有雷”,则君子“向晦”;雷来入泽,则君子“宴息”。如《程传》之所言:“君子昼则自强不息,及向昏晦,则入居于内,宴息以安其身,起居随时，适其宜也。”

初九，官有渝[①]，贞吉，出门交有功[②]。

【注释】

①官有渝：官，官职，在此宜引申为职能。初九为阳，为君子，为长子，为下卦之主，主犹“官”。渝，改变。震为动，动而出，故曰“有渝”。

②出门交有功：初九上无所应，须出门有所交往，以随其正，故曰“交有功”。

【译文】

初九，思想观念随着时间改变，就吉祥；出门与人交往就能成功。

《象》曰：“官有渝”，从正吉也[①]。“出门交有功”，不失也。

【注释】

①从正吉：初与四应，然四失位不正，故初爻动，以随从其“正”者，从正则吉，故曰“从正吉”。

【译文】

《象传》说：“思想观念随着时间发生改变”，随从正道就吉利。“出门与人交往就能成功”，说明初九随从正道就不会有所失。

【评析】

初九为震之主，也为一卦之主。其爻辞“官有渝”之“官”，前人或释为官职，或释为“人心”，或释为“馆”，或释为“职能”，《王注》释为“意”之“所主”，义近“人心”。《正义》宗《王注》曰：“‘官有渝’者，官谓执掌之职。人心执掌，与官同称，故人心所主，谓之‘官’。渝，变也。”《程传》释为“主守”，犹今之“意念”，意承《王注》、《正义》。《周易本义》释为“官职”，于理也通。《尚氏学》取六二之九四互艮为象，艮为馆，故以“官”为“馆”。此说，虽于象有通，于理则悖。按，初九为震主之爻，动于“随时”，本该上应四，然四失位，不能相应，故其职能也有所变。因六二至九四互艮，艮为门，初九动之于《随》，动则“出门”，“出门”而“从正”，一如《王注》之所谓“随不以欲，以欲随宜”，故曰“出门交有功”。

六二，系小子①，失丈夫②。

【注释】

①系小子：系，附，依附。小子，喻初九。即依附于小子。

②失丈夫：丈夫，喻九五。六二系于初九，不能上应九五，故曰“失丈夫”。

【译文】

六二，依附小子，失去阳刚之大丈夫。

《象》曰：“系小子”，弗兼与也①。

【注释】

①弗兼与：弗，不。兼，兼有。与，亲附，亲和。即六二不能同时与初九与九五好。

【译文】

《象传》说：“依附小子”，这是因为六二不能同时兼有“小子”与“丈夫”。

【评析】

六二为阴，不能独处于世，必要有所归属或依附。本来其应在九五，然因位近于初九而就近相亲，故失去与九五相亲的机会。按《易》通例，初小而上大，故爻辞以五为君，以上为大君。如以此卦论，则初九因其卑处六二之下，故曰“小子”，九五因其尊居于五位，故曰“丈夫”。或以九五为小子者，如《集解》引虞翻说，以为二应五，故以九五为“小子”。尚氏驳之曰：“五为少女，焉能为小子。”虞说虽有可驳之处，然尚氏驳论也误。尚氏以上兑为少女，本没有错，然爻象与卦象岂能同象而论之，且依尚氏说为是，不论爻象而总以兑为少女，则《大过》之上卦同为兑卦，爻辞曰“枯杨生稊，老夫得其女妻”，又做何解，难道是爻辞错了？又《革》之上卦也为兑卦，然九五之爻辞曰“大人豹变”，如以尚氏说为是，则少女怎么可以为“大人”？由此可见，尚氏知虞氏之误而驳之，可惜论证、论据皆误。

六三，系丈夫，失小子①，随有求得②。利居贞。

【注释】

①系丈夫，失小子：初九为“小子”，然已为六二所系。故六三舍初系四，志在“丈夫”，故而失去“小子”。

②随有求得：九四失位，然六三近之，相随而求之，阴阳相亲，则得其所求，故曰“随有求得”。

【译文】

六三，依附于大丈夫，失去了小子，随从于人，求而有所得。利于守居正道。

《象》曰：“系丈夫”，志舍下也。

【译文】

《象传》说：“依附于丈夫”，这说明六三的心志在于舍弃居于己下的初九。

【评析】

阴之为物必有所归属，六三以阴居阳，失位而无应，故随而求之于人，求而得其“丈夫”。且六三有“居贞”之志，舍其不可乘，得其应所承，故虽有失位之憾，也能有“得”。

九四，随有获，贞凶[①]。有孚在道，以明[②]，何咎？

【注释】

①随有获，贞凶：随有获，六三随从九四而为其所获。贞凶，因三、四均有失位之嫌，自六三至上成《大过》，《大过》为棺椁之象，则“贞凶”。

②有孚在道，以明：孚，诚信。明，显示。《王注》曰：“心有公诚，著信在道以明其功，何咎之有？”

【译文】

九四，为六三相随而有所获，却有凶险之兆。然而，若于正道之中保持其诚信，使自己的行为光明磊落，又什么灾害呢？

《象》曰：“随有获”，其义凶也。“有孚在道”，明功也。

【译文】

《象传》说：“六三随从九四而为其所获”，但蕴涵的意义则是凶险。“在正道之中保持其诚信”，这是九四保持了光明磊落所立的功劳。

【评析】

六三与九四俱失位不正，然他们“同病相怜”，相随相依。虽有凶象，仍有化险为夷的可能，故朱熹于《本义》有言曰：“九四以刚居上之下，与五同德，故其占随而有获，然势凌于五，故虽正而凶。惟‘有孚在道'而'明',则上安而下从之,可以无咎也。""孚道"以明,"凶"而无咎,此九四之侥幸不在其位而在其邻,邻其五,则上成兑卦,兑为悦;邻六三,则下互有巽,"巽为入",九四置于二者之间,蕴有"入"而"悦"之象。

九五,孚于嘉①,吉。

【注释】

①孚于嘉:嘉,美善。九五履中居正,刚直诚信,故于美善之道中有吉祥之庆。

【译文】

九五,保持诚信于美善之道中,吉祥。

《象》曰:"孚于嘉吉",位正中也。

【译文】

《象传》说:"保持诚信于美善之道中,吉祥"。这是因为九五处于正中之位的缘故。

【评析】

九五处《随》之中正,能尽"随时"之义,且以中正刚直之诚信得其"随时"之德,故而能获美善之吉。

上六,拘系之①,乃从维之②,王用亨于西山③。

【注释】

①拘系之:拘,拘捕。此句意即强迫而使之相附于己。

②乃从维之:乃,就,便。维,本义为系物之绳,此处用作动词,系

结。此句意谓使其随从并系属于己。

③王用亨于西山：王，指九五。亨，通“享”，其义为“祭祀”。西山，《随》上卦为兑，兑为西方，又《随》互为《渐》(䷴)，渐之下卦为艮，艮为山，故象有“西山”。在周代时，应指岐山，因在镐京之西，故曰“西山”，朱熹在其《本义》曰：“自周而言，岐山在西。”

【译文】

上六，九五拘捕上六，强迫其相附于己，并使其随从并系属于己，君王因兴师讨逆，祭祀西山。

《象》曰：“拘系之”，上穷也①。

【注释】

①上穷：穷，穷尽。上六居《随》穷极之处，乘刚无应，故曰“上穷”。

【译文】

《象传》说：“拘捕而强迫其相附于己”，因为上六处于穷极之处。

【评析】

《易》之爻辞或系之于爻象，或系之卦象，皆从象出。就《随》卦而言，因六三至九五互有巽，巽为绳，故《随》之六二、六三、上六皆有“系”字。因上六独处《随》卦之极，穷极乘刚，内无所应，故不肯相随于五。九五行王道，故“拘系”而使之从。《系辞》曰：“圣人之大宝曰位。”三“系”之中，唯上六因“穷”而“拘”，随而不当位。按《易》通例，爻辞之断吉、凶、悔、吝与当位与否有直接的关系。

蛊(䷑)

【题解】

《蛊》卦之义在除弊治乱。就其卦象而言，以山下有风来喻指“往有事”。苏轼曾在《东坡易传》中就《蛊》卦何以谓“蛊”做了细致的分析：

“器久不用而虫生之，谓之‘蛊’；人久宴溺而疾生之，谓之‘蛊’；天下久安无为而弊生之，谓之‘蛊’。”“蛊之灾非一日之故也，必世而后见，故爻皆以‘父子’言之。”因为二、五皆不正，无法挟制众爻，则其有“事”，必是“弊乱之事”。有乱事必要治之，故初、三、五皆以匡正父弊而或吉、或无咎；六四因缓正父“蛊”而有“吝”；上九以不服侍王侯而“高尚其事”；唯九二以匡正母弊为喻，来说明“守正持中”的必要性。

蛊①：元亨②。利涉大川③，先甲三日，后甲三日④。

【注释】

①蛊：卦名，巽下☴艮上☶，《说文》曰：“蛊，腹中虫也。”可引申为蛊惑、蛊乱等意。《序卦》曰：“蛊者，事也。”事乱则至于“蛊惑”，故《左传》云：“女惑男，风落山，谓之蛊。”

②元亨：九二以阳居中，上应六五，故曰“元亨”。

③利涉大川：初六至六四为大坎之象，初六在巽下，巽为入，入于坎，故曰“利涉大川”。《正义》曰：“有为之时，利在拯难。”故“利涉大川”。

④先甲三日，后甲三日：古代以天干、地支记日。天干，甲、乙、丙、丁、戊、己、庚、辛、壬、癸。“甲”为天干之首，是一个创制法令的日子，先甲三日即为“辛”，后“甲”三日即为“丁”。欲要治乱，就要在先“甲”之日宣传政令，以期于后“甲”三日得以治理。

【译文】

《蛊》卦象征着弊乱和整治：大为亨通。有利于涉过大河；应当在“甲”日的前三天准备，至“甲”日的后三天行动。

《彖》曰：蛊，刚上而柔下①，巽而止，蛊②。蛊，元亨而天

下治也。“利涉大川”，往有事也[3]。“先甲三日，后甲三日”，终则有始，天行也[4]。

【注释】

①刚上：下卦巽以二、三阳乘于初六阴爻之上，上卦艮以上九处于二阴之上。柔下：下卦初六之阴柔居于二阳爻之下，上卦二阴爻居于上九之阳爻下。

②巽而止，蛊：《说卦》曰，“巽为入”，“艮为止”，入而止，止则不通，不通则“蛊”。

③往有事也：巽为长女，艮为少男，巽入于艮，有蛊惑之事，然止而不得其入，或生乱事，故《正义》曰：“物蛊必有事。”

④终则有始，天行也：行，天道，即规律性。“天行”即天体的运行规律。天之道，有终则有始，始于治“蛊”之始，终于治“蛊”之终。如朱熹在其《本义》所言：“乱之终，治之始，天运然也。”

【译文】

《彖传》说：蛊之卦象，阳刚之爻居于阴柔之爻上，政令入而弊乱止，这就是“蛊”的真义啊！弊乱而最终得到整治，是大有可为的亨通之事，它能使天下得到大治。“利于涉越过大河”，这是因为前往则有事可做。“应当在‘甲’日的前三天准备，至‘甲’日的后三天行动”，有终止，也有开始，终而复始，就如同天体的运行一样。

《象》曰：山下有风[1]，蛊。君子以振民育德[2]。

【注释】

①山下有风：《蛊》之上卦为艮，艮为山；下卦为巽，巽为风。故其卦象为“山下有风”。

②君子以振民育德：按《象传》以山比贤人，以风比教化，其卦象比喻贤人传德教以教化万民。

【译文】

《象传》说：山下吹来一阵风，象征着有乱事出现。这时君子就应以道德来培养百姓，拯救他们。

【评析】

《彖传》曰："巽而止，蛊。"学者多以"巽而止蛊"为解，误解为"巽"能"止蛊"。其误因在"止蛊"相连而释，错断句读，又不明卦象，以至于误训"止"义。按《说卦》，则巽为入，入而有止，止则不通，不通则"蛊"生，故"止"与"蛊"间必须断明句读。

初六，干父之蛊①，有子，考无咎②。厉，终吉③。

【注释】

①干父之蛊：干，《说文》曰"犯也"，即侵犯。《尔雅》曰"求也"，即求取之意。《易》注多训"干"为"正"，木之正者为"干"，即正其父辈的弊乱。

②有子，考无咎：考，《说文》曰："老也。"后专指去世之父。按卦象，乾为父，初六失位则乾象毁，毁则无父象，故辞称其"考"。父辈有了过错，子能纠正，故曰"有子"。因有子正其父辈之过错，后继有人，故曰"无咎"。

③厉，终吉：厉，祸乱。初六本上应四，然失位不正，故曰"厉"。巽为入，入其互震，震为父，则初能"干父之蛊"。子绪父业，故曰"终吉"。初六之"终吉"在其"有子"。"有子"才能"干父之蛊"。"有子"才能使父辈未竟之业"无咎"而"终吉"。

【译文】

初六，纠正父辈的弊乱之事，这是说有儿子可以依靠，那么，即使是父辈去世了，也不会造成太大的危害。而且，即使是有一些危害，因为有儿子能纠正并继续父辈未竟的事业，故最终也是吉利的。

《象》曰："干父之蛊"，意承考也①。

【注释】

①意承考：意，意愿。承，继承。即初六的意愿在于继承父辈未竟的事业。

【译文】

《象传》说："纠正父辈的弊乱之事。"这说明儿子的意愿是继承已去世的父辈的未竟事业。

【评析】

"考"，前人多释"考"为"成"。按，《尔雅》曰："考，成也。"然此"成"为功成、落成之"成"，非成就之"成"，故类词有"功、绩、登"等词。《春秋·隐公五年》："考仲子之宫，初献六羽。"服虔注："宫庙初成，祭之，名为考。"且《蛊》之《象传》曰"意承考也"，即"干父之蛊"意在继承父辈未竟事业。若依前人之解，强释"考"为"成"，则不仅不符卦象，也有悖于《象传》。按《蛊》象，因初六失位而致乾象毁，乾为父，乾象毁则父为"考"。故依卦象，则"考"取《说文》"老也"之说，再延义而训"父死曰考"之"考"，则既符卦象，也正"考"训。

九二，干母之蛊①，不可贞②。

【注释】

①干母之蛊：九二居巽中，为母象，然失位不正，故有"蛊"。

②不可贞：九二以阳居阴，失位不正，故曰"不可贞"。故《王注》曰：

“妇人之性难可全正，宜屈己刚。既干且顺，故曰‘不可贞’也。”也就是说，妇人之性情难全正。应在顺其性情的前提下正其弊乱，而不可强求。

【译文】

九二，纠正母辈的弊乱之事，是不可以勉强做的。

《象》曰：“干母之蛊”，得中道也①。

【注释】

①得中道：九二刚中而上应六五，有中正之道。

【译文】

《象传》说：“纠正母辈的弊乱之事”，这是因为九二居于下卦之中，得中正之道的缘故。

【评析】

九二居下卦之中，此女主内之象，然以阳居阴，故有失位不正之嫌。按封建礼教有“夫死从子”之说，故子有纠正母辈弊乱之事的责任。然而，古人认为，妇人之性情难以全正，所以作为儿子，一方面要正其弊乱，另一方面，也要顺其性情。

九三，干父之蛊，小有悔，无大咎①。

【注释】

①小有悔，无大咎：小，稍有。九三欲正父辈弊乱，然上九失位，以刚济刚，故“有悔”。九三当位居正，故曰“稍有悔”。

【译文】

九三，纠正父辈的弊乱之事，稍有悔恨，但没有大的过失。

《象》曰:“干父之蛊”,终无咎也[①]。

【注释】

①终无咎:以己之正“干父之蛊”。故虽“小有悔”而终则“无大咎”。

【译文】

《象传》说:“纠正父辈的弊乱之事”,最终并没有什么过失。

【评析】

九三当位居正,处巽之上,互兑之中,互震之下。按卦象,巽为入,兑为口,为言,震为动,口动而言入,意在“干父之蛊”。与初六相比,九三虽同有“干父之蛊”之辞,然辞同而象不同。初六失位,乾象毁,所应在四,四也为阴,故父已为“考”。九三当位而正,如父有生气,故辞称“父”不言“考”。然上无所应,且有艮止,故终言“无咎”,不如初六“终吉”之好。

六四,裕父之蛊[①],往见吝[②]。

【注释】

①裕父之蛊:裕,宽缓,宽容。六四以阴居阴,柔弱而不能如初六、九三之“干父之蛊”,又为艮所止,故以“裕”之。

②往见吝:六四本应下应初爻,然初爻失位,不能应四。又居艮下,艮为止,止而不前,故曰“往”而见“吝”。

【译文】

六四,慢慢地纠正父辈的弊乱之事,前面肯定会遇到困难。

《象》曰:“裕父之蛊”,往未得也。

【译文】

《象传》说："慢慢地纠正父辈的弊乱之事"，往前发展也不能得到功效。

【评析】

君子有过则改，然六四却"裕父之蛊"，正如朱熹《本义》所言："以阴居阴，不能有为。"力不从心，故只能是"往吝"而"未得"。

六五，干父之蛊，用誉[1]。

【注释】

①用誉：用，因为，因而。誉，赞誉。六五以柔居尊，应二承上，《系辞下》曰"二多誉"，于此处则用其所长，故曰"用誉"。

【译文】

六五，纠正父辈的弊乱之事，因而得到人们的赞誉。

《象》曰："干父用誉"，承以德也[1]。

【注释】

①承以德：六五以柔处尊，以德承父业，又能应二，故曰"承以德"。

【译文】

《象传》说："纠正父辈的弊乱之事而受到人们的赞誉"，这是因为六五自己用美德继承了父辈的事业。

【评析】

六五以柔处尊，居高位而不骄，执权势而不横，有"威而不猛，温而不厉"之德，秉持美德，子承父业，故理应赢得人们的赞誉。《中庸》曰："善继人之志，善述人之事。"子能"干父之蛊"，可谓善继、善述。《孟子》曰："不孝有三，无后为大。"《蛊》初六、九三、六四、六五，皆有"干父之蛊"之象,故卦辞曰"利涉大川",《彖传》曰"天下治",此《蛊》卦之大义。

上九,不事王侯,高尚其事[①]。

【注释】

①不事王侯,高尚其事:前"事"字,作动词,侍奉。后"事"字,作名词,行为,言行。上九处于《蛊》卦之极,内无所应,仿佛事外之人,超然于世事,自乐其行。

【译文】

上九,不侍奉君王公侯,并把自己的行为看得很高尚。

《象》曰:"不事王侯",志可则也[①]。

【注释】

①志可则:《释诂》曰:"则,法也。"志可则,即言其人之志值得效法。

【译文】

《象传》说:"不侍奉君王公侯",这种高尚的心志值得效法。

【评析】

上九居《蛊》卦之极,无应而无事,故无世俗之累,无忧无虑,不累于位,故可以逍遥于"不事王侯,高尚其事"的超然境界。伯夷、叔齐不食周黍,不做周臣,李太白之"安能摧眉折腰事权贵,使我不得开心颜",都是这种行为的表率。

临(䷒)

【题解】

"临"有"大"的意思,而《临》卦的真正意思则是"统治"。就其卦象而言，它所蕴涵的本义就是如何统治人民。因为根据事物发展的规律，统治者认识到物盛则衰，并以“八月有凶”而告诫自己。因此卦中各爻演绎各种方法，就是要如何避免“凶”而有“咎”的结局。从“咸临”、“甘临”、“至临”、“知临”、“敦临”，可以说是机关算尽，但是，这些方法唯一可取的则是教育对于治国的重要作用，故朱熹在其《本义》中说：“教之无穷者，兑也；容之无疆者，坤也。”下兑为悦，上坤为顺，“悦而顺”，“刚中而应”，治之则“大亨以正”，教之也“大亨以正”。

临①：元亨，利贞②。至于八月有凶③。

【注释】

①临：卦名，兑下☱坤上☷。《序卦》云：“临，大也。”《临》之阳气渐长，其德壮大，临之于阴，阳大而阴下，故曰“临”。

②元亨，利贞：按十二辟卦的运行，《临》之二阳有渐趋增长之势，增至三则动而为乾，乾有元亨利贞四德，《临》欲变至《乾》，故卦辞同。且九二以阳居中正之位，上应六五，大而能应，故曰“元亨利贞”。

③至于八月有凶：《临》为十二月之卦，至八月则变至《否》。此时，有阴消阳之势，故《正义》曰：“三阴既盛，三阳方退，小人道长，君子道消，故‘八月有凶’也。”

【译文】

《临》卦象征着君临天下：大为亨通，利于做大事。但时至八月则有凶险。

《彖》曰：临，刚浸而长①，说而顺②，刚中而应③。大亨以正，天之道也④。“至于八月有凶”，消不久也⑤。

【注释】

①刚浸而长：刚，指卦中初、二之阳爻。《临》卦始于《复》，阳气有逐渐增长之势。

②说而顺：《临》之内卦为兑，兑为说（悦），外卦为坤，坤为顺。

③刚中而应：九二居内卦之中，故曰“刚中”。上有六五顺应。

④大亨以正，天之道也：亨通之时，守正持固，这种情状符合天道。故《程传》曰：“化育之功所以不息者，刚正和顺而已。以此临人、临事、临天下，莫不大亨而得正也。”

⑤“至于八月有凶”，消不久也：《临》之二阳至于《姤》则一阴来生，至此，则阴剥阳，至八月则《否》道成，故“临”之道“不可久”。

【译文】

《彖传》说：“君临天下”，这是因为阳刚有渐趋增长之势，全国上下心悦诚服，随和顺从，君子秉持阳刚之正气，又有六五顺应相亲。不仅大为亨通，而且守正持固，这顺应了大自然的运行规律。“时至八月有凶险”，那是因为接近消亡之时，“小人道长，君子道消”，故曰“有凶”。

《象》曰：泽上有地①，临。君子以教思无穷②，容保民无疆③。

【注释】

①泽上有地：是说地高出于泽，地包容泽，所以圣人观此象而知包容民众之心。

②君子以教思无穷：君子，九二，因九二以阳刚之德居中正之位。思，念也，即关心。教，教育。因内卦为兑，兑为口，有讲习之象。无穷，坤为地，地厚而博大，故曰“无穷”。

③容：包容，宽容。无疆：上坤为地，“地行无疆”喻地之广大。

【译文】

《象传》说：水泽之上是大地，象征着“君临天下”。君子以无穷无尽的思想道德教育民众，关心民众，并以宽厚博大的胸怀容纳民众，保护民众。

【评析】

《临》有阳气渐长之势，阳为大，为君子。九二以阳刚之德上应六五之柔顺，故卦象有和悦、随顺的大好局面，圣人知教育是立国、治国之本。观象知物理而识人情，于是容民以德，教民以德，治民以德。

初九，咸临，贞吉①。

【注释】

①咸临，贞吉：咸，感也，这里指感化，感应。初九当位，以刚直感应柔顺，上应六四，故“贞吉”。

【译文】

初九，以感化之道君临天下，大事吉祥。

《象》曰：“咸临贞吉”，志行正也①。

【注释】

①志行正：六四当位而正，初九以阳刚之德与之呼应，故“志行正”。

【译文】

《象传》说：“以感化之道君临天下，大事吉祥”，这说明初九的志向是实行正道。

【评析】

初九屈居《临》下，然当位居正，上应六四。六四位在互震，又居坤下。初九在兑，兑为言，兑为悦。雷震于地，言感于震，悦应于坤，故曰“咸临”。其地有所感应，人心也有所感应，故《象传》以“教思无穷”传《临》之大义。

九二，咸临，吉，无不利①。

【注释】

①吉，无不利：九二虽以阳居中，上应六五，然位在兑与互震之中，与初九同应坤象，故辞同初九曰“咸临”。又九二在兑，兑为悦；二至四互震，震为动。三至五互有坤，于是由下至上悦而动，动而顺，以愉悦之情入顺利之境，以阳中之德上应六五之尊，故“无不利”。

【译文】

九二，以感化之道君临天下，吉祥，没有不利的事情。

《象》曰：“咸临吉无不利”，未顺命也①。

【注释】

①未顺命：九二有中正、刚直之德与六五相感应。六五在坤中，坤为顺，然九二以阳“临”之，故不为六五所“顺”，而以阳刚临之于六五，故曰“未顺命”。

【译文】

《象传》说：“以感化之道君临天下，吉祥，没有不利的事情”，这说明九二并非全顺应六五之命。

【评析】

《诗·商颂·烈祖》曰：“鬷假无言，时靡有争。”九二虽上应六五，以阳临之，然“临”而“未顺命”。当此之时，九二并未以刚强逼，而是通过感化得其相应。因九二所涉卦象有兑、有震、有坤，兑为口、为言，震为动，坤为民、为众，则九二虽失位于《临》，却类有初九之“吉”：悦以言之，动以言之，阳以临之。故九二之临，并非仅以阳刚临之，实以德临之，一如《中庸》之所谓：“君子不赏而民劝，不怒而民威于铁钺。”

六三，甘临[①]，无攸利[②]；既忧之，无咎[③]。

【注释】

①甘临：甘，美味，引申为美言。《王注》曰：“甘者，佞邪说媚不正之名也。”《集解》引虞翻曰：“兑为口，坤为土，土爰稼穑作甘，兑口衔坤，故曰‘甘临’。”即以甜美之巧言取悦人。

②无攸利：六三失位乘阳，上无所应，故无所利。

③既忧之，无咎：既，已经，既然已经为自己的过失感到忧虑，则终无过失。

【译文】

六三，靠甜美之巧言统治人民，无所得利；若已经为此感到忧虑，则无过失。

《象》曰：“甘临”，位不当也[①]。“既忧之”，咎不长也[②]。

【注释】

①位不当：六三以阴居阳，失位不正，上无所应，故“位不当”。

②咎不长：六三既已忧其“咎”，且为阳气进逼，故“咎不长也”。

【译文】

《象传》说：“靠甜美之巧言统治人民”，这是因为六三失位不正。

"若已经为此感到忧虑",其过失必不会长久。

【评析】

有过能改,善莫大焉!六三虽有巧言佞人之嫌,然忧而改之,故如《正义》所言:"改过自修,其咎则止,不复长久,故'无咎'也。"

六四,至临,无咎[①]。

【注释】

①至临,无咎:至,《说文》曰:"鸟飞从高下至地也。"六四"从高下至地"以应初九,故曰"至"。《集解》引虞翻曰:"至,下也。"谓至初九而应,当位有实,故"无咎"。

【译文】

六四,以极为亲近的方式统治民众,没有过失。

《象》曰:"至临无咎",位当也。

【译文】

《象传》说:"以极为亲近的方式统治民众,没有过失",这是因为六四当位居正。

【评析】

"至临"之"至",释存二义。《王注》与《正义》释为"至极"。以为六四能"尽其至极之善而为临"。《周易折中》引王宗传曰:"四以上临下,其与下体最相亲,故曰'至临'。以言上下二体莫亲于此也。"其所释"至"义,实基于六四与初九之关系而言,然字义也是"至极"。以上二说,均与理通。然从"至"字本义为训,再联系六四与初九之相应关系,则释"从高下至地"更切卦象。

六五，知临，大君之宜①，吉。

【注释】

①知(zhì)临，大君之宜：知，同“智”。大君，指六五，六五居君王之位，下与九二相应，犹如任用刚健能干的大臣，辅佐自己“君临天下”，此可谓明智之举，故曰“大君之宜”。

【译文】

六五，以聪明睿智统治民众，大人君主应当这样，吉祥。

《象》曰：“大君之宜”，行中之谓也①。

【注释】

①行中：六五以柔居中，处君王之位，柔而能行中和，故曰“行中”。

【译文】

《象传》说：“大人君主以适宜的方式治理国家”，说明六五实行的是中和之道。

【评析】

《中庸》曰：“唯天下至圣，为能聪明睿知，足以有临也。”六五之所以得“大君之宜”，在于他能贤能于上，有垂拱而治之妙。

上六，敦临①，吉，无咎。

【注释】

①敦临：敦，敦厚。上六处于《临》之极，又处坤之上，“坤厚载物”，故曰“敦临”。虽柔而无应，然以敦厚恭顺之德，待阳气上临，则“吉”而“无咎”。

【译文】

上六,温柔敦厚地统治民众,吉祥,没有过失。

《象》曰:"敦临之吉",志在内也①。

【注释】

①志在内:内,指卦中二阳,二阳为贤能之士,上六柔居其上,以待内卦阳气临之,故曰"志在内"。

【译文】

《象传》说:"温柔敦厚地统治民众,吉祥",这说明上六的志向在于邦国之内。

【评析】

上六柔居《临》之终极,且无所应,本可以逍遥于世,超然于外,然心系二阳之贤,故而无意乘刚,有志助贤。怀此"敦厚"之德,则得《临》之善、之德、之吉。

观(䷓)

【题解】

《系辞下》曰:"天垂象,圣人则之。"这其中就有"观"的情节。《左传·襄公二十九年》载春秋时吴国季札在鲁国观乐,当他欣赏到《韶箾》之乐舞时,赞叹:"观止矣!若有他乐,吾不敢请已!"这个故事说明盛大之"观"对人心的感召力。而这样的感召力就蕴含在《观》之六爻:初六因观之以幼稚而"无咎";六二说明女子之"观"应悄然而观;六三自观其"进退";唯六四因近于君王之侧,而得"观国"之"观",成为王之座上宾;九五、上九则从上往下观,观下之民风而知其政治得失,所以君王观民之时也是自观,正如《象传》所谓"省方观民设教"。《朱子语类》记载,朱熹的学生曾经问道:"《观》六爻,一爻胜似一爻,岂所据之位愈高,则所见愈大耶?”朱子答曰:“上二爻意自别,下四爻是所据之位愈近,则所见愈亲切底意思。”

观[1]:盥而不荐[2]。有孚颙若[3]。

【注释】

①观:卦名,坤下☷巽上☴。六三至九五互艮,艮为观。艮下为坤,坤为民,九五居巽中,“中正以观天下”,故曰“观”。

②盥而不荐:盥,灌祭,是古代祭祀宗庙时用香酒灌地以降神的祭礼。荐,献贡,指灌礼完毕后,陈列祭品的仪式。“盥”礼隆重,“荐”礼简略。故卦辞曰:“盥而不荐。”王弼《周易注》引孔子“禘自既灌而往者,吾不欲观之矣”之言说明“王道之可观者,莫盛乎宗庙。宗庙之可观者,莫盛于盥也。至荐简略,不足复观,故观盥而不观荐也”。

③有孚颙(yóng)若:孚,诚信。颙,敬也,指严肃端正的样子。若,语气词。《集解》引马融曰:“以下观上,见其至盛之礼,万民信敬。”即下观而化,故云“有孚颙若”。

【译文】

《观》卦象征着观察:看过祭祀开始时用香酒灌地以降神的隆重仪式后,就可以不再观看后面贡献祭品的过程了。因为你经过庄严隆重的祭典,你的内心对君王的威严已充满崇敬和信服。

《彖》曰:大观在上[1],顺而巽[2],中正以观天下[3],观。“盥而不荐,有孚颙若”,下观而化也[4]。观天之神道[5],而四时不忒[6],圣人以神道设教,而天下服矣[7]。

【注释】

①大观在上：指九五以阳刚居正，与下之众阴相比，形成上大而下观之象。如《程传》所言："五居尊位，以刚阳中正之德为下所观，其德甚大，故曰'大观在上'。"

②顺而巽：《观》之内卦为坤，坤为顺；外卦为巽，巽为风。

③中正以观天下：中正，指九五，九五尊居中正之位"以观天下"。

④下观而化：下为坤，坤为众、为顺，众观祭祀之典而知君王之威严，诚信悦服，故为其上所感化。

⑤天之神道：即天体运行时的神奇规律。

⑥四时不忒：忒，差错。四时以天道运行，故"不忒"。

⑦圣人以神道设教，而天下服矣：神道，即天道。圣人悟"天道"之奇妙而设立教化，使天下诚心悦服。

【译文】

《彖传》说：隆重壮观的场面呈现在上面，而这种场面蕴涵着和顺润物的气象，君王以中正之德让天下的人都看到宏大威严的场面。观看的含义在于："看过祭祀开始时用香酒灌地以降神的隆重仪式后，就可以不再观看后面贡献祭品的过程了，因为你经过庄严隆重的祭典，你的内心对君王的威严已充满崇敬和信服"，这说明在下面观看祭典的人们已从中被感化。而观看大自然神奇的运行规律，其春夏秋冬四季的运行不会发生差错，圣人从中悟出"天道"的奇妙，并将其运用于设立教育的意义中，使天下的百姓都能信服。

《象》曰：风行地上①，观。先王以省方观民设教②。

【注释】

①风行地上：巽为风，坤为地，巽在坤上，即风行于地上。

②先王以省方观民设教：《说文》："省，视也。"《释诂》曰："省，察也。"

方，这里指“邦国”。即先王视察天下邦国，观民风而推教化。

【译文】

《象传》说：有风行于大地之上，象征着“观察民风”。先代的君王因此而视察天下邦国，观察民风，实施教化。

【评析】

卦辞以“有孚颙若”为观，《彖传》以“大观在上”、“中正以观天下”为观。“国之大事，在祀于戎”，“子之所慎：斋，战，疾”。卦辞蕴涵的意义是：在参与和观看祭祀神明、宗祖的盛大场面时，应秉持诚信。主要在强调祭祀之庄严肃穆的场面对人心的净化作用。而《彖传》则从“祭神如神在”之“祭思敬”的神秘气氛中解放出来，重点强调王者观民风的教化功能。需要指出的是，《彖传》的作者并没有背离卦象，而是将“推天道以明人事”的易学准则贯彻到《观》卦的解释中，因而能在不违背卦象与卦辞意义的前提下，使《观》卦的意义更加丰富，更接近王道，更贴近民生。其实，古代君王举行祭祀盛典这样宏大庄严的场面，本意并不在于祭祀，其主要目的是想通过天道的神圣来显示王者的威严和气象，并以此来感化处在下层的百姓，使他们目有所观，心有所感，感而化之，化则服之。说得好听一点是“省方观民设教”，实际上则是“以神道设教”而使“天下服”之。

初六，童观，小人无咎，君子吝①。

【注释】

①童观，小人无咎，君子吝：童，指初六，失位在下，位居坤下，晦昧之至，故曰“童观”。吝，《说文》曰：“恨惜也。”此处有“羞耻”意。因初六失位，本已晦昧无知，又上无所应，故有所“吝”。

【译文】

初六，若如幼童一样观看事物，这对于小人而言，并没有什么过失，如对君子而言，则为可羞之事。

《象》曰："初六童观"，"小人"道也[①]。

【注释】

①"小人"道：这里的"小人"，既指幼童，更指如"幼童"一样见识的下层百姓。道，方法。

【译文】

《象传》说："初六，若如幼童一样观看事物"，这本是"小人"观看事物的方法。

【评析】

"矮人看戏何曾见，只是听人道东西。"初六柔弱在下，上无所应，既不能近观，也不能远见，柔弱蒙昧，知观而不知所以观。此对小人而言，并无过失可言，若对君子，则为可羞之事。由此可见，初六之"吝"，实在于远离"大观"，因受客观条件限制，只能以"小人"之观"观"之。

六二，窥观，利女贞[①]。

【注释】

①窥观，利女贞：六二以阴柔之德当位中正，因居内卦之中，有"主内"之象。六二上应九五，六三至九五互艮，艮为观，为门，望门而观，故曰"窥观"。既为女子，当居中主内，故其所"窥"，合情而不违于礼，故曰"利女贞"。

【译文】

六二，从内向外窥视，利于女子守正持固。

《象》曰:“窥观女贞”,亦可丑也①。

【注释】

①亦可丑:丑,耻辱。六二居内,上应九五,故“利”。若大丈夫,于“大观”之时,得妇人之见,则甚为耻辱。

【译文】

《象传》说:“从内向外窥视,利于女子守正持固”,这对于女子而言,守正则有利,对于男子而言,则是耻辱的事。

【评析】

《礼记·内则》曰:“礼始于谨夫妇。为宫室,辨外内,男子居外,女子居内,深宫固门,阍寺守之,男不入,女不出。”封建礼教之女规,严苛地限制着女子的言行。以《观》之六二言,六二居中主内,上有所应,然所应在九五,九五位在互艮之上。“艮为观”,故有可“观”之事;“艮为止”,则“止”其女子之“观”;艮为门,则女子之“观”,可以“窥观”,不可外观。

六三,观我生,进退①。

【注释】

①观我生,进退:生,《说文》曰:“生,进也。”六三虽失位,然与上应,又近四,四与上均在巽,巽为入,入为进。又六三介于上下卦之间,位在互艮中与巽之间,入则有止,故有进退之象。

【译文】

六三,观察我自己的行为,就可知进退之可否。

《象》曰:“观我生进退”,未失道也①。

【注释】

①未失道：三以阴居阳，本来有失位不正之嫌，然上应上九，自观其生，故曰“未失道”。

【译文】

《象传》说：“观察我自己的行为，就可知进退之可否”，这说明六三没有丢失《观》卦所赋予的道理。

【评析】

《周易正义》释六三之“我生”曰“我身所动出”，《本义》释其为“我之所行也”，《周易尚氏学》释其为“我之所应”。以上三义，皆义近《说文》之“进也”。或以“生”训“民”，“民”与“生”本可通用，古以生民并称，故《诗》有《生民》篇。《说卦》则以“坤为民”，六三在坤，故《集解》引虞翻曰：“‘生’谓坤生民也。”古人解《易》如本卦九五之《象传》曰：“‘观吾生’，观民也。”后来多以“民生”为词。若从《观》象看，则九五、上九之“生”可以“生民”通解，然六三在坤，坤为民，民岂能自观？基于上述分析，我们可知《观》六三之所谓“我生”，应指我所生之“道”，即《象传》所谓“未失道”之“道”。《正义》曰：“三居下体之极，是有可进之时；又居上体之下，复是可退之地。”六三处于上下之机，故有可进可退的余地，故观而“未失道”。

六四，观国之光，利用宾于王①。

【注释】

①观国之光，利用宾于王：六四近于九五，九五为君王之尊，近则得“大观”之气象，为君王所重，故曰“利用宾于王”。

【译文】

六四，观看国家壮丽辉煌的大气象，有利于成为君王的宾客。

《象》曰:“观国之光”,尚宾也①。

【注释】

①尚宾:尚,上也,即六四为六五尊贵的宾客。

【译文】

《象传》说:“观看国家壮丽辉煌的大气象”,这说明六四是君王的座上宾。

【评析】

《朱子语类》记有朱熹之学生曾问:“《观》六爻,一爻胜似一爻,岂所据之位愈高,则所见愈大耶?”朱子答曰:“上二爻意自别,下四爻是所据之位愈近,则所见愈亲切底意思。”六四于“大观”之时,最接近君王,固然有“亲近”的意思,但这种“亲近”并不是通过亲情来表达,而是以观“礼”来昭示。在这个庄严隆重的《观》礼中,一方面赞美着君王有重才尚贤的胸怀,另一方面,则强调作为诸侯、臣子,也要有借“观国之光”之盛典朝觐君王的本分。故《诗·大雅·殷武》云:“莫敢不来享,莫敢不来王。”由此可知,《象传》强调“大观天下”的真正意图,是要定出一个上下有别、君臣有分的“礼”来。

九五,观我生,君子无咎①。

【注释】

①观我生,君子无咎:我,自身。生,生民,庶民。九五尊居中正之位,为《观》卦之主,观民风以察政绩得失,然后以德教正己、正民,故“无咎”。

【译文】

九五,观看天下生民,就可以使君子不犯错误。

《象》曰:“观我生”,观民也①。

【注释】

①观民:坤为众、为民,《观》下卦为坤,九五居正而观,故曰“观民”。

【译文】

《象传》说:“观看天下生民”,就是观察民风。

【评析】

《象传》以“中正以观天下”赞美九五。九五不仅尊居中正之位,为一卦之主,有君王之气象,而且,九五秉持阳刚之德“大观天下”,下应六二,观民于下,他就像一个慎于政事、勤政爱民的君王,“观民风”而察得失。虽然我们今天已经无法看到这些君王的真实面目,但是,我们还是可以通过一些古代文献感触到他们的仁德。尧悬谏鼓,舜立谤木,禹过家门不入,汤作“三驱”不捕,文王经始灵台,周公“吐哺”,更有武王誓言“百姓有罪,在予一人”。故研究《观》卦之九五,则可见古代君王仁德之博大。从《观》象看,九五位在互艮之上,艮为观,则当为《观》之主。巽为风,下为坤,坤为民,民有风气,则王者必有所观,然后能知得失,设文教以“服天下”。

上九,观其生①,君子无咎。

【注释】

①观其生:其,犹言“彼”。生,生民。上九因居于九五之上,能观九五而自省,故“无咎”。

【译文】

上九,观察他所治理的百官庶民,君子就可以不犯错误。

《象》曰："观其生"，志未平也①。

【注释】

①志未平：上九居《观》之极，高高在上，虽不任其事，但仍为下所观，心必有所忧，故其"志未平"。

【译文】

《象传》说："观察他所治理的百官庶民"，自己心中也难以平静。

【评析】

"以人为镜，可以知得失。"上九处《观》之上极，既为天下所观。又能"观其生"，省人而自省，可谓观中之观。

噬　嗑(䷔)

【题解】

《噬嗑》以其雷电之动、之明，来象征先王"明罚敕法"的法制之严明，又以"啮合"食物为喻，来形象化说明刑罚、罪行的轻重之别：初九、六二、六三皆因罪小罚轻而"无咎"；九四、六五皆以"噬"得"金"物来比喻治狱之艰难；上九积恶太甚，故罪大而凶。因为爻所处的位置不同，所以刑罚的轻重也就有所不同。故《周易折中》引李过之言曰："五，君位也，为治狱之主；四，大臣位也，为治狱之卿；三、二，又其下也，为治狱之吏。"在《噬嗑》中，着重在说明"狱治"要明，而不是在强调"刑罚"要严。

噬嗑①：亨。利用狱②。

【注释】

①噬嗑（shì hé）：卦名，下震☳上离☲。噬，啮（niè）。嗑，合。《颐》卦(䷚)为食养之象。《噬嗑》之九四如《颐》中有物，有啮嗑之状，

故名之以“噬嗑”。

②利用狱：六三至六五互坎，坎为狱，也指刑罚。上卦为离，离为日，日为光明。下卦为震，震为动，动而见明，故曰“利用狱”。

【译文】

《噬嗑》象征着啮合与刑罚：亨通。有利于施行刑罚。

《彖》曰：颐中有物曰噬嗑①。噬嗑而亨②，刚柔分，动而明③，雷电合而章④。柔得中而上行⑤，虽不当位，利用狱也。

【注释】

①颐中有物：颐，面颊，下巴。《噬嗑》之卦象，上下为阳爻，阳为实，中阴为虚，九四如虚中之物，故其象如口中有物。

②噬嗑而亨：有物在口，使上下相隔，若啮之，则又能使上下相通，故曰“亨”。

③刚柔分，动而明：《噬嗑》卦下为震，为阳卦，为刚；上为离，为阴卦，为柔，故曰“刚柔分”。下震为动，上离为明，故曰“动而明”。

④雷电合而章：章，同“彰”，显明。雷声以震动显示出威力，闪电以光耀显示出光明。二者相合，就使其威力和光明显示出来。

⑤柔得中而上行：六五柔居离中，离为光明。《乾文言》曰“本乎天者亲上”，故六五能“上行”。

【译文】

《彖传》说：“口中含有东西就需要啮合。啮合而亨通，震刚在下，离柔在上，当雷声震动时，闪电就闪耀出光芒，雷电交合在一起，就使其雷声的威力和闪电的光明显示出来。阴柔居中，其性如地气喜爱上行一样，虽然六五爻因以阴居阳而不当位，却有利于刑罚。

《象》曰：雷电，噬嗑。先王以明罚敕法①。

【注释】

①明罚敕（chì）法：敕，整治，整饬。雷动其威，火显其明，以其明而照其威，则刑罚明白而公正。

【译文】

《象传》说：雷电交加，象征着啮合。先代的君王运用这个卦象中所蕴涵的道理，严明法律，公正刑罚。

【评析】

《噬嗑》之《彖传》释其为“口中有物”，《象传》释其为“雷电交加”。若以《彖传》言，则“啮”去其物而使之通。《正义》曰：“物在于口，则隔其上下，若啮去其物，上下乃合而得‘亨’也。”《彖传》借口象为义，以喻刑法。凡物有不亲，因其有间；物之不齐，因其有过；有间与过，啮而合之，所以能通。法有所通，则“利用狱”。若以《象传》言，则威而有明，“雷电合而章”。雷动之以威，电耀之以明，法明则民服，刑威则民惧，此刑法之所以存。“公生明，廉生威”，廉洁与光明是维护法律公正的前提，公正与威力则是法律存在的基础。《噬嗑》的卦象，既以互坎、互艮象征着刑律与囚狱，又以雷电交加象征着震撼性的威力，更以“动而明”的意义昭示执法者要“明镜高悬”。

初九，屦校灭趾①，无咎。

【注释】

①屦（jù）校灭趾：屦，用如动词，即脚上着物。校，古代刑具，桎梏之统称。灭，灭伤，伤没。趾，足。意即脚上戴着刑具而伤害了脚趾。初九上应九四，九四在互坎中，坎为桎梏，故曰“屦校”。又震为足，初九在震下，故曰“趾”。“趾”之于“屦校”，故曰“灭趾”。

【译文】

初九，脚上戴着刑具伤没了脚趾，没有太大的罪过。

《象》曰："屦校灭趾"，不行也[①]。

【注释】

①不行："灭趾"则不能行，故曰"不行"。又《噬嗑》下卦为震，震为行，互卦为艮，艮为止，故有止于前行之象。

【译文】

《象传》说："脚上戴着刑具伤没了脚趾"，不重犯以前的罪行。

【评析】

初九虽当位，然位处震下，震为足，震为动；动而前行，行遇坎象，坎为险，为陷，陷之于"桎梏"，故有"屦校灭趾"之象。因初九动之于下，动之于初，则象征着罪之所始，刑之所始。"始"则罪过较小，故以"屦校"罚之。相较其他刑罚，"屦校"之罚为"小惩"。《王注》曰："过而不改，乃谓之过。小惩大诫，乃得其福。"初九因"小惩"而防止"大过"，如《系辞下》之所谓"小惩而大诫，此小人之福也"，故虽有"灭趾"之苦而终"无咎"。

六二，噬肤灭鼻，无咎[①]。

【注释】

①噬肤灭鼻，无咎：噬，啮，食。肤，皮肤上的肉。灭，割去。灭鼻，《噬嗑》卦互为《蹇》(䷦)，下艮上坎，艮为鼻，鼻没于水中，故曰"灭鼻"，即劓刑，古代一种刑罚。又因六二以柔居正，故虽"灭鼻"，终无大刑加身，故仍然"无咎"。

【译文】

六二，如咬脆肉一样地割除犯人的鼻子，以使其不再犯大的罪行。

《象》曰："噬肤灭鼻"，乘刚也[①]。

【注释】

①乘刚：六二居正当位，然处于初九阳刚之上，有乘刚之失，故有"灭鼻"之刑。

【译文】

《象传》说："如咬脆肉一样地割除犯人的鼻子"，因为六二有乘刚之嫌。

【评析】

《噬嗑》之上下均为阳，初九为趾，上九为耳，不在"颐"中，故爻辞不曰"噬"。二至五，尽在颐中，故曰"噬"。"噬肤"而"灭鼻"，则可见其刑远重于初九。《程传》解此爻象曰："刑刚强之人，必须深痛。"然六二以柔居中，并非"刚强之人"，却受"灭鼻"之刑。有"灭鼻"之酷刑，却断之以"无咎"，此足以证实古代刑罚之残酷。六二之所以受此重刑，原因仅仅是因为其有"乘刚"之嫌，其刑也冤，其罚也重，念之令人伤痛之至。

六三，噬腊肉遇毒，小吝[①]，无咎。

【注释】

①噬腊肉遇毒，小吝：六三施刑于人，就像噬咬腊肉一样，不仅很难咬，而且遇到了有毒的物质，故稍有困难。按《王注》，"噬"以喻刑人，"腊"以喻不服，"毒"以喻怨生。

【译文】

六三，噬咬腊肉却遇到毒物，稍有困难，却没有大的灾祸。

《象》曰："遇毒"，位不当也①。

【注释】

①位不当：六三失位不正，上承九四而"遇毒"，故曰"位不当"。

【译文】

《象传》说："六三之所以遇到有毒的物质"，就是因为其所处的位置不当。

【评析】

六三失位不正，其政有失而施刑于人，故人不能服。上承九四，九四为所噬之毒，"遇毒"而小有"吝"。其所以"无咎"者，就在于其与六二相比，有"柔不乘刚"之德。

九四，噬干胏，得金矢①。利艰贞②，吉。

【注释】

①噬干胏(zǐ)，得金矢：胏，《集解》引陆绩曰："肉中有骨谓之胏。"坎为肉，九四在互坎，故曰"噬干胏"。金，古人所谓"金"，多指"铜"，为金属材料之统称。矢，指箭镞。"坎为弓"，类于箭矢，阳为金，故曰"得金矢"。这里是以"金"喻其刚，以"矢"喻其直，比喻刑罚之刚直有力。

②利艰贞：九四因位不正，故虽有刑人之力，须从艰难中得之，故曰"利艰贞"。

【译文】

九四，噬咬干肉，却遇到了骨中的金属箭头。这有利于在艰难中守正，吉祥。

《象》曰："利艰贞吉"，未光也[①]。

【注释】

①未光：四以阳居阴，本来失位不正，又处于上下之间，有乱而不正之嫌，故于其刑罚"未光"。

【译文】

《象传》说："有利于在艰难中守正，吉祥"，这说明九四不能使刑之威罚之明发扬光大。

【评析】

九四为卦之主，虽不能当位而正，然以其刚直之力施刑于人，故利在"艰贞吉"。又在互坎中，坎多艰险，上无所应，噬"胏"得"矢"，终不能通其道，故《象》云"未光"。

六五，噬干肉得黄金[①]。贞厉，无咎[②]。

【注释】

①噬干肉得黄金：干肉，喻指肉质坚硬。六五在互坎上，"坎为血，为赤"，类如"干肉"，故曰"噬干肉"。黄，为中和之色。金，为刚直之物。六五失位不正，动而变，阴变阳，则九四至上成乾，乾为金，故曰"得黄金"。此句喻指施刑虽有不顺，其刑罚则得当。

②贞厉，无咎：厉，指危险。六五以阴处阳，以柔乘刚，噬物遇刚，下无所应，物有不服，故曰"厉"。然处尊柔中，变而成"乾"，故曰"无咎"。

【译文】

六五，噬咬干肉得到黄金一样的东西。事有危险，但最终没有灾难。

《象》曰："贞厉无咎"，得当也。

【译文】

《象传》说："事有危险，但最终没有灾难"，这说明六五所用的刑罚是得当公正的。

【评析】

六五爻辞之"干肉"、"黄金"。前辈注《易》，多忽略卦象，训字为义。然古人作《易》，始于象而非始于辞，故朱子曰："伏羲之易，有占而无文。"文王、周公演易，渐有卦爻辞，以明卦象而为卜筮以断吉凶。如《易传》之所谓"圣人设卦观象，系辞焉而明吉凶"。朱子也曰"《易》为卜筮作，非为义理作"。即使是《象传》之所作，也是"言乎象者也"。故注《易》释辞，不从卦象中出，则不知象之所示，辞从何出，义从何来。以六五之爻辞言，就须从象中探寻其究。因"《易》为卜筮作"，卜筮者断吉凶的依据，一方面源自本卦，另一方面，则须考虑到动变之爻。如《噬嗑》之六五，从本卦中，我们既看不到"干肉"之象，又找不到"黄金"之象。然从互卦看，六三至六五互为坎。按《说卦》"坎为血，为赤"，类如肉象。且肉取坎象，非只此一卦。如《屯》之九五"屯其膏"，"膏"即为"肉"。至于"黄金"，古人多从旁通与反对中取其象，但是，"圣人作《易》"、"观象系辞"时，并没有旁通与反对的概念，而取变之法则为当时常理，一如《系辞》所言："爻者，言乎变者也。"如《噬嗑》之六五，失位不正，变而得正，则出乾象，"乾为金"，故"六五"之"黄金"象，是从变爻中求得。《姤》之初六"系于金柅"，《困》之九四"困于金车"，《鼎》之六五"金铉"，皆以乾象为金。

上九,何校灭耳[①],凶。

【注释】

①何校灭耳,凶:何,通"荷",即担于肩上。校,刑具。耳,因上九处于"颐"之边、《噬嗑》之极,故近于耳;又互卦为坎,坎为耳。刑灭伤至耳,就是伤其首,故曰"凶"。

【译文】

上九,肩上荷负的刑具伤没了耳朵,有凶险。

《象》曰:"何校灭耳",聪不明也[①]。

【注释】

①聪不明:上卦为离,离为火,本有光明之象,然互为坎,坎为水,为水所灭,故"不明";互坎为耳,然上九为坎之不正,故又"不聪"。

【译文】

《象传》说:"肩上荷负的刑具伤没了耳朵",这说明上九积恶不改,如不听话的聋子,太不聪明了。

【评析】

上九失位不正,故作恶多端,恶积不改,必罚至其首,其恶也甚,其罚也重。《噬嗑》卦中唯上九有凶,余则以"无咎"论,皆因其失位不正,穷居《噬嗑》之极所致。

贲(䷕)

【题解】

《集解》引崔憬曰:"物不可以苟合于刑,当须以文饰之,故受之以《贲》。""贲"就是"文饰"。《贲》卦之所以"亨通",在于其有"文饰"之美。

然君子之德在“正而质”，而不在其“美而饰”，所以，《孔子家语》记孔子自筮得《贲》卦而“愀然有不平之色”，其弟子子张问其故，孔子对曰：“吾闻丹漆不文，白玉不雕。何也？质有余，不受饰故也。”因《贲》有“文饰”之色，不得黑白之正色，以孔子之德得“文饰”“小利”之卦，故孔子愀然不乐。

贲①：亨。小利有攸往②。

【注释】

①贲（bì）：卦名，下离☲上艮☶，《说文》曰：“贲，饰也。”即文饰。

②小利有攸往：按前人所注，“小利”有三指：一是指六五，六五为阴，阴为小；二是指下卦离，为光，上卦为艮，为止，光有所止，故“小”；三是指互卦下为坎，坎为险，上为艮，为止，下陷而上止，故曰有“小利”。

【译文】

《贲》卦象征着文饰：亨通。较有利于有所前往。

《彖》曰：贲亨，柔来而文刚①，故亨。分刚上而文柔，故小利有攸往②。刚柔交错，天文也③。文明以止，人文也④。观乎天文，以察时变⑤；观乎人文，以化成天下⑥。

【注释】

①柔来而文刚：下卦本为乾，乾为阳刚，有阴爻下来而居中，故曰“柔来”。变乾为离，离为光明，有文采，文饰乾刚，故曰“文刚”。

②分刚上而文柔，故小利有攸往：《贲》之上卦为阳卦艮，下卦为阴卦离。又六二、六五皆从柔中而居阳爻下，故曰“分刚上而文柔”。因六二、六五均为阴，阴为小，故曰“小利”。

③刚柔交错，天文也：上卦之阳刚与下卦之阴柔交错，下离为文明，上艮为石，艮为星斗，星光文明于下，如日月星辰垂象于天，故曰“天文”。

④文明以止，人文也：离为文明，艮为止，故曰“文明以止”。初、二、三三爻均为人象，故其文为“人文”。

⑤观乎天文，以察时变：天文，即日月星辰的运行，随四时即四季的变化而更替，观察天文，则可知四时之变。

⑥观乎人文，以化成天下：观察人类自身具有的文明气象与文饰之道，则可知文教有化育人心的功能和作用。

【译文】

《彖传》说：文饰一些事物是亨通的，阴柔前来文饰阳刚，所以亨通。卦分为阳刚在上，阴柔、文饰在下，所以较有利于有所前往。阳刚与阴柔交错，形成天的文章。离卦焕发文明而艮卦有限制，这是人类的文化与文明。观察上天显示出来的文章与文明，就可以知道四季变化的规律；观察人类的文化与文明，就可以使教化成就天下万物。

《象》曰：山下有火，贲①。君子以明庶政，无敢折狱②。

【注释】

①山下有火，贲：上为艮，下为离，离为火，故有山下有火之象。山上的火光照耀而焕发出文采来，故曰“贲”。

②君子以明庶政，无敢折狱：山映火光，就如同君子内心含有光明一样，以此理政则政明，若“折狱”，与《噬嗑》相比，则《贲》有其明而无其威，所以“无敢”。

【译文】

《象传》说：“山下燃烧着火焰”，它的光芒象征着文饰。君子因此想到自己应该使政务清楚明确，而不敢判决讼狱之事。

【评析】

“山下有火”的卦象，使人在火光中看到了文采，也看到了光明。这种光彩对于人类而言，上可以焕发出“天文”，下可以焕发出“人文”。圣人以此知《贲》之光明和文采能有“明庶政”、“化天下”之功。同时，因为他们将同有“离”象的《噬嗑》与《贲》比较后，就发现了二者的不同之处：《贲》之离象在下，象为山下火；《噬嗑》之离象在上，象为天上之火；《贲》火有文饰之明，而《噬嗑》之火则为威猛之力；故《噬嗑》“明罚敕法”而“利用狱”，而《贲》虽“明庶政”，却“无敢折狱”。

初九，贲其趾，舍车而徒①。

【注释】

①贲其趾，舍车而徒：徒，徒步而行，《贲》之初九上应六四，六四互为震，“震为足”，故曰“贲其趾”。初九位置低下，坐车则与礼不合，故“舍车而徒”。

【译文】

初九，把文饰好的鞋穿着在自己的脚上，不坐车，徒步而行。

《象》曰：“舍车而徒”，义弗乘也①。

【注释】

①义弗乘：古时候大夫乘车。初为士，社会地位低下，于义“弗乘”。

【译文】

《象传》说：“不坐车，徒步而行”，这说明按照礼义是不能乘车的。

【评析】

“舍车而徒”，不是因为“贲其趾”，而是为了符合礼义。对于今天的人而言，这是很难接受的事，但在那时却是不可逾越的礼义规定。《尚书大传》曰：“士未有命，不得乘，乘有罚。”

六二，贲其须[①]。

【注释】

①贲其须：六二在离中，有文饰之彩，本应上与五应，然五失位无应。六二动而变阳，则二至四互为兑卦，兑为口，六二在口下，故曰“贲其须”。

【译文】

六二，文饰胡须。

《象》曰：“贲其须”，与上兴也[①]。

【注释】

①与上兴：兴，兴起，发动。六二以阴居正，然以须为象，则须必上附于口，故曰“上兴”。

【译文】

《象传》说：“文饰胡须”，这说明六二是随着九三而兴起。

【评析】

前人论及“须”象，约有三解：王弼以为六二即为须，须必有所附，上附于口，故曰“上兴”。《集解》引虞翻之说，以为自三至上，卦体有《颐》(䷚)象，六二垂在颐下，如有胡须之象。《焦氏易诂》以为艮为须。《尚氏学》取象从《易林》，以为艮为须象已失，“艮须在上，下离文之”。今从《王注》，并从互兑下取“须”象。

九三，贲如，濡如，永贞吉①。

【注释】

①贲如，濡如，永贞吉：濡，用如动词，润泽，滋润。九三在离上，文采焕然，故曰“贲如”。又九三在互坎之中，坎为水，故曰“濡如”。当位居正，变而上应，则有《颐》象，《颐》卦上为艮，“艮为万物之终始”，九三变而应之，故曰“永贞吉”。

【译文】

九三，文饰得那样俊雅，润泽得那样滋润，做事能够长久的吉祥。

《象》曰：“永贞之吉”，终莫之陵也①。

【注释】

①终莫之陵：《贲》有三阳爻，初位卑下；上位穷极，唯九三当位居正，为一卦之主，故曰众爻皆“莫之陵”。

【译文】

《象传》说：“做事能够长久的吉祥”，最终也没有谁能凌辱自己。

【评析】

“贲如”而具华饰之貌；“濡如”而有润泽之理，九三本已当位居正，又居互坎之中，处二阴之间，得坎水之润泽，成文饰之美善。故《程传》曰：“有上则有下，有此则有彼，有质则有文。一不独立，二则为文，非知道者，孰能识之？天文，天之理也；人文，人之道也。”《贲》之六爻，唯九三能具“天文”之理与“人文”之道，故辞曰“永贞吉”，《象》曰“莫之陵”。

六四，贲如皤如①，白马翰如②。匪寇，婚媾③。

【注释】

①贲如皤(pó)如:皤,白色。《集解》:“亦白素之貌也。”六四当位,本与初应,初在离下,离有文明,故曰“贲如”。六四动而变,变则为巽,巽为白,故曰“皤如”。

②白马翰如:翰,《说文》曰:“天鸡也,赤羽也。”引申为羽飞之状。贲互震,震为马,震为动,马动如飞,故曰“翰如”。或释“翰”为白色之马,然既“翰”前已曰“白马”,“翰”又何以再曰?

③匪寇,婚媾(gòu):匪,通“非”。六二至六四互有坎象,坎为寇,然六四动而变,变则坎象毁,故曰“匪寇”。媾,结亲,交合。九三之六五互震,震为长子,为夫,下应离之初九,离为中女,卦有婚媾之象,故曰“婚媾”。

【译文】

六四,文饰得那样俊美,一身洁白素雅,白色的马奔驰如飞。那不是来抢劫的盗寇,而是拿着聘礼来求婚的人。

《象》曰:六四,当位疑也①。“匪寇婚媾”,终无尤也②。

【注释】

①当位疑:六四与初应,但是中间隔有九三,故一方面疑心初九之坚贞,另一方面,又惧怕九三为难自己,犹豫不决,徘徊迟疑,故曰“当位疑”。

②终无尤:若六四守正以待初九之应,则无他患,故终“无尤”。

【译文】

《象传》说:六四当位得正,然心中仍有所疑惧。“那不是来抢劫的盗寇,而是拿着聘礼来求婚的人”,这说明六四最终并不会有过失。

【评析】

洁白文饰的人骑着白色的马,拿着聘礼去求亲,这是多么美妙的情景。以白衬白的卦象，映衬出同饰、同德的美好。但是，六四虽有应在初，然隔于三，其两志相感，则六四虽履正位，未敢果行其志。若九三夺其初、四亨通之感，六四欲静则疑初所应，欲进则惧三之难，故或饰或素，内怀疑惧，“翰如”以待。三为刚猛，未可轻犯，九三处于插足于六四与初九之间，就如同“第三者插足”一样，给心心相印的人带来了“疑”心和痛苦。然六四或守贞而应初，或动而变，变则互有巽、兑。巽为顺，兑为悦，顺则又悦，则终“无尤”。

六五，贲于丘园①，束帛戋戋②，吝，终吉③。

【注释】

①丘：土山，《说文》曰：“土之高也。”《集解》引虞翻曰：“艮为山，五半山，故称‘丘’。”

②戋戋(jiān)：盛多的样子。如《易林·旅之丰》：“束帛戋戋，赙我孟宣。”《正义》：“戋戋，众多也。”

③吝，终吉：吝，难，困难。五失位无应，故“吝”；然变而得正，得正以应二，故“终吉”。

【译文】

六五，一束束洁白的丝帛装饰着山上的园圃，虽有困难，但是，最终是吉祥的。

《象》曰：六五之吉，有喜也①。

【注释】

①有喜：古人解卦，多以阳主喜，阴主忧。五动而变阳，能得中和之位，故“有喜”。

【译文】

《象传》说：六五之所以最终能得吉祥，这说明他有喜庆的事。

【评析】

“戋”，《周易本义》释其为“薄物”、“浅小”，似非卦象、卦义之解。因为，既然卦象为贲，六五又处《贲》卦之主，何以吝之以“浅”？又《象传》既传曰“有喜”，六五又何以“浅”而“贲”？既以吝啬、浅薄之饰“贲于丘园”，又何以终吉？六五失位，不能下应六二，动而变阳，则六四与上互为巽，巽为白色，巽为绳，类如帛。六五变正则下应六二，六二在离，得文饰之中，故“束帛”有缤纷之状。

上九，白贲，无咎①。

【注释】

①白贲，无咎：上九处于《贲》之极，贲极而反本，本色为白，又与六五亲比，故曰“无咎”。

【译文】

上九，用纯净洁白的颜色文饰，就不会有过失。

《象》曰：“白贲无咎”，上得志也①。

【注释】

①上得志：以白色为贲，就可以“得其本性，故《象》云‘上得志’也，言居上得志也”。

【译文】

《象传》说：“用纯净洁白的颜色文饰，就不会有过失”，说明上九的心志得以实现。

【评析】

玉无瑕疵比君子，花到无色才是真。古人以玉比君子之质，又以白璧无瑕形容玉石之高洁。《孟子·滕文公》载曾子赞孔子之德："江汉以濯之，秋阳以曝之，皜皜乎不可尚已。"其"濯之"而"曝之"的本质就是白色。《本义》曰："贲极反本，复于无色。"《论语》曰："绘事后素。"素白之色即无色之色，故而白色即贲之本色。

剥(䷖)

【题解】

《剥》卦象征着阳气将要被阴气剥尽的情况。六爻之中，只剩有上九为阳，悬系于上，如将尽之残阳，令人想起"残阳如血"的凄怆。在这种情况下，初、二因"剥"而有"凶"，六三剥之而"无咎"，六四于"剥"道中因切近其肤而有凶灾，六五因近于上九之阳而"无不利"，上九以"硕果"为喻说明阳气之珍贵、重要，并提醒人们戒备"小人"剥削硕果。

剥①：不利有攸往②。

【注释】

①剥：卦名，坤下☷艮上☶，象征着剥落。群阴自初至五剥消上九之一阳，阴气盛极，阳气被剥，至于将尽，故曰"剥"。

②不利有攸往：阴长阳消，君子道消，小人道长，故"不利有攸往"。《集解》引郑玄曰："五阴一阳，小人极盛，君子不可有所之。"

【译文】

《剥》卦象征着剥落：不利于有所前往。

《彖》曰：剥，剥也。柔变刚也①。"不利有攸往"，小人长也②。顺而止之,观象也③。君子尚消息盈虚,天行也④。

【注释】

①柔变刚:阴为柔,阴柔使阳刚之气变至五,五本为阳刚之爻,至尊为天子,然于《剥》道中为阴所变,故曰“柔变刚”。

②小人长也:阴为小人,阴盛则“小人长也”。

③顺而止之,观象也:《剥》之卦象为下坤上艮,按卦德,坤顺而艮止,故曰“顺而止之”。

④君子尚消息盈虚,天行也:尚,尊崇,崇尚。消息,消亡与生息。盈虚,盈满与亏虚。即君子尊重大自然“消亡与生息”和“盈满与亏虚”的客观规律。天行,就是天体运行的规律,如春种夏长,秋收冬藏之事。

【译文】

《彖传》说:剥,就是指阳气被阴气剥落。阴柔改变了阳刚,所以“不利于有所前往”,因为此时小人的势力得到增长。坤之柔顺被艮止住,从卦象上就可以看出这种情况。君子崇尚阴虚消亡和阳盈息长的节气变化,因为这本来就是天体运行的自然规律。

《象》曰:山附于地,剥①。上以厚下安宅②。

【注释】

①山附于地,剥:山本高峻,其附于地,就有剥落之象,故云“山附于地,剥”。

②上以厚下安宅:厚,坤为地,地本“厚德载物”。下,地卑而下。又地道“静”,故曰“安”。《正义》曰:“剥之为义,从下而起,故在上之人,当须丰厚于下,安物之居,以防于剥也。”

【译文】

《象传》说：高山依附于地面而耸立，这种情形象征着“剥落”。君子以此而悟出要想宅第安稳，就应该有厚实坚固的基础。

【评析】

阴盛阳衰，这是《剥》卦总的特征。对于自然而言，阳气即将为阴气剥尽，秋风肃杀，草木凋落；如对社会人生而言，则小人得势，世道混乱，国运衰微。故君子观象而知天道，当识时务。一方面，于“剥”之时，“顺而止之”，“不攸往”；另一方面，于《剥》象之中，通达物理，“厚下安宅”，守身自重。

初六，剥床以足①，蔑，贞凶②。

【注释】

①剥床以足：《正义》曰：“床者，人之所以安处也。”《说文》也曰：“床，安身之坐也。”上卦为艮，艮为房屋，下卦为坤，厚而载物，故卦有床象。且《易》以变为解，初动则变震，震为足。又初在一卦之下，也可以“足”象视之。《集解》引虞氏之说，以为《剥》自《乾》而来，乾初动则变为巽，巽为木，木为“床”，木之于床下，故曰“足”。若以此说，则卦象成天风《姤》(䷫)，《剥》义与象又从何处出？

②蔑，贞凶：蔑，无，灭。前人多以“蔑贞凶”为一句，释“贞”为“正”，训义而破象，不足为训。今从古易之本，断以“蔑，贞凶”。床“足”既剥落，则人身也无以安之。

【译文】

初六，去掉床的足，这就等于削去了正道，结果必然是凶险的。

《象》曰：“剥床以足”，以灭下也①。

【注释】

①以灭下：初六在下，犹床之下部，此安身之基础，灭则有凶。

【译文】

《象传》说："去掉床的足"，这等于是在毁灭下面的基础。

【评析】

《战国策》有言，"无岁何以有民，苟无民，何以有君"，这是古人共识的道理。初在下，为君之民，为国之基，如床之所以安身。"剥床以足"，则国之何以安，君之何以存？"下"为上之所安，"厚下"才能"安宅"，"厚下"才能"安身"，故《孟子》提倡"民贵君轻"。

六二，剥床以辨①，蔑，贞凶②。

【注释】

①剥床以辨：辨，床头。《集解》引郑玄注曰："足上称'辨'。"又引崔憬曰："以床言之，则'辨'当在第足之间，是床梐（bì）。"

②蔑，贞凶：六二当位居中，按《易》例，本有吉辞，然中正而居"剥"道之中，犹君子处于危难之中，故辞系之以"凶"。且五失位，六二失于上应，使安身之所失于上下之间，故曰"蔑，贞凶"。

【译文】

六二，把床头剥落下来，这同样也是毁灭正道，必有凶险。

《象》曰："剥床以辨"，未有与也①。

【注释】

①未有与：与，帮助。六二之阴继续削弱正道，且上无所应，故曰"未有与"。

【译文】

《象传》说："把床头剥落下来"，没有谁赞同，也没有谁来帮助。

【评析】

六二上无所应，在继续毁灭安身的基础和正道，如《正义》之言曰："长此阴柔，削其正道，以此为德，则物之所弃。故《象》云'未有与'也。言无人与助之也。"道既灭，则助何以来？此正所谓"失道寡助"。

六三，剥之，无咎[①]。

【注释】

①剥之，无咎：六三虽身处于"剥"中，然而与上能应，当群阴剥阳之时，独协助上阳，故虽处于"剥"阳之时，可以"无咎"。

【译文】

六三，处剥落之时，却没有过失。

《象》曰："剥之无咎"，失上下也[①]。

【注释】

①失上下：六三与处在下位的初、二和处在上位的四、五同阴，但是通过应上九，冲破了群阴的包围，虽"失上下"却失之而吉。

【译文】

《象传》曰："处剥落之时，却没有过失"，这是因为六三摆脱了处于上下的两阴而独与上九应。

【评析】

六三虽不当位，且与上下同阴，但是，因其有应上助阳之功，故与"剥"道不同，如《集解》引荀爽所言"众皆剥阳，三独应上"。更为可贵的是，六三冒失位之险，舍党同朋比之私情，以助上阳，有舍己为人的好品德。

六四，剥床以肤，凶[1]。

【注释】

①剥床以肤，凶：以，相当于“而”，表示转折。肤，本义为皮肤，此处名词用作动词，即以自己身体的皮肤紧贴着地面睡。

【译文】

六四，把床剥去而使自己的皮肤紧贴着严寒的地面，有凶险。

《象》曰：“剥床以肤”，切近灾也[1]。

【注释】

①切近灾：剥至六四，乾阳剥尽，寒阴至极。此时，剥去床而用自己身体的皮肤紧贴着严寒的地面睡觉，故曰“切近灾”。

【译文】

《象传》说：“把床剥去而使自己的皮肤紧贴着严寒的地面”，这说明六四很接近灾难。

【评析】

“剥”至六四，阴杀之气已经盛极，故不再如初、二言“蔑，贞凶”，而直言其“凶”。这是因为剥道切身，阴气逼人，故曰“切近灾”。卦以象喻理，则人于害之深、凶之切感受更深。

“肤”，本义为皮肤，前人注此多喻指“床面”。《集解》引崔憬曰：“床之肤谓荐席，若兽之有皮毛也。”《尚氏学》曰：“足、辨、肤，皆指床言；肤，犹言‘床面’也。”两义相近。如果将这些解释当作训释字义的方法，未尝不可。但是,若用在《剥》之六四的爻辞则不足为训。因为,其一,将“肤”强解为“床面”,则“以”作为介词,“肤”成为“剥”的对象,其义成“剥床时把床面剥去”。然而,把床面剥去,与“切近灾也”有何联系呢?其二,在《周易》爻辞的成书年代,“床”的形状是不是像后来人理解的那样,有一个可以“剥”离的床面呢?其三,此句的断辞为“切近灾也”。实际是指阳气将要被剥尽的状况而言,如果把占辞释为“把床面剥去”,则辞义与阳气将要剥尽的情况没有关系。综上所述,则可知将“肤”释为“床面”不仅不通,而且也与爻辞和卦象的意义不合。

其实,要正确的训解“剥床以肤”的意义,除了重视“肤”的转训之义外,还要考虑到“以”的语法作用。如《左传·僖公三十二年》“劳师以袭远,非所闻也”,《左传·僖公三十年》“焉用亡郑以倍邻”,“以”前后皆为动词性词组,后动为前动之目的。“剥床以肤”之“以”,若以介词为释,则不得不释“肤”为床面,“肤”被强解为动词的对象。因而也就没有了转折的意义,也就无法承接“切近灾”的意义。若以连词释,则“肤”为名词,用作动词,于是此句可解为“剥去床不睡,而是直接以自己身体皮肤贴在地面上睡,那样则肯定是有灾难的”。如此,不仅符合古代汉语的习惯,而且有了转折的语气,使“切近灾”的结果有了合理的解释。再从卦象看,六四为阴,阴虚而无,为无床之象,无床则只得使自己的皮肤贴在地上睡,在阳气剥落殆尽,阴气逼人的寒冬,直接使自己的皮肤贴在地面睡,其“凶”当然是“切近灾”的。实际上,六四爻辞是在讽刺那些身处危险境地的人们,不仅不借助已有的条件克服困难,脱离危险,相反还破坏有利的条件,使自己直接面临危险的侵害,而这一切实际上与六四的所处的位置有关。

六五,贯鱼以宫人宠,无不利[①]。

【注释】

①贯鱼以宫人宠,无不利:贯鱼,贯穿排列鱼群,这里形容宫人按次序排列。"鱼"于卦象,前人有二说:一则坤为鱼,二则巽为鱼。如以"坤"解,则《剥》之六五之下皆为坤阴,鱼为水中之物,以阴比阴,于义通理;若以巽为鱼,则六五动而变,变则上卦为巽,《说卦》曰"巽为鱼",于象通情。《易》有二卦言及鱼,皆以"巽为鱼"。如《中孚》上卦为巽,故卦辞、彖传皆有"豚鱼吉"。《姤》之九二位于下卦巽中,故爻辞曰"包有鱼"。宫人,后宫嫔妃。六五为君主之位,阴则为后,五阴率群阴以承上之一阳,如受宠于君,故"无不利"。

【译文】

六五,引领宫人鱼贯而入承受君主的恩宠,没有什么不利。

《象》曰:"以宫人宠",终无尤也①。

【注释】

①终无尤:五为王后之位,宫人之长,六五以下皆阴,属于后宫之人。六五率众阴上承一阳,宫人受宠,无关重要之事,故"终无尤"。

【译文】

《象传》说:"引领宫人承受君王的恩宠",即使是到最终也没有过失。

【评析】

鱼在水中,故为阴物,阴类相比,故有"贯鱼"之象;卦以"贯鱼"喻后宫众阴。六五上得王后尊位,引领后宫嫔妃承受君王的恩宠,既合乎情理,又无害国政,故于己则"无不利",于国则"终无尤"。

上九，硕果不食①，君子得舆②，小人剥庐③。

【注释】

①硕果不食：硕，大也。不食，不曾被剥而食之。上卦为艮，“艮为坚果”，上九处剥之极，所以其果实未曾被剥食，以至于“硕”。

②君子得舆：《剥》之下卦为坤，坤为大舆，上九为阳，阳为君子，故曰“君子得舆”。

③小人剥庐：庐，房屋。上九变则灭艮，灭艮则乾刚尽失，成纯阴之坤卦，至此则众阳被剥尽，阴为小人，故曰“小人剥庐”。

【译文】

上九，硕果不曾剥食，当此之时，君子得到大车就会装载着硕果去济世，小人得势则会使天下百姓的房屋也会被剥落殆尽。

《象》曰：“君子得舆”，民所载也①。“小人剥庐”，终不可用也②。

【注释】

①民所载：坤为民，坤为大舆，众阴如民之在下、车之在下。一阳在上，为阳刚君子，民爱君子故载之。

②终不可用：若阴剥上九，则一阳剥尽，阴为小人，故曰“小人终不可用”。

【译文】

《象传》说：“君子得到大车”，这是因为百姓爱戴他承载他。“小人得势则会使天下百姓的房屋剥落殆尽”，故小人最终也不能使用。

【评析】

留到最后的果实往往是“硕果”，这种生活中真实的经验，使我们能更好地理解上九所处的情境。在众阴剥落阳气时，上九的存在成为人们最后的依赖，故民爱之甚，以车载之。若其不存，则小人得势，人民的希望也将被剥落殆尽，以至于无处安身。

复(䷗)

【题解】

《复》卦一阳勃勃生于众阴之下，象征着阳气回复，正道复兴的情况。一种严冬即将过去，春天将要来到的生机，生动、形象、可喜地展现在人们眼前。陈梦雷指出："天地之一阳初动，犹人善念之萌，圣人所最重。"卦之初九因及时地回复阳刚之气而得"元吉"，如屈原在《离骚》中所唱的："回朕车以复路兮，及行迷之未远。"其余五阴中，凡与初阳相得相应者，皆有所得：六二因近于初阳"美复"而得到赞誉，六三因能勉励"回复"而得"无咎"，六四因下应于初阳而能"独复"其善，六五因敦实回复善道而"无悔"。唯上六因远于初阳而"迷复"，所以有"凶"有"灾"。此卦各爻均以"复"来说事，而其吉凶皆生于与初阳的关系之中。

复①：亨。出入无疾②。朋来无咎③。反覆其道④，七日来复⑤，利有攸往⑥。

【注释】

①复：卦名，震下☳坤上☷，群阴剥尽阳气后，有一阳来复生于下，故曰"复"。

②出入无疾：出为阳气外长，入为阳气内生，阳气为"生气"，阳气之长、之生时，人之出入就会"无疾"。按卦象解，阳生于初而成震，震为动，动则出。上卦为坤，坤于卦德为顺。动而出，出而顺，故曰"无疾"。

③朋来无咎：阴以阳为朋，一阳来复，则曰“朋来”。阴阳相感，阴以阳通，阴阳相悦，故“无咎”。《兑》之《象》曰“君子以朋友讲习”，朋来则阳生，故“无咎”。

④反覆：阳气剥尽之时，一阳归复于下，故称“反覆”。

⑤七日来复：前人于“七日来复”有多种解说，总之，有两种：一为卦气说，《剥》自《乾》来，剥尽众阳，需六个月，然后成《坤》，至一阳来复则为七个月，一爻为一月，古人称月为日。如《诗·豳风·七月》曰“一之日觱发，二之日栗烈”。二为爻象说，《坤》之纯阴六爻，以一爻为一日，至一阳来复，计有七日之长。二说均通。

⑥利有攸往：因阳气来复，下卦成震，震为动，动而顺，顺而往，阳气更生，故曰“利于攸往”。

【译文】

《复》卦象征着阳气往而复来：亨通。阳气从内生长，出入之间则无从得疾患。朋友前来也不会有什么过失。阴气剥尽至阳气来复，其运行有规律性，一般需要七日。在这种情况下，有利于前往。

《彖》曰：“复，亨”。刚反①，动而以顺行②。是以“出入无疾，朋来无咎”。“反覆其道，七日来复”，天行也③。“利有攸往”，刚长也④。复，其见天地之心乎⑤。

【注释】

①刚反：刚指初阳，言“反”而不言“来”，自上而下曰“来”，“复”之初阳是自《剥》反于《复》，变成震初，故曰“刚反”。

②动而以顺行：《复》下为震，震为动，坤为顺，阳气上行而遇顺，是顺势而行，故曰“动而以顺行”。

③天行：行，道。天行，天道。《集解》引侯果曰：“五月天行至午，阳复而阴升也，十一月天行至子，阴复而阳升也。天地运往，阴阳

升复，凡历七月，故曰‘七日来复’。”这种往复的规律是天体的运行形成的，故曰“天行”。

④刚长：阳生于初，阳气有上长之势，故曰“刚长”。

⑤其见天地之心乎：阴阳的往复循环，皆为了养育万物而来，其一往一复，一动一静之间，皆有生育万物之心。动则阳生，阳生，则万物也生，以此可见“天地之心”。

【译文】

《彖传》说："象征着阳气往而复来，亨通"。阳刚之气又返回于震初，当阳气振动时，顺势往上运行。所以"出入之间则无从得疾患。朋友前来也不会有什么过失"。"阴气剥尽至阳气来复，其运行有其规律性，一般需要七日"，这是天体运行的规律。"利于前往"，这说明阳刚之气会随着你的前往而增长。阳气往去复来，从中我们可以看到天地哺育万物的善良愿望。

《象》曰：雷在地中①，复。先王以至日闭关②，商旅不行③，后不省方④。

【注释】

①雷在地中：上坤为地，下震为雷，故曰“雷在地中”。

②先王以至日闭关：先王，乾为王、为先，复为阳始，故曰“先王”。至日，为冬至之日，于卦为《复》。因为此时阳气始生，还很微弱，宜扶而助之，所以先王以《复》卦的卦象为法，在冬至日闭关静养。

③商旅不行：《复》之初伏有巽，《说卦》曰“巽为近市利三倍”，故巽有“商旅”之象，因冬至“先王”也要“闭关”，故使商旅不行于道路。

④后不省方：方，邦国。后，泛指君王。初阳既动，震闭坤门，商旅

不行，君后也掩闭于事，故曰“后不省方”。

【译文】

《象传》说：雷处在大地之中，这象征着阳气来复。先代的君王在冬至日要闭关静养，同样，在冬至这一天，商贾旅客也不远行，即使是君王也不巡视四方的邦国。

【评析】

天道循环，生生不息，阳气剥尽后，往而来复，复之以时，必以七日。这种情况反映了天体运行的自然规律。于是“天垂象，圣人则之”，先王法天取象，于阳气微弱之时“后不省方”、“商旅不行”以实现“闭关”养生之善政，其所用心与天地扶助生气、静养万物、生育万物之心同。

初九，不远复①，无祇悔②，元吉③。

【注释】

①不远复：复，为一阳来复，阳灭于坤，坤道俱阴，阴则为死，为尸。阳灭于坤道，而复于《复》。比较而言，初九最先来复，故曰“不远复”。

②无祇悔：祇，大。初动得正，于上有应，故无大悔。

③元吉：元，大。既能速复阳气，就没有大的悔恨，所以“元吉”。

【译文】

初九，往而不远就来回复，这样就没有大的悔恨，大为吉祥。

《象》曰：“不远之复”，以修身也①。

【注释】

①以修身：初九之所以不远而复，在于他能在迷途未远之时，就迷途知返，这是知悔速改的表现，以此修身，则可谓善于修身。

【译文】

《象传》曰："往而不远就来回复"，这说明初九是善于修身正己。

【评析】

天道虽远，然《复》自《坤》来，七日来复，初阳先动，"不远"来"复"。故其所复之"阳"应众阴来而来，显得尤为珍贵，仿佛是黎明前的光明，在给了人们温暖的感觉时，又给了人们光明和希望。《中庸》曰"修身为本"，而修身之道就在于改过，故孔子赞扬颜子之贤是"不贰过"。"知过能改，善莫大焉"，初九迷而不远，即能来复，真可谓善于改过的表率。

六二，休复[①]，吉。

【注释】

①休复：休，美，善。六二以柔顺居中，下比初阳，阳为仁，处上而亲仁善邻，故曰"休复"。

【译文】

六二，美的回复，吉祥。

《象》曰："休复之吉"，以下仁也[①]。

【注释】

①以下仁：初复为震，震于五行中属木，木有秀美、仁爱之性，六二主人位，有人依于木，则美而亲善。

【译文】

《象传》说："美的回复，吉祥"，这说明六二能屈己之尊，亲善处在自己下位的仁爱、贤能之士。

【评析】

"远亲不如近邻",六二虽与上无应,但是,他有一个仁爱、秀美的好邻居。"君子居必择邻",孟母三迁,其用意皆在于择邻而处。

六三,频复[①],厉,无咎[②]。

【注释】

①频复:频,皱眉。《集解》引虞翻曰:"频,蹙也。"即蹙额皱眉的样子。六三处下体之终,于复道已远,且上无所应,近无所亲,所以"蹙也"。

②厉,无咎:厉,危难。蹙而求复,未至于迷道,故虽危无咎。

【译文】

六三,蹙额皱眉地回复,虽然有危险,却没有什么灾祸。

《象》曰:"频复之厉",义无咎也[①]。

【注释】

①义无咎:义,复善之义。其所以无咎,在于六三能履危思善,行迷复正。故曰"义无咎"。

【译文】

《象传》说:"蹙额皱眉地回复,有危难",但是,只要努力履行回复善道,就不会有灾祸。

【评析】

六三较六二既远离于"复"道,又无应无亲,独行于"复"途,故多危险。但是,若坚持"复"道,不屈不挠,动而得正,则于"复"道无咎。如朱熹《本义》所言:"以阴居阳,不中不正,又处动极,复而不固,屡失屡复之象，屡失故危，复则无咎。”也就是说，只要坚持，则“复”道终成。

六四，中行独复①。

【注释】

①中行独复：中行，身居群阴之中，当位应初，以行复道，故曰“中行”。在群阴之中，独六四能应于先行复道的初九，故曰“独复”。

【译文】

六四，居群阴之中而行为正当，独与先行复道的初九相应以实行回复之善。

《象》曰：“中行独复”，以从道也①。

【注释】

①以从道：《复》之所以为“复”，全在初爻，而群阴之中，唯六四能应初九，故曰“从道”，即遵从“复”道而行。

【译文】

《象传》说：“居群阴之中而行为正当，独与先行复道的初九相应以实行回复之善”，这是因为六四能忠诚地遵从“复”道。

【评析】

“复”因初九而成，群阴之中，唯有六四能与之应，这是六四的可贵之处，或者说这是“英雄惜英雄”，也可以说他能独具慧眼。不过，正是有了六四的“独复”，所以初九于“复”道中不再孤独。

六五，敦复，无悔①。

【注释】

①敦复，无悔：敦，敦厚。六五居于坤体之上，又居坤体之中，坤为地，地博大而厚，故六五居中而得厚之实，以厚实之德行回复之道，则必无所悔。

【译文】

六五，敦厚忠实地回复，没有悔恨。

《象》曰："敦复无悔"，中以自考也①。

【注释】

①中以自考：考，《释文》引向秀注："考，察也。"即六五居中不偏，故能自察其身。

【译文】

《象传》说：六五之所以能"敦厚忠实地回复，没有悔恨"，这是因为他能居中不偏，自我考察是非得失。

【评析】

六五居中，虽有失位之嫌，然心存敦实之诚，且善于检视自己的行为，如"吾日三省吾身"之君子，故"无悔"。

上六，迷复，凶，有灾眚①。用行师，终有大败；以其国，君凶②，至于十年不克征③。

【注释】

①迷复，凶，有灾眚（shěng）：眚，灾异，灾难。上六远离复道，易迷路失道，故曰"迷复，凶，有灾眚"。

②用行师，终有大败；以其国，君凶：行师，行军，用兵作战。若三动而得正，则既有《坤》象，又成《师》象，坤为众，两象均有"行师"之

象,故曰“用行师”。其所以败者,因其坤有死象,坎有陷险,且于迷而难复之时,岂能用兵“行师”。以,用也。上六无应于内,远迷于复,有悖于君道,“行师”有凶,兵败则国难存,所以“君凶”。

③至于十年不克征:《系辞上》曰:“天九地十。”坤以十数,故曰“十年”。克,能够。师败国凶,在这种形势下,估量其国力,则虽至十年犹不能征伐。

【译文】

上六,迷入歧途而难以回复,有凶险,有灾难。在这种情况下,若用兵作战,则最终必然是大败;同样,若在此时,用于治理国政,则必然使国君也有凶险,以至于十年犹不能征伐。

《象》曰:“迷复之凶”,反君道也①。

【注释】

①反君道:《复》之所以为“复”,在于复阳,阳为君。上六远于复,迷于复,故曰“反君道”。

【译文】

《象传》说:“迷入歧途而难以回复,有凶险”,这是因为上六有悖于回复阳刚的君道。

【评析】

阳为生气,阳为君道,上六高而无应,远而难复,有“迷复”之失和误入歧途之险。若用兵,则最忌讳迷路,因为迷路则未战而败局已定。兵败则国何以存?君何以存?故上六之凶,是凶中有凶之象。

无　妄(䷘)

【题解】

《说卦》曰“动万物者,莫疾乎雷”,又曰“帝出乎震”。《初学记》引后汉郎顗上书曰:“雷于天地为长子,以其首长,万物与之出入也。雷二月出地百八十三日,雷出则万物出。”“无妄之往何之矣?天命不佑,行矣哉!”“无妄”就是指“不妄为”,因其卦象皆刚猛之物,故以“无妄”来劝诫。卦中六爻:初九因不妄行而获吉;六二以柔处中和之位,故利于所往之地;六三因其在《无妄》之中居位不正,遭遇灾祸;九四因“正”而“无妄”得“无咎”;九五处尊而“无妄”,所以能“勿药有喜”;上九因于《无妄》之中有“妄”而遭“灾”。胡炳文《周易本义通释》曰:“善学《易》者在识‘时’。初曰‘吉’,二曰‘利’,时也;三曰‘灾’,五曰‘疾’,上曰‘眚’,非有妄以致之也,亦‘时’也;初与二皆可往,时当动而动;四‘可贞’,五‘勿药’,上‘行有眚’,时当静而静。”因为“天”以当令之“时”而“育万物”,故“妄”行则不利。而且虽不妄行也遭飞来之灾,非己之过,而在其不得于“时”。有时待“时”而动,本身就是“时”来而运转。

无妄①:元亨,利贞②。其匪正有眚,不利有攸往③。

【注释】

①无妄:卦名,震下☳乾上☰,天上有雷,雷震天威,戒人不可妄行,故卦名“无妄”。

②元亨,利贞:阳自上来于初,其卦体为乾,乾元得正,下为震,震为动,正而动,故曰“元亨”。二以阴居阴,五以阳居阳,二者皆以中正之德当位居正,故曰“利贞”。

③其匪正有眚,不利有攸往:匪,通“非”。眚,灾祸。非正则有灾,故不利于前往。就卦象而言,天上有雷,预示着暴雨的来临,给出行带来困难和危险,故曰“不利有攸往”。

【译文】

《无妄》象征着不妄为:大为亨通,有利于做大事。若背离正道就会灾难降临,所以不利于前往。

《彖》曰：无妄，刚自外来而为主于内①，动而健②，刚中而应③。大亨以正，天之命也④。“其匪正有眚，不利有攸往”，无妄之往何之矣？天命不佑，行矣哉⑤！

【注释】

①刚自外来而为主于内：因震以初九之阳刚从外而来，为一卦之主，又因震为内卦，故曰“主于内”。

②动而健：下为震，震为动，上为乾，乾为健，故曰“动而健”。

③刚中而应：九五以阳刚处中，六二应之，故曰“刚中而应”。

④大亨以正，天之命也：大亨，即大为亨通。以正，坚守正道。命，道也；天之命，即天之道。

⑤天命不佑，行矣哉：“无妄之往”则非正道，非正则有“眚”，即使是上天也不会保佑，实不可以行。行，应如“子之行矣”之语气，即俗语之“算了吧”。《王注》曰“竟矣哉”，孔颖达疏“竟”谓“终竟”，也就是说，既知“天命不佑”，还不如终其所行。

【译文】

《彖传》说：无虚妄之行，阳刚自外面而来成为一卦之主而居于《无妄》之卦中，这样的卦象表现出下面是雷声震动上面是刚健威行，九五以阳刚之德居中与六二相应。因为坚守正道，所以有大为亨通的吉祥，这也是自然规律的真实反映。“若背离正道就会灾难降临，所以不利于前往”，也就是说，在天下都没有虚妄之行时，不守正道而有所前往，将到哪里去呢？因为上天不会保佑，还是算了吧！

《象》曰：天下雷行，物与无妄①。先王以茂对时育万物②。

【注释】

①天下雷行，物与无妄：与，《集解》引虞翻注曰“举”，《正义》曰：“与，辞也，犹皆也。”二字义近，故“与”义通“皆”。乾为天，震为雷，又为“行”，震在天下，故曰“天下雷行”。雷动则阳气生长，雨水下降，万物皆生，物皆“与”而不敢“妄”，故曰“无妄”。

②先王以茂对时育万物：先王，指上之乾卦。乾为君。茂，勉励，努力。《尔雅·释诂》曰：“茂，勉也。”对时，即与时节对应，按时令培育万物。

【译文】

《象传》说：天下有震雷之行动，万物皆怀敬畏之心不敢妄为。先代的君王以勤勉之心来配合时节培育万物。

【评析】

《无妄》为我们描述了这样一个情境：雷声震动，云行雨降，伴随着雷声、雨水，万物欣欣然地在大地上生长，在一阵阵清风的拂动下，我们仿佛能嗅到鲜花、青草、麦苗的清香。雷声带给大地的是一片生机，带给圣人的是生育万物的启示和勉励。天有健行，雷有威力，大地上所有的生命都与时俱行，与时俱生。

初九，无妄往，吉①。

【注释】

①无妄往，吉：初九以刚健之德，屈尊处下，以实践其“无妄”之行，故曰“吉”。

【译文】

初九，不要虚妄前往，就会得到吉祥。

《象》曰：“无妄之往”，得志也①。

【注释】

①得志：阳动必有上行之事，行合天道。初九上与四应，四失位无应，然中遇二、三皆为阴爻，以阳遇阴，故曰“得志”。

【译文】

《象传》说：“不要虚妄前往”，这是因为初九上行前往能够实现他的愿望。

【评析】

或断句为“无妄，往吉”，然“无妄”本为卦名，以卦名做句似乎不当；再者，从卦象看，二至四互为艮，“艮为止”，初九当位于震初，“震为动”，动而上行，遇艮而止，“止”其不可妄行与失位之“九四”相应。如此，则近当承阴柔之二，远可遇阴柔之三，故宜断句为“无妄往，吉”。如《正义》之所谓：“体刚居下，以贵下贱，行不犯妄。”至于朱熹《本义》以为“以刚在内，诚之主也，如是而往，其吉可知”，似有四误：一则仅以初九当位就推人“妄往”，全然不顾《彖传》之“不利有攸往”，“无妄之往何之矣？天命不佑，行矣哉”的劝诫之意；二则忽略初九之应爻不当位；三则无视初九动而遇互艮之“止”；四则以“初九”当位的卦很多，又如何必以“诚之主”解，且“诚”而“妄行”，岂有“其吉可知”之理。

六二，不耕获，不菑畬①，则利用攸往②。

【注释】

①不菑(zī)畬(yú)：菑，即开垦一年的田地，这里用作动词。畬，用作动词，即耕耘三年的田地。《尔雅·释地》曰：“田一岁曰菑，二岁曰新田，三岁曰畬”。

②利用攸往：六二处中当位，上与九五之尊相应，故曰“利有攸往”。

【译文】

六二，不耕种收获，不开垦良田，却有利于前往。

《象》曰："不耕获"，未富也[①]。

【注释】

①未富：六二之志在上应九五之尊位，其志不在于耕耘之事。

【译文】

《象传》说："不耕耘收获"，这说明六二之志不在于求取富裕。

【评析】

六二当位居中，上应九五，其志存高远，"不为稻粱谋"。故《本义》曰："柔顺中正，因时顺理而无私意期望之心，故有'不耕获'、'不菑畬'之象，言其无所为于前，无所冀于后也。"六二在震，震为动，上应九五，九五在乾，乾为野；六三至九五互巽，巽为入，然六二至九四互有艮象，艮为止。巽木动而入于野，本有耕获之象，然为艮象所止，故而不得"耕获"、"菑畬"之事。

六三，无妄之灾[①]，或系之牛，行人之得，邑人之灾[②]。

【注释】

①无妄之灾："无妄"之所以有灾，就是因为六三以阴居阳，其行为违背了谦和柔顺之道，故虽"无妄"也得灾。

②或系之牛，行人之得，邑人之灾：或，有人。系之牛，六三至九五成巽象，巽为绳，六二与九四成艮象，艮为手，四爻动则变为坤，坤为牛，这一连串的卦象，形成有人用绳系牛之象，故曰"或系之牛"。然没有料到会为路人得去，邑人不知情，却遭到拘捕之灾。如《正义》曰："此则得牛，彼则为灾，故云'邑人灾'也。"

【译文】

六三，不虚行妄为却遇到灾祸，这就像有一个人把牛拴在树下，过路的人将它牵走，居住在他家附近的人却受到怀疑，遭到拘捕，这可真是飞来的横祸。

《象》曰：行人得牛，邑人灾也。

【译文】

《象传》说：路过的行人牵走了牛，居住家中的人却无缘无故地遭到拘捕之灾。

【评析】

俗言“白狗吃食，黑狗当灾”，六三之灾与这个谚语所说的情况极为相似，即“行人之得，邑人之灾”。无缘无故地受到冤枉，就是因为六三失位不正，虽与上应，而上九自身“有眚”且“无攸利”，只好受飞来横祸和无妄之灾之屈。

九四，可贞，无咎①。

【注释】

①无咎：九四以阳居阴，本有“咎”象，然下无所应，而上却近于君王之位，乘柔履正，不妄为，故“无咎”。

【译文】

九四，能够坚守正道，则没有灾害。

《象》曰：“可贞无咎”，固有之也。

【译文】

《象传》说：“能够坚守正道，则没有灾害”，这说明九四乘柔履正，固守其所有之正道。

【评析】

九四下无所应,上近于君位,故有“可贞”之象,“固”守之吉。这说明与其行而有妄,不如固守正道而不行。

九五,无妄之疾,勿药有喜①。

【注释】

①无妄之疾,勿药有喜:四动成巽,巽为木,药材之象;上动则成坎,坎为疾;故九五有“无妄之疾”。药,服药。九五之所以能“勿药”而“有喜”者,因其居尊处正,以阳履刚,阳盛而疾不深,故其能不服药而自愈。

【译文】

九五,行为不虚妄却染上了疾病,即使是不服药也能有病愈之喜。

《象》曰:“无妄之药”,不可试也①。

【注释】

①不可试:陆德明曰:“试,用也。”既然没有妄行,又居中处正,何需试之以药,且疾能自愈,试药则为妄行,故“不可试”。

【译文】

《象传》说:“行为不虚妄却染上了疾病,却不服药”,这是因为九五刚健中正,其疾用不着服药也能自愈。

【评析】

以九五之刚健,虽染小疾,也能自愈,故毋须试之以药,就有病愈之喜。《折中》曰:“此爻之疾,与六三之灾同,然此曰‘有喜’者,刚中正而居尊位,德位固不同也。”九五不仅本身为阳刚之体,而且居于阳刚之中，又能应于震中，看到这样的卦象，我们可以想象他有很强的生命力。

上九，无妄行，有眚，无攸利①。

【注释】

①无妄行，有眚，无攸利：上九处于不可妄为之极，唯应静保其身。本不妄行，然虽“无妄行”，仍然“有眚”，这是因为上九位处穷极，动则致灾。

【译文】

上九，没有虚妄之行，却有灾祸，无有所利之事。

《象》曰：“无妄之行”，穷之灾也①。

【注释】

①穷之灾：居《无妄》之极，处不正之位，故“无妄”则穷，穷则反妄，故“穷”而有“灾”。

【译文】

《象传》说：“没有虚妄之行”，这是因为上九位处穷极之地，动即有灾祸。

【评析】

“无妄行”而“有眚”，这实在使人苦恼不已，为什么会这样呢？因为上九虽处《无妄》，然居上不正。本来上与六三有应，可是二者皆不当位，不居正，故《集解》李道平疏曰“应所不当应，是穷于上而反妄矣”，此所谓“无妄”之“妄”，故而有“穷之灾”。三与上，不仅不当位，且三在“动”之极，上在“行”之极，由此可见，卦曰“无妄”的缘由实因三与上而来。

大　畜(䷙)

【题解】

《序卦》曰："有《无妄》然后可畜，故受之以《大畜》。"《大畜》之谓"大"，一方面是相对于《小畜》而言，小之谓"小"，因其以一阴而蓄众阳；大之所谓"大"，有二阴蓄四阳。另一方面，从卦象而言，天在下而山在上，乾为天，有天而藏之于山中，不可不谓"大"。《集解》引向秀言："止莫若山，大莫若天。天在山中，大畜之象。"既大有蓄积，就可"养贤"，而不使其自食于家，此"畜"之所以为"畜"。故"畜"之于己，则为"以畜其德"；"畜"之于人，则可"尚贤"；"畜"之于上，则可"上合志"、"道大行矣"。概而言之，畜之所谓"大"，就在于以所蓄之资"养贤"。

大畜①：利贞；不家食，吉②；利涉大川③。

【注释】

①大畜：卦名，乾下☰艮上☶。乾为阳，阳实而天大，藏之于山，此"畜"之蓄，象征着大有蓄积。《正义》曰："乾健上进，艮止在上，止而畜之，能畜止刚健，故曰'大畜'。"

②不家食，吉：既有大畜之资，应当养贤能之士，以不使他们在家自食，如此则有吉祥。

③利涉大川：有大畜之资，又顺应天道，则无须忧险，故"利涉大川"。

【译文】

《大畜》象征着大有蓄积：利于做事；不使贤能之士在家自食，就有吉祥之事；利于涉越大河。

《彖》曰：大畜，刚健笃实①，辉光日新②。其德刚上而尚

贤[3]，能健止，大正也[4]。“不家食吉”，养贤也[5]。“利涉大川”，应乎天也[6]。

【注释】

①刚健：指下乾。乾体有刚健之性，故曰“刚健”。笃实：指上艮。《尔雅·释诂》曰：“笃，厚也。”艮为山，山有厚实、静止之德，故称“笃实”。

②辉光：辉，用如动词，即辉耀其光荣。日新：日日增新其品德。

③其德刚上而尚贤：其德，指卦体所蕴涵的品格。刚上，指上九，以阳刚之德而居卦之上，故曰“刚上”。尚贤，尚，崇尚。古代贤者常隐居在山，故以山喻贤人，也是常理。艮为贤人，居于乾上，乾为君、为朝廷，贤人在朝廷之上，是国君能尊重贤人，故曰“尚贤”。

④能健止，大正也：《正义》读“能止健”，依《彖传》之定例，先下后上，故《集解》读“能健止”。健，指下卦乾，乾为健；止，指上卦艮，艮为止。健而能止，故曰“大正”，若不能止，则何以“大正”。虞翻依象数释曰：“二五易位，故‘大正’。”因其二五失正，易位则居中得正，故曰“大正”，于理也通。

⑤养贤：《大畜》三至上有《颐》(䷚)象，颐，养也。艮为宫阙，在朝廷之上，故《大畜》有“养贤”之象。

⑥应乎天：即顺应天道。卦之上体为艮，应下体之乾，故称“应天”。

【译文】

《彖传》说：大有蓄积，品格笃信诚实，行为刚健，辉耀其光芒以使品德每日都能有所增新。其道德以阳刚充满着上进之势而又崇尚贤能之士，能够刚健而有所抑止，所以宏大而正直。“不使贤能之士在家自食”，所以能够养活贤能之士。“有利于涉越大河大川”，能顺应天道。

《象》曰：天在山中，大畜[1]。君子以多识前贤往行，以畜其德[2]。

【注释】

①天在山中，大畜：天本来就大，有山能畜天，山可谓大；天之光辉能照耀山中，使山生出万物而“养贤”，其天德更是大，故曰“大畜”。

②君子以多识（zhì）前贤往行，以畜其德：“君子”指下乾，乾为君。识，通“志”，记住。君子效法“大畜”之德，故多记识前代之言、往贤之行，多闻多见，以蓄积自己的道德，故曰“以畜其德”。

【译文】

《象传》说：天畜于大山之中，这种景象就称作“大畜”。君子因为能多多地识记前代贤人的事迹，所以能蓄积其美德。

【评析】

山有藏物之性，天有刚健之德和日月光辉、雨露滋润之美，山有笃实厚重之诚。天为大，大而藏之于山，不可谓不“大”，然《大畜》之所以为“大畜”，其根本的意义不仅在“物”，更在于“德”。“物”能“大畜”于博大厚养的天地之道，而“德”能“大畜”于通达兼容之德，故君子以前代贤人蓄积的光辉事迹为楷模，勉励自己蓄积德行。

初九，有厉，利已[1]。

【注释】

①有厉，利已：厉，危害。已，止。初九动，动则变，变而成《蛊》（䷑），上不能应于四，又遇二阳相敌，故曰“厉”。既知前进就会有危险，那么，停止前进就较为有利。

【译文】

初九，有危险，有利于停止前行。

《象》曰："有厉利已"，不犯灾也[①]。

【注释】

①不犯灾：初九动而遇"厉"犯灾，故不动，则"不犯灾"。

【译文】

《象传》说："有危险，有利于停止前行"，这说明初九不冒险前行。

【评析】

初与四俱当位而正，若进而变，则失位，故进则"有厉"。初九之所以有"不犯灾"之智，就在于识前途有"险"而止于艮。对于初九之"厉"，前人基本形成两种见解：一是《集解》引虞翻曰："二变正，四体坎，故称'灾'也。"也就是说，二失位，变而能正，"正"则与六四爻形成坎象，坎为险、为灾，故进则"犯灾"，止则"不犯灾"。如以此变，则变无规则而寻，随意而为之，卦象皆可因人之意而改之，此等做法，必将使人陷入不可知论的迷惘之中。二是《尚氏学》所谓的遇二、三之阳敌，故而"厉"。此说虽可通，但是，若其他阳爻也遇到阳爻，是不是也因敌而有"厉"呢？其实，《易》因变而成，义有变则显。占无变则无以显示其意义，此处应是古人在变化中阐释的意义，初九动，动则变，变而成《蛊》，上不能应于四，又遇二阳相敌，故曰"厉"。

九二，舆说輹[①]。

【注释】

①舆说輹（fù）：舆，车。说，通"脱"，脱落。輹，车厢下部勾连底板与车轴的部件。九三至六五为震，震为动，为车。九二至六四为兑，兑为毁折，有脱落之象，故曰"舆脱輹"。

【译文】

九二，车脱掉了车輹而不能前进。

《象》曰："舆说輹"，中无尤也[①]。

【注释】

①中无尤：尤，过失。九二虽不当位，但居中而上应于六五，六五为"大畜"之盛。六四至上九为艮，艮为止，止九二上行，有遇难而止之象，故"无尤"。

【译文】

《象传》说："车脱掉了车輹而不能前进"，然居中而上应于六五，故没有多大的过失。

【评析】

九二虽与六五相应，然自身却处中而失位，致使车脱掉了"车輹"，不能前行，这是九二的位置所致，也是上"艮"存在的意义。当止则止，当行则行，象以"说輹"警戒人心，行而有止，止则"无尤"。

九三，良马逐，利艰贞[①]；曰闲舆卫，利有攸往[②]。

【注释】

①良马逐，利艰贞：贞，占问。艰贞，即占问艰难之事。乾为"良马"，震为警走，故曰"逐"，即奔走。九三本与上九应，然均为阳爻，当如无应而有进之象。上九为天衢之途，畅通无阻，故曰"良马逐"。九三当位而正，又有良马为骑，故曰"利艰贞"。

②曰闲舆卫，利有攸往：曰，《本义》曰："曰当为日月之日。"《集解》引虞翻注也作"日"，据卦义，宜用"日"，即每日。闲，习也，即练习。卫，护，防备。虽有良马，也要有娴熟的驾驭技能和防卫准备，才能上合其志，故曰"利有攸往"。

【译文】

九三，驾着良马在奔逐时，即使是道路艰险，也是吉利的；不断地熟练车马防卫技能，有利于有所前往。

《象》曰："利有攸往"，上合志也[1]。

【注释】

①上合志：九三为良马，上九有通途，九三有奔驰之力，上九有用贤之心，故曰"上合志"。

【译文】

《象传》说："有利于有所前往"，这是因为九三与上九的"大畜"之志相合。

【评析】

物极则反，畜极则通。卦在初、二时，遇畜盛之六五，其进被阻止，故不可以升；至于九三，则升于上九，而上九处"天衢"，途径大通，良马驰骋，不忧险厄，通途无阻，故先有"利艰贞"之利，后有"上合志"之通。

六四，童牛之牿[1]，元吉。

【注释】

①童牛之牿（gù）：童牛，就是小牛。之，犹言"有"。牿，缚在牛角上以防牛触人的横木。六四为阴，阴为小，又九二至六四为兑，兑也为小，兑为羊，因有角而类如小牛。且以动变而言，则六四动则与上九成离，离为牛，牛象在下，也有小牛之象。小牛的角初生时，喜用其触物。触物则易折，束缚以横木框架，既可防牛角不伤，也可防牛角伤人，故曰"元吉"。

【译文】

六四，将横木做成的框束缚在小牛的头上，大为吉祥。

《象》曰:“六四元吉”,有喜也①。

【注释】

①有喜:童牛被“牿”保护,这对人、对牛都是一件好事,牛若通人性,定然与人同喜。

【译文】

《象传》说:“六四爻大为吉祥”,这是因为他有喜庆之事。

【评析】

自二至五,于车言“脱”,于马言“闲”,于牛言“牿”,于豕言“牙”,皆有所止之义。因为物有所止,才能有畜,如小水之有坝“止”,才能使水蓄积在库中。以上几种,之所以被“止”,在于使其不伤人,也不为人所伤,以此喻《大畜》“养贤”之大义。

六五,豶豕之牙①,吉。

【注释】

①豶(fén)豕之牙:豶,阉割过的猪。豕,猪。九二动而变正,与六四成坎象,坎为猪。九二居坎中为豕,豕牙尖利,六五将其阉割,虽有其尖牙,也不能害人,故“吉”。

【译文】

六五,被阉割过的猪,其尖利的牙被制服,故吉利。

《象》曰:“六五之吉”,有庆也①。

【注释】

①有庆:六五下应九二,以阴应阳,“豕牙”有制,故曰“有庆”。

【译文】

《象传》说："六五之所以吉祥"，是因为"豮豕之牙"被制服，值得庆贺。

【评析】

六五柔居中正之位，以柔制刚，禁暴抑盛，这不仅可以说是吉利的，而且"止"住刚突害物之豕牙不能伤人，也是一件"元吉"、"有庆"之事。

上九，何天之衢①，亨。

【注释】

①何天之衢（qú），亨：衢，大路。何，《本义》注："何等通达之甚。"为感叹词。《集解》注：何，通"荷"，担当，于卦义也通。艮为路，在乾上，故有天衢通道之象。

【译文】

上九，何等通达的天上大路，亨通。

《象》曰："何天之衢"，道大行也。

【译文】

《象传》说："何等通达的天上大路"，这说明上九的"大畜"之道就如同大路一样可以畅通。

【评析】

天上的大道，是何等的通达，那么，这是如何形成的呢？上九居《大畜》之极，"大畜"其德，于其路则有通途入天之感，于其志则有通行无阻之快。"德"大则"路"也大，德通则路也通，故"道大行"。

颐(䷚)

【题解】

《颐》为颐养之象，众生得养而能生，贤者得养而能用，故圣人对“养”之道，慎而又慎。如“食无求饱”的孔子，“割不正不食”。养有两种，或为人所养，或“求实”自养。自养者动，被养者静。艮在上，为静、为贤者、为灵龟；震在下，为动、为朵颐、为自养。贤者以灵龟比德，故被养；自养者动而“自求口实”；上下各得其正，故《彖》曰“养正则吉”。孔子曰：“君子远庖厨。”《孟子》曰：“劳心者治人，劳力者治于人。”《颐》下动而上静，养则以下养上，故下三爻皆“凶”，上三爻皆“吉”而“无咎”。

颐①：贞吉②。观颐，自求口实③。

【注释】

①颐：卦名，震下☳艮上☶。《序卦》曰：“《颐》者，养也。”《尔雅·释诂》曰：“颐，养也。”卦象外实而中虚，下动而上静，虚以养实，动而养静，有口中含物咀嚼之象，故曰“颐”。

②贞吉：贞，正。人得颐养则吉，而“养正”则更吉。

③观颐，自求口实：观其所养，则可知养生的道理。

【译文】

《颐》象征着颐养：吉利。观察事物的颐养情况，应当明白自食其力的道理。

《彖》曰：颐，贞吉，养正则吉也①。观颐，观其所养也②；自求口实，观其自养也。天地养万物，圣人养贤以及万民，颐之时大矣哉③！

【注释】

①养正则吉:养正,指六二。六二当位居正,中正仁和,为上下虚涵颐养,故曰“养正”。“养正”则能利人,故曰“吉”。

②观颐,观其所养:观察所养,则可知“所养”者何人、何德而为圣人颐养。

③颐之时大矣哉:春种夏长,秋收冬藏,万物皆生之以时,人得其养也应之以时。如失其时,则失其人,贤者隐,万民苦,故曰“时大”。

【译文】

《彖传》说:颐养,做事吉利,这说明用正道养身就会吉祥。观察颐养之道,是观察所颐养的人;而观察自求口中食物,则是观察自养之道。天地之大能养育万物,圣人效法天地养育万物之道,颐养贤能之士及其千千万万的民众,颐养贤人和百姓,其时间起着很大的作用。

《象》曰:山下有雷[①],颐。君子以慎言语,节饮食[②]。

【注释】

①山下有雷:山止于上,雷动于下。一静一动中,言语、咀嚼、饮食之事皆在其中,义在于“颐”。

②君子以慎言语,节饮食:“祸从口出,病从口入。”君子观察颐象,而知谨慎言语,节制饮食的道理。

【译文】

《象传》说:静止的山下有雷震动,这种情形象征着颐养。君子因此而大受启发,慎言少语,节制饮食。

【评析】

《颐》有自养和养贤两种意义,古之圣人观“颐”之象,悟觉颐养之道在于“养正”,故养贤者,养其有德之士;自养者,以正道求其饮食。但是,颐养的真正含义还在于:养人的东西不仅仅指饮食,更重要的是道德。"食"能养人,"德"也能养人。故君子于其中虚之口见颐养之道二则:即"慎言语,节饮食"。

初九,舍尔灵龟①,观我朵颐,凶②。

【注释】

①舍尔灵龟:尔,指六四。灵龟,历来注释有三种:一是《集解》引虞翻所谓《晋》(䷢)之离为龟(因《颐》从《晋》来);二是《集解》认为龟之象,外实而内虚,从《颐》之整体看,就如此象,故《颐》象为龟;三是《集解》引侯果所谓"艮为山龟",《颐》之上卦为艮。总之,龟在古代为神器,并非食物,更何况"灵龟",岂有食之之理。故以灵龟比德则为卦之本义。

②观我朵颐,凶:我,指初九。朵,《说文》:"树木垂朵朵也。"以"朵"喻腮帮鼓起的样子。初九在震,震为动,有"朵颐"之象,即大吃大嚼的样子。舍灵龟而观我之大吃大嚼,有贪禄之心,"贪"则不正,故曰"凶"。

【译文】

初九,舍弃你的灵龟,却来观看我鼓起腮帮子大吃大嚼,这是有凶险的。

《象》曰:"观我朵颐",亦不足贵也①。

【注释】

①亦不足贵:颐养之道"贵"在"养贤",初九为震之始,震为动,为朵颐之动,乃"自养"之象,故"自养"则不足贵。

【译文】

《象传》说:"观看我鼓起腮帮子大吃大嚼",这没有什么贵重可言。

【评析】

历来注《易》者，对此爻的注解多有歧义，主要表现在对“尔”、“我”的指称上，有注“我”为六四，有注“我”为坤。然六四“无咎”，则何以有“凶”？再者初九虽与六四为应，然爻指初九，则应以初九为主、为我，舍“主”则“我”何指？三者，《颐》上止而下动，“朵颐”之动在初九，卦象甚明，又岂能误指其他？又坤非“尔”非“我”，乃口中之食，岂能指“我”？四者，从《颐》整体来看，是以下养上，故上之三爻皆“无咎”则“吉”，下之三爻皆有“凶”，可知，灵龟在彼而不在我，则“尔”之所指已很明确，“我”之所指也就明了。最后，前人所注灵龟，虽有三种，然无一指向初九，则“朵颐”者指“我”，理已甚明。

六二，颠颐[①]，拂经于丘颐[②]，征凶[③]。

【注释】

①颠颐：颠，颠倒。六二处下体之中，本该应于六五，反而颠倒上下之常理，去养初九，故曰“颠颐”。

②拂经于丘颐：拂，违反。经，常理。丘，指六五；上艮为山，五在半山之上，故曰“丘”。丘为六二应履行常理的地方。而“颠颐”反上求下，所以有违反了《颐》之常理。

③征凶：征，行也。六五为阴，六二也为阴，因此，六五无应于六二，故有“征”则“凶”。

【译文】

六二，颠倒“颐养”之理，违反以下养上的常理，而向处在山丘之上的六五去求食，其前行必有凶险。

《象》曰：“六二征凶”，行失类也[①]。

【注释】

①行失类:类,同类,指六五,六五与六二同阴,同性相斥,相斥则无应,故曰“失类”。

【译文】

《象传》说:“六二前行必有凶险”,这说明六二前行将失去同类的帮助。

【评析】

六二上无所应,“征”则“有失其类”而致“凶”,反求于下,虽有不得已的地方,但是,这样做违背了以下养上的《颐》理。因为六二虽当位,然上无所应,动则“失类”。如《尚氏学》所论:“阴阳相遇方为类,今六二不遇阳,故曰‘失类’。”“失类”则无助而“凶”。再者,若六二动则变,变而下卦成兑象,兑为口,口食上受,卦有《损》(☶☱)象,由此来看,六二动则不吉,静也有凶,实有进退两难之象。

六三,拂颐,贞凶①;十年勿用,无攸利②。

【注释】

①拂颐,贞凶:失位不正,故“拂颐”。虽有上应,然上也不正,不正而应,故“贞凶”。

②十年勿用,无攸利:卦中有坤象,坤为地,地数为“十”。勿用,因失位不正,又与不正之上九相应,既然不能为正,故虽待至十年,也不为所用。以不正应不正,故“无攸利”。

【译文】

六三,违背“颐养”之常理,做事就会有凶险,因为十年也不能为君王所用,故无有所利。

《象》曰:“十年勿用”,道大悖也①。

【注释】

①道大悖：以不正应不正，已悖于道；又以坤道反乾道，故“道大悖”。

【译文】

《象传》说：“十年也不能为君王所用”，这是因为六三大悖于“养正”之道。

【评析】

贤人为正，《颐》道“养正”，故圣人养之以理政治国。六三不正，且悖于《颐》养之道，故“十年勿用”。人若见此，也只能是恨其不正，“哀其不幸”。

六四，颠颐，吉①。虎视眈眈，其欲逐逐，无咎②。

【注释】

①颠颐，吉：居位得正，下应于初，虽其“颠颐”之实，也可为“吉”。

②虎视眈眈，其欲逐逐，无咎：眈眈，威猛而视的样子。逐逐，《本义》注曰“求而继也”。居得其位，有应于初，其下交不可以轻视亵渎，故“虎视眈眈”，威而不猛以待之。因有所养，故求食不断，故“其欲逐逐”。

【译文】

六四，颠倒颐养之道，却有吉祥。这是因为六四如老虎一样威猛地注视着初九，不断地求取所养之食，却没有过错。

《象》曰：“颠颐之吉”，上施光也。

【译文】

《象传》说：“颠倒颐养之道，却有吉祥”，这是因为六四能够向下广施光明的美德。

【评析】

六四当位处正，位于上艮之初，静而待其养，威猛地注视着初九“其欲逐逐”地“朵颐”样子，然其所以“无咎”者，因为上得其养，下能自养，深得颐养之道。

六五，拂经，居贞吉①；不可涉大川②。

【注释】

①拂经，居贞吉：六五与六二无应，近顺于上九而居，艮为门阙，有居象，居正则“吉”。

②不可涉大川：《颐》中为坤，坤有川象。然六五依上而居，则吉。六五在艮，艮为止，如贤士在上，宜居正静养。且六二失位，六五不得其应，故不能屈尊而下养不正之人。

【译文】

六五，违背常理，居住在家就吉利，不可以涉越大河。

《象》曰：“居贞之吉”，顺以从上也①。

【注释】

①顺以从上：六五既无所应，又失位不正，唯近承上九，顺应上九，方可有“居贞之吉”。

【译文】

《象传》说：“居住在家就吉利”，这是六五顺于上九的缘故。

【评析】

六五之吉，非己所有，唯上承顺从于上九，才能“居贞”有“吉”，若往而易位则成坎有险。

上九,由颐,厉吉①。利涉大川②。

【注释】

①由颐,厉吉:由,从,自。颐从上九而来,上九为众阴所承,虽失位有“厉”,然有众阴在下,故“厉”而有“吉”。

②利涉大川:五上易位则卦成坎象,虽二者均失位,然上在坎外有应,故“利于涉”;五在坎中无应,故“不利”。

【译文】

上九,天下众生赖之而获得颐养,虽有危险,但最终仍然能获得吉祥。有利于涉越大河。

《象》曰:“由颐厉吉”,大有庆也。

【译文】

《象传》说:“天下众生赖之而获得颐养,虽有危险,但最终仍然能获得吉祥”。这说明上九得颐养之福,大有喜庆。

【评析】

若上九“利涉大川”,则非六五与上九易位不可。而且二者易位后,就可使他们各得其正,有川可涉则使两爻得正,此可谓观水“有庆”。

大　过(䷛)

【题解】

“大过”为《大过》所蕴涵的卦义。前人注《易》多以为“大过”是“大的过失”,然细考其卦象与卦义,此种注解似有所误。其一,从《象传》之卦辞看，并未言及“大有过失”。其二，就其卦象而言，含有恭顺地进入喜悦之境界，既无“过失”之理，更不要说“大”。其三，从六爻看：初六曰“无咎”，九二言“无不利”，九三“凶”，九四“吝”，九五“无咎无誉”，上六“无咎”，六爻之中唯有一“凶”一“吝”，焉能至于“大的过失”。因此解释此卦时，应如马其昶《重定费氏学》所言：“《易》卦名每兼数义。过，越也；过，差也；过，误也。义各有当也。”以这种见解去细察《大过》卦爻辞，则其义多通。

大过①：栋桡②；利有攸往，亨③。

【注释】

①大过：卦名，巽下☴兑上☱。阳为大，阴为小，其卦四阳过盛而居中，上下皆为阴小，故曰“大过”。《正义》曰：“谓盛大者乃能过其分理以拯难也。故于二爻阳处阴位，乃能拯难也。亦是过甚之义。”也就是说，“大过”之义有二，其一，强大过人者才能拯救危难，二是阳刚之气过大而有过失。

②栋桡（náo）：下巽为木，中阳为大，木而大，故为“栋”，即房屋的栋梁。桡，通“挠”，弯曲，扭曲。两阴在外而柔弱，力不胜其任，故“栋桡”。

③利有攸往，亨：下巽为入，上兑为悦，入而悦之，故曰“利有攸往”。

【译文】

《大过》卦象征着唯强大过人者才能战胜大的困难：栋梁扭曲；有利于有所前往，亨通。

《彖》曰：“大过”，大者过也①。“栋桡”，本末弱也②。刚过而中，巽而说行③。利有攸往，乃亨④。“大过”之时大矣哉⑤！

【注释】

①大者过：过，前人多注为“过失”，而《正义》曰：“‘过’谓过越之‘过’，非经过之‘过’。”即唯阳刚强大之才、之德，才能“过”其大难。此解与卦义更通。

②本末弱：初六为始，始为本，上六为终，终为末。两爻均为阴柔弱小之象。

③刚过而中，巽而说行：刚为九二，以阳居阴，失位无应，故曰“刚”，然变而正，则与九五之中正相应。下为巽，巽为恭顺而入之象；上为兑卦，兑为说（悦），故九二之行是以恭顺而入其喜悦之境。

④利有攸往，乃亨：九二过三、四而应九五，恭顺地进入喜悦之境，故利往而“亨”。

⑤“大过”之时大矣哉：栋为屋之脊梁，国之栋梁，“栋桡”则屋坏而国败。此种情况于国、于家都是大难之时，非大能过人者不能胜任拯难之责，故“时大矣哉”。

【译文】

《彖传》说：“大有过越”，只有强大的人才能战胜大难。“栋梁扭曲”，这是因为栋梁的本末都弱。越过刚强的三、四，然后与九五之中正相应，这种过程说明九二将柔顺地进入喜悦的境界，故有利于有所前往，因为前往则必得其亨通。这说明“大过”之时的功绩是多么的宏大啊！

《象》曰：泽灭木，大过①。君子以独立不惧，遁世无闷②。

【注释】

①泽灭木，大过：上卦为兑，兑为泽；下卦为巽，巽为木；灭，淹没。泽有润木之水，然泽水“大过”，则会淹没近水的树木。

②君子以独立不惧，遁世无闷：这句话是说，君子在衰难之时，卓尔

独立，没有畏惧，隐遁于世则无所郁闷，其操行品德也不会因为“遁世”有所改变。

【译文】

《象传》说：水泽淹没了树木，这象征着“大过”。君子处在“大过”之时，独立而无所畏惧，即使是逃避现实世界也不感到郁闷。

【评析】

子曰：“知者不惑，仁者不忧，勇者不惧。”在《大过》中，君子于灭顶之灾时，进而不惧，退也“无闷”，令人想起“泰山崩于前而色不变，麋鹿兴于左而目不瞬”的境界，而其“独立不惧”的精神更能证明君子“拯救危难”的能力和品德。

初六，藉用白茅，无咎①。

【注释】

①藉(jiè)用白茅，无咎：藉，衬垫。《集解》引马融曰：“在下曰藉。”即用物衬于下。白茅，洁白的茅草，指初六，因其在巽下，巽为草木，刚爻为木，阴爻为草，巽为白，故曰“白茅”。古代祭祀时，要用洁白柔软的茅草衬垫祭品，以示敬神之意，“敬”则“无咎”。

【译文】

初六，用洁白柔软的茅草衬垫在祭品之下，就没有过错。

《象》曰：“藉用白茅”，柔在下也①。

【注释】

①柔在下：初六以柔在下，失位不正，然柔而顺其用，故虽其位不正，用之适当，也是处下之道。

【译文】

《象传》说:“用洁白柔软的茅草衬垫在祭品之下”,因为初六就如同衬垫的茅草,柔软地处于下位。

【评析】

《左传·成公十三年》曰:“国之大事,在祀与戎。”祭祀时,用洁白柔软的白茅衬垫其祭品,以示敬意,此所谓“祭神如神在”。其本义并不在神,而在于养“敬”,这是初六得当适宜之处。子曰:“苟错诸地而可矣。藉之用茅,何咎之有,慎之至也。夫茅之为物薄,而用可重也。”故物之轻重薄厚,不单在物,更在其用。

九二,枯杨生稊,老夫得其女妻①,无不利。

【注释】

①枯杨生稊(tí),老夫得其女妻:稊,杨柳树上新生的枝叶。下卦为巽,巽为木;九二至九四互有乾象,乾为父,为老。巽木之“父”,故曰“枯杨”。九二生于巽中,上应九五,九五无应,九二动则变,变则有应,应在兑,兑为少女,故曰“老夫得其女妻”。

【译文】

九二,枯槁的白杨树生出了嫩芽和新枝,一个老汉娶了一个年少的娇妻,这没有什么不吉利的。

《象》曰:“老夫女妻”,过以相与也①。

【注释】

①过以相与:过,九二以阳居阴,故超过了其本性,这就像老夫与少妻相配一样,老者过老,少者过少。与,亲和。老少相与,刚柔相

济,也能相亲相和。

【译文】

《象传》说:“老汉娶得少妻”,虽然年龄超过很多,他们相处得还是很亲和的。

【评析】

《大过》之九二以“枯杨生稊”喻其老夫娶得少妻。《王注》曰:“拯弱兴衰,莫盛斯爻,故‘无不利’也。”这是因为九二的爻象中蕴涵着以老益少,以少助老的美好愿望。老少相配,则老者而善用其“老”,少者也善用其“少”,故“相与”而亲。

九三,栋桡,凶①。

【注释】

①栋桡,凶:九三处巽之极,故有“栋”象。九三上应上六,上六柔弱不能支持,又在兑上,兑为毁折,故曰“栋桡”。“栋桡”而不能支,故有“凶”象。

【译文】

九三,栋梁弯曲,有凶险。

《象》曰:“栋桡”之“凶”,不可以有辅也①。

【注释】

①不可以有辅:辅,辅助。初、上二爻皆弱,而九三则过刚,以过弱之体承受过刚之重,其弱者更弱,故“不可以有辅”。

【译文】

《象传》说:“栋梁弯曲”凶险,但是,因为过刚,九三不能再承受辅助。

【评析】

按照天道常理，人之所助应该是“抑强扶弱”，如《老子》所谓“天之道其犹张弓乎！高者抑之，下者举之”。而《大过》之九三则反天道而行之，欲赖上六之弱以支撑，此可谓“大过”之“过”了。子曰“过犹不及”，用这句话的意义去理解此爻再合适不过。九三已有过刚之象，初、上本为过弱之体，这说明九三所应之弱上，已不能承受过刚之强。此时，若助弱则不及，助刚则弱更不能支撑。

九四，栋隆，吉[①]。有它，吝[②]。

【注释】

①栋隆，吉：九四以阳处阴，在“栋桡”之险中，阴而得阳，犹弱而得强，所以能拯救其弱，不被下弱所桡，使栋梁隆起而获得吉利。

②有它，吝：本有弱质，因居阳得免，若应于初，将过柔，而不能救“桡”，故曰“有它，吝”。

【译文】

九四，栋梁隆起，吉利。若应于其他，则有难。

《象》曰：“栋隆之吉”，不桡乎下也[①]。

【注释】

①不桡乎下：四与初应，然二者卦体相异，且九四远离初六，但是初与九二、九三却同体相近，然“隆”吉在上而不在下，故曰“不桡乎下”。

【译文】

《象传》说：“栋梁隆起而获得吉利”，这说明九四不应被下柔所“桡”。

【评析】

四失位不正，然与九五相比，此得其一助；又为九三上承，此得其二助。本来九四以阳居阴，很少以“吉”论，但是，因其处于“栋桡”之时，故正好以阳助阴，以强助弱，致使九四“栋隆”有“吉”。

九五，枯杨生华，老妇得其士夫①，无咎无誉②。

【注释】

①枯杨生华，老妇得其士夫：下卦为巽，巽为木，九三至九五为乾，乾为老父，木之“老父”即为“枯杨”。九五在兑卦中，兑为少女，少女如花，故曰“生华”。九五在乾为君，故曰“士夫”。乾旁通于坤，坤为老母，坤生乾而有“士夫”，故曰“老妇得其士夫”。

②无咎无誉：以士夫之才，于“栋桡”之时，未拯难建功，只与老妇相配，故“无咎无誉”。

【译文】

九五，枯槁的白杨树开出了新鲜的花朵，一个老态龙钟的妇人配了一个强壮的丈夫，没有什么过错，也得不到人们的赞誉。

《象》曰：“枯杨生华”，何可久也①？“老妇士夫”，亦可丑也②。

【注释】

①何可久：九五处于兑中，兑为泽，杨树近泽，多得润泽之水，虽已枯槁，也能“生华”。但是，“华”生于“枯杨”，故不能长久。

②亦可丑：这里借年已龙钟之老妇与强壮的“士夫”相配为喻，讽刺九五虽处尊当位，然而无所作为，无益于“栋梁”，唯生华于枯杨

而已。《折中》引沈该曰:“九二比于初,近本也,‘生稊’之象也;九五承于上,近末也,‘生华’之象也。”这说明九五因无应于二,唯比于上六,也有不得已处。

【译文】

《象传》说:“枯槁的白杨树开出了新鲜的花朵”,这怎么能够长久呢?“老态龙钟的妇人配了个强壮的丈夫”,虽没有什么大过失,但也是可羞、可丑的事。

【评析】

朱熹在《本义》中评价此卦曰:“九五阳过之极,又比过极之阴,故其象占皆与二反。”九五居中正之位,应有“九五之尊”的威力,然而,他却于“栋桡”之时,大材小用,唯“生华”于枯杨。说得好一些,这是“无咎无誉”,而严格地讲,实“可丑”之事。

上六,过涉灭顶,凶。无咎①。

【注释】

①过涉灭顶,凶。无咎:过,超过。涉,徒步过水。顶,头顶。兑泽为水,“过涉”即水太深难以徒步涉越,“灭顶”本为凶事,然死于拯难之义,也是死得其所,故“无咎”。

【译文】

上六,涉水过深以至于淹没头顶,有凶险。但没有什么过错。

《象》曰:“过涉之凶”,不可咎也①。

【注释】

①不可咎:咎,追究过失。《王注》曰:“志在救时,故不可咎。”如比

于谏死，虽为凶事，然仗义死节，义气可嘉，故“不可咎”。

【译文】

《象传》说：“涉水过深以至于淹没头顶而造成凶险”，这是因为上六义在拯难死节，故没有什么大的过错可以追究。

【评析】

《大过》之“过”莫过于上六，其凶也莫过于上六。因其处在穷老极弱之地，又逢危难时艰之世，有救难之心，无拯难之力，正所谓“心有余而力不足”。然君子之志，在于“知其不可为而为之”。故上六虽致“灭顶”之灾，仍以当位之正来尽节于时艰危难，故虽有“过”处，其义气可嘉而“不可咎”。

坎(䷜)

【题解】

《坎》下三爻均失位，故爻辞凶；上三爻皆当位，其爻辞无凶。“险而有凶”与“险而无凶”各占一半，这也是《坎》卦含有的深义，即险能害于事，也能利于人。从《坎》卦的卦爻辞中可见古人对待险陷的态度是积极而乐观的：一要“行险而不失其信”，二要“以常德行，习教事”。险有“天险”、“地险”，古人观象取法于天地之险，然后设险“守国”，于险难之中“行有尚”而“往有功”，故《彖传》说：“险之时用大矣哉。”

习坎①：有孚维心②，亨③。行有尚④。

【注释】

①习坎：习，按卦象，习有“练习”、“重叠”两义。坎，卦名，坎下☵坎上☵。“坎”为水，阳陷于阴中，故曰“坎为险”。又坎又有坑象，故又为“陷”，坎上有坎，就是陷而有险，险中有陷，这样的险难之事，必须经过练习，才能涉渡通过。按常例，“习坎”就有重险和

练习两个意思。

②有孚维心：孚，诚信。阳为实，为君子，阳居坎中，中有诚信，故曰“有孚”。维，维系，系结。或解为语气词，也通。心，按，《说卦》“坎为心”，孚维心，即“用诚信之德维系心灵”。

③亨：亨通。心通如一，心诚如一，才能“亨通”涉险。

④行有尚：尚，崇尚。这里指九二，九二失位，若变而前行，则与九五之君相应，故《象传》曰：“行有尚，往有功。”

【译文】

《坎》卦象征着重重陷阱和险阻：若以诚信之德维系心灵，也能亨通。勇敢前行会得到人们的赞赏和崇尚。

《彖》曰：“习坎”，重险也。水流而不盈①。行险而不失其信②。“维心，亨”，乃以刚中也③。“行有尚”，往有功也④。天险不可升也⑤；地险山川丘陵也⑥。王公设险以守其国，险之时用大矣哉⑦！

【注释】

①水流而不盈：坎坑深，虽有水接连流注于坎中，也不能使其满盈，此言喻险之极甚，以释其“重险”之义。

②行险而不失其信：二、五以阳刚之德居于卦中，刚中而实，实则“有孚”，故“行险而不失其信”。

③乃以刚中：这里是指“不失其信”的九二、九五，因以阳刚居坎中，故曰“刚中”。

④往有功：九二失位无应，变正而上应于五，五为君王，应之必能建功立业。

⑤天险不可升：天险是相对于地险而言，王公“设险”以“守国”，其

地险可以仿效,其天险难以仿效,故曰高"不可升"。

⑥地险山川丘陵:山川丘陵皆含有地险。坎为川,坎之互卦有艮,艮为山,故地险全在其中。

⑦王公设险以守其国,险之时用大矣哉:承上句,圣人仿效天险、地险,以山为城,沟为险,设险以守其国。这是险之"用大"的积极作用。

【译文】

《彖传》说:"坎水相重",意味着有重重的险阻。川流不息的水却不能使坎坑满盈。走在险陷之中,却能以诚信之德维系心灵,心气亨通,这是因为九五以阳刚之德居于中正之位。"勇敢前行能得到人们的崇尚",因为前往就可以建立功业。天险有高不可升之势,地险有山川丘陵的坎坷不平。王公从观察天险与地险中,悟出设立险要之关以守卫国家,这说明坎险的意义和作用是多么的重大。

《象》曰:水洊至,习坎①。君子以常德行,习教事②。

【注释】

①水洊(jiàn)至,习坎:洊,一再,接连。坎与坎相连,即水接连流注之象。

②君子以常德行,习教事:君子指九五。常,用如动词,即长久地保持一种美德。习,熟习。坎水接连不断地流动,"不舍昼夜",经常如此,君子仿效这种情况,以长久的美德做事、熟习政教之事。

【译文】

《象传》说:水流接连不断地来到,险而又险。君子要像不断的水流一样保持持久的德行,常常地熟习政教之事。

【评析】

按《易》常例,卦名前不加其他的字,唯独《坎》卦因为险难重重,所以特加"习"字以名之。《正义》曰:"'习'有二义:一者习重也,谓上下俱坎，是重叠有险，险之重叠，乃成险之用也。二者人之行险，先须便习其事，乃可得通，故云‘习’也。”这一方面说明坎“重”则险也“重”，另一方面，则强调人要战胜险陷之难，就必须熟习地掌握渡河过川的技能。而《象传》则从道德方面指出，战胜险难还要心怀诚信之德，以“常德”来行事，以常德来“习教事”。

初六，习坎①，入于坎窞②，凶。

【注释】

①习：重（chóng）也，指坎坎相重。

②入于坎窞（dàn）：窞，指小而深的坑。初六在坎底，处在坎之深处，如坎中还有小坑。

【译文】

初六，在重重险陷中，又陷入坎中的坑中，这真是凶险啊！

《象》曰：“习坎入坎”，失道凶也①。

【注释】

①失道凶：初既失位，故曰“失道”。又于险中入于“窞”中，应于六四，故曰“失道凶”。

【译文】

《象传》说：“在重重险陷中，又陷入坎中的坑中”，这是因为初六违背了战胜险陷之难的道德和方法，所以必有凶险。

【评析】

君子之慎在“不贰过”，然初六处坎深极险之处，因失位而“失道”，则必“凶”。

九二,坎有险,求小得①。

【注释】

①坎有险,求小得:九二以阳居阴,失位无应,且九五也陷于"坎中",无力为援,只能乘初比三,然初、三均失位,故曰"有险"。九二以刚处中而与初、三相比,此二爻皆力小,故只能"求小得"。

【译文】

九二,坎水之中有凶险,只能于险情中谋求小得。

《象》曰:"求小得",未出中也①。

【注释】

①未出中:九二陷于坎险之中,上则又入于坎,下则援助之力不足,无力自出其险,故不能出于坎险之中。

【译文】

《象传》说:"于险情中谋求小得",这是因为九二没有足够的力量出于险难之中。

【评析】

生活的经验和社会的实践常常启示人们:好人好事放错了位置,不仅无益,而且有害。二宜阴居,九二以阳刚之德失位坎中,上无所应,上下皆阴,陷入险中之险,如此情景,"小得"已是不幸之幸。

六三,来之坎坎①,险且枕②,入于坎窞,勿用③。

【注释】

①来之坎坎:来之,犹言"来往"。六三以阴居阳,失位无应,身处两

“坎”之间，出则有“坎”，居则亦“坎”，故曰“来之坎坎”。

②险且枕：枕，深。

③入于坎窞，勿用：进退入于坎中之坑穴，且来往皆遇“坎”险，纵然是有力也是徒劳而已，故曰“勿用”。

【译文】

六三，来去都会陷入坎险之中，凶险难安，因为他深陷入坎水的陷坑之中，处于这种境地，即使是有才能，也不能使用。

《象》曰：“来之坎坎”，终无功也。

【译文】

《象传》说：“来去都会陷入坎险之中”，最终也不会有功效。

【评析】

“枕”，前人所注多有歧义：《正义》、《本义》均为“倚之难安”之义；《集解》释为“止”；马其昶的《重定费氏学》据《释文》释“枕”为“沉者，没也”；《尚氏学》释义为“检”。从卦象看，如果我们将九二看作险，那么，六三的位置就是险而又险，而且陷于深险之中。“且”有加强和转折的语气，故本之卦象，据以语境，则《释文》释“枕”为“沉”是，而且，从后一句辞“入于坎窞”来看，也是顺承了“深”义，即陷而至于“深”，深而入于“坎窞”，则凶而不可用，故曰“勿用”。

六四，樽酒，簋贰①，用缶，纳约自牖②，终无咎。

【注释】

①樽酒，簋（guǐ）贰：樽，古代盛酒的器皿。簋，古代盛放食物的器皿。《坎》互为《颐》（☶），有坤象、食象。坎为酒，坤为器，艮为食物。

②用缶,纳约自牖(yǒu):缶,陶土制成的罐子。纳,入。约,少,俭约。牖,窗户。于重险之时,居多惧之地,比五而承阳,又近于九五之君,有亲五之象。因九五陷于坎险之中,六四"用缶"将"樽酒簋贰"从窗户纳入,这种情形就是内结其诚,外尽臣道,故"终无咎"。

【译文】

六四,一樽薄酒,两簋淡食,用朴拙的瓦缶盛物,从窗口递给受难的人,最终不会有过错。

《象》曰:"樽酒簋贰",刚柔际也[①]。

【注释】

①刚柔际:指六四之柔与九五之刚相交、相亲之间。

【译文】

《象传》说:"一樽薄酒,两簋淡食",这说明六四接近刚阳中正的九五之君。

【评析】

六四于重险之时,居多惧之地,比五而承阳,又近于九五之君,有亲近九五之情。九五也深陷于坎险之中,故六四以"樽酒"、"簋贰"、"用缶"而"自牖纳约"。这种感人至深的情形生动地描绘出六四内结其诚、外尽臣道的忠贞形象,也让人们感受到他不畏险难、竭尽臣道的高尚品德,故虽有险象环生,却终于"无咎"。本来,按《易》通例,"四多惧",而《坎》之六四却于险陷之中无惧,这在《易》中是一个可贵、可敬的特例。

九五,坎不盈,祇既平[①],无咎。

【注释】

①祇(zhī):通"坻",小丘,指九五。坎互为《颐》(䷚),颐上为艮,艮为山,九五为半山之象,故曰"丘"。

【译文】

九五,陷坑尚未填满,小丘已经整平,没有灾祸。

《象》曰:"坎不盈",中未大也①。

【注释】

①中未大:九五处尊当位,居坎险之中,欲平险坑,然坑不平而丘已"平",力不能尽心。九五处于重重险情,虽处中当位,然下无所应,上下皆险,故平复险情的能力不大。

【译文】

《象传》说:"陷坑尚未填满",这样说明"小丘"的中正之道尚不能光大。

【评析】

坎有险陷,九五为君,有救世济民之志,故取丘之土以填坎陷。但是,坎坑未填满,丘土已平,虽其志可嘉,而力却不及,故《象传》:"中未大也。"

上六,系用徽纆,寘于丛棘,三岁不得①,凶。

【注释】

①系用徽纆(mò),寘(zhì)于丛棘,三岁不得:系,系缚。徽,三股线扭成的绳索。纆,绳索。上六动则变,变则上卦成巽,巽为绳,故曰"系用徽纆"。寘,通"置"。丛棘,喻指监狱。坎为棘,故曰"寘

于丛棘”。三岁，即三年。上六居险峭之处，就如犯峻峭之法，所以被“徽纆”之绳系缚，“寘于丛棘”。其“三岁不得”，是指“凶”之久。

【译文】

上六，被绳索捆缚后，又被投置于监狱中囚禁，三年不能释放，这真是一件凶险的事。

《象》曰：上六失道，凶三岁也①。

【注释】

①上六失道，凶三岁也：上六乘阳无应，处险之极，故曰“失道”。以“凶”罚罪，则“凶”之三年。

【译文】

《象传》说：上六因为失去正道，凶险之事将延续至三年后。

【评析】

《九家易》曰：“坎为丛棘，又为法律。”上六爻以“徽纆”说明囚禁之苦；以丛棘指囚禁之处；以“三岁”指囚禁之久；但是，三岁之后的悬念给悔过自新的人留下了希望，这也是圣人立法的一片苦心。

离(䷝)

【题解】

“万物生长靠太阳”，《说卦》曰：“离为日，为火。”太阳给大地带来了光明，也带来了温暖，使“百谷草木丽乎土”。这是因为她有内柔外刚品性，能以柔顺正。这样就有了《离》卦的“化成天下”之功，也有了《离》卦的“重明”、“两作”之德。圣人效法此德，就以“继明”之志，照耀四方之邦。但是，事物的发展和演变是有一个由盛及衰，由衰变盛的过程。《离》卦唯二“元吉”，五次之，其他则“无咎”而已，而卦中正好二、五为阴、为柔，这充分说明以柔顺正的美德必然有一个美好、吉祥的结果。但是，同为居中，而且六五居君位，为什么“吉”不过六二呢？因为六二有当位之“正”，六五则居“中”失“正”，故吉而次之。

离[①]：利贞，亨[②]。畜牝牛吉[③]。

【注释】

①离：卦名，离下☲离上☲。《释文》：“离，丽也；丽，著也。八纯卦，象日，象火。”也就是说万物各有所附着，附着于光明，故谓之“离”。

②利贞，亨：《离》卦的二与五俱是阴爻，处于上下两卦之中，以柔处正。不正则不能亨通，故利在行正，行正则得亨通。

③畜牝牛吉：畜，畜养。牝牛，即母牛。《离》旁通于《坎》(䷜)，《坎》之二、五变则为《坤》(䷁)，坤为牛，牛外强而内顺，《离》之本义在柔顺于正。又《离》之二、五皆为阴柔，如牝牛之象，故曰“畜牝牛吉”。

【译文】

《离》卦象征着附着于光明：有利于做大事，亨通。畜养母牛可获得吉祥。

《彖》曰：离，丽也。日月丽乎天，百谷草木丽乎土[①]。重明以丽乎正，乃化成天下[②]。柔丽乎中正，故“亨”，是以“畜牝牛吉”也。

【注释】

①日月丽乎天，百谷草木丽乎土：离为日，旁通为《坎》，坎为月。《离》互为《大过》(䷛)，《大过》下为巽，巽为草木，故日月之光照明于天，“百谷草木”附着于地。

②重明以丽乎正，乃化成天下：离上有离，就是重明之象，以“重明”之光普照万物，必“化成天下”。

【译文】

《彖传》说：《离》，象征着附着。日月附着于天空，百谷和草木附着于土地。《离》有双重之明附着于正道，于是就化育成天下万物。因为她以柔美之性附着于中正之道，因此就“亨通”，母牛具有这样的品格，所以这个卦象也象征着“畜养母牛可获得吉祥”。

《象》曰：明两作①，离。大人以继明照于四方②。

【注释】

①明两作：作，升起。《离》卦相重而明，以喻指光明不断。今日落山，明日又从东方升起。

②大人以继明照于四方：大人，指二、五两爻以柔居正，处《离》之中，故曰“大人”。继明，接连不断地光明。四方，即震东兑西，离南坎北四方。因大人能仿效《离》卦之德，所以也能以“继明”之德照耀四方。

【译文】

《象传》说：光明接连不断地升起，象征着“附着”。大人仿效光明所具有的品德，以连续不断地光辉照耀天下四方。

【评析】

《离》有“重明”之象，这个象，既指卦象，又指卦德。《易》中有“化成天下”的卦有二：一为《贲》，一为《离》。二者皆说明光明有普照万物的德性。但是，与其他物象相比，光明没有土德的厚重，没有水德的灵性，也没有木德的华茂，她只能附着于这些物质上面，才能证明自己的存在，从这个意义上讲，光明是以其照耀的对象而存在。

初九，履错然，敬之，无咎①。

【注释】

①履错然，敬之，无咎：错然，恭敬的样子。《王注》曰："警慎之貌也。"因初九在下，为《离》之始，上无所应，故惧而敬之，则"无咎"。

【译文】

初九，走路、做事都谨慎，谨重地对待自己的言行，就不会有过错。

《象》曰："履错之敬"，以辟咎也。

【译文】

《象传》说："走路、做事恭敬谨慎"，就是为了避免灾害。

【评析】

初九象征着旭日东升之时，正所谓"一日之计在于晨"。从自然规律和生活习惯来看，这时也是人们严肃认真、恭敬谨慎地对待自己的工作的时候。

六二，黄离①，元吉。

【注释】

①黄离：黄，中和之色，这里是以黄色喻六二居中不偏的美德。

【译文】

六二，黄色附着于天空时，就会有大的吉利。

《象》曰："黄离元吉"，得中道也。

【译文】

《象传》说："黄色附着于天空时，就会有大的吉利"，这说明六二秉持着中正之道。

【评析】

土为黄色，中国古人具有很深的重土情结，因此，也就有很深的崇尚黄色的观念。黄色象征着高贵，在古代，只有帝王才能身着黄色服饰，人们也往往有这样的迷信，当黄色的云霓出现在空中时，就会被视为吉祥的瑞兆，就会有王者出现，就会国泰民安。

九三，日昃之离[①]，不鼓缶而歌[②]，则大耋之嗟[③]，凶。

【注释】

①日昃(zè)之离：昃，偏斜，太阳偏西。九三处下离之终，其明将没，故曰"日昃"。

②不鼓缶而歌：鼓，敲打。缶，古人敲打作乐的陶制瓦器。承上句以"日昃"喻"暮年"，则劝勉老人要珍惜时光，乐观地对待人生。

③则大耋(dié)之嗟：耋，六十岁至八十岁的老人，这里泛指老人。嗟，忧叹之辞也。承前二句，说明若老而不知乐观，则垂暮之年就会空有哀嗟之叹。

【译文】

九三，西落的太阳附着于天空，此时若不敲打缶器、唱歌自乐，那么，垂暮之年就只能徒自哀叹，这本身就是一件凶险的事。

《象》曰："日昃之离"，何可久也？

【译文】

《象传》说："西落的太阳附着于天空"，夕阳在天的时间怎么能够长久？

【评析】

《说文》曰:“日,君象也。”《集解》引荀爽曰:“初为日出,二为日中,三为‘日昃’,以喻君道衰也。”离为日,日有君王之象,古人常以“日”比君王,故日落则国势危亡而“鼓缶而歌”,这些劝勉之辞为人们指出了一条正确对待垂暮之年的方法。

九四,突如其来如[①],焚如,死如,弃如[②]。

【注释】

①突如其来如:如,表示陈述的语气词。此句喻指太阳的起落仿佛突然之间的事。故《王注》曰:“处于明道始变之际,昏而始晓,没而始出。故曰‘突如其来如’。”

②焚如,死如,弃如:至九四则太阳高照,就像点燃焚烧东西一样的炎热,故曰“焚如”;而且九四逼近至尊的六五之位,但是,因九四失位,想要再往上进,炎热更甚,故其命必不能长久,故曰“死如”;又上无所应,下无所承,无所容,故曰“弃如”。

【译文】

九四,太阳的起落仿佛突然之间来到,然后上升到高处,炎热得似燃烧一样,再如死一样的静寂,最终因背离了以柔顺正的“离道”而为众人所抛弃。

《象》曰:“突如其来如”,无所容也。

【译文】

《象传》说:“太阳的起落仿佛突然之间来到”,最终为大家所不容。

【评析】

九四因失位不正,在盛极一时后,就迅速地走向衰落与死亡。九四以流星划过天际的过程，形象生动地描绘出生命演变的全过程。

六五，出涕沱若，戚嗟若，吉[1]。

【注释】

①出涕沱若，戚嗟若，吉：涕，眼泪。沱，流泪的样子。戚，忧伤。嗟，哀叹。六五失位，九四迅速地逼近，欲伤害六五，故六五有“涕沱”、“戚嗟”之哀。六五上居《离》中，下应六二，六二不得其应，形成大坎之象，坎为水，有“涕沱”之象。又三至五互为兑，兑为口，有“戚嗟”之象。但是，六五有柔顺之德，故能得众人之助，嗟而不失其“吉”。

【译文】

六五，泪水涟涟，忧伤地哀叹着，但是结果是吉祥的。

《象》曰：六五之吉，离王公也[1]。

【注释】

①离王公：离，附着。王公指六五，以柔处尊，故曰“王公”。

【译文】

《象传》说：六五之所以能得到吉祥，就是因为他附着于王公的尊位之上。

【评析】

《离》卦之有幸在六五，《离》卦之不幸也在六五。五宜阳居，六五失位，弱居中位，下无所应，加之《离》有“甲胄兵事”之象，在这种情形下，六五就如同弱君当国，有“涕沱”、“戚嗟”之哀痛。然上下皆有阳刚为助，故终有“吉”庆。

上九，王用出征①，有嘉折首，获匪其丑②，无咎。

【注释】

①王用出征：王，以日为君，则《离》也为君王。“离为甲胄，为戈兵”，有“出征”之象，上九处《离》之极，众皆亲附，若有不亲附者，上则出征用师以伐之。

②有嘉折首，获匪其丑：嘉，嘉美之功。折首，斩断敌人的首级。获，俘获。匪，通“非”。丑，类也。《离》互为《大过》(䷛)，兑为“毁折”，故曰“折首”。因上九失位，上与三不应为“非类”。

【译文】

上九，君王出师征伐，斩断敌人的首级，建立了丰功伟绩，又俘获与我方敌对的人，没有过错。

《象》曰：“王用出征”，以正邦也。

【译文】

《象传》说：“君王出师征伐”，是为了安定邦国。其之所以讲出征这件事，就是要为民除害，以治理好国家。

【评析】

《说卦》曰“离为火”，“离为甲胄”。在“修我戈矛”的时代，古代中国的先贤就已经将战争的武器定义为“火”。离主南方，所以，谈到战争时，我们往往习惯于说“南征北战”。在六十四卦中，占测战争的卦大都包含有离的元素。在此《离》卦中，我们几乎没有感觉到战争的残酷，因为那些“出征、折首”的目的是“为民除害”和“正邦”。

周易下经

咸(䷞)

【题解】

《咸》是一个解释阴阳相感,男女相亲的卦象,我们常常形容男女相合为"心心相印",这个"印"就是"感应"的一种反映方式。《说卦》曰"山泽通气",就是这种"感应"方式的生动体现。少男少女有相感而亲的理由,而这种理由就蕴涵在《咸》卦中。李道平疏《集解》言:"士未用称处士,女未嫁称处女。"《序卦》曰:"有天地,然后有万物;有万物,然后有男女;有男女,然后有夫妇;有夫妇,然后有父子;有父子,然后有君臣。"男女之事在父子、君臣之前,所以它也就被先儒看做是"国之纲纪","人之大伦"。故卦辞以"取女吉"来鼓励男女感情。《咸》卦的卦爻辞和卦象描述了"取女"的方法:"男下女","以虚受人",同时从下至上依次介绍了两情感应的六个步骤:即从初六的"拇指"开始到上六的"辅颊"。

咸①:亨。利贞。取女吉②。

【注释】

①咸:卦名,艮下☶兑上☱。咸,通"感",感动,感应。《正义》曰:

“咸，感也。此卦明人伦之始，夫妇之义，必须男女共相感应，方成夫妇。”上卦为兑，兑为少女。下卦为艮，艮为少男。相与而悦，象征着感应。

②取女吉：取，同“娶”。阴阳相感，男女相亲，六二与九五相应，当位居正，有“亨、利、贞”之美德，更有六爻皆应，故曰“取女吉”。

【译文】

《咸》卦象征着感应：亨通。有利于做事。若娶女子为妻就吉祥如意。

《彖》曰：咸，感也。柔上而刚下，二气感应以相与①。止而说，男下女②，是以“亨利贞，取女吉”也。天地感而万物化生，圣人感人心而天下和平③。观其所感，而天地万物之情可见矣④。

【注释】

①柔上而刚下，二气感应以相与：兑为阴柔在上，艮为阳刚居下；阴阳二气相互感应。与，亲和。相与，即相互亲和。

②止而说，男下女：艮为止，兑为说（悦），男女相亲，理应男先求女。《咸》象，艮男在下，兑女在上，象征着男谦恭在下求亲于女。

③圣人感人心而天下和平：圣人因《咸》之卦象而感应到众人之心，因而以夫妇之道立天之纲纪，成人之大伦，使天下安定和睦。

④而天地万物之情可见矣：天地之间无不从阴阳相感中生出万物来，从阴阳之道中可以见到天地生育万物的苦心。

【译文】

《彖传》说：“咸”，就是指感应。兑为少女，以阴柔之美居于有少男阳刚之强的艮之上，阴阳两种气相互感应，相互亲和。下卦有静止之性，上卦有喜悦之情，男子谦虚地处于女子之下求爱、求亲，所以卦辞说："亨通之时，有利于做事，娶女子为妻就会吉利"。天地相互感应就会生出万物，圣人与众人的心相互感应就会使天下和睦安定。观察那些所感应的事物，天地万物之性情也就能看得见了！

《象》曰：山上有泽，咸[①]。君子以虚受人[②]。

【注释】

①山上有泽，咸：山高而在下，泽卑而在上。《正义》曰："泽性下流，能润于下；山体上承，能受其润；以山感泽，所以为咸。"故《说卦》曰"山泽通气"。

②君子以虚受人：受，容纳。《集解》曰："山在地下为谦，在泽下为虚。"君子效法这种卦象所含的道理，以若谷之虚怀来容纳亲近他人。

【译文】

《象传》说：山上有聚水之泽，山气和泽水会相互感应，君子以虚心谦虚的美德容纳和感化众人。

【评析】

淑女窈窕，君子好逑。在六十四卦中，爻爻相应的卦，只有二例，《咸》当居其一，卦象为一少男在下而一少女在上，有男求亲于女之象。《集解》引韩康伯曰："夫妇之象，莫美乎斯。"这种令人感动的"美"，不仅在于少男少女之间固有的阴阳感应之亲，更在于男子谦卑在下的求女之情。男女之合，合之以礼则"美"，这是求亲之礼。故《仪礼·士昏礼》规定男子的求亲之礼，必须经过"纳采、问名、纳吉、纳征、请期、亲迎"的过程才能成亲，而这些都是以男子在下相求为礼、为情、为亲。

初六，咸其拇[①]。

【注释】

①咸其拇:拇,即足大趾。《系辞下》曰“近取诸身”,《咸》皆言人事,故六爻皆取之于身。下卦为艮,艮为手,手、足同类,故亦可象足。初六在《咸》之初,有足大趾之象,故曰“咸其拇”。

【译文】

初六,使大脚趾有所感应。

《象》曰:“咸其拇”,志在外也①。

【注释】

①志在外:初六上与九四相应,远应于外,故曰“志在外”。

【译文】

《象传》说:“使大脚趾有所感应”,这说明初六的志向是向外发展。

【评析】

“有女怀春,吉士诱之。”(《诗·召南·野有死麕》)初六在《咸》下,而应于外,外有少女,“咸”动足趾,上应九四,故其“志在外”。足趾相交、相应、相感,且感于此而应于彼,两情相悦,大都始于这样感动人心的情景。

六二,咸其腓,凶①。居吉②。

【注释】

①咸其腓(féi),凶:腓,小腿肚。因六二上于初,于人体相对应的位置相当于“腓”。六二居艮之中,当以静守正,若急进而动,则有失位之险,且为九三、九四所忌,故“凶”。

②居吉:六二居艮之中,艮为止,男求女当有所止,若急进,则有凶,

居有止象，故“吉”。

【译文】

六二，当小腿肚有所感应时，就会有凶险。若居住在家，将获得吉利。

《象》曰：虽“凶居吉”，顺不害也①。

【注释】

①顺不害也：六二以柔居中，上应于九五，也就是以阴顺应于阳，故居而静，顺而应，则不为九三、九四所害。

【译文】

《象传》说：“虽然有凶险，但是，居住在家则会吉利”，这说明顺从“感应”之道就不会有害。

【评析】

“咸”本因感动而来，但是，六二的爻辞却以“居”为吉。原因有二：一是他居于中正之位，动则有易位之失；二是因为他身在艮之中，艮为止，不宜有动。阴为静，艮为止，六二居吉不乱，柔处中正，且于泽气下降之时，居而待之，以静制动，动而有变，不如顺而有应。此不仅是六二之德，也是六二之情，故爻辞以“居吉”赞之，《象传》以“顺不害”勉之。

九三，咸其股，执其随，往吝①。

【注释】

①咸其股，执其随，往吝：九三居于“腓”之上，“腓”上即“股”。其随，九三乘二，二承三，三与二相比而亲，故二随其三。执，掌握。

《说卦》曰“艮为手”,以手执物,故称“执”。九三本与上六相应,因二相随,且近于己,故舍上而专心执二。正如《王注》所言:“股之为物,随足者也。进不能制动,退不能静处,所感在股,‘志在随人’者也。‘志在随人’,所执亦以贱矣。”《王注》认为九三不能自动,只能随其“足”而动,“足”在“股”下,故其心志只能在“随人”而已,而且其随者在己之下。

【译文】

九三,使大腿有所感应,牢牢地掌握住跟随自己的人,若急于前往会遇到困难。

《象》曰:“咸其股”,亦不处也①。志在随人,所执下也②。

【注释】

①亦不处:因为九三亢奋进取,虽不愿进应于上,也不愿退守静处,因为他的心志在于位于己下的“六二”。案,“不处”,《集解》认为“巽为处女”,“士未用称处士,女未嫁称处女”。二阴为女,三阳为士。三乘二,是志在于二,故“所执下也”。在《咸》中,已有男下女之象,以艮阳上入兑阴,故“不处也”。

②志在随人,所执下也:随人,指六二。六二承九三,二者相比。对于九三而言,六二是随从自己的人,所以九三的心志就在“随人”,而不在上六。因六二在己下,故曰“所执下”。

【译文】

《象传》说:“使大腿有所感应”,九三上不能应于六,也不愿安然不动地处在自己的位置,心里想着在于己下的六二,这说明他所愿抓住的是低下于自己的人。

【评析】

前人对“执其随,往吝”的解释有歧义,多认为“往咎”是盲目随从前往就会有“吝”。从一般道理上讲，这种解释是合理的，也易于为人所接受。但是，从卦象上讲，似有所误。因为九三与上六相应，中间隔着九四、九五，同性相斥，必为其所忌，此所以“往”而遇“吝”的第一个原因。其二，九四失位，动而成坎，坎为险，故往而有“吝”。其三，九三在艮，艮为止，往则有动，动则有失于“止”之义。按古代的礼义，男女交往应有所止，止则有礼，不止则非礼，故往则有“吝”。由此可知，这句话是劝勉九三不应有所前往，而应该就近执其“随”。如《象传》所言：“志在随人。”

九四，贞吉，悔亡①。憧憧往来，朋从尔思②。

【注释】

①贞吉，悔亡：凡喜事正则吉，不正则悔。九四虽不当位，然下应于初，艮之初与兑之初相应，虽其位不正，而其应则顺，故“贞吉”。

②憧憧(chōng)往来，朋从尔思：憧憧，《说文》：“憧，意不定也。”《释文》引王肃曰：“往来不绝貌。”这里指心神不定地往来不绝的样子。有“憧憧往来”，然后“朋从尔思”。

【译文】

九四，做事吉利，悔恨的事也将会消失。心神不定地不断往来之时，朋友们会顺从你的意愿。

《象》曰：“贞吉悔亡”，未感害也①。“憧憧往来”，未光大也②。

【注释】

①未感害：九四守正应初，“贞吉”，“悔亡”，故“未感害”。

②未光大：九四处上卦之初，应下卦之始，然其位不当，欲感上有五

阻隔，应初有九三阻隔。唯往来多求，方能有应，故其“咸德”未“光大”。

【译文】

《象传》说：“做事吉利，悔恨的事也将会消失”，因为九四并没有感到自己会有伤害。“心神不定地不断往来”，这说明九四的“感应”之道并没有发扬光大。

【评析】

九三应体于“股”；九五应体于“脢”；初、二、上皆有应于体，唯九四未明，按其上下位置推断，也应有所应。那么，它应于何处呢？从卦象可知，位置应在心之下，“股”之上。“憧憧往来”的动作实际上已指明了九四的位置，而《说文》所谓“意不定”的解释则更加明确了九四的位置就是“心腹”。在《咸》卦六爻之中，唯九四最吉，这是因为九四所对应于人体的位置在心，人体所感应、感动到的情节、情感皆归之于心。

九五，咸其脢，无悔①。

【注释】

①咸其脢(méi)，无悔：脢，背脊肉。《正义》曰：“‘脢’者，心之上，口之下，进不能大感，退亦不为无志，其志浅末。”故“无悔”而已。

【译文】

九五，使脊背有所感应，就没有什么悔恨。

《象》曰：“咸其脢”，志末也①。

【注释】

①志末：“脢”之于体不能“大感”，不得已，只能舍二而就上，上为

末，为《咸》之末梢，故曰其志“末”。

【译文】

《象传》说：“使脊背有所感应”，对九五而言，其感应如“末梢”一样敏感。

【评析】

九五当位居中，本与六二相感，然其体在“脊背”，对应人体，此处当位于人体及神经之末梢，应该是人体最敏感的部位。《象》曰“末”，意在“末梢”之末，非本末之“末”。古人以义理解《易》，多以末为“小”，实有悖于卦象所象征的情景。

上六，咸其辅颊舌①。

【注释】

①咸其辅颊舌：辅颊，即面颊，口舌在其中。《集解》引虞翻曰：“耳目之间称‘辅颊’。”《咸》上为兑，《说卦》：“兑为口。”上六处《咸》之末，于体为上，所在位置在“辅颊”，所能“咸”者，仅在“辅颊”。

【译文】

上六，使面颊口舌有所感应。

《象》曰：“咸其辅颊舌”，滕口说也①。

【注释】

①滕口说也：滕，《集解》写“媵”，引虞翻曰“送也”；《正义》作“滕”，《释文》释为“达”；《说文》：“滕，水超涌也，从水朕声。”按其卦象后说更妥。因上六居《咸》之末，其所动者只在口舌之中。说，同“悦”。口感滋润，其情相悦，故曰“滕口说”。

【译文】

《象传》说："使面颊口舌有所感应"，滋润口唇而感到快乐。

【评析】

如果我们把"咸舌"、"滕口"与少男、少女的相悦之情联系起来，就可以从卦象直接感受到《咸》卦因情而亲的美妙情景。也因此，我们还可以看到《咸》卦为我们描绘了人性最美好的一面，因为在两情交感中，热烈、真挚、纯洁、神圣的情感真正地融为一体了。

恒(䷟)

【题解】

从《恒》卦中，我们可知天地之道在"恒久"，四时变化在"恒久"，圣人之"化成"也在"恒久"。具体就爻位而言：初六失位而陷于下，"无攸利"而"贞凶"；九二居中，然中而失位则不正，不正则唯"无悔"而已；唯九三当位，惜其急进上应，"不恒其德"，违背"恒"道，故"贞吝"；九四虽能下应于初，但因其失位不正，故"田"而"无禽"；六五虽"恒其德"，却以阴居阳，失位不正，故于妇则吉，于"夫子"则"凶"；上六处《恒》之极，不仅不守"恒"道，且"振"而失"恒"德，故"凶"。总此六爻，可知守持"恒"德的前提应该在于保持正确适当的位置，失去这种位置不仅不能"恒其德"，也失去了自身。故《系辞》曰"圣人之宝曰位"。

恒①：亨，无咎，利贞，利有攸往②。

【注释】

①恒：卦名，巽下☴震上☳，中实外虚，上下俱有所应，男女皆有所亲，因具守恒之志，故以"恒"名。

②亨，无咎，利贞，利有攸往：上有震动，下有恭顺，顺而动，故能"亨通"、"无咎"。

【译文】

《恒》卦象征着永恒持久：亨通，没有过错，利于做事，利于有所前往。

《彖》曰：恒，久也。刚上而柔下[①]。雷风相与，巽而动，刚柔皆应[②]，恒。“恒亨无咎利贞”，久于其道也[③]。天地之道恒久而不已也。“利有攸往”，终则有始也。日月得天而能久照，四时变化而能久成。圣人久于其道而天下化成。观其所恒，而天地万物之情可见矣[④]。

【注释】

①刚上而柔下：震为阳卦，为长男，居《恒》上卦；巽为阴卦，为长女，居《恒》下卦。故曰“刚上而柔下”。

②雷风相与，巽而动，刚柔皆应：震为雷，巽为风，故曰“雷风相与”。巽为恭顺，雷为震动，故曰“巽而动”。一为长男，性阳刚；一为长女，性阴柔；异性相应相亲，又初六能应九四，九二能应六五，九三能应上六，故曰“皆应”。

③久于其道：长男在上，长女在下，此为夫妇之正道；即为正道，则须恒久坚持。

④天地万物之情可见：天长而地久，可见天地养育万物之深切情怀，故天地万物之情皆可从《恒》道中体现。

【译文】

《彖传》说：“恒”，就是持久的意思。震为阳刚处在卦上，巽为阴柔处在卦下。雷与风相互亲和，恭顺之后再震动，阳刚与阴柔皆有相应，这是“恒”之道。“永恒持久，亨通，没有过错，有利于做事”，这说明“恒”道在于永久地保持正道。天地的规律在于持久永恒地周流不已。“有利于有所前往”，这说明事物的发展是周而复始的。日月在天空运行能够长久地照亮人间大地，四季的变化也有着永恒的规律。圣人长久地保持正道与美德，就会使教化大有成就。观看“永恒持久”的正道，就会发现天地万物的发展规律。

《象》曰：雷风，恒。君子以立不易方①。

【注释】

①君子以立不易方：易，改变。方，道也，道德，品行，这里指正道，如《坤文言》“君子敬以直内，义以方外”之“方”。《正义》曰：“君子立身得其恒久之道，故不改易其方。”即立身以正，正则不“易”。

【译文】

《象传》说：雷在上，风在下，雷风相伴，这是大自然中长久不变的现象，所以就以此来命名卦名“恒”。君子应立身守节不改变正道。

【评析】

“顺而动”这是《恒》的卦象，也是《恒》之所以为“恒”的根本原因。动则有变，《系辞》曰：“变则通，通则久。”故《正义》曰：“恒久之道，所贵变通。必须变通随时，方可长久。”

初六，浚恒①，贞凶，无攸利②。

【注释】

①浚(jùn)恒：浚，深也。初六以阴柔之性位居于下，软弱无力，欲有深求，则何以能久，故一开始就“深”求“恒”道，本身就违反了“恒”久之道。

②贞凶，无攸利：初以弱质深求“恒”道，必要与九四相应，然而九四为九二、九三所阻隔，且四也不“正”，故“无攸利”。

【译文】

初六，深入地求取长久之道，占问结果却是“凶险”，无有所利。

《象》曰：“浚恒”之“凶”，始求深也。

【译文】

《象传》说：“深入地求取长久之道”却出现了“凶险”，这是因为初六一开始就深求“恒”道。

【评析】

既然《恒》道在“持久”，那么，初六以其弱小之身深求其“恒”，就会有“凶”。事物的发展应以循序渐进之势顺应事物变化的规律，初六失位，变而无应，故“贞凶”；动而有凶，故“无攸利”。

九二，悔亡①。

【注释】

①悔亡：九二失位，故“悔”。然动而得正，处中守正，则“悔亡”。

【译文】

九二，悔恨之事将要消失。

《象》曰：九二“悔亡”，能久中也①。

【注释】

①能久中：九二本因失位而“悔”，变而正，正以处中，故“能久”于中。

【译文】

《象传》说：九二的“悔恨之事将要消失”，这是因为他能持久地坚持中和之道。

【评析】

九二以阳居阴，失位不正，此所以有“悔”，然“变则通，通则久”，能变为阴，则当位于正，行中和之道，故“能久中”。

九三，不恒其德，或承之羞①，贞吝②。

【注释】

①不恒其德，或承之羞：九三位于三阳之中，当位而上应于上六。然处巽之末，临震之初，或上或下，心无所定，不定则动，动则变，故曰“不恒其德”。变则上下皆成坎象，坎为险，失身而入险，故曰“或承之羞”。

②贞吝：贞，占问。吝，困难。既“不恒其德”，又“承之羞”，故有“吝”。

【译文】

九三，不能持久地保持自己的美德，时或受到别人的羞辱，做事会遇到困难。

《象》曰：“不恒其德”，无所容也①。

【注释】

①无所容：九三上不能应于上六，下不能亲和初六，动而变之，又陷入上下皆坎的险难之中，周围皆不正，故难容其正。

【译文】

《象传》说：“不能持久地保持自己的美德”，则为众人所不容。

【评析】

《恒》卦之中，唯九三和上六当位。然九三正而不中，上则为阴所乘，“或承之羞”；下则为九二所阻隔，不能“恒其德”；动则上下皆“无所容”。以此而论，九三之不“恒”，咎在其位。而九三之“羞”则在其他爻皆不正，唯有己正。此情此景，或可哀之以“虎落平川”，或自恨“举世皆浊我独清”。

九四，田无禽[①]。

【注释】

①田无禽：田，打猎。禽，同“擒”，即擒获。九四失位不正，虽有田猎之事，然居位不正，所以只能“无禽”而返。

【译文】

九四，打猎没有获得猎物。

《象》曰：久非其位，安得禽也[①]？

【注释】

①久非其位，安得禽也：位，指九四所处的环境。因其上下之间皆不正，九四不能从这样的环境中脱身，只能久处非正之位，故“禽”无所获。

【译文】

《象传》说：久居不正之位，怎么能有所收获呢？

【评析】

“田”则有事，“无禽”则无功，为什么会这样呢？九四下应初六，初六为巽，巽为雉。九二至九四互为乾，乾为野。九四至上六为震，震为动，动在田野之中，田野之中又有雉。据此象而言，应该是“田有禽”，而爻辞却说“田无禽”。这是因为九四不当位，失位不正，则虽有“田”有“禽”，却不能得。以此言之，则“田无禽”之“无”，非有无之“无”，实无所得之“无”。

六五，恒其德，贞①，妇人吉，夫子凶②。

【注释】

①恒其德，贞：贞，占测。六五虽不当位，然居中而与九二之阳刚相应，阴阳相亲，中中相应，故能“恒其德”，此妇道之“正”。

②妇人吉，夫子凶：六五在震，九二在巽，巽为妇人，六五能与九二“恒其德”，则对妇人吉利。六五失位于震中，震为长男，故曰“夫”。失位而应，则有利于彼，无利于己，故曰“夫子凶”。

【译文】

六五，恒久地保持自己的美德，占问吉凶，对于妇人有吉祥，对于男人则有凶险。

《象》曰：妇人贞吉，从一而终也①。夫子制义，从妇凶也②。

【注释】

①从一而终：从一，即跟从一个丈夫。按《礼记·郊特牲》曰：“壹与之齐，终身不改，故夫死不嫁。”

②夫子制义，从妇凶：制义，即因事而裁制事宜，从妇则凶。《正义》释：“五与二相应，五居尊位，在震为夫。二处下体，在巽为妇。五系于二，故曰‘从妇凶’也。”也就是说，男人为尊，不可顺从处

在自己下面的妇人。

【译文】

《象传》说：妇人吉祥，这说明一个女人应该终身只顺从一个丈夫。而男人则要因事制宜，若顺从女人则会有凶险。

【评析】

六五所谓的“妇人吉”，有两个前提条件：一是“贞”，即贞洁守身；二是“从一而终”，而对男人则许之以因事“制义”之权。实际上，这是以牺牲妇女的利益为前提的。

上六，振恒，凶①。

【注释】

①振恒，凶：振恒，静为持久之道。上六处《恒》之极，震在《恒》上为动，本来就很难持久坚守正道，又振而动之，“振恒”则无“恒”，故有“凶”。

【译文】

上六，振动不安于恒久之道，有凶险。

《象》曰：振恒在上，大无功也。

【译文】

《象传》说：上六在上振动不安于恒久之道，结果很不成功。

【评析】

动则不能持久，上六居震之上，动摇《恒》道，就等于动摇基础。《正义》曰：“凡处于上者，当守静以制动。”清静无为，垂拱而治，与民休息，这是处上之上策。

遁(䷠)

【题解】

乾为君子，艮为山林，《遁》有君子遁入山林之象，其所以要“遁”，就在于阳消于阴，阴为小人，小人渐长而得势，于君子必不利。故《彖传》曰“遁亨”。进而亡身，不如退而守正。此卦与他卦不同的是，上爻反而好于初爻，上九能飞遁而去，所以无有不利；九五能激流勇退所以曰“嘉”；九四因好于“遁”而吉利君子；九三因不能速速遁去而有危险，然能守正其身也可以有“吉”；六二于“遁”不能解脱，故自固其志；初六最远于“遁”，所以有危险。就整个卦象而言，内卦因艮而止，外卦以“健行”速遁而多吉。

遁[①]：亨。小利贞[②]。

【注释】

①遁：卦名，艮下☶乾上☰。卦下为艮，艮为止。卦上为乾，乾为君，为健行。君子之健行为艮所止，故有逃避、退隐之意。又内阴而外阳，阳为君子，阴为小人，则小人入于内，君子避之于外，故曰“遁”。

②亨。小利贞：小人得势，君子避之，则得亨通，故曰“亨”。小，指六二，居中曰“利贞”，阴为小，故曰“小利贞”。

【译文】

《遁》卦象征着退隐和逃避：亨通。做事小有利益。

《彖》曰：“遁亨”，遁而亨也。刚当位而应，与时行也[①]。“小利贞”，浸而长也[②]。遁之时义大矣哉[③]！

【注释】

①刚当位而应,与时行也:刚当位,指九五,九五居阳刚之位为“当位”。九五下与六二相应,故曰“应”。时,为阴消阳之“时”。行,为遁隐之“行”。也就是说小人得势时,君子就应遁隐避难。

②浸而长:浸,漫延,扩张。这里指初六、六二两阴爻有逐渐漫延生长的趋势。

③遁之时义大矣哉:在小人得势时归隐山林,既可远身免祸,又能防止“否”之到来,故“时义大矣”。

【译文】

《彖传》说:所谓“遁亨”,是讲初六在“退隐和逃避后将会得到亨通”。阳刚居中正而应于下,顺应时势而行。“做小事有利益”,这是因为阴气将渐趋漫延、生长。这说明遁隐的时间具有很大的意义。

《象》曰:天下有山,遁①。君子以远小人,不恶而严②。

【注释】

①天下有山,遁:按《象传》言,乾为天,为朝廷;艮为山,为贤人。以天下有山比喻朝廷之下有贤人,贤人不在朝廷,而在山中,这说明有小人在朝,有昏君主朝,故此时就应遁隐。

②不恶而严:恶,凶狠。严,严厉。君子不应与小人斗,而应避之,但对他们应以严厉的态度,不与他们同朝为政。

【译文】

《象传》说:高高的天空之下耸立着一座座大山,这种景象象征着遁隐。君子因此归隐山林,远避小人,没有凶恶的心,却以严厉的态度对待小人。

【评析】

《遁》卦的卦辞是紧紧围绕着“天下有山”的卦象展开的,卦辞的意义既说明了卦象中有阴柔小人渐渐“浸长”之势，又为贤者指出一个好的去处——山。因为小人之道与君子之道不同，故君子也不能与小人斗，只能采取“不恶而严”的态度，这样，就可以不与“小人”同朝为政。《王注》在注解《遁》之卦辞时，只一句“遁乃通”，一点即透，一语了然。与前人之注相比，《王注》之“遁乃通”三字更能真切、深刻地概括《遁》卦的真正意义。且其释义之辞，虽不寻象而谈，却蕴着意象而来，故“遁乃通”中含有的劝诫之意全在于意象之中，寓哲理性于生动的形象之中，蕴意隽永，意味深长，言尽而意无穷。

初六，遁尾，厉①，勿用有攸往②。

【注释】

①遁尾，厉：艮为狗，也可指类如犬的野兽。初六在艮初，又远于遁形之后，故曰“遁尾”。又此时阴已消阳至二，初在二后，故曰“尾”。遁之时，应速避其小人，初六落后在“尾”，故“厉”。

②勿用有攸往：艮为止，应以清静为主，不宜有动，且初六上应九四，九四失位不正，不宜有应。九四若动而变正，则成坎，坎为险，故曰“勿用有攸往”。

【译文】

初六，退避之时，落在末尾，这是有危险的，不宜有所前往。

《象》曰：“遁尾”之“厉”，不往何灾也①？

【注释】

①不往何灾：九四不当位，动则成坎，初六若前往与之应，就会陷入坎险之中；若不往，而退隐山林，则近不能成“否”之势，远又能免

于陷“险”之困，故曰“不往何灾”。

【译文】

《象传》说：“退避之时落在末尾”就会有“危险”，若不前往，又有什么灾祸呢？

【评析】

《本义》所言：“遁而在后，尾之象，危之道也。占者不可以有所往，但晦处静俟，可免灾耳。”“无往”和“静俟”不仅是初六守身远“厉”的想法，也是切实可行的有效方法。从卦象上看，初六从两个方面来采取了避开小人、远祸守正的方法：一是不能落后于遁形之中，已有遁隐之志，就应从速而去；二是既然已经隐退，就不宜有动，以期达到无“厉”之目的和“不恶而严”的效果。

六二，执之用黄牛之革，莫之胜说[①]。

【注释】

①执之用黄牛之革，莫之胜说：执，束缚。莫，没有谁。胜，能。说，通“脱”。《遁》下为艮，艮为手，九二至九四互有巽，巽为绳，艮为狗，类如牛状，三象联系，即出“执之用黄牛之革”之象。六二所处的位置说明阴气已进至遁去的状态，同时，因为他处中守正，上应于九五，势又不能遁去，如牛革束缚在身，故不能“脱”。

【译文】

六二，用黄牛皮制成的绳索捆绑，没有人能够解脱。

《象》曰：“执用黄牛”，固志也[①]。

【注释】

①固志：二当位中正，上应九五，虽处于“遁”势，而欲辅佐九五，坚

守臣道，不愿遁去，故曰“固志”。

【译文】

《象传》说：“用黄牛皮制成的绳索捆绑”，这说明六二有固守不退的意志。

【评析】

孔子赞扬直臣史鱼时说：“直哉史鱼。邦有道如矢，邦无道如矢。”六二的境界就如同史鱼一样，身逢乱世，小人乱朝于内时，六二不仅没有遁形于山林之中，还在恪守不渝。也许他出于不得已，但是，正是这种不得已的处境才能说明他有很强的责任感。故观六二则知，《遁》于此时，则卦有遁义而爻无遁志。六二居中当位，上应九五，职守所在如牛革缚身，不能解脱，有固志守正之心而无退隐之志。且在小人得势时，并非所有的人都愿遁隐，也并非所有的人都能遁隐，如《论语》记“桓公杀公子纠，召忽死之，管仲不死”。大丈夫以天下为己任，或殉君王以忠心，或殉国难以壮志，皆为分内当然之事。二者有孰轻孰重之分而无孰是孰非之别，一切皆在形势之所然。

九三，系遁，有疾厉①；畜臣妾吉②。

【注释】

①系遁，有疾厉：疾，病患。厉，危险。九三虽当位于《遁》，然处艮之上，有静止不动之象，故心必有所“系”，“系”则不能动，故曰“系遁”。所“系”在二，就有“疾”患之“厉”，故曰“有疾厉”。

②畜臣妾吉：九三亲其所近，心系六二，六二在互巽之下，巽为长女，有臣仆、侍妾之象，故曰“畜臣妾吉”。

【译文】

九三，心有所系，不能遁去，有疾患、危险；若是用于畜养臣仆侍妾，可获吉祥。

《象》曰："系遁"之"厉"，有疾惫也①。"畜臣妾吉"，不可大事也②。

【注释】

①有疾惫：九四失位不正，动而变正则成坎，九三处坎中，《说卦》曰"坎为疾"，故曰"有疾惫"。又九三在艮上，艮为止，止则不通，医道曰"不通则痛"，且内下为阴，故曰"有疾惫"。

②不可大事：上无所应，下则有比，志在"臣妾"，故曰"不可大事"。

【译文】

《象传》说："心有所系，不能遁去"，有"疾患、危险"，这说明九三深受疾患和困惫之苦。"畜养臣仆侍妾可获吉祥"，这说明九三不可胜任国政大事。

【评析】

《遁》之真义在于"远小人"，但是，以身处《遁》卦的九三而言，他并没有把"远小人"的心志写在脸上，而是借畜臣妾以示其志，形似得意而实为不得已。因此，《象》之所谓"不可大事"，并非九三之德才不可任大事，实为形势逼人，不可为大事。

九四，好遁①，君子吉，小人否②。

【注释】

①好遁：好，喜爱。九四下应于初，初即九四所"好"，九四居于乾体，乾有刚健之德，能坚决果断地遁去，故曰"好遁"。

②君子吉，小人否：乾为君子，九四居于乾体，故君子指"九四"。九四能舍其所恋，断然地避开小人，故对君子"吉"。小人系其所恋，不能舍，故曰"小人否"。

【译文】

九四，喜欢遁隐，对于君子则吉，对于小人则不吉。

《象》曰：君子好遁，小人否也。

【译文】

《象传》说：君子喜欢遁隐，小人则不能做到。

【评析】

子曰："邦有道，谷。邦无道，谷，耻也。"又赞扬南容曰："邦有道，不废，邦无道，免于刑戮。"在《遁》卦中，九四之所以"好遁"，就是因为小人得势，"邦无道"。综观《遁》卦之六爻，至九四才开始显示出遁志与遁形来。诚如《集解》引侯果所言："不处其位而遁于外，好遁者也。然有应在初，情未能弃。君子刚断，故能舍之。小人系恋，必不能矣。故君子吉，小人凶矣。"就九四而言，他像一个真正能遁隐的君子，即使是有所系恋、有所喜好，也坚决地摆脱羁绊，果断地避开小人。

九五，嘉遁，贞吉①。

【注释】

①嘉遁，贞吉：嘉，美，善。九五居乾中，得中正之位，与二有应，当位中正而应，故曰"贞吉"。

【译文】

九五，嘉美的遁隐，是很吉利的。

《象》曰："嘉遁贞吉"，以正志也①。

【注释】

①以正志：指九五以刚中居正，其“嘉遁”之志全在于“正其退隐之志”。

【译文】

《象传》说：“嘉美的遁隐是很吉利的”，这说明九五能端正自己退隐的心志。

【评析】

“以正志”，前人所注有二义：一是指九五刚中得正，能正群小之志。故《正义》曰：“‘以正志’者，小人应命，不敢为邪，是五能正二之志，故成遁之美也。”按《正义》的意思，“以正志”是指九五能正六二之志。二是功成身退，以正其退隐之志。就卦象而言，应是后者。宋太祖赵匡胤对功成之将用“杯酒释兵权”就有此意。

上九，肥遁，无不利①。

【注释】

①肥遁，无不利：肥，通“蜚”，即“飞”。这里是以“飞遁”来比喻位于《遁》之极的上九有高飞远引、超然远遁之象。因其与内无应，无牵无挂，故遁隐而去，则“无不利”。

【译文】

上九，高飞远举般地退隐而去，没有不利。

《象》曰：“肥遁无不利”，无所疑也①。

【注释】

①无所疑：上九处在《遁》极，无应于内，遁隐之时，心无所疑，志无

所疑，故曰“无所疑”。

【译文】

《象传》说：“高飞远举般地退隐而去，没有不利”，这是因为上九心中无所疑虑。

【评析】

古注“肥”多有歧义，现仅就《王注》与《正义》简析如下：《王注》此爻曰：“最处外极，无应于内，超然绝志，心无疑顾，忧患不能累，矰缴不能及，是以‘肥遁无不利’也。”据《王注》之“矰缴不能及”来看，“矰缴”是射飞之具，则“肥”通“飞”。而《正义》用（子夏）“饶裕”、虞氏“盈肥”之说。按卦象当以《王注》为是。古本“肥”通“蜚”。《九师训》曰：“遁而能飞。”曹植《七启》曰：“飞遁离俗。”张衡《思玄赋》曰：“欲飞遁以保名。”上九在乾象，乾为龙，龙有飞跃之能。如《乾》之九五曰“飞龙在天”。基于上述分析可知，释“肥”为“飞”也合乎卦象，故《王注》是而《正义》非。“飞”之于遁，是遁形与遁志的最高境界，也是完全超然物外的遁隐，他没有内应，这说明他不是在忘记别人，而是在忘记自己，古之巢父，许由之隐就类如上九之隐。

大　壮（䷡）

【题解】

《大壮》的真义若用《老子》的话来说，就是“知雄守雌”；用《象传》的话来说，就是“非礼勿履”；用孔子的话来说，就是要“泰而不骄”，“富而好礼”。“大”而“正”，方可谓堂堂正正。卦中六爻，唯九二“贞吉”，正合乎《彖传》所谓“大者正”的道理。初九以壮用壮，故“征凶”；九三也是以壮用壮，所以没有什么好处可言；九四因于壮大之时守正而无所悔恨；六五于“壮”有丧，也能“无悔”；上六因不能进而于难中得“吉”。

大壮[①]：利贞[②]。

【注释】

①大壮：卦名，乾下☰震上☳，乾阳主内，内壮于阳，阳气上升致使阴气消退殆尽，阳盛而阴衰，故曰“大壮”。

②利贞：君子当“泰而不骄”，“富而不骄”，故“大壮”之时，有利于做事。

【译文】

《大壮》卦象征着大为强盛：有利于做事。

《彖》曰：大壮，大者壮也①。刚以动，故壮②。“大壮利贞”，大者正也③。正大而天地之情可见矣④！

【注释】

①大者壮：阳爻谓大，阴爻为小。乾卦在内为大，四阳比二阴为壮，阳气刚健上行而动，故曰“大者壮”。

②刚以动，故壮：刚，指在下之乾卦。动，指上卦震，震为动。内刚健而外震动，故曰“壮”。

③大者正：内卦为乾，乾为大，秉强健刚正之德，故曰“大而正”。

④正大而天地之情可见：《大壮》卦内有正直而强大的秉性，乾为天，天大，地大。宇宙万物中，阳刚为正，阴柔为不正，天正，则地正，君正则臣正，上正则下正。概观其形势，大略如此。故观“正大”之事物，可以发现天地之情。

【译文】

《彖传》说：所谓“大壮”，事物发展到宏大就会强壮。刚健有力，震动强劲，所以被称作强壮。“大为强盛时有利于做事”，这说明刚健强大者，必然要守正不阿。保持正直强大，那么，就可以发现天地之性情了！

《象》曰：雷在天上，大壮。君子以非礼弗履[①]。

【注释】

①君子以非礼弗履：按《象传》以震比刑法，以天比法庭，刑法在天，就是刑法掌握在统治者手中。刑法之威严如雷声震动上天，君子观此象，而知天怒不可触，刑法不可犯，因此不会做“非礼”之事。

【译文】

《象传》说：震雷在天空上发威，象征着伟大而强壮。君子对于非礼之事，是不会实行的。

【评析】

“大而正”和“刚以动”是《大壮》特有的威力，堂堂大壮，气势正正，威严强大，这是雷在天上发出的力量。这种力量实际也蕴涵着君子的道德力量和“非礼”勿行的严整人格。《论语》曰：“其身正，不令而行；其身不正，虽令不从。”故君子唯有“大”而“正”之，方可实践其天地仁爱之心。

初九，壮于趾，征凶[①]，有孚。

【注释】

①壮于趾，征凶：壮，指初九。初九在乾，故“壮”。上应九四，九四在震，震为足，故“足趾”指九四。九四失位不应，故“征凶”。

【译文】

初九，把刚猛强大的劲头用在足趾上，前行则会遇到凶险，走路的人应当心中怀有诚信之德。

《象》曰:“壮于趾”,其孚穷也①。

【注释】

①其孚穷:孚,诚信。穷,指“征凶”。初九处在下位,卑而弱,于《乾》为“潜龙勿用”,上应九四,九四失位不应,故“穷”。然初九为君子,穷而不失其“孚”。

【译文】

《象传》说:“把刚猛强大的劲头用在足趾上”,这说明初九虽然满怀诚信地走路,却没有路可走了!

【评析】

《大壮》既以“刚以动”为象,则必有所行,行而应之于体,则为“趾”;震为足,九四在震初,与初相应,因此可知“趾”在九四。有注初九为“趾”者则有三误:一忽略了“震为足”象,二无视初应于四,三不识“于”之所指。

九二,贞吉①。

【注释】

①贞吉:九二居乾中位,虽以阳居阴,有失位之嫌,然阳居中位,以中和之道行事,故曰“贞吉”。

【译文】

九二,做事吉利。

《象》曰:九二“贞吉”,以中也①。

【注释】

①以中:“贞吉”来自于居中,居中则有守持中正之道的条件。如人

能行中正之道一样，故爻辞以“吉”论之。

【译文】

《象传》说：九二之所以“做事吉利”，就因为其居于乾刚之正中。

【评析】

《象传》与王弼《周易注》均以“中”解九二，而《正义》曰：“以其居中履谦，行不违礼，故得正而吉也。”枝蔓出“正”来，破《注》而违例。九二以阳居阴，失位不正，何“正”之有？其所以“贞吉”，意不在“正”而在“中”，中而有应，故曰“贞吉”。

九三，小人用壮，君子用罔，贞厉[①]。羝羊触藩，羸其角[②]。

【注释】

①小人用壮，君子用罔，贞厉：罔，即“无”，“用罔”与“用壮”相对而言，即“不用壮”。九三处乾之上，居“健之极”，又“以阳居阳”，这等于是健而不谦。健而不谦，定然要用其壮。若小人当此之时，不知恐惧，故曰“小人用壮”。而君子当此之时，就会考虑危难，不用其壮。

②羝羊触藩，羸其角：羝羊，三岁以上的大牡羊。藩，藩篱。羸，缠绕，纠结。《大壮》互《夬》(䷪)，其象为下乾上兑，兑为羊，震为竹木，其象“藩篱”，有羊触及“藩篱”之象。

【译文】

九三，小人妄用强壮之体，君子则不用其壮，占问结果有危险。就像羝羊顶触藩篱，结果角被纠结缠绕。

《象》曰：“小人用壮”，君子罔也[①]。

【注释】

①君子罔：罔，《王注》训“罔”为“罗罔也”，故“罔”通“网”。《正义》曰：“君子当此即虑危难，用以为罗罔于己。”此义与“用罔”之义通。

【译文】

《象传》说：“小人妄用强壮”，君子虽强不用。

【评析】

九三因居乾之极，以阳居阳，位正于阳刚，有强中之强之象。这种情况对于君子而言，则克己守正；对于小人而言，则会恃强用壮，恃强凌弱。然而，“小人用壮”，犹如“羝羊触藩”一样，会使自己纠缠在“藩篱”之中而不得脱身。

九四，贞吉，悔亡①。藩决不羸，壮于大舆之輹②。

【注释】

①贞吉，悔亡：九四失位无应，本有其“悔”，但是，因其居于阳气升至《大壮》之极位，身处本卦强壮之极，能以阳处阴，表现出他有谦虚守正的品德，故能“贞吉”。动而变正则“悔亡”。

②藩决不羸，壮于大舆之輹：决，开裂，藩篱裂开则羊角不能被纠缠。大舆，九四动而变正，变正为坤，坤为大舆。輹，通“辐”，辐壮则能行，行则能使阳气升至五。

【译文】

九四，做事吉利，悔恨也会随之消亡。藩篱被冲裂开后，羊角也就不会被纠缠住了。大车的辐条也变得强壮起来。

《象》曰：“藩决不羸”，尚往也①。

【注释】

①尚往：尚，通“上”。九四本与初应，然以阳居阴，则下失所应，上则“篱”决，不为所羸，有利于往，故曰“尚往”。

【译文】

《象传》说：“藩篱被冲裂开后，羊角也就不会被纠缠”，这说明九四要前行向上。

【评析】

九二“以中”，九三“用罔”，至九四则“尚往”，为什么呢？因为九四下无所应，上无所阻，无所羁绊，乘“大舆”而上，则将形成两种乐观的情况：一则动而变正，卦成《泰》(䷊)；二则上能与六五易位，各得其正。

六五，丧羊于易，无悔①。

【注释】

①丧羊于易，无悔：《大壮》互《夬》(䷪)，上互为兑，兑为羊，六五不正，下应九二，九二在乾，兑应乾中，则有丧羊而得马之象，“丧羊”而得马，故曰“无悔”。又六五失位，动而变正，则五位之下无兑象，失兑羊而得乾马，也是“无悔”。

【译文】

六五，在变化与交易中丢失了羊，这没有什么悔恨的。

《象》曰：“丧羊于易”，位不当也①。

【注释】

①位不当：六五失位，失其所居，易位则“丧羊”。

【译文】

《象传》说：“在变化与交易中丢失了羊”，这是因为他所处的位置不当。

【评析】

此爻之“易”字，前人注有三种：一是《集解》所谓“乾以易知”，“易”被释为难易之“易”。《本义》、《正义》所注即为此义。二是《释文》以“易”通“埸”(yì)，国界，田埂。三是高亨认为，易为国名，即有易氏。三者均有理可说，然三者皆非卦之本象，也非辞之本义。因为无论是六五因为“轻易疏忽”而丧羊，还是丧羊于“埸(易)界”，还是丧羊于“有易”国，皆应有“悔”，而辞却曰“无悔”。试想，若“丧羊”以“无悔”，其原因必有一种，那就是“丧羊”而有所得，才能“无悔”，即失于此而得于彼，这种情况只能以交易之“易”来解释。再看卦象，九三至六五互有兑卦。按《说卦》：“兑为羊。”然六五失位而得羊，变而得正则六五以下失去兑象，兑象失则乾象成，“乾为马”，丧羊而得马，故曰“无悔”。又六五以兑下应于二，二在乾，兑入于乾象也有丧羊得马之象。综上所述，我们可知“易”本为变易、交易之“易”。

上六，羝羊触藩，不能退，不能遂，无攸利[1]，艰则吉[2]。

【注释】

①羝羊触藩，不能退，不能遂，无攸利：遂，前进。上六居《大壮》之终，震卦之极，穷于进，故“不能遂”。应三则有四阻隔，故“不能退”，退则失位，上则乘刚，故“无攸利”。

②艰则吉：艰，艰难。虽处进退两难之境，然当位有应，如处困境之中，守正待援，故终“吉”。

【译文】

上六，羝羊冲触藩篱时被缠绕住，不能退出，也不能前进，无有所利，虽陷入艰难的困境中，却有一个吉利的结果。

《象》曰：“不能退，不能遂”，不详也[1]。“艰则吉”，咎不长也[2]。

【注释】

①不详：详，同“祥”，即吉祥。

②咎不长：上六当位，若守正待应，则“咎不长”。故《正义》曰：“能艰固其志，即忧患消亡，其咎不长，释所以得吉也。”

【译文】

《象传》说：“不能退出，也不能前进”，情况很不吉祥。“陷入困境却得到吉利的结果”，这说明灾难是不会长久的。

【评析】

在《大壮》之时，上六则陷入进退两难的困境之中，用《象传》的解释是“不祥也”。就上六的爻象来看，虽然其本身的位置限制了他的自由，但是，上六却当位有应，所以，只要他能守正固志，则最终会获得救助，故“咎不长”。

晋(䷢)

【题解】

《晋》卦总是让人们想到一轮红日于大地上冉冉升起的情景，《象传》谓此卦是“顺而丽乎大明，柔进而上行”，“大明”就是指太阳，“柔进”就是指冉冉升起的样子。于是《晋》卦中凡合乎“柔进”则能吉利。六爻之中，唯六二最为吉利，因其于象为“大明”，于义则为“柔进”，于位则当位于中正柔和之道。余则“无咎”而已。

晋[①]：康侯用锡马蕃庶[②]，昼日三接[③]。

【注释】

①晋：卦名，坤下☷离上☲。《尔雅》释：“晋，进也。”《象传》、《王注》、《正义》皆释为进。

②康侯用锡马蕃庶：康，《释文》注“美之名也”，“康侯”犹言“尊贵的

公侯”。锡，通“赐”。蕃庶，即众多。

③昼日：谓一日之间。三接：下坤为三阴，数为“三”，故曰“三接”。在古代“三”泛指多次，这里指多次接见。

【译文】

《晋》卦象征着长进：尊贵的公侯接受天子赏赐的众多车马，一天之内被多次接见。

《彖》曰：晋，进也，明出地上①。顺而丽乎大明②，柔进而上行③，是以“康侯用锡马蕃庶，昼日三接”也。

【注释】

①明出地上：坤为地，坤上为离，离为日，离为火，皆有光明之象，如日出地上。

②顺：坤为顺。丽：附丽，附着。大明：指上卦离。离为日，日光在天，实为“大明”。

③柔进而上行：下三阴为柔，六五也为柔，柔由初上行至五。

【译文】

《彖传》说：“晋”，就指长进，就如同光明的太阳从地平线上升起。大地上的万物都顺从地承受美丽盛大的太阳光辉，光明柔和地冉冉升起，一直向上行进，所以，就能使得“尊贵的公侯接受天子赏赐的众多车马，一天之内被多次接见”。

《象》曰：明出地上，《晋》。君子以自昭明德①。

【注释】

①自昭明德：昭，显示。太阳照耀大地万物，君子观此情景，悟出自

己也就像阳光一样，自己去彰显美德。

【译文】

《象传》说：光明出现在大地之上，象征着“长进”。君子因此知道自己必须彰显光辉的美德。

【评析】

《晋》之谓“进”，在其有日出地上之象。太阳的升起，总是冉冉上升，柔顺地上行。“柔进而上行”的光明就如同一个谦谦君子，他有“自昭明德”的勤谨、进取精神。《大学》曰：“大学之道，在明明德，在亲民，在止于至善。”《晋》中的君子，在地为柔，于上为“进”。在天，有光辉灿烂之美，在地，则有亲民之象，于上，则有直上之力。故《象传》有“丽乎”之言、“三接”之颂。

初六，晋如摧如，贞吉①。罔孚②，裕无咎③。

【注释】

①晋如摧如，贞吉：晋，进，上进。摧，退却。初六为“晋”之始，上遇九四应，九四为离，离为光明，故曰“晋”；进而遇二、三之阻，又三至五为坎，坎为陷，为险，故进而遇“坎”，遇“坎”则退，故曰“摧”；然进而动，动而变正，故曰“贞吉”。

②罔孚：罔，无，没有。孚，诚信。《晋》卦中唯六二处正当位，其余则失位。加之初六失位，创业于始，进明在初，故未被他人信服，故曰“罔孚”。

③裕无咎：裕，宽裕。初既遇二、三坎险之阻，当宽裕缓进，终则必进于“明”，故于其晋道则“无咎”。

【译文】

初六，无论是上进还是退却，都是吉利的。即使是尚未得到众人的信服，宽裕时日，也没有灾害。

《象》曰："晋如摧如"，独行正也①；"裕无咎"，未受命也②。

【注释】

①独行正：独，指初六。初六失位，其毗邻皆以阴为敌，故曰"独"。初六失位，动而成震，震为足，为"行"；动而得"正"，故"独行正"。

②未受命：命当王者所受，初六处低下之位，应四而不应于五，四为臣，五为君，故曰"未受命"。

【译文】

《象传》说："无论是上进还是退却"，初六都能独自实行正道；"宽裕待时则没有过错"，这说明初六尚未禀受君王之命。

【评析】

初六柔弱，进而遇阻、遇险，遇险而"摧"，交人则"罔孚"，此本难免之事，但是，因初六远则有进明之象，近则有处顺之道，进退俱不失其"独行正"的精神，故终有"无咎"之果。

六二，晋如愁如，贞吉①。受兹介福，于其王母②。

【注释】

①晋如愁如，贞吉：六二上进，然六五失位，六二失其所应，故其"进"德未得昭明，虽有"晋如"之行，行而未果，失之无应，故"愁如"。但是，因其处中于坤，坤为顺，顺而居于中正，且不因上无所应而改其进修之德，终能得"正"而"吉"，故曰"贞吉"。

②受兹介福，于其王母：介，大也。王母，指六五，六五为王位，然以阴居阳，故为"王母"。六二虽遇"愁"，因其处中守正，故终能受"王母"之赐福。

【译文】

六二，无论是上进还是忧愁，都能获得吉利。将从尊贵的王母那里接受宏大的福气。

《象》曰："受兹介福"，以中正也[①]。

【注释】

①以中正：六二当位居中，虽上无所应，然顺居中正之位，故终能"受兹介福"于"王母"。

【译文】

《象传》说："接受宏大的福气"，这是因为六二身处中正之道。

【评析】

《晋》之六爻中，唯六二当位"贞吉"且"受福"于"王母"。前人所注"王母"多指六二，因其所居在"坤"，坤为母，故曰"王母"。但是，既然六二为"受"者，又何以能为"王母"？况且，若以六二为"王母"，辞之"于其王母"的"于"又指向何处呢？按卦例、卦象，六五为君王之位，因五为阴爻，本与二应，则"王母"宜指六五。

六三，众允，悔亡[①]。

【注释】

①众允，悔亡：众，六三居坤卦之上，坤为众。允，《释诂》曰"信也"，即信任。六三失位，本有其"悔"，但是，因其与众人同志为"进"，受到众人的信任，故曰"悔亡"。

【译文】

六三，获得众人的信任，悔恨就会消失。

《象》曰："众允"之志，上行也[1]。

【注释】

①上行：六三与上九应，上九在离，离为日，应日而上，故曰"上行"。

【译文】

《象传》说："获得众人的信任"的六三的志向，这是因为他与大家同有上进之心。

【评析】

六三虽失位不正，但是，从位置上讲，他最接近光明，因为三上即"离"，离为日，为光明。这说明他与初、二俱有上行之志，同志为进，又在初、二之前，故受"众"所"孚"。

九四，晋如鼫鼠[1]，贞厉[2]。

【注释】

①晋如鼫(shí)鼠：鼫，亦称"硕鼠"。《说文》曰："鼫鼠，五伎鼠也。"《正义》引蔡邕《劝学篇》云："鼫鼠五能，不成一伎。《王注》曰：'能飞不能过屋，能缘不能穷木，能游不能度谷，能穴不能掩身，能走不能先人。'"这里是用"鼫鼠"之多"伎"无"成"形容那些贪婪不正的人。

②贞厉：九四失位，象如鼫鼠，虽有"五能"，实无一长，以此为"进"，岂不"贞厉"。

【译文】

九四，上进之时犹如身无一技之长的鼫鼠，这种情况很危险。

《象》曰："鼫鼠贞厉"，位不当也[1]。

【注释】

①位不当：九四以阳居阴，失位不当，欲应下，则下失位；欲进上，则上也失位。居此之位，实进也不能，退也不能，效如“鼫鼠”之劳、之技，故曰“位不当”。

【译文】

《象传》说：“身无一技之长的鼫鼠遇到危险”，这是因其所处的位置不当。

【评析】

《晋》下为坤，坤为地，有田土之象，九四以阳居阴，据下之“田土”为己有，其贪如“硕鼠”。《诗·魏风·硕鼠》云：“硕鼠硕鼠，无食我黍。”诗中的“硕鼠”与九四爻所指的“鼫鼠”一样，胆小怕人，贪婪可憎。

六五，悔亡，失得勿恤[①]；往吉，无不利[②]。

【注释】

①悔亡，失得勿恤：恤，忧虑。六五居不当位，故有“悔”。然以柔居尊，以阴居阳，又在离中，其不“进”自明，变而得正，则“悔亡”。得也无忧，失也无忧，故曰“失得勿恤”。

②往吉，无不利：往则得正，故曰“吉”。因能自明于“离”，下以坤顺从于上，则“吉”而“无不利”。

【译文】

六五，悔恨消失，不要为得到与失去忧虑。前往必得吉祥，无有不利。

《象》曰：“失得勿恤”，往有庆也[①]。

【注释】

①往有庆:《集解》引虞翻曰:“动之乾,乾为庆也。”五动则变乾,乾为健行,变而正,行而往,故曰“往有庆”。

【译文】

《象传》说:“不要为得到与失去忧虑”,前往则必有福庆。

【评析】

“失得勿恤”之“失”,《正义》、《本义》皆作“失”,朱熹在其《本义》释为“一切去其计功谋利之心”。《集解》引虞翻、孟喜、郑玄等以“失”作“矢”,或释训为“誓”,即誓志;或以卦象为离,离有戈兵、射箭之象,因此释为“矢”。因三种解释皆符合《晋》卦本义,现从《正义》之说。

上九,晋其角,维用伐邑,厉吉①,无咎,贞吝②。

【注释】

①晋其角,维用伐邑,厉吉:角,角端,如兽角之上。维,语气词。用,犹“宜”。上九处《晋》之极,明过离中,犹如日过于中,如在角端,然因阳亢于上,仍然进而不已,故曰“进其角”;因失位于《晋》,位偏不正,过亢不已,不能为人信服,故“用征伐”以服之。

②无咎,贞吝:兵者凶器,伐而服之,于理“无咎”。然兵属危,因其先“厉”而后“吉”,故“无咎”。用征伐才能服人,服而有“吝”,故曰“贞吝”。

【译文】

上九,上进至极,就像高居兽角尖端一样,宜于征伐邑国建立功绩,虽有危险,但最终还是吉祥的,没有什么灾难,只有一些困难而已。

《象》曰:“维用伐邑”,道未光也①。

【注释】

①道未光：上九虽下应六三，然穷居离上，失位不当，故曰“道未光”。

【译文】

《象传》说：“唯有用征伐才能使人信服”，这说明上九的道德并没有光大。

【评析】

上九居《晋》之极，本已失位，阳亢激进，其德不能服人，只能以力服人，“征”而“无咎”，然而，终不过于“吝”而已。且“兵者，凶象，圣人不得已而用之”，故《孙子兵法》以“攻心为上”。上九恃强凌弱，以征伐服人，其所服非心服、诚服，故曰“道未光”。

明　夷(䷣)

【题解】

“明”之于“夷”，是光明殒灭的现象，而这一现象在《周易》中是以“明”入地下的形象化情景来表现的。离为日，离为火，离为雉，光明附着于雉，则有“于飞”之象。然而，这样的“于飞”，在初九时只能“垂其翼”，至六二则已“夷”于左股。但是，君子对于殒伤之痛并非一味地忍受，而是有所作为的，故九三的“南狩”就可以被看做是君子对光明被“夷”的反击。当然，正确而适当的“反击”集中表现为六五所列举的“箕子”对待“明夷”的态度和方法。

明夷①：利艰贞②。

【注释】

①明夷：卦名，下离☲上坤☷。夷，《释诂》曰：“夷，灭也。”《集解》引虞翻曰：“夷，伤也。”以卦象而言，离为“明”，坤为地，“明”在地

下，有“明”隐陷入地中之象。

②利艰贞：当光明受到殒灭之伤时，君子就应该像地中有明一样，在心中保持自己的光辉品德，不宜干预朝政大事，以避免小人的暗算、陷害。

【译文】

《明夷》卦象征着光明殒灭：有利于在艰难中守正的人。

《彖》曰：明入地中①，“明夷”。内文明而外柔顺，以蒙大难，文王以之②。“利艰贞”，晦其明也③，内难而能正其志，箕子以之④。

【注释】

①明入地中：离为火、为光明，坤为地，“明”陷入于地下，故曰“明入地中”。

②内文明而外柔顺，以蒙大难，文王以之：以，用也。离为火、为日，在内，故曰“内文明”；坤为地，为柔顺，在外，故曰“外柔顺”。这里是以“内文明而外柔顺”为喻，讲述文王被殷纣王囚禁而蒙受大难时，用“明夷”之法全身而退的故事。

③晦其明：太阳尚且有隐没不显的情况，更何况于人。故观“明夷”之时，君子也当效法天地自然之道，主动地隐晦自己的光辉品德。

④内难而能正其志，箕子以之：以，用也。箕子是殷纣王的诸父，故曰“内难”，在纣王昏庸无道时，他佯装癫狂，内守正道，终免其祸。

【译文】

《彖传》说：光明隐入地中，象征着“光明殒灭”。内具文明之美，外呈柔顺之德，就可以像周文王蒙受大难那样，躲过劫难。“有利于在艰难中守正的人”，把自己光明磊落的品德隐蔽起来，即使是在朝廷内部蒙受艰难的折磨，也要使自己的思想正直无私，就像正直的箕子那样渡过难关。

《象》曰：明入地中，“明夷”。君子以莅众，用晦而明①。

【注释】

①用晦而明：用，以也。而，犹“如”。坤为众、为晦，故“晦”指上卦坤，“明”指下卦离。

【译文】

《象传》说：光明隐陷入地下，这种情况就是“明夷”。君子用这一卦象蕴涵的道理来对待众人，就是以隐晦光明的方法使自己的美德更加光明正大。

【评析】

《明夷》卦以简洁的卦辞“利艰贞”来说明人处在难中应该坚持的品德和方法。当光明殒灭时，作为君子，就应该如《明夷》一样，隐晦自己的美德以使其未来有一种更大的光明。在中国的历史上，有许多的品性方良、贤明正直的仁人之士效法《明夷》卦蕴涵的哲理，韬光养晦，以期更“明”于将来。

初九，明夷于飞，垂其翼①。君子于行，三日不食。有攸往，主人有言②。

【注释】

①明夷于飞，垂其翼：《说卦》曰“离为火”，“离为雉”，火性炎上，于雉则有上飞之象，因初在地下，故其飞必“垂其翼”。

②君子于行，三日不食。有攸往，主人有言：《说卦》曰“离为日”，日有光明之德，故以喻君子，《明夷》上互为震，震为行，故曰“君子于行”。主人，指六四，六四互震，震为主人。言，责难，谴责。有攸往，因受主人责难而行于道。

【译文】

初九，光明殒灭时，向外飞翔要低垂掩抑着翅膀。君子行走在路上，已多日没有吃饭了。要有所前往，因为主人有责难之言。

《象》曰：“君子于行”，义不食也①。

【注释】

①义不食：光明既殒灭，世道黑暗，于“义”当不食其俸禄，才能“晦而明”。

【译文】

《象传》说：“君子行走在路上”，这是因为君子以仁义为本，在光明殒灭时不食俸禄。

【评析】

明夷初飞，所以低“垂其翼”。“君子于行”的原因有二：一急行于道，不食不义之食；二是因为受到责难而避祸远行，不遑其食。

六二，明夷，夷于左股①，用拯马壮②，吉。

【注释】

①夷于左股：夷，受伤。左股，中国古代文化以左为阳，以右为阴，所以说“男左女右”。初在足，故曰“行”。二在初之上，故曰“股”。

②用拯马壮：拯，拯救。因左股受伤，必以马代步，以使伤者能伤愈复壮。

【译文】

六二，光明殒灭，使左边大腿遭受创伤，此时，若能借助良马来拯救伤者，就会使其恢复强壮，可得吉祥。

《象》曰：六二之吉，顺以则也[①]。

【注释】

①顺以则：六二当位居中，秉持中和之德，故能“内文明而外柔顺”，行事顺应法则。

【译文】

《象传》说：六二的吉利，就在于他能柔顺地顺应事物发展的规律。

【评析】

初九“垂翼”，六二有伤，然非伤于“左股”，实伤于君子之道。若能有救，则壮复其身。但是，救其身的与其说是“马”，不如说是“道”。好的结果，不仅要靠客观条件的制约，也要有好方法去造就。

九三，明夷于南狩[①]，得其大首[②]，不可疾贞[③]。

【注释】

①南狩：离为南，所应在坤上，坤为西南，概言之“南”。南方为火，为“文明”之所。狩，《释天》“冬猎为狩”，即“狩猎”。“狩”则有征伐异类之行。

②大首：即“元凶首恶”。

③不可疾：疾，急速。九三虽秉阳刚之正，然“明夷”之时，诛凶顽之

“大首”宜缓不宜急，急则必有失。

【译文】

九三，于光明殒灭之时在南方狩猎并实行征伐，俘获元凶首恶，但不可以过急行事，应当守正持固。

《象》曰：“南狩”之志，乃得大也①。

【注释】

①乃得大：九三当位，秉阳刚强健之德。其上为坤，坤为阴，为晦，有暗主之象，且六五不得位，有昏君之象，九三之志在“得其元凶之首”。首大，事大，故曰“志乃得大”。

【译文】

《象传》说：“南狩”的志向，是为了大有所得。

【评析】

“南狩之事”不在于猎，而在于借“猎”而“得其大首”，然世道暗昧，上有暗主昏君。当此之时，九三虽强有阳刚之德，也应从长计议。成汤起于夏台，文王兴于羑里，凡干大事者，犹豫则不能成，“欲速则不能达”。

六四，入于左腹，获明夷之心，于出门庭①。

【注释】

①入于左腹，获明夷之心，于出门庭：左，《王注》曰：“左者，取其顺也。入于左腹，得其心意，故虽近不危。”腹，因六四已在坤体，坤为腹。“明夷”为“明”入地下，坤为地，故欲得其明夷之心，须从腹中得之。所谓“出门庭”，《集解》引干宝曰：“一为室，二为户，

三为庭，四为门。”六四出庭至门，故曰“出门庭”。

【译文】

六四，退处于左腹，深刻领会光明殒灭的内涵，然后才跨出门远走高飞。

《象》曰：“入于左腹”，获心意也[①]。

【注释】

①获心意：六四象征着“明”已入于坤，坤为腹，于左则可顺而得之腹心，以此喻明夷之道已在地下。

【译文】

《象传》说：“退处于左腹”，这是为了获得明夷的真正意义。

【评析】

离为火，火有炎上之性，从六四的位置可以看出，光明已处于地下，而六四就是走出光明，进入地下的“门庭”，故欲知其明夷之道，就必须从地中腹部得之。

六五，箕子之明夷[①]，利贞。

【注释】

①箕子之明夷：箕子是殷纣王的诸父，当纣王无道乱政时，有鉴于纣王不可以谏，就佯装癫狂，以全身免祸。六五举例说明，世道处于黑暗时，君子就应当像箕子那样“利贞”于“明夷”。

【译文】

六五，殷纣时的箕子处于光明殒灭时，其终得吉利就是因为他内蕴光明，坚守正道。

《象》曰：箕子之贞，明不可息也[1]。

【注释】

①明不可息：息，同"熄"，即熄灭。六五最接近于阴晦，且上下俱以阴暗为比，其危险莫过于此。然因其所应在二，二在离中，故曰"明不可息"。

【译文】

《象传》说：箕子在"明夷"时还守持着正直的品德，这说明六五内心的光明是不可熄灭的。

【评析】

箕子能全身守"贞"，并终为武王师，皆因其能全身于"明夷"之时，守正保明于昏君之朝，故其终得"利贞"。据《史记·宋微子世家》载："纣为淫泆，箕子谏，不听。人或曰'可以去矣'。箕子曰'为人臣，谏不听而去，是彰君之恶，而自说于民，吾不忍为也'。乃披发佯狂为奴。"本卦的《象传》即以此为例，称赞箕子蒙难利贞的智慧和品德。

上六，不明晦[1]，初登于天，后入于地[2]。

【注释】

①不明晦：上六处坤之极，为地下最暗处，故曰"不明晦"。

②初登于天，后入于地：上六之晦，来自于《明夷》之初，而"明"在初时，还有"于飞"之象，故曰"初飞于天"，至上六则"夷"极而入于地，故曰"后入于地"。

【译文】

上六，不发出光明却带来昏暗，起初登临于天上，最终却坠落于地下。

《象》曰："初登于天"，照四国也；"后入于地"，失则也。

【译文】

《象传》说："起初登临于天上"，其光可照耀四方之国；"最终却坠落于地下"，这说明上六丧失了正确的法则。

【评析】

"初登于天"与"后入于地"，两相对照，使我们更为强烈地感觉到光明的珍贵与黑暗的恐怖。但是，在"明夷"中"蒙大难"的君子，不仅以他们的"艰贞"鼓励着我们坚持"利艰贞"的决心和意志，还以其"利艰贞"的智慧告诫我们避免"失则"的危险。联想到文王和箕子的经历，我们应该意识到，"明夷"并不可怕，怕的是我们面对"明夷"而"失则"。

家　人(䷤)

【题解】

《大学》曰："修身，齐家，治国，平天下。"那么，如何才能"齐家"呢？《象传》的答案是："男女正。"男子要像《家人》卦中的上九一样"威严治家"，而女子要像"六二"一样在家中主管饮食之事，男女各职其事，就是各守其正。从卦象而言，《家人》内卦为中女，外卦为长女，上下皆为阴卦，且二女皆得正位，故卦辞曰"利女贞"。就爻象而言，六二、六四居女正于内，上九、九五、九三皆居男正于外。当位居正于内的六二与当位居正于外的九五，形象地说明女正于内、男正于外的中国古代"家人"观。

家人[①]：利女贞[②]。

【注释】

①家人：卦名，离下☲巽上☴。六二象征女子居正于内，九五象征

男子居正于外，男女正则一家正。又据卦象来看，下卦离为妇人，上卦巽为入，女子来入则有家。《释文》："人之所居称'家'，《尔雅》'室内谓之家'是也。"按卦象，即一女来入室，成男女之正则谓"家"。

②利女贞：按古代文化传统，女子主内，男子主外，家内之事，当以女子为正，故曰"利女贞"。

【译文】

《家人》卦象征着一家人：利于女子守持正道。

《象》曰：家人，女正位乎内，男正位乎外①；男女正，天地之大义也②。家人有严君焉，父母之谓也。父父，子子，兄兄，弟弟，夫夫，妇妇③，而家道正；正家而天下定矣④。

【注释】

①女正位乎内，男正位乎外：六二居内卦之中，以阴居阴，当位而正，以象其女正一家之位；九五居外卦之中，以阳居阳，当位而正，以象其男正于外。

②男女正，天地之大义也：男女之事被看做"国之纲纪，人之大伦"。阳高阴低，男尊女卑，男主外女主内，在封建社会被看做"男女之正"，男女正则全家正，故曰"大义"。

③父父，子子，兄兄，弟弟，夫夫，妇妇：前"父"字为名词，后"父"字为动词，即尽父之责任。父子、兄弟、夫妇均为一家之人，他们之间的相互关系和相处方法，实为一家之大事。

④正家而天下定：此家非为一人之家，而是泛指人人之家，"正家"也就是使家家正，家家正则天下必然安定。

【译文】

《象传》说：一家人，女子在家应处正当之位置，男子在外应处正当之位置；男女得其正当之位，这是天经地义的大道理。一家人应当有严正的君长，这指的是父母。父亲要尽父亲的责任，儿子要尽儿子的责任，长兄要尽长兄的责任，弟弟要尽弟弟的责任，丈夫要尽丈夫的责任，妻子要尽妻子的责任，这样家道才能正当适宜；家道正了天下就会随之安定。

《象》曰：风自火出，家人①。君子以言有物而行有恒②。

【注释】

①风自火出，家人：巽为风、为木，在外；离为火，在内。火自木下生，巽在离外，风从火出这是自然之理。木生火，火以木为家，故曰“家人”。

②君子以言有物而行有恒：人正、家正必始于“言”、“行”之正，木大则火大，木小则火也小，君子之于言行也当如此，位大则言大，位小则言小，言合于事、合于物，则为“言之有物”，行事有“恒”则能正己、正家。

【译文】

《象传》说：风从火的燃烧中生出，这种情景就如同一家人一样。君子应当言之有物，行事有恒心。

【评析】

就情理而言，仅就“风自火出”或火生于木并不能被看成是《家人》之象，因为这种卦象实际上说明的是物理而不是人情。真正在伦理、情理上被看做《家人》的卦象实际上象中有象，即在“风自火出”的卦象中，还象征着女子来入的卦象。下卦为离，离为女子；上卦为巽，巽为入。两象合释，有女子来入之象，有女子来入才算得上是《家人》。有了这种女子来入的卦象，则女正于内和男正于外的卦象自然就蕴涵着家人兴旺和睦的亲密关系。这种关系是维系家“正”的道德准则，它具体体现在父子、兄弟、夫妇的相处之道中，那就是要“言之有物”，行之有恒。古之圣人对于“家”慎之又慎，如《大学》所言：“古之欲明明德于天下者，先治其国。欲治其国者，先齐其家。”由此可见，圣人将“明德”之本归之于“家”，而“齐家”被置于“治国”之前。

初九，闲有家①，悔亡。

【注释】

①闲有家：闲，防止。初九以阳刚居正于《家人》之始，家始于防止邪恶，如筑墙楗户以防盗贼，男女有别以防淫乱等。《王注》曰“家渎而后严之，志变而后治之”，将有“悔”，而防恶于初，则“悔亡”。

【译文】

初九，防止邪恶才能保全家人，悔恨也因此消逝。

《象》曰：“闲有家”，志未变也①。

【注释】

①志未变：既言“防”，则“防”于初，故“防”于初当防于心志未变之时。

【译文】

《象传》说：“防止邪恶才能保全家人”，这说明初九的心志在未变时就采取防范措施。

【评析】

此爻关键在“闲”字，《正义》、《本义》均解“闲”为“防也”；《集解》、《释诂》则释其为“习也”，即熟习。就其卦象而言，两解皆通。

六二，无攸遂，在中馈，贞吉[①]。

【注释】

①无攸遂，在中馈，贞吉：遂，成功，“无攸遂”，即不专主其事，无所成就。馈，饮食。六二居中得正，上应九五，为有应有实，相夫而正，在家中主持饮食之事，为女正之事，故曰“贞吉”。

【译文】

六二，无所成事，就在家中主管饮食之事，守持正道可获得吉祥。

《象》曰：六二之吉，顺以巽也[①]。

【注释】

①顺以巽：以，犹言“而”，表示承接关系的连词。六二为坤道，坤道顺从，巽道谦逊，以此比喻女正、顺夫之美德。

【译文】

《象传》说：六二的吉祥，就在于她有柔顺而谦逊的品德。

【评析】

“坤道顺从，无所得遂”，六二处“中”则行事有和，居正则治家有方。六二的爻辞主要说明的是女正于内的好处和顺从其夫的美德。故《集解》引荀爽曰：“六二处和得正，得正有应，有应有实，阴道之至美者也。”

九三，家人嗃嗃，悔厉吉；妇子嘻嘻，终吝[①]。

【注释】

①家人嗃嗃（hè），悔厉吉；妇子嘻嘻，终吝：嗃嗃，严酷的样子。嘻嘻，喜笑的样子。九三居下卦离之上，为一家之主，以阳处阳，行

刚严之家政，故虽有“家人嗃嗃”，有“悔”、有“厉”，犹能保其吉祥，故曰“悔厉吉”。若“嘻嘻”笑闹，无礼节制，则终有其灾难发生。

【译文】

九三，一家人相处，家主表现出严厉的样子以治其家，虽有悔恨、危险之事，而最终仍然会得到吉祥。妇人、子女在一起嘻嘻闹闹，最终则有灾难。

《象》曰：“家人嗃嗃”，未失也；“妇子嘻嘻”，失家节也。

【译文】

《象传》说：“家人相处表现出严厉的样子”，这样家人才不会有过失；“妇人、子女在一起嘻嘻闹闹”，这说明九三失去了家人的礼节。

【评析】

九三以阳居阳，如一家之主治家之象。有“嗃嗃”之声以喻其家法过严；有嘻嘻之闹以喻其无礼失节。过严则“未失”其礼，故吉，过宽则失节有过，故曰“终吝”。

六四，富家，大吉[①]。

【注释】

①富家，大吉：富，使之富。六四为阴，阴为虚，本无富实，然上承于尊贵之九五，有食君禄之象，下比于九三之阳刚，且当位应初，故有富家之象。

【译文】

六四，使家庭富裕，大为吉祥。

《象》曰："富家大吉"，顺在位也①。

【注释】

①顺在位：六四为阴，故曰"顺"。在位，指九五，九五当位居中，故曰"在位"。顺在位，即顺从在位主持正道的九五之尊。

【译文】

《象传》说："使家庭富裕，大为吉祥"，这是因为六四能顺从于在尊贵之位的九五。

【评析】

六四之所以能"富家大吉"，就是因为其顺从了九五之尊，如以臣事君，得其位而食其禄。

九五，王假有家，勿恤①，吉。

【注释】

①王假有家，勿恤：假，通"格"，正也，假、格古通用。"有"犹介词"于"。九五以阳刚之德居正而应于六二，故曰"王假有家"；居于尊位而明于家道，家正则天下正，君王以天下为家，故"勿恤"。

【译文】

九五，君王以美德正于其家，故无须忧虑，吉祥。

《象》曰："王假有家"，交相爱也①。

【注释】

①交相爱：先指其九五与六二相应相亲，此二者之亲以象夫妇之亲，夫妇亲，则全家上下相互亲爱。

【译文】

《象传》说："君王以美德正于其家"，这说明家人相互亲爱和睦。

【评析】

九五为君王之位，而家则应在六二，故曰"王假有家"。如俗言所谓"家和万事兴"，夫妇正则家正，家正则六亲和睦，相互关爱，因此，则王得"勿恤"之吉。

上九，有孚威如，终吉①。

【注释】

①有孚威如，终吉：孚，诚信。威，威严。上九处《家人》之极，下临互卦坎，坎为信，心存诚信，故曰"有孚"。以阳居阴，故曰"威如"。有威、有信则家道必正，故有"终吉"之祥。

【译文】

上九，心存诚信，威严治家，终得吉祥。

《象》曰：威如之吉，反身之谓也①。

【注释】

①反身之谓：治家须先男女有正，而正人先要正己，上九之吉在"威"，然而，"威"而反于己，则为修身之本。

【译文】

《象传》说：威严之所以能得吉利，这说明上九有反躬自省，严以律己的品格。

【评析】

人常以"威信"来形容一个人能使众人信服的品格力量，而上九之爻辞“有孚威如”正是这一理论的根源。威严与诚信是中华民族崇尚的优秀品德，而于治家之道中，常常为人称道的是“严是爱，宽是害”。以严正其家道，成为一家之家风、门风的标志。

睽(䷥)

【题解】

《睽》蕴涵着“求同存异”的世界观和方法论。六爻同形一卦，同居一室，此为“同”象，而动则乖离，“志不同行”，此为“异”理，如《象传》所喻：“女同居，其志不同行。”故《睽》卦除初爻外，相错而不当位，此其一“睽”；二女同室，其志不同，此其二“睽”；泽性润下，火性炎上，其质不同，此其三“睽”。睽则不和，故“不可大事”，而“小事吉”。也因此，卦中多无凶、无咎。然“睽”虽有异质、异志，却不失其求合之心，故六爻中以遇合之爻为吉，如上九能与六三遇合，所以就终得其“吉”。

睽①：小事吉②。

【注释】

①睽(kuí)：卦名，兑下☱离上☲，乖异，背离。《说文》曰：“睽，目不相视也。”《序卦》曰：“睽者，乖也。”乖字，《说文》释为“背吕也”。《正义》曰：“火在上而炎上，泽居下而润下，无相成之道，所以为乖。中、少二女共居一家，理应同志，各自出适，志不同行，所以为异也。”也就是说，兑为泽，离为火，一为润下之性，一为炎上之性，上下所行背离不和，没有交流的条件。

②小事吉：《睽》卦上下皆为阴卦，为二女同居一室之象。阴为小，为阴柔，其做事以小心、轻柔为是，故曰“小事吉”。

【译文】

《睽》卦象征着乖异背离：做小事还是可以吉利的。

《彖》曰：睽，火动而上，泽动而下[①]。二女同居，其志不同行[②]。说而丽乎明，柔进而上行[③]，得中而应乎刚[④]，是以小事吉。天地睽而其事同也。男女睽而其志通也。万物睽而其事类也，睽之时用大矣哉[⑤]！

【注释】

①火动而上，泽动而下：火动，指上卦离，离为火，跳动燃烧于上。泽动，指下卦兑，兑为泽，泽水有向下流动的特性。

②二女同居，其志不同行：离为中女，兑为少女，二女共居一家，理应同志，然同性相斥，各自为行，故曰“志不同行”。

③说而丽乎明，柔进而上行：丽，附丽，附着。《睽》之上卦为离，离为日、为光明，下卦为兑，兑为说（悦）。按卦例，《彖传》是从下往上说，故曰“说而丽乎明”，即下卦以和悦的态度附丽于上卦之光明。柔本指二位之爻，在《睽》中则上进于三，上进于五，故曰“柔进而上行”。

④得中而应乎刚：得中，指六五。六五以阴居阳，下应九二之阳刚。

⑤睽之时用大矣哉：睽之于义为乖异，凡天下事同中有异，异中有同，看起来好像是对立的，然而正是这种对立统一的关系才促使事物发展进步，故当事物处在“睽之时”，其“用大矣”。

【译文】

《彖传》说：《睽》卦，火焰跳动向上燃烧，泽水流动向下润泽。譬如两个女人虽同居一室，但她们的心志不同，行事方法也不同。因为下卦兑能和悦地附丽上卦光明，轻柔地前进上行，上卦离以阴居中而下应九二之阳刚，所以轻柔小心地处事会吉利。天地万物皆乖异不同，但是却有相同的生长过程。男女虽有不同的生理特征，但是他们也有志气相投的时候。天下万物的形态和特性千差万别，但他们的生长过程却有着类似的地方，由此来看，乖异背离之时，其作用对于事物演变的作用还是很大的。

《象》曰：上火下泽，睽。君子以同而异①。

【注释】

①君子以同而异：即同中存异，异中求同。君子观《睽》而知“合睽”之道，以存“异”之法来谋求事物之大“同”。《论语》所谓：“君子和而不同，小人同而不和。”君子对人、事的真理就在“同而异”，就在“和而不同”。

【译文】

《象传》说：上卦为火，下卦为泽，这种现象象征着“乖异背离”。君子则善于求大同存小异。

【评析】

《睽》，上离下兑，志不同行，然居一卦之中，如居一室之内，这就是“异”中之“同”。同样的道理，居一室之中，而各秉其性，上下乖离，这就是“同”中之“异”。古之君子观此象而悟“同异”之道，即“同而异”本来就是事物存在与发展的客观情况和必然联系，二者是相辅相成的。君子既要秉持求同存异的处世方针，更要具备善于存异的“和同”胸襟和雅量，因为，只有“和”其不同，才能“大同”。

初九，悔亡①。丧马，勿逐自复②。见恶人，无咎③。

【注释】

①悔亡：初本与四应，四失位而无应，故有“悔”。四动而得正，下应于初，故“悔亡”。

②丧马，勿逐自复：复，返回。《睽》三至五成坎，坎为马，四在坎中，

故曰“马”。四变而成坤，坤为丧，坤成而坎亡，故曰“丧马”。占则初爻动，动则下卦成坎象，失之彼而得之于此，有丧而又得之象，故曰“勿逐自复”。

③见恶人，无咎：恶人，指九四，《睽》四以阳居阴，失位多凶，且在坎之中，坎为寇，故称“恶人”。因初九当位无应于九四，则九四也无奈何于初九，故曰“无咎”。

【译文】

初九，悔恨消逝。马匹走失，不用追逐，它自己会回来。遇见恶人，也没有灾祸。

《象》曰：“见恶人”，以辟咎也[①]。

【注释】

①以辟咎：恶人之所以为恶，就在于其性本有恶，君子见而勿激则可以免祸。

【译文】

《象传》说：“遇见恶人”，要善于避免其所带来的灾祸。

【评析】

《大易缉说》言：“失马逐之，则逾逐愈远；恶人激之，则愈激愈睽。故勿逐而听其自复，见之而可以免咎也。处《睽》之初，其道当如此。不然，‘睽’终于睽矣。”初爻得“无咎”之果于《睽》，主要原因就在于“勿逐”。马勿逐，则自复；“恶”勿激，则“无咎”。“勿逐”，勿激，则“悔亡”。

九二，遇主于巷[①]，无咎。

【注释】

①遇主于巷：遇，不期而见。主，指六五。巷，《说文》曰“里中道”

(里,居居,里巷)。九二处睽之时而失位不正,五亦失位,同趣相应,故不用远涉就能相遇。“无咎”的原因有二:一是失位而遇主,二是动而变正,各得其位而相应。

【译文】

九二,在巷道中不期而遇地碰到主人,必无灾害。

《象》曰:“遇主于巷”,未失道也①。

【注释】

①未失道:九二失位不正,似为“失道”,然以阳德处中正之位,又能“遇主于巷”,故曰“未失道”。

【译文】

《象传》说:“在巷道中不期而遇地碰到主人”,这说明九二并未迷失道路。

【评析】

九二“遇主”于不期,失位而不“失道”,这是九二的幸运,也是九二善于处世的真实体现。这说明失位于《睽》中的二与五,同失而相得,相应求同,各求所需,相得同趣。其虽不当位,然处中得宜,关键的作用是“失位”有“应”。

六三,见舆曳,其牛掣①,其人天且劓,无初有终②。

【注释】

①见舆曳,其牛掣:曳,拖曳。掣,牵拉。四动则坤成,坤为舆,坤为牛,三在坤下,故有拖舆、牛掣之象。

②其人天且劓(yì),无初有终:天,墨刑,古代在人额上刺字涂墨的

刑罚。劓，古代割鼻的刑罚。《正义》曰："黥额为天，截鼻为劓。"三在兑上，为西方之卦，主秋杀之气。《集解》李道平疏曰："兑主杀气，且为毁折，故为刑人。"六三本与上九应，因不当位而困处二四之间，动则变乾，乾成而上行，应于上九。应于上九必经坎象，坎为险，为刑，故遭"天"刑。或六三不动，上应上九，上九在离，离象之成皆因九四不当位，若九四当位，则上卦成艮，艮为鼻，离成则艮毁，故有"劓"刑之象。六三受困于初，故曰"无初"，即没有一个好的开始；然终能得其刚助，故能"有终"。

【译文】

六三，看见大车被吃力地拖曳着，拉车的牛被牵来拉去，难以前进，就如同一个人受了"刺额涂墨"之刑后，又受到割鼻的酷刑，这是因为六三刚开始失位受困，而最终却有一个好的结果。

《象》曰："见舆曳"，位不当也；"无初有终"，遇刚也。

【译文】

《象传》说："看见大车被吃力地拖曳着"，这是因为六三所处的位置不当所致；"没有好的开始，却有一个好的结果"，这说明六三因坚守心志，最终能得到上九阳刚的帮助。

【评析】

六三居位不当，上则为四刑之，故黥其额，下则有二刑之，又截其鼻，故曰"其人天且劓"。又被夹在二阳之中，有受辱之象，故于车则"曳"，于牛则"掣"，于人则"天且劓"。然其应上九的初衷并没有被动摇，故终得"遇刚"之助。从六三遭遇的刑罚来看，在《睽》卦六爻中，六三异中求合的意志最为坚定。

九四，睽孤①，遇元夫，交孚，厉无咎②。

【注释】

①睽孤：九四以阳居阴，三与五皆与己“睽”，无应独处，故曰“睽孤”。

②遇元夫，交孚，厉无咎：元夫，指初九。六爻中，唯初九当位，阳大称“元”，于人则称“夫”，故曰“元夫”。九四因失位而无应于初，然初九当位，且与己同为阳爻，因此九四能无应而有同，同志则“交孚”；“交孚”相处，无所疑心，虽处乖异背离之时，也能“厉无咎”。

【译文】

九四，乖异背离的时运使自己孑然孤立，这时遇到了刚强的大丈夫，二人秉持诚信，相互交流，虽然有危险也不会产生灾祸。

《象》曰：“交孚无咎”，志行也。

【译文】

《象传》说：“相互之间以诚信交流就没有过错”，那么，异中求合的志向就能得以实行。

【评析】

初为“睽孤”，后遇“元夫”，终于“交孚”，这是九四在“睽之时”的经历。他与六三不同的是，六三为两阳所逼迫，九四却为两阴所挟持，二者均不能安身。但是，“遇元夫”而“交孚”是一件令人愉快的事，也是一件时来运转的事。

六五，悔亡①。厥宗噬肤②，往何咎？

【注释】

①悔亡：以阴居阳，失位有“悔”，居中得应，其悔则亡。

②厥宗噬肤：厥宗，指九二，因与六五相应如同宗亲戚一样，故曰“厥宗”，以喻亲之甚深。噬肤，兑为口，九二居中，离为附着，如肤之于身，六五居之，口之于“肤”，则有“噬肤”之象。此处，辞以“噬肤”喻亲和之情。

【译文】

六五，悔恨消失。与之相应的宗亲犹如噬柔咬脆一样容易亲和，就此前往有什么祸害呢？

《象》曰：“厥宗噬肤”，往有庆也①。

【注释】

①往有庆：六五居尊而不当位，然与二合德有应，为众人所赖，故“往”则“有庆”。

【译文】

《象传》说：“与之相应的宗亲犹如噬柔咬脆一样容易亲合”，这样前往则必有吉庆。

【评析】

前人所注于“肤”多释：阴为“肤”，因为《噬嗑》的六二也有“噬肤”之辞，六二与六五相应，六五为阴在离中，故曰“阴为肤”。但是，阴在阳下，则肤何以现？若从离之卦象解释，则可合于“肤”之义。离之义，附丽，附着。附着于外的东西就是“肤”，这更符合《噬嗑》之六二“噬肤”的本义。噬肤之易在其柔，故《折中》：“‘睽’之时‘小事吉’者，径情直行则难合，委曲巽入则易通也。如食物然，噬其体骨则难，而噬其肤则易。九二遇我乎巷，是‘厥宗’之来‘噬肤’也；我往合之，睽者不睽矣。此其所以‘悔亡’也，何咎之有？”睽违之时，当以柔顺委曲为求全之道，六五以阴居阳，虽因卦象而来，却顺乎常情，故因“噬肤”之亲而得“有庆”之功。

上九，睽孤，见豕负涂，载鬼一车，先张之弧，后说之弧①；匪寇，婚媾②；往遇雨则吉③。

【注释】

①见豕负涂，载鬼一车，先张之弧，后说之弧：豕，猪。涂，泥浆。说，通“脱”。坎为豕、为雨，四变成坤，坤为土，土遇雨则成“泥”；豕背沾泥，故曰“见豕负涂”。四变则三至五成坤，坤死魄，故为“鬼”；坎舆为车，因三与上应，四变在坎，故三与上之间有“载鬼一车”之象。坎为“弧”，离为矢，有张弓之象，故曰“先张之弧”。四变则坎象不见，离象也随之不见，故曰“后说（脱）之弧”。《正义》曰：“先张之弧，将攻害也。物极则反，‘睽’极则通，故‘后说之弧’，不复攻也。”即“睽”则“张弧”，不“睽”则“脱弧”。

②匪寇，婚媾：匪，通“非”。媾，结亲，结婚。三与上应，阴阳相和，故曰“婚媾”。

③往遇雨则吉：下坎为雨，三在坎下，上往三“婚媾”则“遇雨”，“雨”为阴阳相和之物，与婚媾同因，且雨水会使“涂”、“鬼”等疑洗净，故“遇雨则吉”。

【译文】

上九，乖异背离至极，孤独狐疑，恍惚看见猪背上沾着一身污泥，又仿佛看见一辆大车满载着鬼怪奔驰，先张开弓箭欲射，后来又放下了弓矢；原来那不是强寇，而是来与己婚配的人；若前往遇到雨天就会吉祥。

《象》曰：“遇雨之吉”，群疑亡也①。

【注释】

①群疑亡：上九与六三相应，然中间隔离着四、五，故上九心乱多

疑。朱熹也在《本义》说“上九猜很乖离”。遇雨水冲洗则“群疑”消失。

【译文】

《象传》说:“前往遇到雨天就会吉祥”,这是因为上九所有疑团会因此消失。

【评析】

因上九与三相应,阴阳相应,有婚媾之象。但是,他们之间的婚姻存在于“睽之时”,就有了一种多疑之心。中间又有四、五隔离,就有了第二种多疑之心。人常言“疑心生暗鬼”,多疑则心生恍惚,于是就有了“见豕负涂,载鬼一车”的幻觉,但是,“遇雨”则一切疑团都被洗得一干二净。

蹇(䷦)

【题解】

《蹇》之《象传》曰:“见险而能止,知矣哉!”理解了这一点,也就真正地理解了此卦的本义。其卦有“山上有水”之象,然坎水虽为“险”,艮山虽有“阻”,遇险而止,则何咎之有?对于《蹇》而言,险在艮,也止于艮,故“蹇”难之“难”并没有给卦中各爻带来灾祸,相反,六爻皆无其咎,更无一凶,即使是唯一失位的初爻也因不往而“来”受到赞誉。其余则六二上应九五,虽有所往,然往为公事,非为自己,故能“无尤”;九三、六四皆知难而返;九五得友朋来归;上六因与九三相应,心志在内,所以能获得“吉利”。

蹇①:利西南,不利东北②;利见大人,贞吉③。

【注释】

①蹇(jiǎn):卦名,艮下☶坎上☵。下艮为山,上坎为险,艮阻坎险,

成险阻之象，象征着行旅中的艰难困苦。

②利西南，不利东北：《乾凿度》曰“坤位在西南”，即西南为坤卦，坤为地；艮在东北，艮为山。地平而山险，故行路之人取道平地则顺利，跋涉于高山则险，故《王注》曰：“西南，地也，东北，山也。以难之平则难解，以难之山则道穷。”

③利见大人，贞吉：大人，指九五，九五当位居正，下正坤邦，群众顺从，故曰“贞吉”。

【译文】

《蹇》卦象征着征途艰难：有利于西南，不利于东北；有利于出现大人，做事吉利。

《彖》曰：蹇，难也，险在前也①。见险而能止，知矣哉②！蹇，“利西南”，往得中也③；“不利东北”，其道穷也④；“利见大人”，往有功也⑤；当位“贞吉”，以正邦也⑥；蹇之时用大矣哉⑦！

【注释】

①险在前：上卦为坎，坎为险，居卦之上，在艮之前。

②见险而能止，知矣哉：艮为止，在坎下，故卦象为遇险则止。

③往得中：得中，指的是九五，九五为乾，来居坤中而得位，故曰“往得中”。

④其道穷：已在高山之险，又遇河水之险，故“其道穷”不能走。

⑤往有功：六二若前往就会遇上九五，九五为大人，故曰“往有功”。

⑥以正邦：九五当位居正，君临天下，故能“正邦”。

⑦蹇之时用大矣哉：艰难之时，大人的作用就会像《彖传》所言的那样“得中”、“有功”、“正邦”，故曰“用大”。

【译文】

《彖传》说：蹇，就是指行路艰难，因为坎险就在前面。遇见险难而能停下来，真可谓明智之举！蹇，“有利于往西南方向的平地走”，这是因为西南会得中适宜；“不利于往东北方向走”，这是因为山前有险，道路至于穷途不通；“有利于出现大人”，因为在危难之时出现“大人”就会建立功业；九五当位守正、吉祥，能够以正道治理邦国；这说明世道艰难时，“大人”的作用是多么重大啊！

《象》曰：山上有水，蹇[①]。君子以反身修德[②]。

【注释】

①山上有水，蹇：山已为险，又加之以水险，山上有水，为不能下流，人不能上行，故曰“蹇”。

②君子以反身修德：水本应在山下，而《蹇》之水则在山上，君子观此，知水终必返于山下，而人在遇难时，也应反躬自省，修德以济险难。

【译文】

《象传》说：在险峻的高山有积水，这象征着行走艰难。君子因此而知要反躬自省，修养德行。

【评析】

艰难困苦，玉汝于成，中华民族向来就有多难兴邦的精神。《蹇》之难，表面上看是行道之难，实际上，更多的意义则是治国理政之难，故《彖传》以“利见大人”、“以正邦”、“往有功”传解卦象，历史也往往是“或多难以固其国，启其疆土；或无难以丧其国，失其守宇”。《蹇》之六二与九五俱当位有应，故辞虽以“艰难”释其卦象，仍有二利可见：一利于西南行，二“利于见大人”。故尽管有“险在前”、“其道穷”之难时，也有“往得中”、“往有功”、“贞吉”、“正邦”之“大用”。这些道理不仅演绎着中华民族的历史,而且也反映着这个民族“多难兴邦”的坚韧精神。

初六,往蹇,来誉[①]。

【注释】

①往蹇,来誉:失位无应,往而历坎之险,故曰“往蹇”。变而得位,再以初阳去比二阴,应六四,众爻皆正,故一变则引得众爻之赞誉。

【译文】

初六,往前行走会遇到艰难,返身归来则会得到赞誉。

《象》曰:“往蹇来誉”,宜待也。

【译文】

《象传》说:“往前行走会遇到艰难,返身归来则会得到赞誉”,这说明初六应当等待时机。

【评析】

前人注“来誉”,释“来”为退,《象传》曰“宜待也”。因艮在下,艮为止,有止而待时之意,但是“退”与“止”又何以能“来誉”呢?按卦例,初本阳爻之位,若退阴而复阳之位,则六爻皆正而应,故众爻皆“赞誉”初六的复“来”之正。因此可知,“来”为回复之“来”,即回来,非退之“来”。

六二,王臣蹇蹇,匪躬之故[①]。

【注释】

①王臣蹇蹇,匪躬之故:匪,通“非”。躬,自己。六二上应九五,九

五为王，六二在下为臣，二至上六，有六二至六四、六四至上六二坎卦，故二要上应九五，就须经历二坎之险，故曰“蹇蹇”。九五为君，故六二上应九五，非为己应，实为公应。

【译文】

六二，君王的臣子往来艰难，但是，他不是为了自己，而是为了社稷。

《象》曰："王臣蹇蹇"，终无尤也①。

【注释】

①终无尤：尤，过错。因六二当位居正，又能上应九五之尊，舍己为公，故虽有“蹇蹇”之患，也会终无所“尤”。

【译文】

《象传》说：“君王的臣子往来艰难”，最终是不会有什么过错。

【评析】

当位居正，上应九五，这样的位置和关系本身就说明，六二是一个舍身为公，为社稷而往来“蹇蹇”的忠贞勤勉的“王臣”。

九三，往蹇，来反①。

【注释】

①往蹇，来反：九三与上六应，然前有坎卦，坎为险，故曰“往蹇”。三处在艮上，艮为止，进而历险，不如退而止于艮，故“来反”，谓返于艮。

【译文】

九三，往前行进有艰难，就回到原处。

《象》曰："往蹇来反"，内喜之也。

【译文】

《象传》说："往前行进有艰难，就回到原处"，这是内卦的二阴爻欢喜的事。

【评析】

《王注》曰："进则入险，来则得位，故曰'往蹇来反'。为下卦之主，是内之所恃也。"九三以阳刚之德，据守二阴为艮，有止险退守之象，故与其进而遇险，不如退而得位。

六四，往蹇，来连[①]。

【注释】

①往蹇，来连：连，艰难。《集解》引虞翻曰"连，辇、蹇，难也"。马融也释"连亦难也"。六四往则无应，处于两坎之间，故往"蹇"，来也"蹇"。

【译文】

六四，往前走会遇到艰难，归来又遭遇艰难。

《象》曰："往蹇来连"，当位实也[①]。

【注释】

①当位实：六四以阴居阴，故曰"当位"；往来俱"蹇"，又无所应，不如静居其位，《易·积算》曰"阳实阴虚"，因其位在二阳之中，故曰"当位实"。

【译文】

《象传》说："往前走会遇到艰难，归来又遭遇艰难"，若不往来，六四当位有实。

【评析】

"四多惧"这是《易》例中存在的一般现象，然至于《蹇》之六四，正可谓真正地陷入了"多惧"的绝境。六四虽当位于《蹇》，然欲往应初，初失位无应，且在坎险之中，不得已，退来守正，所守也在坎险之中。进也是难，退也是难，进退两难的窘境与困穷迫使《蹇》四彻底地陷入"蹇连"之难。动则有难，静则当位，《象传》从爻辞之外为《蹇》四找到"当位"的希望，当位则以虚受实，静守其正。

九五，大蹇，朋来①。

【注释】

①大蹇，朋来：坎为险，《蹇》卦中，唯九五独居坎中，比较它爻而言，难更大，故曰"大蹇"。因居正君位，又与六二相应，朋来相助，故曰"朋来"。

【译文】

九五，在遇到很大的艰难时，朋友们纷纷前来相助。

《象》曰："大蹇朋来"，以中节也①。

【注释】

①以中节：以，因为。九五秉阳刚之德，处中得正，不易其节，得"朋来"之悦事，皆因其有"中节"。

【译文】

《象传》说："在遇到很大的艰难时，朋友们纷纷前来相助"，这说明九五仍然保持着中正的气节。

【评析】

九五“中节”而得“朋来”相助。难中得友，这是人们在日常生活中常常期望的事，也是人们战胜危难的信心和力量来源。但是，它必须有一个前提，那就是自身要保持中正守节的美德。

上六，往蹇，来硕①，吉，利见大人②。

【注释】

①往蹇，来硕：硕，大。蹇为难，上六处难终之地，不宜更有所往，往则难长而无已，故曰“往蹇”。归来则应于三，三阳为大，故曰“来硕”。

②利见大人：大人，指九五。上六处穷险之地，往则“蹇”，来则“硕”，下附于九五之君，故曰“利见大人”。

【译文】

上六，往前行会遇到艰难，归来则能建立大功，吉祥，有利于出现大人。

《象》曰：“往蹇来硕”，志在内也①；“利见大人”，以从贵也②。

【注释】

①志在内：上与三应，所应在三，三在内卦，故“志在内”。

②从贵：阳为贵，九五为阳，为贵，上六归来则顺从于九五，故曰“从贵”。

【译文】

《象传》说：“往前行会遇到艰难，归来则能建立大功”，这说明上六的志向在于居于内卦的九三；“有利于出现大人”，因为归来就可以顺从尊贵的九五之君。

【评析】

上六位极于《蹇》，也当位于《蹇》，然《蹇》卦的大义在于“见险而能止”。以上六言，往则失之，来则得之。上六的处境说明，有时进不如守，守不如退，上六之“来”就是退，退则有“来硕”之美和“从贵”之得。

解(䷧)

【题解】

如果说《蹇》是以静止而免难，那么，《解》则以震动而免难。卦中六爻，除上六外，皆不当位，初六失位于坎险，以应于震而“无咎”；九二失位居中，因应于震中而“贞吉”；六三因失位于坎险而“致寇至”；九四虽失位于震，然应而“得朋之佑”；六五尊居中位，以君子之德信服众人，“维解”而“吉”；唯上六当位于《解》，震而脱险，故曰“无不利”。从整个卦象看，雷动于上，雨施于下，因而六爻之关键皆系于一个“动”字。

解①：利西南②；无所往，其来复吉③；有攸往，夙吉④。

【注释】

①解：卦名，坎下☵震上☳。下坎为险，险而动，动而解难，故曰“解”。《序卦》曰：“解者，缓也。”《说文》：“解，判也，从刀判牛角。”其本义为分判、离析，引申为“解开”、“解脱”等。

②利西南：初六本与四应，然失位无应，若与四相易位，则四成坤，坤为西南，各得其正以相应，故有利。

③无所往，其来复吉：九二在坎险之中，失位不正，本应有所往，然六三至六五成坎象，往则入于坎险之中，故与其往而入险，不如守中，故《象》曰：“九二贞吉，得中道也。”

④有攸往,夙吉:夙,早也。有攸往,指六五,六五尊居震中而为震主,震动则可纾解各方之难,故曰“有攸往”。解难须早动,故曰“夙吉”。《尚氏学》以九二释“有攸往”,于理不通。因为,《解》义的关键在于“动”,震为动,六五在震中,震动必有所往,所往则纾解危难。而九二则在坎险之中,若往而上应,仍在坎险之中,出险入险,何以为“吉”。且九二之《象传》曰:“九二贞吉,得中道也。”既以得中道而吉,又何需“攸往”。

【译文】

《解》卦象征着解脱:有利于西南众庶之地;没有危难就不必前往,回复到原来的住地就吉利;若有危难必须前往,早行会得到吉利。

《彖》曰:解,险以动,动而免乎险①,解。“解,利西南”,往得众也②。“其来复吉”,乃得中也③。“有攸往夙吉”,往有功也④。天地解而雷雨作,雷雨作而百果草木皆甲坼⑤。解之时大矣哉⑥!

【注释】

①险以动,动而免乎险:内卦为坎,坎为险,外卦为震,震为动;动在险外,故曰“动而免乎险”。

②往得众:初与四易位则四变成坤卦,坤为众,故曰“往得众”。

③乃得中:指九二爻,前往与六五易位,易则二者各得其位,居中而正。

④往有功:六五失位,九二前往易位则能使其正,正则君当位,二居中,故曰“往有功”。

⑤雷雨作而百果草木皆甲坼(chè):甲,指草木出生于地上。坼,破裂,《说文》曰“裂也”。春雷震动时,雨水润泽大地,此时草木的

种子皆从大地中破土而出，萌芽生长。

⑥解之时大矣哉：雷以动之，雨以润之。《系辞》曰："帝出乎震。"万物出乎震，其生长也都依靠"动"、"润"的"舒解"功效，故曰"大矣哉"。

【译文】

《彖传》说：舒解危难，需要在危险中的英勇行动，因为英勇的行动而免除了危险，这就是"解"。"舒解危难，有利于前往西南众庶之地"，因为前往就会解放众人并得到众人的支持。"回复到原来的住地就吉利"，这是因为回复至原位就会处中得正。"若必须前往，则早行会得到吉利"，这是因为前往会建立功业。天地舒解于是就有雷雨兴起，雷雨兴起时百果草木的种子就会萌芽生长，破土而出。舒解时的功效是多么的伟大啊！

《象》曰：雷雨作，解①。君子以赦过宥罪②。

【注释】

①雷雨作，解：《解》之上卦为震，下卦为坎。震为雷，坎为雨。按卦象，则雷动于上，雨降于下，天地相解，然后"雷雨作"，所以卦名就叫做"解"。

②君子以赦过宥（yòu）罪：宥，宽宥，宽恕。按《象传》以雷比刑，以雨比德泽。雷动于上，雨降于下，比喻刑罚之下有德泽。君子观此则知"赦过宥罪"为"解"之大义。

【译文】

《象传》说：雷雨兴起，百果草木就会从土地中"舒解"出来。君子因此赦免别人的过失，宽宥他人的罪恶。

【评析】

解之以动，动之能解，是《解》卦的真正意义。就卦象而言，《解》卦之六爻中，除上六外，皆不当位。更严重的是处在中位的二、五均失位不正，故有多难之象，难多则必要舒解，要舒解其难，就必要有所动，而动之以雷，则可谓动之大，动之大则主义也大：大之于地，则草木沾春；大之于人，则罪过被“宥”。

初六，无咎①。

【注释】

①无咎：初六柔弱在下，虽失位，然能与九四相交，交而易位，则变正得位，故“无咎”。

【译文】

初六，没有什么罪过。

《象》曰：刚柔之际，义无咎也①。

【注释】

①刚柔之际，义无咎也：刚，指九四。柔，指初六。际，交际。义，犹“理”。阳刚与阴柔相交，本合乎情理，交而易其位，各得其正，则更合理，故曰“义无咎也”。

【译文】

《象传》说：阳刚与阴柔相交之际，其中的道理是没有什么过错的。

【评析】

《象传》解释初六的“无咎”是因为“刚柔之际”。按《易》例，独阴不生，独阳不长，“一阴一阳之谓道”。初六失位于《解》卦之初，本应有“咎”，然近与九二形成“刚柔之际”，远与九四形成“刚柔之际”。《易》之道，相反相成，故“刚柔之际”，实际上也就成了“刚柔相济”。

九二，田获三狐，得黄矢，贞吉[①]。

【注释】

①田获三狐，得黄矢，贞吉：田，打猎。三，三为成数，举三而言，泛指“多”。黄矢，“黄”为中和之色，在古代象征着中正合和之德。“田”位在二，动而变，变而成艮，艮为狐。下卦为坎，坎为弓矢，故以卦象言之，有田猎得狐之象。以刚二应五柔，故曰“贞吉”。

【译文】

九二，打猎时捕获了好几只狐狸，并获得金黄色的箭矢，做事很吉利。

《象》曰：九二贞吉，得中道也。

【译文】

《象传》说：九二之所以做事吉利，就在于他能居中而上应于五，因而能得其中正之道。

【评析】

九二以阳居阴，其所应六五也失位，然失位有应，故其能居中得正。子曰：“射有似乎君子，失诸正鹄，反求诸其身。”（《中庸》）阴为君子，阳为小人。九二失位而得“中”，以阳居阴，以“中”比“正”，人心正则射术正，九二能为“君子”之“射”，故“田获三狐”。

六三，负且乘，致寇至，贞吝[①]。

【注释】

①负且乘，致寇至，贞吝：负，背也。二变则二至四成艮，初至三则

为坤，艮为背，坤为舆，故有“负且乘”之象。所负者为“阳”，阳为实，负“实”则招寇，故“贞吝”。

【译文】

六三，身负财物而乘坐大车，这样就会招致强寇来劫掠，做事会遇到困难。

《象》曰：“负且乘”，亦可丑也[①]；自我致戎，又谁咎也[②]？

【注释】

①亦可丑：负物而乘车，其为人则愚，其为事也可丑。

②自我致戎，又谁咎也：戎，《说文》曰“兵也”。致，招致。咎，归罪。

【译文】

《象传》说：“身负财物而乘坐大车”，这种行为本身也很丑恶；由于自己的错误而招致兵戎之难，这又能归咎于谁呢？

【评析】

《系辞上》曰：“作《易》者其知盗乎，《易》曰：‘负且乘，致寇至。’负也者，小人之事也，乘也者，君子之器也。小人而乘君子之器，盗思夺之矣。”常人尚且知“财不外露”，《老子》亦曰：“国之利器，不可以示人。”而《解》卦中的六三，却违背了基本的生活常识，负物乘车，自视物之珍贵，其形可丑。露财“致寇”，愚而“致戎”，虽“负且乘”实为“可丑”之事，然“致寇”尚有可悯之处。

九四，解而拇，朋至斯孚[①]。

【注释】

①解而拇，朋至斯孚：而，你，你的，这里指六三。拇，足之大指。九

四失位不正，与三相比，三从下来附，就如拇指附之于足。然四本有应在初，若三为之“拇”，则失初之应，所以必须“解其拇”，然后朋至而信，故曰“解而拇，朋至斯孚”。

【译文】

九四，解除依附在你足上拇指，你的朋友就会来到你身边，并相信你。

《象》曰：“解而拇”，未当位也。

【译文】

《象传》说：“解除依附在你足上拇指”，这是因为你所处的位置不当。

【评析】

九四因为失位不正，所以要“解其拇”，其痛“解”之深彻是可想而知的。但是，若不如此，则朋友不能信、不能至，故“解拇”而得友，痛有所值。此也可谓之“当断就断”、“当解即解”。

六五，君子维有解，吉，有孚于小人①。

【注释】

①君子维有解，吉，有孚于小人：维，语气词。六五居中处尊，下应九二，因而能舒解危难，故曰“吉”。以阴柔处尊，又能解难，则“有孚于小人”。

【译文】

六五，君子能够舒解危难，就是吉利的，以君子之道舒解危难，小人也会信服。

《象》曰：君子有解，小人退也。

【译文】

《象传》说：君子舒解危难，小人则退缩不前。

【评析】

六五虽不当位，但也是处尊有应，应于九二之刚，则能解难，柔居阳刚，又能“有孚”。此可谓以阳刚解难，以阴柔感人，所以小人也信服。

上六，公用射隼于高墉之上[①]，获之，无不利。

【注释】

①公用射隼（sǔn）于高墉（yōng）之上：隼，鸟名，一种猛禽。墉，城墙。隼，指六三，二至四为离，离为朱雀，以象恶“隼”。三在离中，故为“隼”。下卦为坎，坎为弓矢，故以上六临之有射“隼”之象。

【译文】

上六，王公用箭射下了栖落在高城墙上的恶隼，猎获它，没有什么不利。

《象》曰：“公用射隼”，以解悖也[①]。

【注释】

①以解悖：上本与六三应，然六三失位不应，为悖逆之人，上六以恶“隼”为喻“悖”，则射以解之。

【译文】

《象传》说：“王公用箭射下了栖落在高城墙上的恶隼”，这说明上六是在舒解悖逆者造成的危难。

【评析】

以恶隼比悖逆，故上六所射非真是“隼”，实指恶人。

损(䷨)

【题解】

《系辞下》曰：“损，德之修也。”损必有所失，然君子“损”不乱其志而“修其德”，故《损》卦虽名“损”，卦中六爻不仅无“凶”言，而且六五得以“元吉”。因为《损》卦之“损”，并非一损俱损，而是通过“损下益上”方式，一方面培养坚贞利人的品德，另一方面，也是通过“损而益之”的方式实现一种上下有别的秩序。换言之，臣侍君要损身，人祀上要损食，子事父母须损力，上之所益，即下之所损。概言之，因损而得益。

损①：有孚，元吉，无咎，可贞，利有攸往②。曷之用？二簋可用享③。

【注释】

①损：卦名，兑下☱艮上☶，象征着“减损”。《正义》曰：“‘损’者，减损之名。”初九应六四，九二应六五，下为阳实，上有阴虚，以实应虚，故卦有“损下益上”、损刚益柔之象。

②有孚，元吉，无咎，可贞，利有攸往：让人们去接受“损”，这是一件很难的事，但是，有所损，必有所益，损下益上时，若心存诚信，则“元吉”，若心不诚，则损之何益？故“有孚”则自然“元吉，无咎”。艮为少男，兑为少女，艮在上，而兑在下，上下皆正，故曰“可贞”。二失位，所应在五，五也失位，若往而易之，则成《益》卦(䷩)，且皆当位中正，故曰“利有攸往”。

③曷之用？二簋(guǐ)可用享：曷，《说文》曰“何也”，言损下益上，将何所用？享，祭祀。簋，陶土制成的古代食器。《集解》引荀爽曰：“簋者，宗庙之器，故可享献也。”上为宗庙，上据二阴，阴虚能受，则二阴象其二簋。二簋虽淡薄，然献者“有孚”则虽淡也享。

【译文】

《损》卦象征着减损：心存诚信，大为吉祥，没有灾难，有利于有所前往。减损之道用什么来体现呢？内心真诚，二簋淡食就可以用来祭祀。

《彖》曰：损，损下益上，其道上行①。损而有孚②，元吉，无咎，可贞，利有攸往。曷之用？二簋可用享。二簋应有时，损刚益柔有时③：损益盈虚，与时偕行④。

【注释】

①损下益上，其道上行：按《损》之卦象，坤之上六下处乾三，乾之九三上之上升至坤六，故曰“损下益上”，即损下之乾阳以益于上，阳气上行，故曰“其道上行”。

②损而有孚：孚，诚信。损为益上，心须有诚，有诚则“元吉”。

③二簋应有时，损刚益柔有时：这里指损之道不可以常损，须损之以时，非其时则不得其“益”。

④损益盈虚，与时偕行：减损、增益、盈满、亏虚之事，皆有其时，以时损益则为变通，故《系辞下》曰：“变通者，趋时者也。”损益以时，则能变通，如满盈时，则损而有益，若亏虚时，则损而无益；夏宜损阳而滋阴，冬宜益阳而不损。故损之道须“与时偕行”。

【译文】

《彖传》说：所谓“损”，就是要损减于下，增益其上，其道理就是处于下者要奉献于上。在有所减损时能够心怀诚信，就会大为吉祥，没有过错，可守持正道，有利于有所前往。减损之道将何以用之呢？二簋淡薄的食物就可以用于祭祀，但是，奉献二簋淡薄之食物应有合适的时间，减损阳刚以增益阴柔也应有一个合适的时间：世上的减损、增益、盈满、亏虚要符合事物发展的规律，必须在适宜时间进行。

《象》曰：山下有泽，损①。君子以惩忿窒欲②。

【注释】

①山下有泽，损：艮下为泽，泽愈深而山愈高，这正符合损下益上的道理，故曰“损”。

②君子以惩忿窒欲：惩，止住。忿，同“愤”。窒，堵塞，窒息。按卦象《损》自《泰》(☷)来，则《损》下卦本为乾，乾为君子，乾过刚武，近似于“忿”，损之以益上，故曰“惩忿”。三本为阳，上居坤上形成艮，艮为止，坤虚阴受，《说卦》曰“坤为吝”，《说文》曰“欲，贪欲也”，吝啬之心，近似贪欲。然艮象成则坤象灭，故曰“窒欲”。

【译文】

《象传》说：高山之下有水泽，象征着减损。君子因此而抑止愤怒，堵塞邪恶的欲望。

【评析】

“山下有泽”的卦象象征着“损下益上”的卦义，若从卦象推理，下阳上行以益坤阴，就实现了损物之实以“修德”的理想。卦中六爻，九二、六五、上九皆系辞以“益之”，其六五、上九更是“益之”而“吉”。由此观之，则损又何咎？所以卦辞有“元吉”、“无咎”、“利有攸往”之庆。

初九，已事遄往，无咎①。酌损之②。

【注释】

①已事遄(chuán)往，无咎：已，完毕。遄，疾速。与其他各爻比较，

唯初与四当位有应，具备损下益上的条件，故曰“已事”；既然“已事”，就当迅速前往，故曰“遄往”。

②酌损之：酌，斟酌。《正义》曰：“刚胜则柔危，以刚奉柔，初未见亲也。故须酌而减损之，乃得‘合志’，故曰‘酌损之’。”损刚益柔不能过分，因为刚过盛则柔也更柔，损益不当，则失其“修德”之本，故所损与所益应当适时、适量。

【译文】

初九，已经具备损下益上的事务，就应当迅速前往，那样才不会有过失。损下益上时应当酌情所损之多少并考虑到时间因素。

《象》曰：“已事遄往”，尚合志也①。

【注释】

①尚合志：尚，通“上”。初九以阳居阳，当位居正，阳气上行，上应六四，以践其“损下益上”之志，故曰“尚合志”。

【译文】

《象传》说：“已经具备损下益上的事务，就应当迅速前往”，这是因为初阳上合于“益四”之志。

【评析】

初九当位有应，“其道上行”，以阳应阴，阳实而阴虚。故初九之应实为益上而损下，损己而利他。

九二，利贞，征凶，弗损益之①。

【注释】

①利贞，征凶，弗损益之：二与五俱失位有应，二上至五易位则“利

贞”。易位而不征，因为征则“凶”。二、五相易则当位居正，未损而有益，故曰“弗损益之”。

【译文】

九二，利于做事，出征则会有凶险，不用减损自己就能达到益上之目的。

《象》曰：九二利贞，中以为志也[①]。

【注释】

①中以为志：九二虽不当位，却居下卦之中，以“中”为志，这是九二的位置，也是九二的利益之所在，故必以己志而“利贞”。

【译文】

《象传》说：九二之所以利于做事，就在于他以居中处正作为自己的志向。

【评析】

《正义》、《本义》以为“弗损益之”就是指九二只需要守着自己的位置不动就能益上。其所以如此解释，可能是认为九二爻辞中有“征凶”二字，从“征”则“凶”完全可以推断出不“征”就“弗损”。这种表面合乎常理的推断，其实是违背《损》的本义的，因为所谓“征凶”，不是指九二不动，而是指九二的居中位置不能丢。九二与六五的易位，不是“征”，而是“易”，“易”而居中得正，“易”而成《益》(䷩)，这才是《损》卦的真正含义。而《集解》之所谓二、五易位，就可以“小损”而“大益”，以为易位则居中有应，易位则居正处中，易位则得《益》，易而有益，又何以“损”之？由此可知，《集解》误解九二，因为二、五之易，并非交易之“易”，实则为变易之“易”。

六三，三人行，则损一人[①]，一人行，则得其友[②]。

【注释】

①三人行，则损一人：三人，指自三以上的三个阴爻，因损道上行，在六三上行与上九相应时，就有其他二阴同行，但是，上只与三应，故只有一人能损而益上，其余二阴则无损。

②一人行，则得其友：六三一人上行则与上九应而为友。

【译文】

六三，三人出行，损失了一人，一人出行，得到了朋友。

《象》曰：一人行，三则疑也。

【译文】

《象传》说：一人独自出行能专心致志，而三人同行会因意见不一致而疑惑。

【评析】

《正义》曰："三阴并行，以承于上，则上失其友，内无其主，名之曰'益'，其实为'损'。"六三所谓"损一人"，是指损一人而益上之"损"，非损失一人之"损"，故爻辞曰"得友"。

六四，损其疾，使遄有喜[①]，无咎。

【注释】

①损其疾，使遄有喜：六三至六五互成坤象，坤为阴，六四"多惧"而在阴中，故有"疾"象。初九自损而"遄往"，六四当位，以柔纳刚，以"损其疾"。疾不能久，故速愈有喜。

【译文】

六四，减损其疾病，迅速地接纳上行的阳刚之气以使其病愈是一件可喜的事，没有什么灾祸。

《象》曰："损其疾"，亦可喜也。

【译文】

《象传》说："减损其疾病"，说明六四接纳初九的阳刚之气有了十分可喜的结果。

【评析】

阴气为死，阳气为生，这是古人对生命结构的总体认知。因此，古人论及《易》时，或以"坤为死"，或以"坤为尸"。六四的幸运来自于"内因"当位为正与"外因"初九相助两个方面。《损》之六四不仅当位在阴，且在互坤之中，实为阴中之阴，故爻辞言"疾"。好在六四下应初九，初九为阳，"应"而得阳气救助，损去疾病。《象传》之所谓"损下益上"正为此言，实当此理。

六五，或益之十朋之龟，弗克违[①]，元吉。

【注释】

①或益之十朋之龟，弗克违：或，有人。益，增加。十朋，西周以贝为货币，十贝为一朋。克，能够。违，拒绝。艮内虚而外实，其形象龟，古人以龟为宝，十朋之龟，实为大宝，故"益之"弗违则"元吉"。

【译文】

六五，有人献上价值"十朋"的大宝龟，不能拒绝他，大为吉祥。

《象》曰：六五元吉，自上佑也[①]。

【注释】

①自上佑：指上九，六五以上九为比，因上九而成艮，故曰"自上佑"。《集解》："龟墨不违，故能延上九之佑，而来十朋之益，所以大吉也。"

【译文】

《象传》说：六五之所以能大为吉祥，是因为他承受了上天的佑助。

【评析】

《系辞》曰："自天佑之，吉无不利。"六五柔顺虚中，以居尊位。当损之时而受"十朋之龟"，然其受益于龟，非只得于六五居尊之位，更得益于上九之佑。

上九，弗损益之①，无咎，贞吉，利有攸往，得臣无家②。

【注释】

①弗损益之：上九处《损》之极，艮之终，使损之道在此终止，损终反益，故曰"弗损益之"。

②得臣无家：上九居上乘柔，处损之极，秉持阳刚之德，为众阴所归，故曰"得臣"。得臣则天下为一，故"无家"。

【译文】

上九，不用自我减损就能使他人受益，没有灾祸，做事会获得吉祥，有利于有所前往，因为得到广大臣民的拥护就不再是一己之家了。

《象》曰："弗损益之"，大得志也。

【译文】

《象传》说："不用自我减损就能使他人受益"，这说明上九使自己的志向大获成功。

【评析】

上九的大得志有两个方面的体现：一是“弗损益之”，不损己而能利人；二是当自己“大得志”时，大众臣服，天下一家，得大家而失小家，则失而无损。

益（䷩）

【题解】

《损》卦以“损下益上”，而《益》卦则“损上益下”。范仲淹认为“损上则益下，益下则固其本也”（《范文正集·易义》），所以卦中上三爻以损而得益，下三爻以守正而受益。由此来看，人处益道必须有一颗善心，故《象传》要求君子能“见善则迁，有过则改”。卦中六爻：初九以阳德居《益》之卑下之位，居中而为受益之爻，故能大有作为；六二以柔中为美，所以能获“十朋之龟”；六三虽不当位，然若在受益之时，有救济之心，也可“无咎”；六四柔怀善志，处益下之始，有尊上而益下之德，所以“有喜”而“无咎”；九五能广施恩惠于天下，所以得“元吉”之喜；唯上九处《益》上，其位不正，所以不能自损而益下，故被“击”而有“凶”。由此看来，唯损于彼，才能益于此。

益①：利有攸往。利涉大川②。

【注释】

①益：卦名，震下☳巽上☴。卦下多阴，卦上多阳，阴虚阳实，阳以实授之，阴以虚承之，象征着“增益”。《正义》曰“损上益下，故谓之益”。

②利有攸往。利涉大川：震为出，巽为令，故卦象有人君出号令于上，而臣民服从于下，命出则必有行，又动而入，故曰“利有攸

往”。坤为川，初九当位，动而上行以应四，故曰“利涉大川”。按《集解》义，三失位不正，与上易位则成《既济》(䷾)，则有坎水在上，坎水为川，其说也通。

【译文】

《益》卦象征着增益：有利于有所前往，有利于涉越大河。

《彖》曰：“益”，损上益下，民说无疆①；自上下下，其道大光②；“利有攸往”，中正有庆；“利涉大川”，木道乃行③；益动而巽，日进无疆④；天施地生，其益无方⑤。凡益之道，与时偕行。

【注释】

①损上益下，民说无疆：说，通“悦”。九五居上，下应六二，“损上益下”，所益广大，故曰“民悦无疆”。

②自上下下，其道大光：上，指九五，九五能降恩惠于下，则益道广大。

③木道乃行：《益》上卦为巽，巽为木，二至四互为坤，古《易》以坤为“川”，木在川上，方可为“木道乃成”，即行舟之利。

④益动而巽，日进无疆：《益》之下卦为震，上卦为巽，故曰“动而巽”；以雷动之威，风行之速，则“进无疆”。

⑤天施地生，其益无方：施，《广雅·释诂》曰：“予也。”方，《广雅·释诂》曰：“类也。”又天施恩泽于地，地受恩泽而生物，天道无私，故无所不益，其所益不分地域、物类，故曰“天施地生，其益无方”。

【译文】

《彖传》说：“增益”，就是要减损于上，增益于下，这样民众就会有无边无际的欢悦；从上面将恩惠降到下面的臣民，这样为君之道也就发扬光大了；“有利于有所前往”，这说明位居中正的九五必有大的喜庆；“有利于涉越大河”，这说明乘舟之木已在水面行驶；增益是以雷震动而巽风入的方式进行的，所以每日都会增进无限的疆域；上天广施恩惠，大地才能生出万物，而来自上天的恩惠是遍布万方的。凡是增益的道理和方法，是顺应于合适的时间而共同进行的。

《象》曰：风雷，益①。君子以见善则迁，有过则改②。

【注释】

①风雷，益：《益》卦上为巽，巽为风，下为震，震为雷，《正义》引《子夏传》云：“雷以动之，风以散之，万物皆盈。”风雷相益，故谓之“益”。

②君子以见善则迁，有过则改：迁，迁移，即君子观《益》见善则移、则从之，《论语》所谓“见贤则思其齐焉”，就是此理。有过而迅速地改正，则“善莫大焉”。

【译文】

《象传》说：风吹雷动，象征着“增益”。君子看见美好的行为就心向往之，有过错就迅速改正。

【评析】

风雷有“同声相应”的属性，二者相应相益，雷动则风生，雷声震动时，风也随之而来，此其一也；其二，巽为木，《说卦》曰：“万物皆出乎震。”春雷动则草木生；其三，雷愈震，风越紧，故《程传》曰：“风烈则雷迅，雷激则风怒，二物相益者也。”这是《益》卦的自然之理。其实，《益》卦的对于人生的重要性更大，那就是《象传》所言的“见善则迁，有过则改”的道理。

初九，利用为大作，元吉，无咎①。

【注释】

①利用为大作，元吉，无咎：大作，《正义》曰“兴作大事”。初九处《益》之始，居震之初，二者俱当位相应，故利于“大作”。既当位于《益》，始之于震，则“元吉”而“无咎”。

【译文】

初九，有利于做出大事业，大为吉祥，没有灾祸。

《象》曰：“元吉无咎”，下不厚事也①。

【注释】

①下不厚事：下，指初九。厚事，厚重的事务。《集解》曰：“若能不厚劳于下民，不夺时于农畯，则大吉无咎也。”

【译文】

《象传》说：“大为吉祥，没有灾祸”，这说明处在下位的初九没有承担过分沉重的劳役，所以能够“为大作”。

【评析】

对于“不厚事”，前人之注多异，大略有三种：一是《正义》、《本义》所谓“厚事犹大事也”，故“下本不当任厚事”，这里是指初九卑下不能胜任“厚事”；二是《集解》的“不厚劳于下民”，即不以重劳干扰下民，以使其能有精力为“大作”；三是高亨先生以《说文》为据认为“厚，通后”，即下民于“大作”争先恐后，不落后于人。三者之中，第一种似与卦义不合，因为爻辞曰“利用为大作”，且“元吉”、“无咎”，又何以说不能胜任呢？而且，初九之“为大作”不是独自为之，而是受到六四的帮助后才可以“为大作”。

六二，或益之十朋之龟，弗克违，永贞吉[①]。王用享于帝，吉[②]。

【注释】

①或益之十朋之龟，弗克违，永贞吉：六二至六四成坤，坤为地，地为十。六三至九五互艮，艮为龟。六二以臣下之位受君上之增益，不仅没有违背君上，而且还要长守正道，如此则"吉"。

②王用享于帝，吉：帝，天帝。"帝出乎震"，二在震中，上与五应，五为王，故有"王用享于帝"之象。

【译文】

六二，有人赠予价值"十朋"的大宝龟，不能拒绝，可以得到长久的吉祥。君王祭祀天地，祈求降福，吉祥。

《象》曰："或益之"，自外来也[①]。

【注释】

①自外来：从外至内谓之"来"，六二所得的增益是由九五赠予的，故曰"自外来"。

【译文】

《象传》说："有人赠予价值'十朋'的大宝龟"，这说明六二所得的增益是从外而来的。

【评析】

六二所益之物与《损》相同，而所益之位则正好相反。因六二以阴处下，虽处中当位，也是臣位，故受益以"永贞"。

六三，益之用凶事，无咎[①]。有孚中行，告公用圭[②]。

【注释】

①益之用凶事，无咎：凶事，指救灾平凶之事。六三失位不正，本不应受益，然当益之时，受益而救凶则“无咎”。

②有孚中行，告公用圭：孚，诚信。中行，中正平和的行为。圭，古代祭祀天地、神灵的玉器。《本义》曰：“告公用圭也，用圭所以通信。”《礼记·郊特牲》曰：“大夫执圭而使，所以申信也。”这里的“信”，也是诚信的意思，故“告公用圭”与“有孚中行”，实际上都是强调六三要以诚信中正之心受益而救“凶”。

【译文】

六三，所得之增益应用于拯凶救难，就没有灾祸。心怀诚信，保持中正平和的行为，然后手持玉圭致意王公以求得信任。

《象》曰：“益用凶事”，固有之也①。

【注释】

①固有之：六三失位于《益》，然位居互艮之下。《说卦》曰“艮为小石”，石类同于玉。艮上有巽，“巽为入”，应而入，山石来入，故曰“固”。

【译文】

《象传》说：“所得之增益应用于拯凶救难”，这样才能牢固地保持住已得到的益处。

【评析】

《系辞下》曰“三多凶”，因此卦的六三不当位，故更凶。《周易义海撮要》曰：“若以谦道责之，则理合诛戮。若以救凶原之，则情在可恕。”以凶之身，承受益道，则应使所益之物用之于凶。这样做是为了以诚信消除自身的不足，所以六三反复强调的就是“诚信”。

六四，中行，告公从，利用为依迁国[①]。

【注释】

①中行，告公从，利用为依迁国：迁，迁徙。公，指六三，三在震，居于卦中，震为行，故曰“中行”。从，即应而从之。国，指三居坤位，坤为地，为众，有地有众则有“邦”，故坤为邦国。初与四应，故曰“告公从”。三体为坤，三动而坤从，故曰“利用为依迁国”。

【译文】

六四，以中正平和的心态向王公致意自己有顺从之心，就会有利于依附君王做出迁都这样的大事。

《象》曰：“告公从”，以益志也[①]。

【注释】

①以益志：六四居益而当位，近于王，邻于公，其位于国事当位而正，“中行”而“告公”以增益王志，故曰“以益志”。

【译文】

《象传》说：“向王公致意自己有顺从之心”，以增益其定国安邦之志。

【评析】

“中行”，《正义》、《本义》皆以“中行之德”释；《集解》则以卦位释义，二者俱通。而《益》之六四之所以能为“迁国”之大事，有两个原因：其一，六四处于损上益下之时，大有作为；其二，六四当位居正，近王邻公，位当其职。

九五，有孚惠心，勿问元吉[①]。有孚惠我德[②]。

【注释】

①有孚惠心,勿问元吉:惠,施恩惠。九五在“益下”之卦中处于王位,本有施恩惠于下之德,施惠有“孚”,则何须问“元吉”。

②有孚惠我德:我既以诚信惠及于物、于人,则人也将以诚信、好惠反归于我,故曰“有孚惠我德”也。

【译文】

九五,真诚地怀着一颗施惠于民的心,就无须疑问是否会大为吉祥。天下人将会真诚地感念我的恩德。

《象》曰:“有孚惠心”,勿问之矣;“惠我德”,大得志也。

【译文】

《象传》说:“真诚地怀着一颗施惠于民的心”,就无须疑问是否“元吉”;“臣民感念我的恩德”,我的志愿就会大为成功。

【评析】

九五当位居尊,为《益》卦之主,当天下之王,故其“益”之大,莫之能比。然惠之大,莫大于信,有惠有信,唯《益》之九五可当之。

上九,莫益之,或击之①;立心勿恒,凶②。

【注释】

①莫益之,或击之:莫,没有谁。之,指示代词,这里指上九。或,有的人。上九处《益》之穷极之位,故有求益不已之贪,为众人所厌,故曰“或击之”。

②立心勿恒,凶:立心,即居心。恒,平常。居心于贪则不能有平常之心,如此则“凶”。

【译文】

上九，没有人增益他，有人攻击他；居心无常，有凶险。

《象》曰："莫益之"，偏辞也[1]；"或击之"，自外来也[2]。

【注释】

①偏辞：偏，片面。《正义》曰："'偏辞'者，此有求而彼不应，是'偏辞'也。"上九独处《益》之穷极之位，故有"偏辞"。

②自外来：言其所受攻击自外而来。

【译文】

《象传》说："没有人增益他"，这是因为上九独自发出求益之辞；"有人攻击他"，这是从外而来的攻击。

【评析】

位"偏"则心也"偏"，上九居《益》之极处，求益过极，故有"偏辞"。益不可极，求益不已，则惹人生厌，故"或击之"而凶，也是自招其祸。

夬(䷪)

【题解】

《夬》卦象本义在于"果决"，但是，五阳的"果决"并没有为他们赢得吉利，因此，卦中的五阳爻无一"吉"，这实在是说明了"小人难养"的困苦与无奈。当然，将要被铲除的"小人"也定然是在劫难逃。在五阳与一阴的决斗中，双方均不得安宁，故《夬》卦实在是一个杀气腾腾的卦。具体就各爻而言：初九壮于乾刚，却"往不胜"；九二失位无应而"惕号"、"有戎"；九三"夬夬独行"而"有凶"；九四失位于兑而受刑；九五"中行"君位，仅得"无咎"而已；上六当位而应下，虽侥幸"无号"却"终有凶"。一个小人使五个君子如此受难。可悲的是，这种情况并非仅存于《夬》卦中，现实生活中更是不乏其例。

夬[①]：扬于王庭[②]，孚号有厉[③]，告自邑，不利即戎[④]，利有攸往[⑤]。

【注释】

①夬（guài）：卦名，乾下☰兑上☱，象征着“决断”。《正义》曰：“五阳共决一阴，故名为‘夬’也。”一阴为上六，阴为小人，小人凌越于五阳之上，五阳以阳刚与之决断，故卦名“夬”。

②扬于王庭：扬，《释诂》曰“举也”，《释言》曰“越也”，按卦义当有“传扬”之义，王道荡荡，磊落无隐，以五君子决一小人，无须“隐”，故“扬于王庭”。

③孚号有厉：孚，诚信。号，号令。与小人“决”本来就是件危险的事，而二辅五以决小人，二也失位，故以“厉”自警其事。

④告自邑，不利即戎：即，从，就。九五为王，有众阳辅之，故治邑当以号令告之即可，若用刚动武，以力取胜，必有不利，故曰“告自邑，不利即戎”。

⑤利有攸往：众阳消一阴，故曰“利有攸往”。

【译文】

《夬》卦象征着决断：在王庭上发挥阳刚之德与小人决断，怀着诚信号令众人戒备危险，从城邑号令告知即可，不利于发兵作战，有利于有所前往。

《彖》曰：“夬”，决也，刚决柔也。健而说，决而和[①]；“扬于王庭”，柔乘五刚也[②]；“孚号有厉”，其危乃光也[③]；“告自邑，不利即戎”，所尚乃穷也[④]；“利有攸往”，刚长乃终也[⑤]。

【注释】

①健而说，决而和：《夬》下卦为乾，乾为健，上卦为兑，兑为悦。刚

健能决，兑悦能和，故曰“决而和”。

②柔乘五刚：柔，指上六之阴柔。乘，凌驾。五刚，即柔下之五位阳爻。一阴在五阳之上，故曰“柔乘五刚”。

③其危乃光：五阳决一柔，小人为危，君子除危，则其道德能光大。

④所尚乃穷：尚，崇尚。君子所崇尚的“夬”道，是“健而说，决而和”，用兵动武，则使“夬”道穷，故曰“所尚乃穷”。

⑤刚长乃终：终，成，好的结果。以五刚决一柔，其功则成。

【译文】

《彖传》说：“夬”，就是决断，以五阳刚与一阴爻决断。刚健而又和悦，刚健能断，兑说（悦）能和；“在王庭上发挥阳刚之德与小人决断”，这是因为有一阴柔小人凌驾于五位阳刚之爻上；“怀着诚信号令众人戒备危险”，那么，君子消除危险的道德就会光大；“从城邑号令告知即可，不利于发兵作战”，这是因为动武用兵就会使君子决断小人的道德穷尽；“有利于有所前往”，这说明以阳刚决断小人的“夬”道终有所成。

《象》曰：泽上于天，夬①。君子以施禄及下，居德则忌②。

【注释】

①泽上于天，夬：兑为泽在上，乾为天在下，故曰“泽上于天”，泽水在天，乾阳决之，使之决降为雨，故谓之“决断”。

②君子以施禄及下，居德则忌：禄，俸禄，即君之恩泽。忌，禁忌，忌讳。德，阳为德，指有德者。使有德者居家而不食君禄，这是君子所忌讳的事。

【译文】

《象传》说：泽水化气上达于天，象征着决断。君子观此卦象，知道要像泽水下降于天一样广施恩禄于下，使有德者居家而不食君禄，这是君子所忌讳的事。

【评析】

《夬》卦的《象》与《彖》在卦义的阐述上有很大的不同，正如《正义》所言："'夬'有二义，《象》则泽来润下，《彖》则明法决断。"《象》以德润泽于下，《彖》以刚决断于上，然而，《象》、《彖》皆本于卦辞。就卦辞而言，则《彖》之说更近于卦义。

对于"居德则忌"，前人所注多异，大略有以下几种：其一，《本义》曰"未详"；其二，《正义》"'居德则忌'者，忌，禁也"，又曰，"其在身居德，复须明其禁令"，此言居德者当明其禁令，其义于卦象则难通，于"施禄"义也不通；其三，《集解》则以阳为德，谓"阳忌阴也"；其四，《来氏易注》曰："言泽在于君，当施其泽，不可居其泽也；居泽，则乃人君所深忌者。"来注以"居德"为"居泽"，又训居为"积"。按，承"君子以施禄及下"义，则应释居德者不食君禄，则为君所忌。在此仅备一说。

初九，壮于前趾，往不胜为咎①。

【注释】

①壮于前趾，往不胜为咎：壮，通"戕"，受伤。初九在乾阳之下，其应在四，四失位在兑卦，兑为毁折，故有伤于足趾之象，伤则不宜前往，因为前往则与九四相应，九四失位不能应，虽往而不胜，故有"咎"。

【译文】

初九，足趾的前端受伤，贸然前往则不能得胜，反而会导致灾祸。

《象》曰：不胜而往，咎也。

【译文】

《象传》说：不能胜利而有所前往，这样做是错误的。

【评析】

“壮”字，《正义》、《本义》以“强壮”为解，《集解》则释训为“戕”，通“伤”，于“决断”卦义通；且上为兑，兑为毁折，初与四有应，四在兑，故初伤于失位之四，意通卦象。

九二，惕号，莫夜有戎，勿恤①。

【注释】

①惕号，莫(mù)夜有戎，勿恤：号，号令。莫，同“暮”。戎，兵戎，即战事。恤，担心，忧虑。九二失位，变正则与四成巽，与初、三则成离。巽为号令，离为戈兵、甲胄，故有兵戎之象。

【译文】

九二，发出警惕的号令，尽管暮夜时分将有战事发生，也不必忧虑。

《象》曰：“有戎勿恤”，得中道也。

【译文】

不要担心有兵戎之事，因为九二得中正之道。

【评析】

“惕号”于“暮夜”，“有戎”而“勿恤”。《夬》之九二刚健居中，上下皆以阳刚为邻，实为阳中之阳，健而又健。“赳赳武夫，公侯干城”，虽暮有其戎，理应“勿恤”。

九三，壮于頄，有凶①。君子夬夬独行，遇雨若濡，有愠无咎②。

【注释】

①壮于頄(kuí),有凶:頄,颧骨。九三独与上六应,上在兑极,兑为毁折,故曰“壮于頄”;有伤且与小人应,故“有凶”。

②君子夬夬独行,遇雨若濡,有愠无咎:濡,淋湿。咎,归咎。上六为阴,为小人,《夬》卦中众阳决于上六,唯九三与之有应,故曰九三“夬夬独行”。上为兑,兑泽降水为雨,故曰“遇雨若濡”。独行且遇雨湿衣,故“有愠”。然自招之,又能归咎于何人?故“无咎”。

【译文】

九三,颧骨受了伤,有凶险。君子坚决果断地独自出行,遇到雨天淋湿了衣服,心中有气,但不归罪于别人。

《象》曰:“君子夬夬”,终无咎也。

【译文】

《象传》说:“君子坚决果断地独自出行”,但是最终没有什么灾祸。

【评析】

《王注》曰:“夬为刚长,而三独应上六,助于小人,是以凶也。”在《夬》卦中,唯九三与上六当位,余则失位,然辞系“凶”字的也是九三与上六。上六位居九五之上,为众阳所决,一如桀纣之暴。九三当位居正,却失之于所应,以小人为友,故曰“壮于頄”。故九三之凶,不在其位,在其所应之人。

九四,臀无肤,其行次且[①];牵羊悔亡,闻言不信[②]。

【注释】

①臀无肤,其行次且(zī jū):次且,即趑趄。九四居位不正,处在兑

下，兑为毁伤，有受笞杖之象，故曰“臀无肤”；伤则“其行次且”。

②牵羊悔亡，闻言不信：兑为羊，既有受刑之事，牵羊以献则可“悔亡”，此为智者之言，然而，九四未听。

【译文】

九四，因失位不正，臀部被杖笞皮开肉绽，趑趄难行；若牵着一只羊献给当权者，则悔恨就会消逝，但是，他没有听从此言。

《象》曰：“其行次且”，位不当也①；“闻言不信”，聪不明也②。

【注释】

①位不当：九四以阳居阴，故曰“位不当”。

②聪不明：四失位不正，变而正则为坎，坎为耳，入兑则毁折，故曰“聪不明”。

【译文】

《象传》说：“趑趄难行”，这是因为九四居位不当；“没有听从智者的话”，这说明他的耳朵失聪。

【评析】

对于“臀无肤，其行次且”的解释，高亨先生认为：“筮遇此爻，将受杖刑，臀部皮开肉脱，其行趑趄而难行，但牵羊献当权之人，则其悔可亡。”与卦义甚合。或释羊为“刚狠之物”，专指九五，九五也在兑中，然辞系九四，若专指九五，则何以不系之九五？且牵强于九五，则九四又指何物？其实，《易》本为卜筮作，筮遇此爻则此爻动，动则变，变则四当位而正，正则九二至四成兑，兑为羊，故“牵羊”者不变也是四，变也是四，何关乎九五？

九五，苋陆夬夬中行，无咎①。

【注释】

①苋（xiàn）陆夬夬中行，无咎：苋陆，又名马齿苋，其草柔脆。《程传》曰："今所谓'马齿苋'是也，曝之难干，感阴气之多者也，而脆易折。"兑为小，阴为柔，四动则变坎，坎为棘，羊所见棘中之柔小之物，应为苋陆之类的嫩草。夬夬，《正义》曰"决之至易"，故曰"夬夬"。九五居中处正，故曰"中行"，有众阳为助而清除小人，故曰"无咎"。

【译文】

九五，如斩断柔脆的苋陆草一样，刚毅果断地清除小人，居中行正，则没有过错。

《象》曰："中行无咎"，中未光也①。

【注释】

①中未光：九五居上卦之中，故曰"中"。四动变后，则四至上成坎，离旁通而伏于坎，隐伏不显，其德不彰，故曰"未光"。

【译文】

《象传》说："居中行正，则没有过错"，这说明九五的中正之道尚未光大。

【评析】

爻辞以苋陆草比喻上六为阴柔之小人，然九五为中而为一卦之主，居王者之尊，以"夬夬"之决，仅获"无咎"，故其中正之道未光大。

上六，无号，终有凶①。

【注释】

①无号，终有凶：上六，居《夬》之极，以小人而居群阳之上，故其凶非号啕所能免，故曰“终有凶”。

【译文】

上六，不必号啕痛哭，因为小人最终也是难逃凶险。

《象》曰：“无号之凶”，终不可长也。

【译文】

《象传》说：“不必号啕痛哭，小人最终也是难逃凶险”，这说明居于上六的小人势力是不可能再延长的。

【评析】

得势则猖狂，失势则号啕，所幸的是《夬》之上六并没有给小人延长性命的机会，因为五阳皆知“猖狂”与“号啕”是小人常用的伎俩。

姤（䷫）

【题解】

“天下有风”谓之《姤》卦，其卦辞、《彖》、《象》之义有所不同，卦辞曰“勿用取女”；《彖》则以“不可长也”言其女壮之失，同时，又能从天地相遇中看出“品物咸章”、“天下大行”的好处；而《象》则从圣人以风行天下、无物不遇的作用中，看到大行教化和诰命四方的政治力量。由此可见，《易》用之于大则义大，用之于小则义小。具体而言，《姤》一阴在下，众阳在上，用之于人，则一阴遇众阳，有女壮淫盛之过；用之于自然，则众类兴旺；用之于政，则政令通行天下。然而，因象有阴消剥阳之势，故爻辞唯九五“含章”，余则或“凶”，或“吝”。

姤①：女壮，勿用取女②。

【注释】

①姤(gòu)：卦名，巽下☴乾上☰。郑玄曰："姤，遇也。"《穀梁传》曰："不期而会曰遇。"《正义》曰："一女而遇五男，为壮至甚，故戒之曰'此女壮甚，勿用取此女'也。"就卦象而言，巽为入，入有所遇，故"郑注"更合本义。

②女壮，勿用取女：取，同"娶"。《姤》下为巽，巽为长女。初六居巽下，且失位不正。巽以一女遇五男，有以阴气消灭阳气之势，故曰"女壮"。壮而不正，则不能娶，故曰"勿用取女"。

【译文】

《姤》卦象征着邂逅相遇：女子过分强壮，则不宜娶之为妻。

《彖》曰：姤，遇也，柔遇刚也①。"勿用取女"，不可与长也②。天地相遇，品物咸章也③。刚遇中正，天下大行也④。姤之时义大矣哉！

【注释】

①柔遇刚：《姤》下卦为巽，巽为阴卦，又为一阴处下，阴上消阳遇五刚，故曰"柔遇刚"。

②不可与长：指初六失位不正，如一女壮而不正，故不能与之长久。

③天地相遇，品物咸章也：品，众多。咸，皆，都。章，通"彰"，显著。《姤》自《乾》(䷀)来，初六为阴，阴为坤，乾为天，坤为地，故《姤》处天地相遇之时、之地，此时为夏季，天下万物都极兴旺繁荣，故曰"品物咸章"。

④刚遇中正，天下大行也：刚，指九五、九二。九五在上为君，九二

处下为臣，二爻俱居中正之位，君臣皆正，则天下政令“大行”。

【译文】

《彖传》说：“姤”，就是指相遇，譬如一个阴柔女子对付五位阳刚大男子。“不宜娶此女为妻”，这是因为不能与失位不正的女子长久相处。天地阴阳之气相遇在一起，万物都会昭彰显明地表现出来。阳刚应当遇合中正之位，天下的人伦教化就会大为畅行。如此来看，相遇之时的意义是多么的伟大啊！

《象》曰：天下有风，姤①。后以施命诰四方②。

【注释】

①天下有风，姤：乾为天在上，巽为风在下，故曰“天下有风”。风能遍吹万物，也就能与万物相遇，故曰“姤”。

②后以施命诰四方：后，天子，君王，这里指九五。命，号令，巽为号令。诰，帝王的文告，这里作动词，通告。

【译文】

《象传》说：天下刮着大风，风吹遍大地，无所不遇，这种情况就象征着“相遇”。君王因此而知发号施令，通告四方邦国。

【评析】

《后汉书·列女传》载《女诫·敬慎》：“阳以刚为德，阴以柔为用；男以强为贵，女以弱为美。故鄙谚有云：‘生男如狼，犹恐其尪；生女如鼠，犹恐其虎。’然则修身莫若敬，避强莫若顺，故曰敬顺之道，妇人之大礼也。”初六以阴居阳，失位不正，上则消剥众阳，此其所以为“壮”；阳为男，阴为女，以一女遇合五阳，此其所以为淫；故戒之以“勿用取女”。然“天下有风”的卦象，也给圣人治国安邦以“天下大行”的启示。故此卦用之于大则吉，用之于小则不吉。

初六，系于金柅，贞吉[①]。有攸往，见凶[②]，羸豕孚蹢躅[③]。

【注释】

①系于金柅（nǐ），贞吉：柅，塞在车轮下阻止启动的木块，即制动器，这里指九四。《王注》曰："金者，坚刚之物。柅者，制动之主，谓九四也。"因初六与九四应，应则系缚于九四，初六失位，应而缚之，才能走正道。

②有攸往，见凶：初六为阴，往至二则为《剥》，往则与众阳遇，有失身之嫌，故曰"凶"。

③羸豕孚蹢躅（zhí zhú）：羸，通"累"，即绳索。孚，通"浮"，浮躁。蹢躅，同"踌躇"，即不安躁动、徘徊的样子。《姤》下为巽，巽为绳，初六上应九四，必绳之以大索。

【译文】

初六，系缚于刚强灵敏的制动器上，守持正道则吉。有所前往，则会有凶，像捆绑的牝猪一样躁动不安。

《象》曰："系于金柅"，柔道牵也[①]。

【注释】

①柔道牵：阴为柔，初六位居阴下，上应九四，九四在乾，乾为金，初六因失位于阴柔而为"金柅"所牵，故曰"柔道牵"。

【译文】

《象传》说："系缚于刚强灵敏的制动器上"，这是因为阴柔之道应有所牵系。

【评析】

焦循于《周易正义补疏》曰："王氏以'孚'为务躁，盖读'孚'为浮。浮，轻也，谓轻躁也。孚，浮，古字通，《释名》'浮，孚也'，是也。务为骛之通借。"务、骛，《尔雅》皆训强乱，驰为骛，骛躁言其奔驰而轻躁。孚，即浮骛。蹢躅以"浮骛"，则有进退不宁之象。按，其实这里的"蹢躅"就是徘徊、进退之象，而"孚躁"则是浮躁之义。初六失位不正，若能应于九四，如系于"金柅"而"贞吉"，然阳众而阴壮，似"羸豕"有惑于淫乱之事，浮躁不安。焦氏之所以于此作《补疏》，就是因为：其一，《王注》只释"孚，尤务躁也"，未训"孚"、"浮"古字通；其二，未释"务"为"骛"之通借。释义不训，则义不知出处，故焦循作《补疏》以正。

九二，包有鱼，无咎，不利宾①。

【注释】

①包有鱼，无咎，不利宾：包，通"庖"，即厨房。巽为鱼，九二在巽中，故辞有"鱼"字。二阳近初六，据之于己，故曰"不利宾"。

【译文】

九二，厨房里只有一条鱼，没有什么过错，只不过不利于宴请宾客。

《象》曰："包有鱼"，义不及宾也①。

【注释】

①义不及宾：义读为"宜"，初本为九四之应，因近二为比，为二所据，因为是他人之物，故不宜"利宾"。

【译文】

《象传》说："厨房里只有一条鱼"，按其礼义不能食及宾客。

【评析】

按《说卦》,“巽为鱼”。九二居巽而“有鱼”,然失位于《姤》,上无所应,其“不及宾”,实无宾可及。

九三,臀无肤,其行次且,厉,无大咎①。

【注释】

①臀无肤,其行次且,厉,无大咎:《说卦》曰:“巽为股。”三在巽上,故为“臀”。九三上无所应,下无所据,犹如臀之“无肤”。“臀无肤”而“行赼趄”,故曰“厉”。然九三当位居正,故虽有“厉”而终“无大咎”。

【译文】

九三,臀部被杖笞皮开肉绽,赼趄难行,有危险,但是并没有大的灾祸。

《象》曰:“其行次且”,行未牵也①。

【注释】

①行未牵:乾为健行,九三在互乾,故有行走象,然上无所应,下无所据,行而未有牵扯,故曰“行未牵”。

【译文】

《象传》说:“赼趄难行”,这是因为九三的行为未受到牵制。

【评析】

《姤》有“女强”之象。九三与其他几个阳爻一样,在与初六之阴的相敌过程中,也没得到好处。更有甚者,还遭受“无肤”、“次且”之刑。当位受刑,其冤实“厉”!然其上下与阳相比,又居互乾之中,有阳刚之德，健行之强，故不仅“无牵”，而且终“无大咎”。

九四，包无鱼，起凶①。

【注释】

①包无鱼，起凶：起，兴起。初六为鱼，然已为九二所据，不及于己，故曰“无鱼”。

【译文】

九四，厨房里没有鱼，就会因兴起争端而有凶险。

《象》曰：“无鱼之凶”，远民也①。

【注释】

①远民：民，指初六。阳为君，阴为民，初六为阴，自坤中来，故为民。

【译文】

《象传》说：“没有鱼而引起了凶险”，这是九四远离民众造成的后果。

【评析】

九四本与初应，然因九四已失位，故其不能与初六应。初六为民，无应则远离于民，故“无鱼”。

九五，以杞包瓜①，含章，有陨自天②。

【注释】

①以杞包瓜：杞，杞柳，《正义》引马融曰“大木也”。包，包裹。瓜，

巽为木，上阳刚者为木、柔下为瓜，九五与九二应，九二在田，田中之果为瓜。

②含章，有陨自天：含，含藏。章，通“彰”，彰彩，美质。陨，降落。九五居尊处中，内蕴中正之德，故曰“含章”。乾为天，下应初六，至阳刚剥尽时，则果木陨落于下，故曰“有陨自天”。

【译文】

九五，用高大的杞树叶蔽护树下的甜瓜，这就像内心含藏有华彩彰美的品德，必然有可喜的遇合从天而降。

《象》曰：九五含章，中正也；有陨自天，志不舍命也①。

【注释】

①有陨自天，志不舍命也：舍，违背。命，天命。天陨木果之实，此天道与地道之相遇，九五有君王之尊，故知天命而不违。

【译文】

《象传》说：九五内含彰美之质，这是因为他具有中正之德；有可喜的遇合从天而降，所以他矢志不违背天命。

【评析】

王弼《周易注》曰：“杞之为物，生于肥地者也。包瓜为物，系而不食者也。”以“系而不食”推断，则王弼训“包”为“匏”。杞为一物，包瓜另为一物。《正义》引经文“以杞匏瓜”，古人说经以假借为训诂，不得据注以改经。《说文》：“匏，从包，从夸，取其包藏物也。”《释文》但云“包瓜”，不云本也作“匏”。子夏作“苞”。故可知王氏本意作“包”，不作“匏”。《正义》于二义之中，取其“包藏”之义，并引经文“以杞匏瓜”证之，虽不言《王注》之非，也不明说其是。就卦象看，九五当位居中，有中正之德，处王者之尊，如杞之蔽护瓜，内蕴章美之质，其志如降自天上，故志不能“舍”。综上所述，则“包”应为包藏之“包”。

上九，姤其角，吝，无咎①。

【注释】

①姤其角，吝，无咎：乾为首，上九位居首上，故称角，相遇一角则有“吝”，动而得正则“无咎”。

【译文】

上九，遇到的只是空荡荡的一角，心有悔吝，但终究是没有灾祸。

《象》曰：“姤其角”，上穷吝也。

【译文】

《象传》说：“遇到的只是空荡荡的一角”，这是因为上九居于遇合极偏远处，故有悔吝。

【评析】

上本与三应，然上已失位，故不遇于三，动而得正，仅遇一角。且九三有“厉”，遇之一角，又有何咎？若不“姤”一角，又有何“吝”。

萃（䷬）

【题解】

《系辞》曰：“方以类聚，人以群分。”《萃》卦说的是会聚之道。然能以类聚只是自然法则，能因“情”而会聚在一起的才是愉快的事，正如《彖传》所言：“顺以说，刚中而应，故聚也。”卦中六爻：初六因不当位而有“乱”之嫌，若有“孚”而无“乱”，则可以“无咎”；六二柔中居正，能得九五牵引，所以“无咎”；六三因上无所应，不能会聚而无利；九四虽不当位，却能以上近尊五，下应初六而得“大吉”；九五因尚未取信于民，所以自修其德以致“悔亡”；上六求聚无得，故以诚信感人而求“无咎”。

萃①：亨，王假有庙②，利见大人，亨利贞③。用大牲吉，利有攸往④。

【注释】

①萃：卦名，坤下☷兑上☱。坤为地，质本在下，兑为泽，其性润下，同有聚下之德，萃聚一起，故卦名“萃”。《正义》曰：“聚集之义也。能招民聚物，使物归而聚己，故名为‘萃’也。”泽润土地，故万物有“萃”。

②亨，王假有庙：亨，祭祀。王，指九五。假，到，至。《王注》曰：“假，至也，王以聚至有庙也。”

③利见大人，亨利贞：大人，指九五。九五当位与六二有应，二阳处众阴之中，故曰“利见大人”。五、二皆居中处正，故曰“亨利贞”。

④用大牲吉，利有攸往：下卦为坤，坤为牛，在古代牛为祭祀之“大牲”，下坤顺而上兑悦，故“利有攸往”。

【译文】

《萃》卦象征着会聚：祭祀时人物大聚集，此时君王至于太庙祭祀祖宗、天地，所以有利于见大人，亨通而利于做事。用牛来作大的祭祀品，有利于有所前往。

《彖》曰：“萃”，聚也。顺以说，刚中而应①，故聚也；“王假有庙”，致孝享也；“利见大人亨”，聚以正也②；“用大牲吉，利有攸往”，顺天命也③；观其所聚，而天地万物之情可见矣④。

【注释】

①顺以说,刚中而应:下卦为坤,坤为顺,上卦为兑,兑为悦。下顺于上悦,故曰"顺以说"。刚中,指九五,下应六二,故曰"刚中有应"。

②聚以正:九五为《萃》卦之主,居中处正,故而能使物聚之以正。

③顺天命:下坤为顺,九五为王、为天子,故曰"顺天命"。

④观其所聚,而天地万物之情可见矣:同气相求,同声相应,同志则相助,同心则相聚。故《王注》曰:"'方以类聚,物以群分',情同而后乃聚,气合而后乃群。"

【译文】

《彖传》说:"萃",就是指聚集。下坤顺于上悦,九五以阳刚居中处正下应于六二之阴柔,故能使人物有聚集之象;"君王至于太庙",向天地之神灵和祖宗致上孝敬的祭祀物品;"有利于见大人,亨通",人们会聚在一起是因为九五主持正道;"用大牲来作祭祀品会有吉祥,有利于有所前往",这是因为处在下面的民众能顺应天道;君子观看万物聚集的道理,看到天地万物的本质。

《象》曰:泽上于地,萃①。君子以除戎器,戒不虞②。

【注释】

①泽上于地,萃:泽水聚于地上,泽水有润泽之性,大地有受润之心,聚合而成"萃"象。

②君子以除戎器,戒不虞:除,修理。戎,兵;戎器,即兵器。虞,料想,预料。君子,指九五。君子知凡物聚久则生变,故"除戎器"以戒备"不虞"。

【译文】

《象传》说:泽水聚于地上,象征着"聚集"。君子观此象而修理兵器，以武力戒备不测之事。

【评析】

有泽则有水，有地则有物，水润地则万物生，万物生而相聚，此为《萃》卦之本象；而《彖传》则从象中分析出“顺以悦”、“聚以正”的道理，使得原有的自然情态升华出理性的光辉，并因此使《萃》有了社会关系的本质内容。其实，“聚以正”只是圣人对“萃聚”的理想，社会现实则往往与此相反，故《象传》寄希望于“君子”之德，希望他们能够“除戎器，戒不虞”。

初六，有孚不终，乃乱乃萃①，若号，一握为笑，勿恤，往无咎②。

【注释】

①有孚不终，乃乱乃萃：初本与九四应，因四以阳居阴，不当位，故疑四应三，不能有“孚”于终。乱，指初六疑四应三。初六失位，九四也失位，故有“乱”象，因“乱”而“萃”，故曰“乃乱乃萃”。

②若号，一握为笑，勿恤，往无咎：号，呼号。初六既失位，动则有变，变而成震，则下卦为震，上卦为兑。震为动，兑为口，动口则为“号”。二至四互有艮，艮为手，故有“一握”之象。初变而正，正则与四各得其所，故有“笑”。“笑”而“勿恤”，变正而行，则往而“无咎”。

【译文】

初六，心有诚信之德却不能持之以终，于是就心生疑乱，于是就与他人妄聚；若向自己的所应之爻九四呼号，则能与之握手欢笑，所以不必忧虑，前往没有灾祸。

《象》曰:“乃乱乃萃”,其志乱也。

【译文】

《象传》说:“心生疑乱而与他人妄聚”,这说明初六的心志已乱。

【评析】

“疑人不用,用人不疑”,初六心疑志乱,“有孚无终”,虽“无咎”,非其本身“无咎”,实为变正无疑而得之。

六二,引吉,无咎①,孚乃利用禴②。

【注释】

①引吉,无咎:六二当位居中,上与九五相应,故“无咎”。中有六三、九四不当位,故阻隔其中,故需牵引至九五。

②孚乃利用禴(yuè):禴,祭祀,殷商时的春祭之名。心怀诚信则有利于“禴”。

【译文】

六二,被牵引到聚集之道中,这是吉祥的,没有什么过错,心怀诚信则有利于祭祀。

《象》曰:“引吉无咎”,中未变也。

【译文】

《象传》说:“被牵引到聚集中,这是吉祥的,没有什么过错”,这是因为六二处中守正的意志没有改变。

【评析】

子曰:“祭神如神在。”祭祀之事正如曾子所言是“慎终追远,民德厚矣”的大事，故朱熹有言曰：“庙所以聚祖考之精神，又人必聚己之精神，则可以至于庙。”因此，祭祀在古代中国是一件净化心灵、追念祖先、塑造道德的国之大事。《萃》之六二因与王者相会，而其吉祥实得之于“禴”之孚。

六三，萃如嗟如，无攸利①。往无咎，小吝②。

【注释】

①萃如嗟如，无攸利：失位不正，近比于四，四亦失位。以不正之位相聚，故曰“萃如”。以不正相聚，则有所忧患，故“嗟如”而“无攸利”。

②往无咎，小吝：三与上应，然六三失位，上六独立孤处于上，处《萃》极而忧，求友心切，故可往而“无咎”。因上六为阴，三也属阴，二阴相聚，不若一阴一阳之应，故“小吝”也。

【译文】

六三，相聚而朋无应，故嗟叹连连，没有利益。但是，有所前往则不会有过错，唯有小的困难而已。

《象》曰：“往无咎”，上巽也①。

【注释】

①“往无咎”，上巽也：上卦为巽，巽谦逊、恭顺，故前往相聚则“无咎”。

【译文】

《象传》说：“有所前往则不会有过错”，这是因为《萃》之上卦巽有谦逊恭顺之德。

【评析】

六三既曰“无攸利”，又曰“往无咎”，看似矛盾，茫然难明，但细究其义，所谓“无攸利”实指六三与上六而言，二者皆阴，阴阴相敌，上无所应，故“无攸利”。然六三居互巽之下，“巽为入”，“入”遇九四、九五，阴阳相亲，故“往”而“无咎”。

九四，大吉，无咎[①]。

【注释】

①大吉，无咎：九四虽失位不正，然近承于九五，下应于初六，故大吉而无咎。

【译文】

九四，大为吉祥，无所咎害。

《象》曰：“大吉无咎”，位不当也[①]。

【注释】

①位不当：九四上承五，下应初，故有“两得”之功与“大吉”之喜，然因其以阳居阴，失位不正，故终得“无咎”而已。

【译文】

《象传》说：“大为吉祥而却只是无所咎害”，这是因为九四失位“不当”所致。

【评析】

九四虽失位，然下能应初六，初六在坤，“坤为顺”；上能承九五，又居上兑互巽之下，“兑为悦”，“巽为入”。上“入”而“悦”，下应而“顺”。实有“大吉”之庆。

九五，萃有位，无咎，匪孚[1]。元永贞，悔亡[2]。

【注释】

①萃有位，无咎，匪孚：匪，通“非”。孚，诚信。九五处会聚之时，处尊当位，故曰“萃有位”。既当位居尊，故“无咎”。然而，所乘之爻四失位，以阳居阴，专权跋扈，使政令德化受阻，不能取信于民，故“匪孚”。

②元永贞，悔亡：若九五能常修德政，久行其正，则其悔可亡，故曰“元永贞，悔亡”。

【译文】

九五，聚集之时处尊当位，没有过错，但是尚未能取信于民。作为德之元首，应当永远守持正道，那么，悔恨就会消逝。

《象》曰：“萃有位”，志未光也。

【译文】

《象传》说：“聚集之时处尊当位”，这说明九五仅得其位而聚集天下民众的意志并没有光大。

【评析】

总的看来，《萃》卦的吉利归属于九四、九五两个阳爻，阴聚而阳受，则为阴聚于阳，故九四“大吉”，而九五“有位”。从九五的位置，我们还可以看到，若只是处在九五的君王当位而正，而臣失位不正，也将妨碍九五有大作为。唯君臣一心，才能政通人和。

上六，赍咨涕洟，无咎[1]。

【注释】

①赍(jī)咨涕洟,无咎:赍,带着,怀着。咨,叹息。涕,流泪。洟,《说文》曰"洟,鼻液也"。涕洟,即痛哭流涕的样子。上六处聚集之时,居于兑极,处于《萃》终,内无所应,独立于一隅,远近无助,故哀而"赍咨"。若能知危惧祸,至于涕洟,不敢自安,而谨慎处事,也无所害,故得"无咎"。

【译文】

上六,带着咨嗟哀叹的声音痛哭流涕,可以免于灾祸。

《象》曰:"赍咨涕洟",未安上也。

【译文】

《象传》说:"带着咨嗟哀叹的声音痛哭流涕",这因为上六不能安于《萃》上穷极之位。

【评析】

上六乘刚远应,不能安上。《易》之断吉凶,多以有应为吉,无应为凶,爻有所应,犹人之有友。对于"赍咨"之释,前人有以下两种认识:一是《集解》本作"赍资",资,财物,以为货财可以哀丧;二是《正义》、《本义》认为"赍咨"为"嗟叹之辞也"。二释均通。

升(䷭)

【题解】

《升》蕴涵着地中生木的情境,卦辞以"南征吉"来喻指生命需要阳光的温暖。《彖传》以"柔以时升"来说明"升"因时来,不能强求。从卦象上看,生长是一个持续不断的过程,也是一个积小成大的过程,所以卦中六爻皆有向上演进的情境:初六能顺着阳气上升,所以"大吉";九二以阳居中,"孚"而"有喜";九三上升得很顺利;六四若以诚心等待上升，就可以“吉”而“无咎”；六五能阶阶上升，守正则“吉”；上六于“冥”中上升，也无大碍。总体而言，“升”因符合天道自然，所以基本没有不好的爻象，其中以初六最吉，因为初六处在顺利上升之位。

升①：元亨，用见大人，勿恤②，南征吉③。

【注释】

①升：卦名，巽下☴坤上☷。巽为木，木生地中，必有生长上升之势，故曰“升”。

②元亨，用见大人，勿恤：巽为入，坤为顺，入而顺，故曰“元亨”。因五失位在坤，三、上皆阴柔晦暗，故出现大德之人则“勿恤”。

③南征吉：南方为火，坤道阴暗，上卦过于阴柔，故宜征南方光明之地。

【译文】

《升》卦象征着上升：大为亨通，宜出现大人，无须担忧，向光明的南方行进就能获得吉祥。

《彖》曰：柔以时升①，巽而顺②，刚中而应③，是以大亨，“用见大人勿恤”，有庆也。“南征吉”，志行也④。

【注释】

①柔以时升：下卦为巽，巽为木，巽为阴卦，故曰“柔”。草木的生长是以季节的变化而变化的，故“柔以时升”。

②巽而顺：下巽而上坤，坤道柔顺，故曰“巽而顺”。

③刚中而应：刚中，指九二，虽失位，然有六五相应，故曰“刚中而应”。

④志行：九二不当位，动变而上行，则上应五，五在坤，为西南之卦，

坤为顺,征而入顺,故其"志行"。

【译文】

《象传》说:柔顺的草木按照时节生长、上升,这是因为《升》卦的卦象是以谦和的巽卦在下而柔顺的坤卦在上组成的,而且,上升时会刚中而有应,所以大为亨通,"此时会出现大人无须担忧",因为出现"大人"是一件值得庆贺的事。"向光明的南方行进就能获得吉祥",这是因为只有如此,巽木上升、生长的目的才能成功。

《象》曰:地中生木,升①。君子以顺德,积小以高大②。

【注释】

①地中生木,升:坤为地,巽为木,地中生木,从小至大,每日每时都在生长,时时有上升之象。

②君子以顺德,积小以高大:巽为入,坤为顺,入于顺。据卦象而言,升有"顺"德而后升。木生由小到大,人做事也要从小事做起,然后才能成就大业,故曰"积小以高大"。

【译文】

《象传》说:地中生长出草木,这种情境象征着"上升"。君子以"顺"为美德,积累小善以成就崇高伟大的事业。

【评析】

"入"为《升》卦的基本前提,"顺"是《升》卦的有利条件。入而能顺,顺则能"升","入"与"顺"二者共同形成《升》卦的本质特征。就卦象而言,"入"与"顺"象征着欣欣向荣的自然情态,而卦辞却将自然情态中的动人情景融入人的行为特征中,因而有了"利见大人"和"南征吉"的兆辞。从天道与人事的对应关系看,其中蕴涵着圣人心系民生的深情,同时,入而顺的自然情态还启示人们培养恭顺谦逊的美德。

初六，允升，大吉①。

【注释】

①允升，大吉：允，《王注》、《正义》皆曰："当也。"初六为巽主，然居下柔弱，上无所应，不能单独上升，须与二、三之阳同为一体才能上升，同志上升，故曰"大吉"。

【译文】

初六，宜于上升，大为吉祥。

《象》曰："允升大吉"，上合志也。

【译文】

《象传》说："宜于上升，大为吉祥"，这说明初六上升符合二、三的心志。

【评析】

巽为木，而初六在下，于象犹如树木之根，二、三为阳，如树木之出于地上之树干、枝叶。根之生长是通过树干和枝叶来体现的，故《象》曰"上合志"，无根则不能"升"，无干则不见其"升"。

九二，孚乃利用禴，无咎①。

【注释】

①孚乃利用禴，无咎：禴，《集解》曰"薄祭也"。九二失位，本有"咎"，然处在上升之时，上升于五则变正，故"无咎"。升于五，至上卦有坎象，"坎为豕"，较之大牲牛，其祭则微薄，然九二以阳居中，有刚中而"孚"，故"利用禴"。

【译文】

九二，若心存诚信，即使是祭品微薄也能达到祭祀的目的，没有灾祸。

《象》曰：九二之孚，有喜也。

【译文】

《象传》说：九二的诚信，会给他带来喜庆。

【评析】

祭祀是国之事，九二因上应于五，故“利用禴”。虽“禴”祭微薄，然其刚中心“孚”，有诚信之德，故虽薄也“无咎”。从更深的角度来看，九二的诚信之德也会给他带来喜庆，因为“至治馨香，感于神明。黍稷非馨，明德惟馨”（《尚书·君陈》）。神享于有德之“馨”，非享于三牲之“馨”。实际上，古人祭祀过程的真正用意，不是为了满足神享于“馨”，而是在培养人们的诚信之德。

九三，升虚邑①。

【注释】

①升虚邑：阳实阴虚，三上为坤，坤有城邑之象，九三以阳刚亢进阴虚，如入空城，故曰“升虚邑”。

【译文】

九三，上升顺利如处空虚之城邑。

《象》曰：“升虚邑”，无所疑也①。

【注释】

①无所疑：九三以阳实刚正之德，上入虚空柔顺之处，阳能入阴，阴喜阳入，入而顺，顺而无所得，故“无所疑”。

【译文】

《象传》说：“上升顺利如处空虚之城邑”，没有什么可疑惑的。

【评析】

九三当位有应，上应则“入而顺”。又居巽上互兑之中，有“入而悦”之象，故爻辞只说“升虚邑”，不说“疑”，而《象传》却附“无所疑”。

六四，王用亨于岐山，吉，无咎①。

【注释】

①王用亨于岐山，吉，无咎：王，指周王。亨，通“享”，祭祀。岐山，在今陕西岐山县东北，周之始祖古公亶父曾率众自豳迁徙于山下周原，筑城作邑。《孟子》曰：“昔者太王居邠，狄人侵之。”又曰：“去邠，逾梁山，邑于岐山之下居焉。”六四当位居正，位有侯象，祭祀于岐山以明事王之心志，故曰“王用亨于岐山”。顺而事上，故“吉”。虽无应于下，然能率众阴以升，故“无咎”。

【译文】

六四，君王来到岐山祭祀神灵、祖宗，吉祥，没有过错。

《象》曰：“王用亨于岐山”，顺事也①。

【注释】

①顺事：《正义》曰：“‘顺事’者，顺物之情，而立功立事，故曰‘顺事’也。”也就是说，六四居坤之初，处顺之始，能顺事君王。

【译文】

《象传》说："君王来到岐山祭祀神灵、祖宗"，这说明六四要顺从天道，建功立业。

【评析】

六四系辞曰"王用亨于岐山"。然而，这里的"王"，究竟是谁，前人多有所指，总之，主要有三种：一是《集解》释"亨"为亨通，以王为太王，"王用亨于岐山"，指亨通于岐山之邑；二是《正义》以为"王"为文王，曰："事同文王岐山之会，故曰'王用亨于岐山也'。"三是《尚氏学》认为"王"指殷纣王，六四为侯，此爻体现了文王服事殷纣王的初衷本义。以上三说，尽管于"王"指何人有不同见解，但顺从事上的主旨则是一致的。

六五，贞吉，升阶①。

【注释】

①贞吉，升阶：六五本为阳刚中正之位，有应于九二，待其上升则互为中正，故"贞吉"。《说卦》曰"巽为高"，坤为土，古之阶梯土筑而成，故坤有土阶之象。九三至六五互有震象，震为足，震为动，动而行，故曰"升阶"。

【译文】

六五，做事吉祥，如沿着阶梯步步上升一样。

《象》曰："贞吉升阶"，大得志也①。

【注释】

①大得志：按《易》例，阴小而阳大，六五尊居君王之位，又有九二来应，其所"升"有大得之象，故曰"大得志"。

【译文】

《象传》说:“做事吉祥,如沿着阶梯步步上升一样”,这说明六四大得其上升的心愿。

【评析】

“升”而能“顺”,“顺”以有“阶”。居君位而有应,比有阴而应于阳,故能“贞吉”、“得志”。

上六,冥升,利于不息之贞[①]。

【注释】

①冥升,利于不息之贞:冥,昏暗。上六处坤之极,《升》之终为坤,坤阴为“冥”。有九三上应,故曰“冥升”。九三如一阳光明来入黑夜,故曰“利于不息之贞”。

【译文】

上六,在昏暗中上升,有利于永不停息地生长。

《象》曰:冥升在上,消不富也[①]。

【注释】

①消不富:上六处于《升》极,仍然升而不息,利于不息,如此之升则可消除“不富”之虚。

【译文】

《象传》说:在昏暗中仍继续上升,就会消除虚而不富的情况。

【评析】

前人注上六大都以为“消不富”之“消”为“消灭”,其理由大略有二:一是上六处在《升》极,不能长久于升,故而“消”而“不富”;二是因为阴消则“不富”,《王注》、《正义》、《集解》、《本义》、《尚氏学》皆如此释。然而,这些见解皆非卦象本义,原因有四:其一,上六爻辞既曰“冥升”,则意在“升”而不在“消”;其二,上六当位居正,处于坤极之虚,已无所谓“消”;其三,上六为阴虚之极,虚极则“不富”,然得九三之阳来入,入而实之,则可谓“消除不富”,非“消而不富”;其四,爻辞曰“利于不息”,《象传》曰“冥升在上”,皆为吉辞,何有消极之意呢?

困(䷮)

【题解】

“刚掩”而困,“尚口乃穷”,这是《困》象的主要内容,也是它的主要特征及君子所以遭困受穷的根本原因。因为,一则阳刚被阴柔所掩蔽,二则“兑”有口才而遭忌。因九二与九五均为阴气所困,所以,整个卦象少有吉相,唯上六当位于《困》境之极,故可以于悔中“征吉”,余则或困而有凶,或困而有穷。六三既失位无应,又乘刚受困,是六爻中最凶的一爻。人皆有受困之时,然圣人以《困》卦来警戒世人,如孔子对子路说:“君子固穷,小人穷斯滥矣。”因此,越是困穷就越能考验人的意志与品格,“沧海横流,方显英雄之志”。

困①:亨②。贞大人吉,无咎③。有言不信④。

【注释】

①困:卦名,坎下☵兑上☱。《正义》曰:“困者,穷厄委顿之名,道穷力竭,不能自济,故名为‘困’。”其实,这只是大道理,无关于卦象。就卦象来看,九二困于两阴之中,陷而入险,此为一困;六三至上六成大坎之象,困九五于其中,此为二困;九四不当位,动则变,变则上卦成坎,仍然陷九五于险中,此其三困;水困于泽下而不能出,此为四困。

②亨：卦虽为困，然卦中阴阳相感而通，故曰“亨”。

③贞大人吉，无咎：大人，指九五，以阳刚居中处正，虽九二失位无应，然待其历险而至，则变而有应，故曰“贞大人吉”。

④有言不信：兑为口，有言语之象；乾为实，乾为天，天道有“信”，兑成则乾道毁，故曰“有言无信”。

【译文】

《困》卦象征着困穷：亨通。对于有德的大人而言将是吉祥的，没有灾祸。在困难的时候有所言未必能受到人的信任。

《彖》曰：“困”，刚掩也①。险以说，因而不失其所亨②，其唯君子乎！“贞大人吉”，以刚中也③；“有言不信”，尚口乃穷也④。

【注释】

①刚掩：二、五皆承柔，为阴柔所遮掩。

②险以说，因而不失其所亨：《困》之卦象为下坎上兑，下为坎，坎为险；上为兑，兑为悦。历险而上至于愉悦之境，唯大德之君子能如此而不失其“所亨”。

③以刚中：指九二、九五，以阳刚居卦中。

④尚口乃穷：兑成而破乾，故曰“尚口”。君子在平常时尚须“慎言”，更何况在受困穷时。故老子有言曰：“多言数穷，不如守中。”“尚口”而“多言”为古之君子所不齿。

【译文】

《彖传》说：所谓“困穷”，就是指阳刚为阴暗所遮掩。面临着险境而心中愉悦，因而不会失去亨通的前景，这样的胸襟和气度大概只有君子才能做到！“对于有德的大人将是吉祥的”，因为作为大人的九五以阳刚居于中正之位；“在困难的时候有所言未必能受到人的信任”，这说明崇尚言辞会导致困穷。

《象》曰：泽无水，困[①]。君子以致命遂志[②]。

【注释】

①泽无水，困：水本应在泽上，而《困》则水在下，故有水困于泽下之象。

②君子以致命遂志：君子誓死守道，虽遭受困厄之世，也当不屈其志向，以志向为生命，不惜以生命为代价来实现自己的志向，故曰“致命遂志”。

【译文】

《象传》说：泽上无水，象征着困穷。君子在此时应当以不惜牺牲生命的坚强意志去实现自己崇高的志向。

【评析】

《困》启示人们，困穷并没有使万物处于穷途末路，而是给了人们一个考验意志的机会。君子处“穷”之道，当“穷且益坚，不坠青云之志”，而小人则会为穷所困。孔子失意于卫灵公，又饿于陈时，子路“愠”而对孔子曰：“君子亦有穷乎？”子曰：“君子固穷，小人穷斯滥矣！”《系辞》曰：“困，德之辨也。”换言之，困穷是检验道德的试金石。

初六，臀困于株木[①]，入于幽谷，三岁不觌[②]。

【注释】

①臀困于株木：臀，指九四，九四互巽，巽为股，四在股上，故曰“臀”。株木，泽上无水则树枯为“株”。初应于四，四为三所困，

故曰“困于株木”。

②入于幽谷，三岁不觌：觌，显示，出现。初六在坎初，犹在水下，故有“幽谷”之象。阳数为三，阳为阴所掩，又坎初至末有三爻，故曰“三岁不觌”。

【译文】

初六，臀部困于株木之中，陷入幽谷之中，三年不见露出面目。

《象》曰：“入于幽谷”，幽不明也。

【译文】

《象传》说：“陷入幽谷之中”，这说明初六困于幽暗不明的深谷中。

【评析】

在六十四卦的卦爻辞里，有些爻辞以情景式的语句描绘了占筮者占验的结果。一般而言，这些结果只是隐藏在六爻形成的卦象中，但是，作为占筮者通过卦象所揭示的预言，又往往以活生生的情景应验在人们的实际生活中。因此，今天我们仍然可以从这些情景式的描绘中看到一些古老的故事。就以《困》之初六而言，其爻辞实际上为我们讲述了发生在几千年前的一个故事：一个人受困于林木之中，后来终于从荆棘丛生的困境中走出来，又因为迷路而陷入于幽谷之中。三年过去了，人们还没有看到他，所幸的是，他还活着，但是，他经受了多大的磨难啊！

九二，困于酒食①，朱绂方来，利用享祀②。征凶，无咎③。

【注释】

①困于酒食：九二在中，有主内之职，位居坎中，坎有酒食之象，故曰“困于酒食”。

②朱绂（fú）方来，利用享祀：朱，大红色。绂，主持祭祀时穿着的祭服。九二至九四互有离象，离为火，为赤红色。六三至九五互有巽，巽为绳，类如绂带之物，故曰“朱绂方来”。九二本应上应九五，因失位不正，不能应于上，动而变则上应九五，九五为君王，应则受命于王而主持祭祀，故曰“利用享祀”。

③征凶，无咎：互卦为离，离有甲胄之象，有兵象，故曰“征”。因二在坎险中，征而不利故曰“征凶”。然九二以阳居中，且有“朱绂”之“庆”，故“无咎”。

【译文】

九二，困于酒食之中，此时因受命于君王主持祭祀，祭祀时穿的大红祭服已来到，有利于主持宗庙的祭祀大典。若用兵出征则有凶险，但是没有大的灾祸。

《象》曰：“困于酒食”，中有庆也。

【译文】

《象传》说：“困于酒食之中”，这是因为九二以阳刚居中而得到的福庆。

【评析】

对于“困于酒食”的注解，《正义》、《集解》均以为酒食过多，人困其中，故如此。这可能是因为古人认为《困》非穷于物，而是穷于志，所以酒食不缺。《正义》曰：“举异方者，明物无不至，酒食丰盈，异方归向，祭则受福，故曰‘利用享祀’。”按卦象则二在坎中，主中馈之职，故有酒食之象。

六三，困于石，据于蒺藜①，入于其宫，不见其妻②，凶。

【注释】

①困于石，据于蒺藜（jí lí）：据，抓，执。蒺藜，一种多刺植物。六三失位，又被失位之四所据，二变正时四在艮，艮为石，故曰“困于石”。六三欲下附于二，二也居位不正，互为巽，巽为木，木刚为“刺”，故曰“据于蒺藜”。

②入于其宫，不见其妻：宫，居室。六三至九五互有巽象，巽为入。艮伏于巽，艮为宫室，故曰“入于其宫”。兑为女，为妻，兑在上，六三失位，上无所应，故曰“不见其妻”。

【译文】

六三，困在巨石下，手攀附在刺多的蒺藜上，回到自己的家后，妻子不见了，有凶险。

《象》曰：“据于蒺藜”，乘刚也。“入于其宫，不见其妻”，不祥也。

【译文】

《象传》说：“手攀附在刺多的蒺藜上”，这是因为六三以柔乘刚的缘故。“回到自己的家后，妻子不见了”，这说明六三有不吉祥的事发生了。

【评析】

六三失位，于上无应，于是就想就近承九四，然九四已与初应，故“困于石”；不得已，又想下比九二，九二也失位不正，如多刺之蒺藜，欲攀附则手不能抓，这就好像是攀附刚强的恶人一样，使本来就凶的事雪上加霜。

九四，来徐徐[①]，困于金车[②]，吝，有终。

【注释】

①来徐徐：徐徐，缓缓的样子。九四有应于初，然为九二所阻，又要历坎险而至，故“来徐徐”。

②金车：指九二，九二以阳居阴，刚德过盛，位居坎中，坎为车。九二至九四互有离象，离为日，呈金黄色，故曰“金车”。《王注》曰：“‘金车’，谓二也。二刚以载者也，故谓之‘金车’。”

【译文】

九四，缓缓前来，受困于一辆金车之中，有困难，但是，最终还是会有一个好的结果。

《象》曰：“来徐徐”，志在下也。虽不当位，有与也[①]。

【注释】

①有与：与，亲和，亲附。九四虽居不当位，然有初六为应，如人之有友。

【译文】

《象传》说：“缓缓前来”，这说明九四的志向是在于下应于初；虽然九四以阳居阴，其位不当，却能够得到与自己亲和友好的人。

【评析】

对九四而言，失位并不可怕，可怕的是无应。同样的道理，为人处世，不怕受困于一时的无职、无权、无利，可怕是“无友”，李太白有诗云“生不愿封万户侯，但愿一识韩荆州”，正是此义。

九五，劓刖[①]，困于赤绂，乃徐有说[②]，利用祭祀[③]。

【注释】

①劓(yì)刖(yuè):劓,削鼻之刑。刖,断足之刑。《困》上为兑,兑为毁折,为西方之卦,西方有肃杀毁折之象,故主刑罚。兑象伏艮,艮为鼻,伏而不现于毁折,故有“劓”刑。又九五在互巽之上,震伏巽中,震为足,伏于巽则不见足,故有“刖”刑。

②困于赤绂,乃徐有说:互巽为绳,绳象类如绂带,且巽下互有离,离为火,火色为赤红,爻在《困》卦中,故曰“困于赤绂”。兑为说,说,通“脱”。如《礼记·檀弓》:“使子弓说骖而赙之。”徐,缓行。九五本应于二,然二失位不正,难与有应,待二变而为正则有应,故曰“乃徐有说(脱)”。

③利用祭祀:因九五暂不得九二之应,如《象传》所言“志未得”,然尊居君王之位,可主祭祀之事,故曰“利用祭祀”。

【译文】

九五,虽贵为君王遭受削鼻断足的刑罚,受困于赤绂之中,渐渐地摆脱困境,有利于举行祭祀。

《象》曰:“劓刖”,志未得也;“乃徐有说”,以中直也;“利用祭祀”,受福也。

【译文】

《象传》说:“遭受削鼻断足的刑罚”,这说明九五的志向没有得到响应;“渐渐地摆脱困境”,这说明九五还是可以守持中和正直之德;“有利于举行祭祀”,这是因为祭祀可以承受上天赐予的福庆。

【评析】

《礼记·曲礼》曰:“礼不下庶人,刑不上大夫,刑人不在君侧。”前人囿此成见,昧于卦象,以为《困》之九五之“劓刖”,非九五当之,而是九五主持刑律,“劓刖”他人。如《正义》承《王注》曰:“九五以阳居阳,用其刚壮，物不归已。见物不归，而用威刑，行其‘劓刖’之事。既行此威刑，则‘异方愈乖，遐迩愈叛’。”《王注》、《正义》皆谬。原因有四：其一，九五既受“困于赤绂”，又何以能劓刖他人？其二，九五本应于二，二不能应，九五既不能刑九二，又何能刑他人？其三，九五辞曰“劓刖”，《象传》解以“志未得”，而九二则辞曰“无咎”，可知受刑者是九五而非九二；其四，根据卦象，“劓刖”之象在九五而非其他。那么，九五为什么会困于“劓刖”之刑呢？其实，《象传》已经做出了明确的解释，因为九五“刚掩”于上六之阴。朱熹《本义》释此曰：“九五当困之时，上为阴掩，下则乘刚，故有此象。”其实，所谓“刑不上大夫”，又岂是历史的本相呢？《史记·太史公自序》：“春秋之中，弑君三十六，亡国五十二，诸侯奔走不得保其社稷者，不可胜数。”且如桀、纣之暴，幽、厉之昏，又岂止一个“刑”字说得。故当齐宣王以“汤放桀，武王伐纣”为臣弑君时，孟子答曰：“贼仁者谓之‘贼’，贼义者谓之‘残’。残贼之人谓之‘一夫’。闻诛一夫纣矣，未闻弑君也。”《困》之九五受刑，非大夫之受刑，实刑“一夫”之刑。

上六，困于葛藟①；于臲卼②。曰动悔有悔，征吉③。

【注释】

①困于葛藟(lěi)：葛藟，引蔓缠绕之草。与上六应者在三，三在巽，巽为草木，阳刚者为木，阴柔者为草，三为阴，故为“葛藟”之草。

②臲卼(niè wù)：动摇不安的样子。无应于己，且在兑中，身受刖刑，故有“臲卼”不安之象。

③曰动悔有悔，征吉：有，通“又”。兑为口，为毁折，上六处兑上，动而有悔，故曰“动悔”。又以阴乘刚，遂致“刚掩”之祸，故曰“有(又)悔”。上本应三，然三失位不正，不能上应上六。因三失位而下卦成坎，坎为寇，若上六动而变阳，则上卦成乾，以乾刚之君征伐六三之寇，故曰“征吉”。

【译文】

上六，受困于藤葛蔓藟之间；受困于摇动不安之中。动则悔而又悔，若出征敌寇则获吉利。

《象》曰："困于葛藟"，未当也；"动悔有悔"，吉行也。

【译文】

《象传》说："受困于藤葛蔓藟之间"，这是因为与自己相应的六三爻失位不当所致；在这种情况下，"若乱动则悔而又悔"，但是，如果前行征伐之事还是吉利的。

【评析】

上六处困中有困，悔而又悔，却终于"征吉"，此为不幸之万幸。上六困己困人，若动而变，变而为阳（虽有失位之嫌，然按筮法，筮得此爻，此爻多变），变而为阳，则上卦成乾象，即能应于三，三在坎，按《说卦》："坎为寇。"以乾刚之健，征寇于下，则必有"吉"。

井（䷯）

【题解】

古人穿地得水，以水养人，故"井"象成为古人比喻修德的卦象。《井》有修德养民之功，且终始无改，养物不穷，如卦辞所言"改邑不改井"。换言之，就是说城邑可改，而德不能改，故《正义》曰："养物无穷，莫过乎井。"卦中六爻：初六在下以淤泥为喻，说明若不修治就有被废弃的结局；九二因居位不正，有"敝漏"之错；九三以"井渫不食"为喻，期待明君来临；六四以修井为喻，来比君子修德，故能"无咎"；九五以井水清寒可用为喻，来比君子有中正之美德；上六为卦中最为吉利的一爻，因为修井与修德皆获"大成"。

井[①]:改邑不改井[②],无丧无得[③]。往来井井[④]。汔至,亦未繘井[⑤],羸其瓶,凶[⑥]。

【注释】

①井:卦名,巽下☴坎上☵。上坎下巽,木处水中,汲水之桶为木制成,下巽为木质水桶,桶在水中,故有井中汲水之象。

②改邑不改井:邑,城邑,古代邑多为村镇。巽比教化,水有润泽,润泽以教化,此喻君子修德。邑可改而井不能改,本为自然之理,在此以比君子矢志修德,坚定不移的意志。

③无丧无得:日日取水,水不见少,故曰“无丧”。时时流注其中,不见其多,故曰“无得”。

④往来井井:往来无穷的样子。《正义》曰:“井井,洁静之貌也。往者来者,皆使洁静,不以人有往来,改其洗濯之性。”若从卦象讲,初至九五谓“往”,九五至初谓“来”。

⑤汔(qì)至,亦未繘(yù)井:汔,几乎,即将。繘,汲井水用的绳索,这里用作动词。《正义》释“虽汲水以至井上,然绠出犹未离井口”,即汲而将出之状。

⑥羸其瓶,凶:羸,倾覆。水将出而覆其瓶,水未能得而瓶已坏,故曰“凶”。

【译文】

《井》卦象征着水井:城邑可以改移,但是水井则不能改移到其他地方,每日汲取也不见其枯竭,时时流注其中也未见其盈满。来来往往的人不断地从井中汲水。汲水时水瓶升到井口尚未引出井时,若使水瓶倾覆毁坏,必有凶险。

《象》曰:巽乎水而上水,井[①]。井养而不穷也[②]。“改邑不改井”，乃以刚中也[③]；“汔至，亦未繘井”，未有功也；“羸其瓶”，是以凶也。

【注释】

①巽乎水而上水，井：《说卦》曰“巽为入”。木桶入于水，然后汲而上，故曰“巽乎水而上水”。

②井养而不穷：井水不竭，养人无数，故曰“养而无穷”。

③乃以刚中：二、五以刚居中，以喻井体有常不变，定而不移。

【译文】

《彖传》说：用木桶深入水中汲水而上，这种情境就是“井”。井水不竭其用，故其养人滋生的功德也是无穷的。“城邑可以改移而水井则不能改移到其他地方”，这就好比君子有刚中不移的美德；“汲水时水瓶升到井口尚未引出井”，这说明此时未实现井水养人之功；“水瓶倾覆毁坏”，所以会有凶险。

《象》曰：木上有水[①]，井。君子以劳民劝相[②]。

【注释】

①木上有水：巽木坎水，汲水而上，故曰“木上”。上而有水之用，故曰“有水”。

②君子以劳民劝相：劳，《正义》曰“劳赉”（赉，赏赐），即劳动果实。劝，劝勉。相，帮助。君子观井水之象，而知劝勉助民之德，以成济养众生之功。

【译文】

《象传》说：木桶汲水而上则有水之用，这种情境可谓之井。君子效法井水养人之德，使人民劳有所得，劝勉并帮助他们。

【评析】

井之所以为井，在其下；井之所以能养民，在其上。故《象》曰“木上有水”。井不移则民能定居，德不移则君子修德。按卦例，以巽比教化、政令，故君子观《井》象而知井水济人无穷，也知德教化人无穷。见一而知二，此岂止是井水之德，实君子之德。

初六，井泥不食[①]，旧井无禽。

【注释】

①井泥不食：初六最处井底，井下泥污沉滞滓秽，不堪食用。

【译文】

初六，井下淤泥沉滞，不堪食用。水井破旧不堪，就连禽鸟也不愿光顾。

《象》曰："井泥不食"，下也[①]；"旧井无禽"，时舍也[②]。

【注释】

①下：指初六在一卦之下，如位处井下一样。

②时舍：因其时而舍弃不用。

【译文】

《象传》说："井下淤泥沉滞，不堪食用"，这是因为初六处在井水之下；"水井破旧不堪，就连禽鸟也不愿光顾"，这是因为井中有泥，暂时为人舍弃不用。

【评析】

"旧井无禽"，更何况于人？井不除其淤泥，就如人心中的杂念不能净化一样。

九二，井谷射鲋，瓮敝漏[1]。

【注释】

①井谷射鲋(fù)，瓮敝漏：谷，井中容水处。鲋，指初六，虾蟆，《子夏传》曰"呼为小鱼"。瓮，汲水用的容器。九二上无所应而下比于初，水本以上为用，九二则下比，故有失于用井之道，犹如错将容水之处当作小鱼而射之，以至于射穿汲水用的"瓮"。

【译文】

九二，在井中容水处射击小鱼，结果射穿了汲水用的瓮。

《象》曰："井谷射鲋"，无与也[1]。

【注释】

①无与：九二失位，以阳居阴，上无所应，故"无与"。

【译文】

《象传》说："在井中容水处射击小鱼"，这是因为九二没有可以亲附之人。

【评析】

九二失位于巽，"巽为鱼"，又居互兑之下，"兑为泽"，"泽"在坎下，"坎为水"。上无所应，则失位"无与"。

九三，井渫不食，为我心恻[1]。可用汲，王明并受其福[2]。

【注释】

①井渫(xiè)不食，为我心恻：渫，除净污秽。为，《正义》曰"犹使也"。恻，悲伤。九三当位而正，故曰"井渫"。下不能据阴，上被

四所掩，有“不食”之象。井水清净后不得食用，犹人德才兼备不被任用，故“为我心恻”。

②可用汲，王明并受其福：王，指九五。五与三同功，俱当位而正，互为离，离为光明，故曰“王明”。王明则众人得用，岂限于“三”，故曰“并受其福”。

【译文】

九三，水井中的淤泥被掏干净，但还是没有人食用，这使我心中深感凄恻。可汲取饮用，只有遇到圣明君王，才能使贤能之士同受其福禄。

《象》曰：“井渫不食”，行恻也；求“王明”，受福也。

【译文】

《象传》说：“水井中的淤泥被掏干净，但还是没有人食用”，行道之人也为之生恻隐之心；想寻求君王的圣明之德，期望得到福庆。

【评析】

“恻隐之心，人皆有之”，然“为我心恻”者，并非“井渫不食”，而是像清澈的井水一样正直有德、养民劝生的君子未被任用。所以岂止一人“恻”，行道之人也为之心“恻”。

六四，井甃，无咎①。

【注释】

①井甃(zhòu)，无咎：甃，本义为“砖”，这里指以砖砌井。六四本与初应，初失位为“旧井”，六四当位而正，故能以“甃”修井。

【译文】

六四，用砖砌好井壁，就没有过错和灾祸。

《象》曰:"井甃无咎",修井也。

【译文】

《象传》说:"用砖砌好井壁,就没有过错和灾祸",因为井修好了。

【评析】

《系辞上》曰:"无咎者,善补过者也。"六四应在初六,初六为"旧井"有泥,然失位不正,不能自修。那么,作为朋友的六四就来代劳,虽为代劳,也是自修其德,所以六四既能善补他人之过,也能自修其德。

九五,井洌,寒泉食①。

【注释】

①井洌,寒泉食:洌,《说文》曰"水清也"。九五居中得正,位在兑口,况且井水已被九三"渫"清,六四修整,所以可食。《集解》引崔憬曰:"洌,清洁也。居中得正,而比于上,则是井渫水清,既寒且洁,汲上可食于人也。"

【译文】

九五,井水清澈,寒冷的泉水可以食用。

《象》曰:"寒泉之食",中正也。

【译文】

《象传》说:"寒冷的泉水可以食用",这是因为九五居中处正,有正直之德。

【评析】

井水至九五则清洁可食,这不仅是九五居中之正的缘故,更归功于

九三、六四的勤谨修养。因为九五之“井冽”是经三“渫”四“甃”后才“可食”。

上六，井收勿幕，有孚元吉[①]。

【注释】

①井收勿幕，有孚元吉：收，成功。《正义》曰：“凡物可收成者，则谓之‘收’。”幕，覆盖。上六当位，居《井》之极，兑之终，下应九三，犹如井水已从井中汲出，整洁水井的工作已完成，故曰“井收”。井水清澈可食时，不要盖上井口，据为己有，应让大家享用，故曰“勿幕”。唯心怀诚信地让大家享用井养之德，才会“元吉”。

【译文】

上六，水井之功完成后，不要将水井口覆盖上，此时心怀诚信，就会大为吉祥。

《象》曰：“元吉”在上，大成也。

【译文】

《象传》说：“大吉”处于上位，这说明井水的养人之功已经大为成功。

【评析】

井有养生之用，人有修井之德。井养之功成，实际上是君子之德修，德修则“元吉”而“大成”。故程颐于此爻说：“他卦之终，为极为变；唯《井》与《鼎》终乃为成功，是以‘吉’也。”在此，很值得一提的是王弼对《井》卦的注解。《王注》曰：“井，以不变为德者也。”以象数释卦，则从《井》卦中看到的只是“桔槔”，从“无丧无得”中，看到的是“坤象毁坏”

(坤为丧,坤象毁坏,没有了坤象,故曰“无丧”。二与五无应,故曰“无得),于“往来井井”中,看到的是“水象连通”。而在王弼的心里,井象以“不变”而“德”。“无丧无得”被解释为“德有常”,“往来井井”释为“不渝变”,于是井“象”一变为井德。其实,圣人于经中本来就寓有“德”性,但是,在象数的说教中,因为其解释卦象的目的是为了占验祸福吉凶之事,于是道德的意义就没有被充分发挥出来。到了王弼注经,注经的目的变了,其释经的方法也就变了。如果从经学的社会教育功能来看,则王弼的注释无疑更富有实用价值和教育意义。

革(䷰)

【题解】

《周易》的根本哲学观在于“变通”,而《革》卦无疑是“变通”的典型。所以《彖传》以“文明以说,大亨以正”来形容《革》卦的气象。但是,“革”必须有两个前提:一是“革而当”,如《彖传》列举的“汤武革命”;二是因时而“革”,如《彖传》提出的“顺乎天而应乎人”。具体就六爻而言:初九卑而受缚,其力不足以革;六二柔中当位,上应九五之君,故革之“无咎”;九三革见初效而心怀诚信;九四已有“改命”之得,所以吉利;九五“孚”于威信;上六居革之极,守正吉利。《革》之六爻基本是无“咎”有“吉”,以此可见,圣人赞成变革的意志是明确而坚定的。

革①:已日乃孚②,元亨,利贞,悔亡。

【注释】

①革:卦名,离下☲兑上☱。离为火,兑为泽、为水,水火相激,激而变,变则有所革。离为中女,兑为少女,二女同居一卦之中,如同居一室,同性相斥而有变,因象中具有变革之道,故曰“革”。《正义》曰:“革者,改变之名也。此卦明改制革命,故名‘革’也。”

②己日乃孚：己日，古代以十天干记日。《正义》本读作“已”；《集解》本引虞翻注，以“纳申法”解释“离纳己”；朱震在《汉上易传》中曰：“‘己’当读作‘戊己’之‘己’，十日至‘庚’而更，革也。”案，己在前五数与后五数之中，其数在转换变革之间，故蕴涵着变革的意义，变革之事应于此时，则上可“孚”于天时，下可孚于民心，故此书从《集解》说。

【译文】

《革》卦象征着变革：至“己日”变革取得民众的信服，大为亨通，有利于做事，悔恨也会消失。

《彖》曰：革，水火相息①，二女同居，其志不相得曰革②。“己日乃孚”，革而信之③。文明以说，大亨以正④。革而当，其悔乃亡⑤。天地革而四时成，汤武革命，顺乎天而应乎人⑥。革之时大矣哉⑦！

【注释】

①革，水火相息：息，灭。上兑下离，兑为泽水，离为火，水火相灭则有变，故谓之“革”。“息”字《集解》引虞翻曰“长也”，于理也通。

②二女同居，其志不相得曰革：离为中女在下，兑为少女在上，离为火，火有炎上之性，兑为泽，泽有润下之情，同性相斥，故虽同居一室而志气难投，故曰“革”。

③革而信之：于天命之日发动变革则天下信服。

④文明以说，大亨以正：离为火，有文明之象；兑为说（悦），有和悦之容，故曰“文明以悦”。二、五当位居正，故能“大亨”。

⑤革而当，其悔乃亡：四不正，革而变正，卦成《既济》则六爻皆当位，故曰“革而当”。四失位不正，故有悔，变正则“悔亡”。

⑥汤武革命，顺乎天而应乎人：汤，指商汤，本为夏桀之臣；武，指周武王，为纣王之臣；因夏桀、殷纣王暴虐荒淫，昏庸无道，汤、武顺天道人心而革之。史称“汤武革命”。

⑦革之时大矣哉：天地的变革形成了四时的变化，顺应了万物的生长；社会的革命上合天道，下顺人心，成就了安民定邦的伟业，故曰“革之时大矣哉”。

【译文】

《彖传》说：变革，譬如水火相灭，又如两个女子同居一室，因为其志趣不投合，所以终将发生变化，这就叫做“变革”。“‘己日’变革取得民众的信服”，这说明这种变革是令人信服的；内含文明之德，外示和悦之色，因守持正直之道而大为亨通。变革合乎正当之理，其悔恨将消逝。天地变革导致四季形成，商汤、周武王变革了夏桀、殷纣的王命，这是顺乎天道又合乎民心的大变革，所以说变革之时的意义是多么巨大啊！

《象》曰：泽中有火，革。君子以治历明时①。

【注释】

①君子以治历明时：治，制定。历，历法。时，四季。君子观天地之道而知四季更替，制定历法以明其变。故《程传》曰：“君子观变革之象，推日月星辰之迁易，以治历数，明四时之序也。”

【译文】

《象传》说：泽水中有烈火，这其中蕴含着“变革”。君子因此而制定历法以辨明四季的更替。

【评析】

《革》卦在“水火相射”的变革因素冲击中，唯有九四不当位。革命的理由是一个不当位的爻象处在五个当位的爻象之中，革命形势和力量的对比是五比一，革命的因素是相互依存的事物发生了“水火相息”

的对立情绪。于是，变革的力量便以“物理”的结构产生，而人们的认识却将其对应于相同性质的社会关系，并以“二女同室，志不相得”作比喻，形象而生动地揭示了变革的必然性和可能性。所有这些蕴涵在《革》中的意义，最终都集中在“变则通，通则久”的革命大义上。总之，对《革》卦而言，六爻中唯有不当位的九四之辞是“改命吉”，最为吉利，而且只有九四变革，才使得六爻皆当位而正，故辞曰“元亨利贞，悔亡”。

初九，巩用黄牛之革①。

【注释】

①巩用黄牛之革：巩，束缚物体。卦下为离，离为牛。二至四互为巽，巽为绳索，初在互巽和离下，有束缚于牛皮绳索之象，故曰“巩用黄牛之革”。

【译文】

初九，用黄牛革牢牢地束缚其身。

《象》曰：“巩用黄牛”，不可以有为也。

【译文】

《象传》说：“用黄牛革牢牢地束缚其身”，这说明初九还不可以有所作为。

【评析】

初九虽当位于《革》之时，然位居火下，其明未著，且所应之爻“四”不当位，不能妄动其身而应之，故用“牛之革”束缚之。初九所应之爻九四失位不正，这是初九“不可以有为”的主要原因。

六二，己日乃革之，征吉，无咎①。

【注释】

①己日乃革之，征吉，无咎：己日，古人以十天干记时，己日，在十天干中序数居中。古人以数的变革而象征变革的时间，同时也应合于卦辞“己日乃孚”。社会变革如四时之更替，要以时为序，因时而变，革之则顺。因六二当位居中，趋尊远卑，离三而应五，故曰“征吉”。

【译文】

六二，己日发动变革，出征则有吉祥，没有什么过错和灾害。

《象》曰：“己日革之”，行有嘉也①。

【注释】

①行有嘉：六二当位而正，九五处中有应，阴阳相得，必有嘉会，故行必有嘉。

【译文】

《象传》说：“己日发动变革”，这说明六二努力前行必有嘉美之功。

【评析】

《尚书·泰誓》曰：“我闻吉人为善，惟日之不足，凶人为不善，亦惟日不足。”善恶俱以日数变，皆因日数终。如果我们将六二的系辞“己日乃革之”与卦辞“己日乃孚”对应分析，就会发现二者互为因果。因为六二之所以能“革之”且“行有嘉”，关键的因素是“孚”在“己日”，也就是说，“孚”于己日才得到民心的信任。故所谓“得民心者得天下”，皆在一个“孚”字。

九三，征凶，贞厉。革言三就，有孚①。

【注释】

①征凶，贞厉。革言三就，有孚：言，而，乃。就，成功。九三阳爻刚壮，居火极而有炎上之性，急欲出征。欲往应上六，遇阻于重阳，阳阳为敌，遇敌于上，又承于四，四不正，故征而有凶。又四变则成坎，坎为险，又有凶，故曰“征凶，贞厉”。因遇众敌为阻，须多次革命，方可有所成功，故曰“革言三就”。四变为坎，坎为孚，革之以孚，为革之正道，故曰“有孚”。

【译文】

九三，出征远行则有凶，有危险。变革多次，已初见成效，就应当心怀诚信。

《象》曰：“革言三就”，又何之矣①。

【注释】

①又何之矣：之，到。革道初成，所革者已从，又往而征之，则革道成就，无须再征，故曰“又何之矣”。

【译文】

《象传》说：“变革多次，已初见成效”，又往而征之到哪里去呢？

【评析】

一般而言，凡九三则多有刚武好勇、急躁冒进的缺点，因此《系辞》曰“三多凶”，如《革》卦中的九三就系有“征凶”之辞。但是，此处的“征凶”，原因倒不是九三自身的问题，而是因为九三遇敌太多的缘故。《革》之九三爻辞既曰“征凶”、“贞厉”，又曰“革言三就”，其实，这也说明了筮在中国古代的实践中并没有起到决定性的作用，它只是一种“决疑”的方法。如《论衡》记载：“周武王伐纣，卜筮之逆，占曰：‘大凶。’太公推蓍蹈龟而曰：'枯骨死草，何知而凶！'"由此可见，在中国历史上，很多大的革命行动并没有因为"征凶"的兆辞而裹足不前，相反，却以一往无前的英雄气概和"革言三就"、百折不挠的革命精神而取得了伟大的成就。

九四，悔亡，有孚改命，吉①。

【注释】

①悔亡，有孚改命，吉：九四不当正位，变而正，故曰"悔亡"。四变成坎，坎为孚，故曰"有孚"。以诚信之德去更改旧的体制和命运，则有"吉"。

【译文】

九四，悔恨消失，心存诚信革除旧命，吉祥。

《象》曰："改命之吉"，信志也①。

【注释】

①信（shēn）志：信，通"伸"，即伸展。九四变则卦成《既济》，六爻皆正而有应，故曰"信志"。

【译文】

《象传》说："变革更改旧的命运有吉祥"，这说明九四的变革之志得以伸展。

【评析】

九四之变，应该是整个《革》卦最重要的一个环节，因为只有九四变后，才能六爻皆正而有应，才能如《象》所言"革以当，其悔乃亡"，才能达到"变则通"的理想境界。

九五，大人虎变，未占有孚[①]。

【注释】

①大人虎变，未占有孚：大人，指九五。虎，指上之兑卦，兑为虎。占，占问。因九五居中处正，为一卦之主，下应于二，有孚于众人，故曰“未占有孚”。

【译文】

九五，大人像猛虎一样推行变革，不用占问吉凶而要保持诚信之德。

《象》曰：“大人虎变”，其文炳也[①]。

【注释】

①其文炳：兑下为离，离有文明，如虎有斑斓之色彩。其文章之美，焕然可观。

【译文】

《象传》说：“大人像猛虎一样推行变革”，其文采彪炳焕然。

【评析】

九五的阳刚中正与六二的阴柔中正相应，这对于九五而言，至少有三个方面的益处，一则当位中正，二则上下相应，三则应入“离”之光明之中。故其变“有孚”而“文炳”。

上六，君子豹变，小人革面，征凶，居贞吉[①]。

【注释】

①君子豹变，小人革面，征凶，居贞吉：兑为虎，豹类虎，《说文》“豹似虎圆文”，阳为虎，阴则为豹。九五为阳，为君王之位；上六为阴，次于君王，故曰“君子”。君子之变，心怀诚信，故能如豹子的

花斑一样顺应变革，而“小人”则只变其表面而已。因上六当位居正，既正则居而守之则吉，故曰“征凶，居贞吉”。

【译文】

上六，君子的变革像豹子的斑纹一样，而小人的变革则只是改变其颜面；此时若继续前行则有凶险，居以正位不动则吉祥。

《象》曰：“君子豹变”，其文蔚也①；“小人革面”，顺以从君也②。

【注释】

①其文蔚：蔚，文采华美。上六居《革》道之终，变道已成，君子处之，其变革如豹纹一样华美。

②顺以从君：若小人则只能变其颜面，以容色顺上，故曰“顺以从君”。

【译文】

《象传》说：“君子的变革像豹子的斑纹一样”，这是因为其文采华美；“小人的变革则只是改变其颜面”，这说明小人的变革只是从表面上顺从君王而已。

【评析】

处变革之时，有人心服，有人不服，这本是世道常理。上六一语道破“君子之变”与“小人之变”的区别，而作为大人、君子，就应该知道世上本来就有“面和而心不和”的小人作为，故须谨防。

鼎(䷱)

【题解】

《诗·大雅·文王》曰：“周虽旧邦，其命维新。”《序卦》曰：“革物者莫若鼎，故受之以《鼎》。"革旧而必要纳新，这是"鼎"器的作用和功能。故《杂卦》曰："《革》去故也，《鼎》取新也。"《尚书·盘庚》曰："人惟求旧，器非求旧，惟新。"然而，《鼎》卦之"鼎"非只是调味之器，而实以象喻事，故《九家易》曰："鼎者，三足一体，犹三公承天子也。"卦中六爻：初六有利于吐故纳新；九二"鼎实"有"吉"；九三悔过有"吉"；九四折断了鼎耳，所以有"凶"；六五利于守持正道；上九鼎得玉饰，故而大吉而无所不利。

鼎①：元吉，亨②。

【注释】

①鼎：卦名，巽下☴离上☲，象征着"鼎象"。郑玄曰："鼎，象也。"《正义》曰："然则鼎之为器，具有二义：一有烹饪之用，二有物象之法。"所谓物象之法，是指鼎器的取新之法。

②元吉，亨：卦象下巽上离，木有上升之性，升至五，则当位而正，故曰"元亨"。

【译文】

《鼎》卦象征着"鼎器取新"：大为吉祥，亨通。

《彖》曰：鼎，象也。以木巽火，亨饪也①。圣人亨以享上帝，而大亨以养圣贤。巽而耳目聪明②，柔进而上行③，得中而应乎刚④，是以元亨。

【注释】

①以木巽火，亨饪也：亨，通"烹"，烹饪。巽为木，木入火中，以燃鼎器，故有烹饪之象。

②巽而耳目聪明：巽德谦逊，离为目，互卦有坎，坎为耳，故《鼎》有耳聪目明之象。

③柔进而上行：《鼎》卦的初、五皆为柔爻，柔由初上升至六五，谓之“柔进而上行”。

④得中而应乎刚：六五居中，故谓“得中”。下应九二，九二为阳刚，故曰“应乎刚”。

【译文】

《彖传》说：鼎器，是烹饪养人的物象。鼎器之下有木柴燃烧，就是烹饪之象。圣人烹饪食物以祭祀上帝，又大量地烹饪食物以养活圣贤。谦逊恭顺耳聪目明，柔道前进而向上行，于是得居六五之中位而应于九二阳刚之爻，所以大为亨通。

《象》曰：木上有火，鼎[①]。君子以正位凝命[②]。

【注释】

①木上有火，鼎：《鼎》卦象为下巽上离，巽为木，离为火，以木入火而燃鼎，谓之鼎器。

②君子以正位凝命：君子，指九三，《鼎》卦中唯九三位正，故称其为“君子”。凝，《集解》引郑玄注“成也”。九三居正以成命，故曰“正位凝命”。

【译文】

《象传》说：木上燃烧着火焰，象征着“鼎器”在烹煮食物。君子因为居正位而成就“大烹以养贤”的使命。

【评析】

鼎食养贤是鼎器的使命，木上有火，是烹饪之事，因事而知器，这是《鼎》卦异于其他诸卦的特征，故《集解》引虞翻曰：“六十四卦皆观系辞，而独于《鼎》言‘象’，何也？‘象事知器’，故独言‘象’也。”从这种解释中,我们可以看出,《鼎》之为器,不是像诸卦那样从卦象和《系辞》中直接表现出来的,而是从"木上有火"这一卦象中推理出来的。这种特点说明《鼎》下之物是卦象,而鼎中之物为卦理。

初六,鼎颠趾,利出否①。得妾以其子,无咎②。

【注释】

①鼎颠趾,利出否(pǐ):颠,颠倒。趾,足趾。否,恶,鄙劣。初六在下,故谓之鼎"趾",颠而"利",则颠倒后所出之物非有用之物,必废物,上应于四,四不正,故曰"颠趾"。

②得妾以其子,无咎:初六为阴,上之所应九四不正,故曰"妾"。四变正则互震,震为长子,得妾而有长子,则"无咎"。

【译文】

初六,鼎器从脚跟颠倒,有利于倒出废物。为了生个儿子而娶得小妾,没有过错。

《象》曰:"鼎颠趾",未悖也①。"利出否",以从贵也②。

【注释】

①未悖:悖,违背。倒趾以出否物则未悖于《鼎》之理。初虽失位,以阴应阳,未悖人情。

②"利出否",以从贵也:否者,不善之物,鼎之倒趾,失其所利,鼎覆而不失其利,在于泻出否秽之物也,故曰"利出否"。出旧纳新,弃卑从贵,故曰"以从贵"。

【译文】

《象传》说:"鼎器从脚跟颠倒",这不违背人情。"有利于倒出废物”，这是出旧纳新，弃卑从贵。

【评析】

初六以阴居阳，处不正之位，故于人则为“妾”；又上应不正之四，故于器则为“颠趾”。然倒而以出“否物”，因妾得生贵子，这很符合鼎器“取新”的本义，故初六虽不当位于《鼎》，却终有“无咎”之果。

九二，鼎有实，我仇有疾，不我能即，吉①。

【注释】

①鼎有实，我仇有疾，不我能即，吉：即，相就，接近。“不我能即”，即“不能即我”之倒装句。阴虚阳实，九二为阳，故曰“鼎有实”。九二与六五应，五以阴居不正之位，不正则非其友而为“仇”，阳刚健而阴卑弱，又《鼎》旁通为《屯》(䷂)，上为坎，坎为心疾，五在坎中，故曰“我仇有疾”。

【译文】

九二，鼎中装满食物，我的仇敌身患疾病，暂时不来找我，吉利。

《象》曰：“鼎有实”，慎所之也①。“我仇有疾”，终无尤也②。

【注释】

①慎所之：之，到。鼎中有“实”，故应“慎所之”。

②终无尤：尤，过错。既然仇人有疾，不能来打扰我，我就可以享用“鼎中实”，故曰“终无尤”。

【译文】

《象传》说：“鼎中装满食物”，要谨慎地选择所去的方向。“我的仇故身患疾病”，这说明九二最终并没有过错。

【评析】

“我仇有疾”之“仇”字，前人注有二解：一是仇人，二是配偶。二者皆能与卦理通，然二与五虽有应，应而不正，故以“仇人”解较通。

九三，鼎耳革，其行塞，雉膏不食[①]，方雨，亏悔，终吉[②]。

【注释】

①鼎耳革，其行塞，雉膏不食：九三处下体之上，动而变，变出两坎之象，坎为耳，变则不当位，故曰“耳革”。鼎耳为抬鼎的结构，“耳革”则不能行，故路为之阻塞。九三动而变，变而上应上九，《鼎》上为离，离为雉，雉在鼎中，故为“雉膏”。“鼎耳革”致使“行塞”，意为“雉膏”毁坏，故曰“不食”，即不能食用。

②方雨，亏悔，终吉：方，正在。亏，亏毁。承上句，坎为耳，坎为水、为雨。天正在下雨，鼎中美食亏毁，然九三当位居正，美食还可以再烹，故曰“终吉”。

【译文】

九三，鼎耳变异，鼎器暂时不能移动，途径为之阻塞，吃不上美味可口的雉膏，天正下着雨，鼎中之美味亏毁，此可谓悔恨之事，然最终是吉利的。

《象》曰：“鼎耳革”，失其义也[①]。

【注释】

①失其义：义，通“宜”，即适宜。鼎以耳行，九三致“耳革”，使鼎止行于途中，故其行为有失当之处。

【译文】

《象传》说："鼎耳变异"，这说明九三的行动不当。

【评析】

《鼎》之九三的爻辞为我们描述了这样一个故事情境：有人用鼎器做成"雉膏"，就在他们抬着鼎器行进时，天下雨了，鼎耳也坏了，鼎止于途中，淅淅沥沥的雨水滴落在鼎内，也许还有泥水。这一连串的遭遇使鼎内的雉膏不能食用，但是，这种困窘并不仅仅是因为"鼎耳革"，也不是因为"方雨"之天，更重要的是，它通过这两种"不当"的遭遇，揭示了抬鼎的人有失查于先的过错，致使有"亏悔"之象。好在九三有当位之正，故而终以"吉"为果。

九四，鼎折足，覆公悚，其形渥，凶①。

【注释】

①鼎折足，覆公悚（sù），其形渥（wò），凶：悚，鼎中食物。渥，沾湿。四为王公之位，九四上互兑，兑为毁折，鼎入兑则有折足之失，足折则鼎倾覆，致鼎中食"覆"于地。地与鼎俱沾湿污乱，故曰"其形渥"。这些均由九四不当位所致，故有"凶"。

【译文】

九四，鼎器折断了鼎足，王公的美食被倾覆于地，地上和鼎器也被濡湿，有凶险。

《象》曰：覆公悚，信如何也①。

【注释】

①信如何：即"如何信"的倒装结构。九四本处于"多凶"之位，又失

位不正，致使“公餗”倾覆而“渥”，故不可信任。

【译文】

《象传》说：“王公的美食被倾覆于地”，这说明九四如何让人信任呢！

【评析】

九四失位不正，不能胜王者之任。“鼎折足”，则鼎不能立，鼎器以三足而立，以象三公辅佐君王之事，足折则不能立，这里以“折足”为喻，来说明“三公”不能称职的情况。

六五，鼎黄耳金铉，利贞①。

【注释】

①鼎黄耳金铉（xuàn），利贞：黄，金黄色。铉，横贯鼎耳以便扛举的木杠。六五居中处尊，故贵有“黄金”耳；下应九二之阳，故有“金铉”之刚。

【译文】

六五，鼎器配上金黄色的鼎耳和坚固的鼎杠，这是有利的。

《象》曰：“鼎黄耳”，中以为实也①。

【注释】

①中以为实：阳为实，互为《屯》(䷂)，其五为阳，其位在中，故曰“中以为实”。

【译文】

《象传》说：“鼎器配上金黄色的鼎耳”，这说明六五因居离中而获得中实之美。

【评析】

鼎至于五则贵，以“黄”喻其贵，以“金”喻其刚；因为鼎至五已成王者之器，故言“金”而不言“食”。

上九，鼎玉铉，大吉，无不利[1]。

【注释】

①鼎玉铉，大吉，无不利：玉，《说卦》曰乾“为玉为金”，干宝注曰：“玉又贵于金者。”上九以刚居柔，近据五阴，君臣相临，刚柔相济，故曰“大吉，无不利”。

【译文】

上九，鼎器配有玉质的鼎杠，大为吉祥，无有不利。

《象》曰：玉铉在上，刚柔节也。

【译文】

《象传》说：玉质的鼎杠在上，这说明上九能调和刚柔之节。

【评析】

在中国传统文化意识中，有“黄金有价玉无价”之说。《正义》曰：“玉者，坚刚而有润者也。”上九刚居柔位，这说明他能以自己之阴柔节制坚刚，使自己刚而不坚，柔而不弱。又因为唯玉有此德，故曰“玉铉在上”。

震(䷲)

【题解】

《震》具有“震惊百里”的威力，所以六爻皆有恐惧之象。但是，恐惧的结果并不是坏事，所以圣人从《震》卦中归纳出“恐惧修省”的道理来。整个卦象多以象声的叠音词“虩虩”、“苏苏”、“索索”来形容震惊恐惧的样子。六爻中唯六二有失而复得之吉，余则均处于恐惧之中。

震①：亨。震来虩虩，笑言哑哑②，震惊百里，不丧匕鬯③。

【注释】

①震：卦名，震下☳震上☳，震而又震，象征着雷声的震动，《说卦》曰“震为雷”，又曰“震为长子”。

②震来虩虩（xì），笑言哑哑（è）：虩，恐惧，虩虩，就是恐惧的样子。哑哑，《集解》引虞翻曰“笑且言”，即又说又笑的样子。初九为下震之始，当位而正，使九四来应，九四为上震之始，居位不当，且“四多惧”，故对九四而言，则“震来虩虩”；对于初九而言，则是“笑言哑哑”。

③震惊百里，不丧匕鬯（chàng）：百里，此喻地之广大，古代诸侯封地以百里。鬯，本指香酒，也指盛香酒的酒器，古人宗庙之祭，灌鬯以求神，故此处借指祭祀。震为长子，长子主祭，即使是雷声震惊百里也不能使长子丧失祭祀之礼，此喻社稷之固皆来自于雷声之威、长子之德。

【译文】

《震》卦象征着震动：雷声的震动可以使得万物亨通。震雷会使有些人恐惧发抖，同时，也能使人因恐惧而强化修身后无畏无惧地又说又笑，雷声的威力能震惊方圆百里，不断的宗庙祭祀使社稷安稳。

《象》曰：震，亨。“震来虩虩”，恐致福也①；“笑言哑哑”，后有则也②；“震惊百里”，惊远而惧迩也③；“不丧匕鬯”，出可以守宗庙社稷，以为祭主也。

【注释】

①恐致福：致，招致。雷震使人恐惧，恐惧又能使人反省修身，因而可以获得幸福，故曰“恐致福”。

②后有则：后，指恐惧之后。则，法则。因恐惧而自省，有了自省就会知道如何遵守法则，故曰“后有则”。

③惊远而惧迩：迩，近。雷之威既可以惊远，又可以惧近，远近皆能感到它的威力，故曰“惊远而惧迩”。

【译文】

《彖传》说：雷声震动，使万物亨通。“震雷会使有些人恐惧发抖”，这说明因为恐惧而产生的谨慎会给人们带来福祉；“雷声使有些人又说又笑”，这说明震惊之后就会使人们遵守法则；“雷声的威力能震惊方圆百里”，雷声之威能震惊百里之远的地方，也能使近处的人惧怕它；“宗庙的祭祀不断”，这是因为作为像震雷一样的长子对外可以守卫宗庙社稷，对内可以主持祭祀。

《象》曰：洊雷，震①。君子以恐惧修省②。

【注释】

①洊(jiàn)雷，震：洊，一再，接连。上下皆震，如雷之相连，故曰“洊雷”。

②君子以恐惧修省：雷声接连而来，震惊百里的威力使君子也内怀恐惧，加强修身。

【译文】

《象传》说：雷声接着雷声，这就是雷声震动的样子。君子因此而恐惧天威，修身以德，反省过失。

【评析】

《震》以雷声之威来比喻政权之威，在雷声中人们能得到警示，在雷声中人们会知道反躬自省，但是雷声的震动不仅仅是让人感到恐惧，更重要的是警示统治者要遵守社会法则和自然法则，反省过失，并忠于安定社稷的重要职责。

初九，震来虩虩，后笑言哑哑，吉①。

【注释】

①后笑言哑哑，吉：初当位居正，处在震初，本上应四，然四失位不能相应，待其变正，方可来应，故曰“后笑言哑哑”。待其变正有应，则上卦为坤，坤为顺，卦成“动而顺”之象，故曰“吉”。

【译文】

初九，震雷会使有些人恐惧发抖，因为恐惧而使人强化修身，然后无畏无惧地又说又笑，吉祥。

《象》曰：“震来虩虩”，恐致福也；“笑言哑哑”，后有则也。

【译文】

《象传》说：“震雷会使有些人恐惧发抖”，这说明因为恐惧而产生的谨慎会给人们带来福祉；“雷声使有些人又说又笑”，这说明震惊之后就会使人们遵守法则。

【评析】

《中庸》曰：“有所恐惧，则不得其正。”心有恐惧，则有所不正，故君子所惧，实惧其不得正。不得正，则恐惧必至。因此，君子之修身，惧过而无过，不惧过，则或不知有过，或有过而不知。《震》初九当位而惧，此非恶人之惧，也非小人之惧，而是《韩诗外传》引孔子之所谓明王“三惧”之惧：“一曰处尊位而恐不闻其过，二曰得志而恐骄，三曰闻天下之至道而恐不能行。”

六二，震来厉[1]，亿丧贝，跻于九陵，勿逐，七日得[2]。

【注释】

①震来厉：厉，危险。六二居于震中，本来失位就有惧怕之心，这时雷来震来，故曰“震来厉”。

②亿丧贝，跻于九陵，勿逐，七日得：亿，通“噫”，感叹词。贝，古代以贝为货币，这里借指宝物。跻，登高。陵，大土山；九陵，形容山势高峻。逐，追寻。七日，震纳申“庚”，庚在天干中为第七位数；六二互卦为艮，故曰“跻于九陵”。因六二居中当位，使“贝”能七日来复，故曰“七日得”。

【译文】

六二，雷声骤然响起，有危险，啊呀！财宝丢失了，这时正登于险峻的九陵之上，无须追逐，过不了七日必失而复得。

《象》曰：“震来厉”，乘刚也[1]。

【注释】

①乘刚：初九为阳刚之爻，六二以阴爻乘于初九之上，故曰“乘刚”。

【译文】

《象传》说：“雷声骤然响起，有危险”，这是因为六二以阴柔卑贱乘于阳刚之上的缘故。

【评析】

前人注《易》，于《震》之六二歧义有二：其一，对于“亿”字，前人有两种解释，或释为“大”，因其数多而大；或释为“噫”，感叹词。二者均与卦义通。其二，对于“勿逐”，《正义》、《本义》释“勿逐”为“跻于九陵”之刑犯，而《集解》则解为“勿逐”其“贝”，义各有所得，今据爻辞前后之意，从后说。

六三，震苏苏，震行无眚①。

【注释】

①震苏苏，震行无眚：苏，《正义》曰：“苏苏，畏惧不安之貌。”眚，灾异。六三不当位，故震惧而“苏苏”。但是，虽然不当位，却无乘刚之逆，故可以惧而慎行，故“无灾眚”。

【译文】

六三，雷声震动时令六三恐慌不安，在这样的震动声中警惧而行，就不会有什么灾祸。

《象》曰：“震苏苏”，位不当也①。

【注释】

①位不当：六三以阴居阳，故曰“位不当”。

【译文】

《象传》说：“雷声震动时令六三恐慌不安”，这时因为他所处的位置不当。

【评析】

《集解》释“苏”为“死而复生”，认为雷主生气，雷动而万物生，雷主生气。但是，既然为“生”，则爻辞又何须曰“无眚”？且《象传》解释“苏苏”的原因是“位不当”，又哪有“生”气？据此，当采《正义》说。

九四，震遂泥[①]。

【注释】

①震遂泥：遂，通“坠”。九四失位，故闻雷声震动则惧怕殊甚，以至于陷坠泥中。

【译文】

九四，在雷声的震动中陷坠泥中。

《象》曰：“震遂泥”，未光也[①]。

【注释】

①未光：虽有阳刚之气，然失位无应，故德“未光”。

【译文】

《象传》说：“在雷声的震动中陷坠泥中”，这说明九四因失位而道德未有光大。

【评析】

九四居互坎之中，互艮之上，失位于震下。动于艮山坎水之间，故有“遂泥”之难。

六五，震往来，厉[①]，亿无丧，有事[②]。

【注释】

①震往来，厉：往则乘阳，来则应阴，失位乘刚，故“往来厉”。

②亿无丧，有事：亿，义同六二之“亿”。四变正则有坤，五在坤，坤为丧，五变正则坤道毁，故曰“无丧”。居一卦之主，处尊居中，位应主祭之事，《左传》曰“国之大事，在祀与戎”，震为长子，为祭

主，故可知“事”为祭祀之事。

【译文】

六五，在雷声震动时上下往来皆有危险，唉！虽然不会有所失，但是还应该保存祭祀之事。

《象》曰：“震往来，厉”，危行也①；其事在中，大无丧也②。

【注释】

①危行：四到艮为山，六五乘刚于山顶，故曰“危行”。

②其事在中，大无丧也：震为长子，主祭祀之事，故“事”为祭祀之事。六五居上震中，故曰“在中”。祭祀之事是国之大事，且六五居尊，变而正，故曰“大无丧”。

【译文】

《象传》说：“雷声震动时上下往来皆有危险”，这说明六五在危险中行进；因为他居尊处中，所以主祭祀之事，位尊且主持大事，所以无所丧失。

【评析】

六五虽有失位之忧，但是，处中得尊的位置使他能主持大事，而履阳乘刚的处境，又能使他在雷声中安然无恙。

上六，震索索，视矍矍，征凶①。震不于其躬，于其邻，无咎②。婚媾有言③。

【注释】

①震索索，视矍矍(jué)，征凶：索索，《释文》引郑玄曰：“犹‘缩缩’，足不正也。”《正义》曰：“索索，心不安之貌。”矍，回头惊顾的样

子。矍矍,《释文》引郑玄曰“目不正”,《正义》曰“视不专之容”。上六居正,欲下应三,三失位,且互有坎象,坎为险,故“震索索”,犹畏缩不前的样子。三失正,变正则成离,离为目,故曰“视矍矍”,犹回头惊顾。因下无所应,且历坎有险,故曰“征凶”。

②震不于其躬,于其邻,无咎:躬,自己。邻,邻居,指六五。因上六自己居位得正,故震之忧惧不会至于自己,而会降到自己的邻居六五身上。

③婚媾有言:上六下应于三,三动成兑,震为出,为长男;兑为言,为少女,故有“婚媾之言”。

【译文】

上六,雷声的震动使人恐慌得脚下哆嗦畏缩,眼睛也显出惊恐不安的样子,此时出征远行,则必有凶险。但是,只要守正不“征”,那么,其震动将不会降到自己身上,而是会降至邻居六五的身上,所以对自己而言,只要守正则无灾祸。而若有婚媾之约则会导致言语之争。

《象》曰:“震索索”,中未得也①;虽凶无咎,畏邻戒也②。

【注释】

①中未得:“中”指六五,因其不当位,又无所应,故曰“未得”。

②畏邻戒:邻,指六五,因上六当位,故畏至于邻而戒于邻。

【译文】

《象传》说:“雷声的震动使人恐慌得脚下哆嗦畏缩”,这是因为六五虽居中而没有得居正位;虽然有凶险,自己却没有过错,这是因为雷声之威使其邻居六五恐惧而产生戒备心理。

【评析】

正所谓“城门失火,殃及池鱼”。以上六而说六五,这是因为六五不正,祸及于上六,故上六不仅不能“征”,而且更重要的是,由于相邻的关系使他们彼此之间始终处于相互影响之中。

艮(䷳)

【题解】

《老子》曰:“不见可欲,使心不乱也。”《艮》卦的意义全在于抑止其乱,故卦中皆以“艮”止,止而无凶。《彖传》言:“时止则止,时行则行,动静不失其时。”观全卦并无“行”象,故《彖传》所谓的“动静”,也只是在二者的相对中强调静止。卦中六爻以人体上富有特征的几个部位揭示出抑止的得与失:初止于足,故“无咎”;六二止于腿,只是心中不快而已;九三止于腰际,“熏心”有危;六四止于身,故“无咎”;六五止于“辅”,使言之有序,悔恨消失;上九最吉,因其止之以敦厚之德。

艮①:艮其背,不获其身;行其庭,不见其人,无咎②。

【注释】

①艮:卦名,艮下☶艮上☶。《说卦》曰“艮为止”,山静止而不动,各安其所,故其卦象象征着“抑止”。

②艮其背,不获其身;行其庭,不见其人,无咎:艮相连而背,故曰“艮其背”。卦无一爻相应,故曰“不获其身”。“艮,止也”,静止之义,此是象山之卦,其以“艮”为名。施之人,则是止物之情,防其动欲,故谓之止。所止无见,何见其身,故“不获其身”。既“不获其身”,则相背矣。相背者,虽近而不相见,故“行其庭,不见其人”。如此乃得“无咎”,故曰“艮其背,不获其身,行其庭,不见其人,无咎”。

【译文】

《艮》卦象征着抑止:止于其背,则不能使其全身面向应当抑止的欲望;行走在庭院中,背对着背未见其人,没有灾害。

《彖》曰：艮，止也。时止则止，时行则行，动静不失其时，其道光明①。艮其止，止其所也②。上下敌应，不相与也③。是以"不获其身，行其庭，不见其人，无咎"也。

【注释】

①时止则止，时行则行，动静不失其时，其道光明：从卦象上讲，艮为山，山有险阻，一阳挟制二阴，故能"时止则止"。震阳动于下（互卦有震），震为足，为动，震动则行，故曰"时行则行"。止、行各有其时，故曰"动静不失其时"。五失正，动而得正，则互有离象，离为日，故曰"其道光明"。

②艮其止，止其所也：内外皆艮，卦辞曰"艮其背"，相背而不相应，可知艮之所止，止于背。

③上下敌应，不相与也：与，亲和，亲附。六爻皆不应，不应之应为"敌应"，既为"敌应"，则可知"不相与"。

【译文】

《彖传》说："艮"，就是指静止。时机应当静止就静止，时机应当行动就行动，静止与行动都不要丧失合适的时机，如此则抑止的道理就会光明灿烂。《艮》卦的大义是静止，止于其所应当的地方。《艮》之卦爻上下皆为敌对关系，互相之间不亲和相附。既然如此，"不能使其全身面向应当抑止的欲望；行走在庭院中，背对着背未见其人，没有灾害"。

《象》曰：兼山，艮①。君子以思不出其位②。

【注释】

①兼山，艮：两山并列在一起，故谓之"兼山"。

②君子以思不出其位：阳为君子，二阳中唯三当位，故可知君子指

“九三”。观卦象可知艮一阳止于外，出则谓“外”，止于外则可知其“思不出其位”。

【译文】

《象传》说：山上有山，这种卦象就象征着“艮”。君子观此象而知自己所思想的事情应当不超出自己所处的社会地位。

【评析】

《艮》卦显现出两个特征：一是无一爻相应，二是当位之爻（六二、九三、六四）皆不吉。人们在日常生活中所看到的最静止的物象，就是一座座高山，艮为山，两山对峙，则各不相应，故六爻皆无应。艮为背，背对着背，则各不相干。因为《艮》卦象征着静止、抑止，止有其道，一则为止于背，二则为止于时。止得其时，则“其道光明”，止得其所，则“思不出其位”。

初六，艮其趾，无咎①，利永贞②。

【注释】

①艮其趾，无咎：初本应四，四在互震，震为足。按《易》例，初应于人体的位置在“趾”，故曰“艮其趾”。初六失位，本有“咎”，动而得正，故曰“无咎”。

②利永贞：初不正，动而得正，故曰“利永贞”。

【译文】

初六，抑止于脚趾迈出之前，就没有过错，有利于长久之事。

《象》曰：“艮其趾”，未失正也①。

【注释】

①未失正：初六以阴居阳，本失位有咎，然其动而变正，故曰“未失正”。又止而未动，故曰“未失”，“未失”则得“艮”止之正道。

【译文】

《象传》说："抑止于脚趾迈出之前"，说明初六动而不失其正。

【评析】

初六在艮，艮为止，本宜应四，然以失位之身，不能上应。且二至四互有坎险之象，"止"则不入于"险"，故有"无咎"之幸。

六二，艮其腓，不拯其随，其心不快①。

【注释】

①艮其腓，不拯其随，其心不快：腓，小腿肚。拯，兴起，向上提。初六在趾，六二在初六之上，故曰"腓"。六二本应于五，五本为阳，六二应阳，实随于阳，而《艮》之五不当位，故不能应，也就是不能随，故曰"不拯其随"。六二上不能应五、随五，下退守静止又不能甘心，所以心中不快。

【译文】

六二，抑止其小腿肚的运行，不举步上承本应随从的君子，所以心中感到不快。

《象》曰："不拯其随"，未退听也①。

【注释】

①未退听：六二位在互坎，坎为耳，因其不能上应于五，"其心不快"，此皆因六二无心听从退守静止之道所致。

【译文】

《象传》说："不举步上承本应随从的君子"，又不甘心退止原位听从抑止之命。

【评析】

《正义》曰:"腓动则足随之,故谓足为随。"以"随"为"足",没有从阴随阳上分析,也没有从卦例上分析。因为按卦例,二与五应,六二当位居中,却不能上应六五之尊,徒以阴柔居中和、中正之位。本来阴随阳是阴之本性,而"止于腓"则不能随阳,这样就违背了六二的本意。正所谓"君子思不其位"。但是,六二有君子之德而无君子之量,既不甘心于退守静止的命运,又觉得过咎不在己而在彼,故"不快"。以六二之中正之位,得此结局,固然是令人同情的,但是,世上的事本来就是普遍联系的,有时,自己的命运并不是由自己掌握而是为他人所操纵的。

九三,艮其限,列其夤,厉熏心①。

【注释】

①艮其限,列其夤(yín),厉熏心:限,《集解》引虞翻曰:"腰带处也。"列,通"裂"。夤,《释文》引马融曰:"背脊肉也。"厉,危险。熏,焦灼。心,三在坎中,坎为心。艮下互坎为水,有肾之象,《黄帝内经》曰:"腰者,肾之府。"三在坎中,当上下象之中,其部位在"腰",故"艮其限",即艮其腰。分裂其背脊肉,则有厉"熏心"。

【译文】

九三,抑止其腰部的运动,撕裂了背部的脊肉,危险像烈火一样熏灼着人心。

《象》曰:"艮其限",危熏心也。

【译文】

《象传》说:"抑止其腰部的运动",说明九三的危险就如同烈火一样焦灼其心。

【评析】

《艮》至九三，其所“止”痛彻心腑。九三当位于《艮》，这是九三的不幸。因为九三刚武勇猛，本来就有积极主动的品性，但是，因其位居艮止之道，不仅自己不能动，而且还负有制止他人的责任。且身在险中（六二至六四互坎，坎为险），临险而不能动，其危则灼疢于心，其痛而“列其夤”。

六四，艮其身，无咎①。

【注释】

①艮其身，无咎：上身下体，四在《艮》上，犹在人之上身，故曰“艮其身”。居位得正，“止得其所”，故曰“无咎”。

【译文】

六四，抑止上身的运动，没有过错。

《象》曰：“艮其身”，止诸躬也①。

【注释】

①止诸躬：躬，身体，自身。六四当位居正，故能自止其身。

【译文】

《象传》说：“抑止上身的运动”，这说明六四能自己止其上身。

【评析】

《艮》至六四，才能得其“艮”道之正。六四处在上下两艮之间，居正当位，止中有止，故有自我抑止的能力。而止于上身则全身得静止之道，所以也就没有什么过错了。

六五，艮其辅，言有序，悔亡[1]。

【注释】

①艮其辅，言有序，悔亡：辅，上牙床，这里借指口。序，条理；《集解》本作"孚"，即言而有信，于理也通。六五居"身"之上，其位象"辅"，故曰"艮其辅"。又艮旁通为兑，兑能言，故曰"言有序"。六五失位，动而得正，故曰"悔亡"。

【译文】

六五，抑止其口不使妄语，言则有序，悔恨就消失了。

《象》曰："艮其辅"，以中正也[1]。

【注释】

①以中正：六五居尊处中，虽失位，但动而得正，则为"中正"。

【译文】

《象传》说："抑止其口不使妄语"，这是因为六五守中持正。

【评析】

六五居尊处正，旁通为兑口；于《艮》也在"辅"，据此不难想象，最应"艮其辅"的人就是君王。"君无戏言"，应守中正平和之道，必要"言有序"。

上九，敦艮，吉[1]。

【注释】

①敦艮，吉：敦，敦厚。上九居《艮》之终，位"兼山"之顶，故有敦厚之德，以此敦厚之德抑止不正之欲望，故曰"吉"。

【译文】

上九，以敦厚的品德自我静止，吉祥。

《象》曰："敦艮之吉"，以厚终也。

【译文】

《象传》说："以敦厚的品德自我静止而获吉祥"，这是因为上九能以敦厚之德得"止"之所成。

【评析】

《礼》曰"博厚则高明"，又曰"博厚所以载物也"。地厚在山，山之所厚，有容物之量、止欲之德。上九在《艮》，以敦厚之德静守"止"德，实有高山仰止之感，一则因其静止全系于此，二则所有的静止已经在此大功告成。

渐（䷴）

【题解】

《渐》以"鸿渐"为喻，又以复沓回环式的句式描绘着六种"鸿渐"的景象，渲染烘托出"大雁"渐至吉祥佳地的感人情节。因其旁通《归妹》，有嫁女之象，又互有离、坎，有女进男之象，象征着夫妇之道。就整个卦象上讲，《渐》以解婚姻为主，故卦辞曰"女归吉"。《渐》象是上男以静止居上，女以"入"象居下。男不动，女来入，故曰女归。女无自进之道，而有外成之理，故入于夫家，才有吉祥。初六失位于艮下，上无所应，"厉"而"有言"。六二中正应上而吉祥。九三位居艮上，止而无应，故"不复"、"不育"。六四当位于巽木之下，"顺"而"无咎"。九五身居巽中"互离"，终得所愿。上九"羽仪"整齐，为《渐》吉之最。

渐①：女归吉，利贞②。

【注释】

①渐：卦名，艮下☶巽上☴。艮为止，巽为入，先止而后有入，有舒缓渐行之象，无强动速进之象，故卦名为“渐”。且卦辞既言“女归”，则当温柔敦厚，贤淑崇礼，不可躁入，只能渐进。

②女归吉，利贞：归，女子出嫁谓之“归”，即归于夫家，这是女子的本分，故得之则“吉”。女正则吉，而初与上俱失位不正，变正则吉，故曰“利贞”。

【译文】

《渐》卦象征着渐进：譬如女子渐进而归于夫家就会吉祥，有利。

《彖》曰：渐之进也，女归吉也。进得位，往有功也①。进以正，可以正邦也，其位刚得中也②。止而巽，动不穷也③。

【注释】

①进得位，往有功也：指二进至五则“得位”，得位以正，故曰“往有功”。

②进以正，可以正邦也，其位刚得中也：承上句，则二应五，也就是二进至五，因二者均尊居中正之位，已正而正人，故曰“可以正邦”。又九五以阳刚位居中正，故曰“刚得中”。

③止而巽，动不穷也：《渐》上卦为巽，下卦为艮，艮为止，巽为入，以渐进之德而动、而入，则入而无咎，故曰“动不穷”。

【译文】

《彖传》说：所谓“渐”，就是指渐渐地行进，譬如女子的出嫁要循礼渐进才能获得吉祥。渐进就会各得其位而正，前往就会建立功绩。渐进而得其正道，就能以中正之德端正邦国民心，这是因为渐进至刚健中正的九五之尊位。只要有静止不躁和谦逊和顺的美德，以渐进的方式行动就不会导致困穷。

《象》曰：山上有木，渐①。君子以居贤德善俗②。

【注释】

①山上有木，渐：艮为山，巽为木，故曰“山上有木”。木长于山，是以渐进之功，非一日而就，故曰“渐”。

②君子以居贤德善俗：君子，指九五。贤，贤明。善，美化。巽比政令教化，君子观此卦象，当自修贤德，教化“善俗”。

【译文】

《象传》说：山上生长着树木，象征着“渐进”。君子因此知道只有具备贤明的道德才能使风俗美善。

【评析】

《说卦》“巽为入”，“巽为木”。风之入山有渐进之势，木之生长也有渐进之势，故卦谓之“渐”。“渐进”是事物进化和前进的有效、有利的方式，“进得位，往有功”，这是渐进的理想结果，对于女子而言，进入夫家就等于找到了自己的归宿；对于君子而言，渐进于君王之位，才能建立功业；对于民心而言，只有以渐进的方式教化民心，才能使风俗美善。

初六，鸿渐于干①。小子厉，有言，无咎②。

【注释】

①鸿渐于干：鸿，大雁。渐，渐进。干，岸边。初应四，互为离，离为雉，同类为比，故曰“鸿”。渐进之道，自下升高，故以鸿飞比渐进

之势。《说卦》曰“艮为山，为径路，为小石”，山象高，以山象岸，则岸高如山。初始渐进，上无所应，不得安宁，故至于岸。

②小子厉，有言，无咎：艮为少男，即“小子”。言，谴责。厉，危险。小子至于岸边则“有危”；受责而离去，则“无咎”。

【译文】

初六，大雁渐渐地飞到河水的岸边。就像一个儿童跑到水边一样，有危险，受到大人的斥责离开了岸边，所以最终还是没有什么灾祸。

《象》曰：“小子之厉”，义无咎也①。

【注释】

①义无咎：义，通“宜”。初失位，应有其“咎”，变而得正则“无咎”。

【译文】

《象传》说：“儿童跑到水边会有危险”，宜改变其错误则没有灾祸。

【评析】

在六十四卦中，《渐》之六爻的爻辞与其他卦相比，有着明显不同的语言风格。其爻辞皆以“鸿渐”开头，成排比之式，如群雁比翼，整齐美观。《诗·小雅·鸿雁》云“鸿雁于飞”，毛传曰“大曰鸿，小曰雁”。初六之进，以鸿飞为喻，其喻义有三：一是鸿无独飞之举，而有共飞之阵；二是《渐》有归女之吉，《礼记·士昏礼》有“下达纳采用雁”之说，“纳采”是古人结亲婚姻的礼节，这个礼节以雁为见面礼，因为雁有顺阴阳往来和不再另行择偶的贞正之节，故初六以雁为喻；三是雁飞有自下升高的特点，故爻辞喻指渐进之象。

六二，鸿渐于磐，饮食衎衎，吉①。

【注释】

①鸿渐于磐，饮食衎衎(kàn)，吉：磐，大石，这里指水边的小丘。衎，愉悦。《渐》二至四爻互为坎，坎为水，初六在水边，故曰“干”；而六二则置于水里，于《渐》则在半山，艮为山石，故为“磐”。六二当位居正，上有所应，故有“于磐”之安，“衎衎”之乐。

【译文】

六二，鸿飞渐进于磐石之上，正在安逸地、愉快地享用着饮食，吉祥。

《象》曰：“饮食衎衎”，不素饱也①。

【注释】

①不素饱：素，即白白地吃饭。六二居正处中，上应九五，有忠臣之象，故曰“不素饱”。

【译文】

《象传》说：“大雁安逸地、愉快地享用着饮食”，这说明六二尽职尽责地任臣下之事，而不是白白地吃饱肚子。

【评析】

六二在艮，三至五互有离。按《说卦》，“艮为山，为石”，“离为雉”，“雉”，类如雁。雁在石上，故有“鸿渐于磐”之象。又二至四互有坎，“坎为水”，《渐》上为巽，“巽为木”。有山，有水，有草木，有鸟，有阳光……《渐》卦给我们的启示是：《周易》往往以生动感人、形象美妙的情景揭示着深邃透彻的哲理。所以，单说义理，不仅其“理”无根无据，说也无趣，若从“象”上说义理，则情理相成，意趣横生。

九三，鸿渐于陆①。夫征不复，妇孕不育，凶②。利御寇③。

【注释】

①鸿渐于陆：陆，《尔雅·释地》曰“高平曰陆”，即高平之陆地。九三居下卦艮之上，有渐进得高之象，故曰“鸿渐于陆”。

②夫征不复，妇孕不育，凶：征，出行。复，返回。孕，怀孕。育，生产。九三当位，然上无所应，动而应上，则成坤，坤为丧，互卦为坎，坎为中男，故曰“夫”。夫丧坤中，故曰“征不复”。九三于上无应，则近比于六四，四也无应，故所孕为二者苟合，男女皆不正，故有“凶”。

③利御寇：巽为高，艮为山，互成离卦，离为戈兵甲胄，坎为寇，自上御下，故曰“利御寇”。

【译文】

九三，大雁渐进于高平之地。就如同丈夫出征远行不回来，女人怀孕而没能生养下来，有凶险。有利于防御强寇。

《象》曰：“夫征不复”，离群丑也[①]；“妇孕不育”，失其道也[②]；“利用御寇”，顺相保也[③]。

【注释】

①离群丑：丑，类。九三本来与二、初同属于艮体，就像一家人一样，因上不能应，则就近与四合，四在巽体，非同类，故曰“离群丑”。

②失其道：“夫征不复”，其妇之孕有非道之嫌，故曰“失其道”。

③顺相保：九三在艮，顺应静止之道，不要妄动，则能“御寇”而相互保全。

【译文】

《象传》说：“丈夫远行不回来”，这样是因为他离开了属于自己的群体；“女人怀孕而没能生养下来”，这是因为这个女人有失贞节之妇道；

“有利于防御强寇”，这说明若九三顺从自己的群体静止不动则夫妇俱能相互保全。

【评析】

按卦例“三多凶”，多“凶”而又无应，因其“渐”之太远，征而“不复”，使家无主，妇无夫，此皆失丈夫“齐家”之职。其实，九三当位而正，又为艮主，艮为止，九三既为艮主，宜静不宜动，动则破家亡身，静则六二、六四可顺从保全。

六四，鸿渐于木，或得其桷，无咎①。

【注释】

①鸿渐于木，或得其桷（jué），无咎：桷，方椽，这里指平直而可作“椽”的树枝。六四居于巽下，巽为木，故曰“渐于木”。四既以阴承五，又下顾三，故曰“或得其桷”。四无应，本有咎，然当位而顺承于五则“无咎”。

【译文】

六四，大雁渐进至树木之中，或可得其平直之树枝以栖身，没有灾祸。

《象》曰：“或得其桷”，顺以巽也①。

【注释】

①顺以巽：六四当位巽下，柔居互离之中，故曰“顺”，以巽顺之情上承于五，故曰“顺以巽”。

【译文】

《象传》说：“或可得其平直之树枝以栖身”，这说明六四以巽之柔顺承五。

【评析】

下艮为山石，故内卦的三爻辞曰“干”、“磐”、“陆”；上卦为巽，故六四爻辞一转而曰“桷”。一个“桷”字，则指向“鸿渐”的情景；一个“顺”字，点出了六四“无咎”的原因之所在。

九五，鸿渐于陵①，妇三岁不孕，终莫之胜，吉②。

【注释】

①鸿渐于陵：陵，大土山。九五下应六二，六二在艮，艮为山，九五远在艮上，故曰“鸿渐于陵”。

②妇三岁不孕，终莫之胜，吉：终莫之胜，没有谁胜过九五与六二的应合之情。九五位居互离之上，离为孕妇。九五本应于二，然三、四阻隔其应合。三至五数为三，故曰“妇三岁不孕”。因二与五俱当位处中，秉持中正之德，则其应必合。三、四不能长久阻隔其应，故曰“吉”。

【译文】

九五，大雁渐进于丘陵，有妇女三年还不能怀孕，但是九五最终不是外来的侵犯可以胜过的，所以结果是吉祥的。

《象》曰：“终莫之胜吉”，得所愿也。

【译文】

《象传》说：“最终不是外来的侵犯可以胜过的，所以结果是吉祥的”，这说明九五与六二的相亲相应是得其所愿。

【评析】

只一个“吉”字，就让人们看到九五与六二心心相印的深情。同样，只一个“吉”字，又怎么能说得尽九五与六二的深情。一对相亲相爱的恋人，克服了重重阻挠，终于得偿“所愿”，为这种深情感动的人们，又怎么能不献上一份诚挚而深切的祝愿：“愿天下有情人终成眷属！”

上九，鸿渐于陆，其羽可用为仪，吉[①]。

【注释】

①鸿渐于陆，其羽可用为仪，吉：上九渐进高阳之处，居渐之极，故曰“鸿渐于陆”。因其位居互离之上（九三至九五互离），离为雉，雉上则为雉表，又居巽上，巽为白，“高洁”为羽，有洁白的羽毛用以装饰仪表，故曰“其羽可用为仪”。

【译文】

上九，大雁渐进于高平之地，其洁白美丽的羽毛可以用来美化仪表，吉祥。

《象》曰：“其羽可用为仪，吉”，不可乱也[①]。

【注释】

①不可乱：羽以整齐为美，上九与九五为比，整齐划一，仪表严整。此羽“仪”之美容，“不可乱”，乱则不美。

【译文】

《象传》说：“洁白美丽的羽毛可以用来美化仪表，吉祥”，这是因为上九高洁的志向是不可以淆乱的。

【评析】

上九以高贵洁白“为仪”，既喻雁飞之高，又喻渐进至洁。胡炳文在《周易本义通释》中有言：“二居有用之位，有益于人之国家，非‘素饱’

者；上在无位之地，亦足以为人之仪表，而非无用者。二志不在温饱，上志卓然不可乱。士大夫出处，于此当有取焉。”胡对二、上的比较，实际上肯定了上九卓然高洁与仪表严整的品格。

归　妹(䷵)

【题解】

《归妹》以象征性的情景抒发、描绘着婚姻之美。雷在上而动，兑在下而悦，长男震动而少女喜悦，这是《归妹》所蕴涵的“天地之大义”。这个大义在百姓的日常生活中被阐释为“男大当婚，女大当嫁”的生活准则。《归妹》之初九，当位而正，妹娣而归，虽有“跛履”之憾，却得“征吉”之实。九二失位不正，利于“幽人之贞”。六三失位反复，归而不当。九四愆期迟归。六五应“月望”之美，归而有“吉”。上六因归之太迟，“无实”无利。在六十四卦中，讲述“女归”与“男婚”之事的非止《归妹》，而专述其事的则唯有《归妹》。《易》有《归妹》如《诗》有《关雎》一样，孔子删定《诗》时，苦心定“四始”之篇，而《关雎》则为“四始”之首。此足以体现圣人关怀“女归”与“男婚”的深切情怀。

归妹①：征凶，无攸利②。

【注释】

①归妹：卦名，兑下☱震上☳。归，女子出嫁。妹，少女。下卦为兑，兑为少女、为悦；上卦为震，震为长男、为动。震为兄，则兑为妹，如兄嫁妹，故曰“归妹”。

②征凶，无攸利：卦中二、五失位，三、四失位无应，因其往无所应，故曰“征凶”。初与四无应，三与上也无应，故曰“无攸利”。

【译文】

《归妹》卦象征着少女出嫁：前行有凶险，没有利益。

《彖》曰：归妹，天地之大义也。天地不交而万物不兴。归妹，人之终始也①。说以动，所归妹也②。“征凶”，位不当也。“无攸利”，柔乘刚也③。

【注释】

①人之终始：终始，即终而复始。有“归妹”，然后有阴阳和合，男女相配，阴阳和合，才能生育子女，故曰“人之终始”。

②说以动，所归妹也：说，通“悦”。下卦为兑，兑为悦；上卦为震，震为动，故卦象有“悦以动”。男女相悦皆因“归妹”之喜，故曰“所归妹也”。

③柔乘刚：指六三，因六三失位不正，以柔乘刚，遂使当位之上六失应“无实”。

【译文】

《彖传》说：少女出嫁，这是天地之间以阴顺阳的大道理。天地阴阳不相交合，万物就不会兴旺。少女出嫁，人类就可以终而复始地繁衍生息。内心愉悦而外表欢快跳动，这就是少女出嫁的象征。“前行有凶险”，这是他们所处的位置不当所致；“没有利益”，这是因为阴柔凌乘于阳刚之上。

《象》曰：泽上有雷，归妹①。君子以永终知敝②。

【注释】

①泽上有雷，归妹：兑为泽在下，震为雷在上，男动而女悦，这样的

情境里蕴涵着少女出嫁，故曰“泽上有雷，归妹”。

②君子以永终知敝：敝，败坏，衰落。归妹以正则当永终其好，故曰“永终”。若六三则失位不正，柔乘阳刚，非礼失正，故曰“知敝”。

【译文】

《象传》说：泽水之上有雷声震动，这种情境象征着“少女出嫁”。君子以此知永恒地保持正当的夫妇和睦，也必须知道不正当的婚姻所带来的敝坏之处。

【评析】

女子出嫁本是地义，男子当婚也是天理。少女出嫁本是“悦以动”的大事，但是卦辞一开始则以“征凶，无攸利”来概说其中的吉凶。究其原因，皆因卦象中有爻位不正、以柔乘刚的情况，又因为这些情况关系到男女之间“永终”的情义，故卦以危辞戒之，同时，又以“永终知敝”加以劝勉指导。

初九，归妹以娣①。跛能履，征吉②。

【注释】

①归妹以娣（dì）：震为长子，兑为少女，初在兑，所应在四，四在震，故曰“归妹”。娣，姐妹同嫁一夫，妹为娣。《春秋公羊传》“诸侯一聘九女”（聘，就是定亲），按古代礼制，诸侯嫁女，同姓之国以庶出之女随嫁，谓之媵（yìng）。初九在兑下，故为“娣”，“归妹以娣”就是妹妹随姐姐嫁从一夫。

②跛能履，征吉：履，行走。初九上应九四，四也不正，且陷入坎中，故有跛足之象。娣非正配，然以阳居阳，不失常道，如跛足的人，虽不能正行，却努力行走，故曰“跛能履”。因所应不正，故以“娣”之身份前往配之则吉，故曰“征吉”。

【译文】

初九，少女出嫁时以陪嫁者的身份共嫁一夫。这就像跛脚还能坚持行路一样，前行会有吉利。

《象》曰："归妹以娣"，以恒也①；"跛能履吉"，相承也②。

【注释】

①"归妹以娣"，以恒也：恒，常理。初六为娣，陪姊从嫁，是符合古代礼制的常理。

②相承：相，帮助。承，奉承，侍奉。以娣从姊而嫁，就是要帮助其姊侍奉其夫君。

【译文】

《象传》说："少女出嫁时以陪嫁者的身份共嫁一夫"，因为这是诸侯婚嫁的常理；"跛脚还能坚持行路则前行会有吉利"，这说明初六的吉祥就在于帮助其姊奉承夫君。

【评析】

行不正则"跛"，以跛喻"娣"之归，虽有其苦，然以正道、正身前往"相承"则合乎礼，故征而吉。

九二，眇能视，利幽人之贞①。

【注释】

①眇(miǎo)能视，利幽人之贞：眇，《说文》："一目小也。"九二在兑，兑为小，又在互离之下，离为目，目小而能视，故曰"眇能视"。幽，《尔雅》："幽，微也。"又曰："浚、幽，深也。"《论衡·知实》："退而幽思。""幽思"即深思。则幽人可解为微妙"深思"、"既明且

哲"之人。因九二以阳居阴，虽因失位而无应于五，然失之于"眇目"，得之于离火，睿智于光明，故曰"利幽人之贞"。

【译文】

九二，目盲却能观看事物，有利于深思明哲之人。

《象》曰："利幽人之贞"，未变常也。

【译文】

《象传》说："有利于深思明哲之人"，这是因为居内处中的常理没有改变。

【评析】

在六十四卦的卦爻辞中，出现的"幽人"的爻有两处：一是《履》之九二"幽人贞吉"，二是此卦之九二"利幽人之贞"。一吉，一利，二者皆可以"吉"论断。

六三，归妹以须，反归以娣[①]。

【注释】

①归妹以须，反归以娣：须，通"媭"，姐姐。六三处"归妹"之时，居兑体之上，然失位不正，不能往应上六，回返则以九四归之，再以"娣"之身份前往应之，故曰"归妹以须，反归以娣"。初至四，象有二女子，一象为兑，兑为少女，一象为互离，离为中女。根据这种位置，六三为妹，则九四为姐。

【译文】

六三，少女出嫁应等待其时，未当其时则以妹妹的身份返回陪嫁夫家。

《象》曰:"归妹以须",未当也①。

【注释】

①未当:六三以阴居阳,失位不正,故曰"未当"。

【译文】

《象传》说:"少女出嫁应等待其时",因为其所居之位不当。

【评析】

"归妹以须"之"须",高亨先生训:"须,借为媭,姊也。"《释文》曰:"须,荀爽、陆绩本作嬬(rú),陆注曰'妾也'。"按古代贵族嫁女之常例,只以嫁者之妹陪嫁,而六三则以其媭陪之,所陪不当,当返回而以其妹陪嫁,故曰"反归以娣"。

九四,归妹愆期,迟归有时①。

【注释】

①归妹愆(qiān)期,迟归有时:愆,拖延,错过。迟,推迟。九四失位不正,下无所应,需缓期更待时机,故曰"迟归有时"。

【译文】

九四,出嫁少女却拖延日期,稍迟出嫁会有合适的时机。

象曰:"愆期"之志,有待而行也。

【译文】

《象传》说:"拖延日期"的心志,在于待至合适的时机再前行。

【评析】

九四有"愆期"之志,表面上看是待其"有时",其实是待其"人"。

六五，帝乙归妹，其君之袂不如其娣之袂良[①]。月几望，吉[②]。

【注释】

①帝乙归妹，其君之袂(mèi)不如其娣之袂良：君，指六五。袂，衣袖。六五在震，震为长子，为兄，尊居君王之位，故曰“帝”。六五下应九二，九二在兑，兑为少女，故曰“妹”。二者处《归妹》而相应，故曰“帝乙归妹”。六五虽处贵位，然与九二应，此可谓以上嫁下，以阴居阳，以长从少，具有贵而能谦之德，故“袂不如其娣之袂良”。

②月几望，吉：五互为坎，坎为月，故曰“月”。几，将近。望，月相名。月亮最圆满的月相称为“望”。《释名》：“望，月满之名也。”月为阴，阴过盈则胜阳，于月亮将近于满盈时，则不能胜阳，故曰“吉”。

【译文】

六五，帝乙出嫁自己的妹妹，其君后的衣饰之美不如其妹的衣饰之美。她就像将近圆满时的月亮既美丽又谦逊，吉祥。

《象》曰：“帝乙归妹，不如其娣之袂良”也，其位在中，以贵行也。

【译文】

《象传》说：“帝乙出嫁自己的妹妹，其君后的衣饰之美不如其妹的衣饰之美”，这说明六五以阴居中有谦虚中和之德，以其尊贵的身份行事。

【评析】

《诗·陈风·月出》云：“月出皎兮，佼人僚兮。舒窈纠兮，劳心悄兮。”美人如月，月在《诗》中常比作美人。而在《易》中，“几望”的圆月伴着“归妹”之喜，就不仅仅是美人了，而是“美化”出许多的赏心悦事来。六五爻辞以衣美比人美，又以月之未盈比“君”、“娣”之德。在月美与人美的相映衬中，我们可以看到古人是想通过这些动人的情景借以表达一个认真而严肃的原则问题：即谦逊中和、柔美如月、温淑委婉是女人的真正的美德。

上六，女承筐，无实①；士刲羊，无血②。无攸利。

【注释】

①女承筐，无实：女，指三，三在兑，兑为少女，故曰“女”。震为筐，女在下承之，故曰“女承筐”。然上阴为虚，故曰“无实”。

②士刲(kuì)羊，无血：士，男子为“士”，震为长男，六五在震，故为“士”。上六所应本在三，三在下卦兑，兑为羊，故曰“士刲羊”。三失位无应，上六当位不宜有变，若待六三变而上应，则三变而坎象灭。坎为血，三不得应上六，故“无血”。

【译文】

上六，女子手捧着竹筐，筐内却空空如也；男子用刀宰割羊，却见不到一滴血。没有所利。

《象》曰：上六无实，承虚筐也①。

【注释】

①上六无实，承虚筐也：上六居震之极，《归妹》之末，以阴居阴，然当位而无应，为一虚；阴虚阳实，上六居阴，为二虚；兑女在三，上承坤虚，为三虚；故曰“上六无实，承虚筐也”。

【译文】

《象传》说：上六阴虚无实，就如同手持着空空的筐子一样。

【评析】

上六在《归妹》卦中既讲了女子的辛苦，也讲了男子的尴尬。女子不能“应”则“承筐无实”，男子不当位则“刲羊无血”。爻辞叙述了一个生动的故事，若语中不缀上“无攸利”这样的断占之辞，我们也就不会将上六与作为卜筮之书的《易》联系在一起了。因为，这一故事所展示的生动情景像一幕滑稽戏一样，回味之后感到的诙谐与幽默气氛，让我们能忘记“不利”的事情。

丰(䷶)

【题解】

从卦象上看，《丰》有“明以动”、“宜日中”、“雷电皆至”三种情境，而这三种情境都象征着“盛大”，就其盛大的气势而言，只有王者才能当此气象。《老子》：“道大，天大，地大，王亦大，域中有四大，而王居其一焉。”王者有“如日中天”的大气象，才能将他的道德像阳光一样洒遍人间。但是，古代圣贤并没有陶醉在盛大的境界中，而是将其应用到“折狱致刑”实用功能中。卦中六爻，唯上六因“丰大”过极而导致凶险，初、三爻“无咎”，二、四、五三爻皆吉。

丰①：亨，王假之②。勿忧，宜日中③。

【注释】

①丰：卦名，离下☲震上☳。《说文》曰：“丰，豆之丰满者。”《正义》曰：“《象》及《序卦》皆以‘大’训‘丰’也，然则丰者，多大之名，盈足之义，财多德大，故谓之为丰。”《正义》从大、多、足三个方面来说明“丰”象征着“盛大”。

②亨，王假之：假，至，犹言“达到”。《正义》曰：“德大则无所不容，财多则无所不济。”王者能达到亨通之境界，就是因为他有无所不容的大德。

③勿忧，宜日中：日中之德，无须忧虑，故曰“勿忧”。王者德大，无所不容，唯有像行至中天的太阳才能普照人间，故曰“宜日中”。

【译文】

《丰》卦象征着盛大：亨通，君王可以达到盛大的境界；无须忧虑，应该像太阳升到天空正中那样把光辉普照人间。

《彖》曰：丰，大也。明以动，故丰①；“王假之”，尚大也②；“勿忧宜日中”，宜照天下也；日中则昃，月盈则食③；天地盈虚，与时消息，而况于人乎？况于鬼神乎？

【注释】

①明以动，故丰：《丰》之内卦为离，离为火，为光明；外卦为震，震为动。光明而又震动，才能达到盛大的境界。

②尚大：尚，崇尚。王者之所以能亨通，在于其崇尚大事、大德。

③日中则昃，月盈则食：昃，倾斜，这里指太阳偏西。食，亏损。这里所说的是一种自然现象，即太阳行至正午时就会逐渐向西偏斜；月亮满盈时就渐趋亏损。《丰》卦之《彖传》以此为喻来说明大由小而来，大也会变小，而且它们终将会消亡。

【译文】

《彖传》说：所谓丰，象征着盛大。譬如道德光明的人有所行动，所以有盛大的收获；“君王可以达到盛大的境界”，这是因为君王崇尚盛大的美德；“无须忧虑，应该像太阳升到正午时那样”，因为这样才能把太阳的光辉洒遍人间；太阳升到正中时就会逐渐西斜，月亮满盈时就会亏损；天地之间存在着满盈和亏虚，它们都将随着时间而消亡、生息，又何况人呢？又何况鬼神呢？

《象》曰：雷电皆至，丰①。君子以折狱致刑②。

【注释】

①雷电皆至，丰：雷，即上卦震。电，指下卦离。雷震则威大，电闪则光明，光明而又有威力，才能达到“盛大”。

②君子以折狱致刑：折，判决。致刑，即动用刑罚。离有光明，故能断狱；雷有威力，故能动用刑罚。

【译文】

《象传》说：雷声与闪电一齐到来，这种情境就象征着盛大。君子因此而知如何判决讼狱、动用刑罚。

【评析】

在《周易》中，具体谈到“刑狱”的卦有三个：《噬嗑》(䷔)、《贲》(䷕)、《丰》，三者之中均有离火，这是它们的共同点。这个共同点很重要，因为它说明，弥漫着黑暗的“刑狱”需要光明才能得以廓清。进一步讲，古代圣贤的刑狱观还体现在三者的不同点上。按卦象，《丰》自《噬嗑》演变而来，四失位不正，以阳居阴，上与三也不正，上与三易则各得其正，互成《大过》(䷛)，有棺椁之象。兑主刑杀，为毁折，于是四就折毁至棺椁中，有死象，故其“折狱致刑”在于明其用刑之明、之威。在《噬嗑》中，四不正，互有坎象，坎为狱，四陷其中，互成《蹇》(䷦)卦，下艮为止，上坎为狱，有止于狱之象，因不至于死，故曰“明罚饬法”、“利用狱”。《贲》卦三得正，互成《解》(䷧)，虽三也陷入狱中，但是，三当位而正，故曰“无敢折狱”，以明其正则无刑可用。《噬嗑》、《蹇》、《贲》皆互成坎狱，一得正，一不得正，一止于狱，一解脱于狱。至于《丰》则互无“狱”而有“刑”，以兑刑折坎狱，故人不仅不能脱，甚至会死于《大过》之棺椁中。

初九，遇其配主，虽旬无咎，往有尚①。

【注释】

①遇其配主，虽旬无咎，往有尚：配，《集解》写作“妃”，即配偶。主，指九四，下与初应，故曰“主”。旬，《说文》曰“十日为旬”。尚，通“赏”。初与四应，四失位无应，待变至坤，坤为地，地数十，变坤则能与初九应。四在震，为长男，初在离，为中女，相配为偶则虽待至十日也“无咎”，且以十日之苦苦等待然后前往，则必有赏。

【译文】

初九，遇见与自己相匹配的配偶，即使是等十天的时间也没有过错，前往必得嘉赏。

《象》曰：“虽旬无咎”，过旬灾也。

【译文】

《象传》说：“即使是等十天的时间也没有过错”，这是因为超过十日则有灾难。

【评析】

前人对初九的注释略有二种，一是《正义》、《本义》释“旬”为“均”，因初为阳，四失位也为阳，阳与阳则“均”；二是《集解》将“配”写作“妃”，释“旬”为“十日”。因《丰》卦上卦为震，下卦为离，震为长男为阳卦，离为中女为阴卦，二者也有夫妇之象，故应以“旬”日变阴应初为宜。

六二，丰其蔀，日中见斗①。往得疑疾，有孚发若，吉②。

【注释】

①丰其蔀（bù），日中见斗：丰，大，这里用作动词，指张大，扩大。

蔀,覆盖。日中,六二居离中,离为日,故曰“日中”。斗,斗星,《集解》注曰“斗,七星也”。因二上应六五,皆为阴爻,阴暗蔽障,故曰“丰其蔀”。因暗至极,则喻之曰“日中见斗”。

②往得疑疾,有孚发若,吉:发,犹拨开。“日中”已暗,前往应五,五阴而无应,故不能释其疑,故曰“往得疑疾”。然六二当位居中,处正有信,故能够以诚信自发其志,不困于暗,故曰“有孚发若,吉”。

【译文】

六二,张大其覆盖物,犹如在阳光下看见斗星。前往则会身患多疑之疾病,若心怀诚信拨开这些覆盖物,则会吉祥。

《象》曰:“有孚发若”,信以发志也。

【译文】

《象传》说:“若心怀诚信拨开这些覆盖物”,说明六二是以诚信来发扬光大其志向。

【评析】

六二虽当位居中,然失位不正的六五,以阴见阴,不见其应,反见其暗。故《正义》曰:“处光大之世,而为极暗之行,譬日中而斗星见,故曰‘日中见斗’也。”六二爻辞以“日中见斗”喻指六五是一个昏君暗主,六二往应,不见其信,反为其所“疑”,好在六二自己居中当位,故能有“吉”。

九三,丰其沛,日中见沫①,折其右肱,无咎②。

【注释】

①丰其沛,日中见沫(mèi):沛,通“旆”,布幔,《王注》曰:“沛,幡幔,

所以御盛光也。”沬，通“昧”，微暗不明之物，这里指“小星”，《集解》引虞翻、子夏、马融皆曰“小星”。九三仍在离中，故曰“日中”，但九三应在上六，上六虽当位能应，然为其阴所蔽，故曰“日中见沬”。

②折其右肱，无咎：肱，右手臂。《丰》从《噬嗑》来，《噬嗑》下互为艮，艮为手，来入《丰》之上，互成兑，兑为毁折，震东兑西，则兑“折其右肱”。

【译文】

九三，张大其布幔，犹如在太阳中看小星星，折断了右手臂，但是，最终不会有灾祸。

《象》曰：“丰其沛”，不可大事也；“折其右肱”，终不可用也。

【译文】

《象传》说：“张大其布幔”，这说明九三之光仍被覆盖着，故不能干大事；“折断了右手臂”，这说明九三终不为所用。

【评析】

按卦象，则九三上应上六时，仍有震象，且震覆为艮，艮为小星，换言之，实为震覆小星之象，故象既有“沛”，又见其“沬”。九三不仅当位，而且应上，然其仍“见沬”而不见其“用”，因其与六二一样仍为阴暗遮蔽着。

九四，丰其蔀，日中见斗，遇其夷主，吉①。

【注释】

①遇其夷主，吉：夷，古代对东方少数民族的统称，四在震，为东方

卦，故可知“夷”指东方。主，指六五，九四本应与初应，然已失位不正，不得应初，却遇到邻近自己的六五，故曰“遇其夷主”。九四动则变，变而当位，当位则下应初九，初九在离，为光明，应于光明，故曰“吉”。

【译文】

九四，张大其覆盖物，犹如在太阳中看小星星，遇见了东方的君主，吉祥。

《象》曰：“丰其蔀”，位不当也①。“日中见斗”，幽不明也②。“遇其夷主”，吉行也③。

【注释】

①位不当：九四以阳居阴，故曰“位不当”。

②幽不明：因“丰其蔀”，故幽暗不明。

③吉行：九四不动则遇“夷主”，动则应于光明，故曰“吉行”。

【译文】

《象传》说：“张大其覆盖物”，这是因为九四居位不当的缘故；“犹如在太阳中看小星星”，这是因为张大了覆盖物后就变得幽暗不明了；“遇见了东方的君主”，这说明九四前行是吉利的。

【评析】

六爻中，初六言“配主”，九四言“夷主”，余则不言“主”。这是因为，初与四应，四非主，只是近比六五，故言配主，即配其六五之主。九四失位不正，故不能应于初，近邻六五之主，未应而“遇”，又因六五在震，为东方之卦，故曰“夷主”。前人释“夷”多不同，《正义》释：“夷，平也。”《集解》释为“明夷”之“夷”，即“伤损”。现据其卦象，释之为“东方”，聊备一说。

六五，来章，有庆誉，吉①。

【注释】

①来章，有庆誉，吉：章，通“彰”，即彰显。六五以柔居尊，动而得正，来应六二，故曰“来章”。动而得正，正居中正之位，有应于二，众皆丰其光明，故曰“有庆誉，吉”。

【译文】

六五，以阴柔之质居五之尊而彰显君王光明之德，能得到福庆和赞誉，吉祥。

《象》曰：六五之吉，有庆也。

【译文】

《象传》说：六五之所以能获得吉祥，这是因为他居尊而有福。

【评析】

六五失位，本不能下应六二，然六二兼居离中与互巽之下（二至四互为巽）。离为日，光明上升。“巽为入”，“光明”上升来“入”，故其“章”曰“来”。

上六，丰其屋，蔀其家，窥其户，阒其无人①，三岁不觌，凶②。

【注释】

①丰其屋，蔀其家，窥其户，阒（qù）其无人：窥，窥探。户，单扇的门。阒，寂静无声。上六在震上，震覆艮，艮为门阙，为家室。六五、上六皆阴物，阴物重重覆于其上，故曰“丰其屋，蔀其家”。九

三在互巽，巽为伏，故曰“阒其无人”。

②三岁不觌（dí），凶：觌，看。上六处《丰》之极，以阴居阴，如覆盖得严严实实的房子。上六所应在三，故曰“三岁”。三年不见，故曰“凶”。

【译文】

上六，丰大其房屋，覆盖好居室，窥探其门户，寂静得没有人影，三年都不见人来，有凶险。

《象》曰：“丰其屋”，天际翔也①；“窥其户，阒其无人”，自藏也②。

【注释】

①天际翔：五在天子之位，上六在其上、其外，震为龙，有飞状，故曰“天际翔”。

②自藏：上六“阒其无人”，因其自藏而不得见，故曰“自藏”。

【译文】

《象传》说：“丰大其房屋”，如巨大的鸟飞翔在天际之间不见踪影；“窥探其门户，寂静得没有人影”，这说明上六自己深藏不露。

【评析】

“翔”，《集解》本作“祥”字，《汉书·五行志》曰“妖孽自外来谓之祥”，此解于理也通。

旅（䷷）

【题解】

李白在《春夜宴桃李园序》曰：“天地者，万物之逆旅。”其实在历史的长河中，人人皆如过客一样暂时寄寓于一时一地，所以《旅》卦至上九就有“鸟焚其巢”之象，其象喻小则为旅行之所失，喻大则实为人生之终极。范仲淹对此卦有很好的论述：“夫旅人之志，卑则自辱，高则见嫉；能执其中，可谓智矣。是故初‘琐琐’而四‘不快’者，以其据二体之下，卑以自辱者也；三‘焚次’而上‘焚巢’者，以其据二体之上，高而见嫉者也；二‘怀资’而五‘誉命’，柔而不失其中者也。”

旅①：小亨，旅贞吉②。

【注释】

①旅：卦名，艮下☶离上☲。《正义》曰：“旅者，客寄之名，羁旅之称，失其本居，而寄他方，谓之为旅。”古人深知行旅之苦，然失其所居，不得不出门行旅，故以此释“旅”。

②小亨，旅贞吉：二、五皆以阴居中，阴为小，故谓之小，以柔居中，故曰“小亨”；《旅》唯二、三爻得正，二当位居正，故曰“贞吉”。

【译文】

《旅》象征着行旅：稍有亨通，行旅吉祥。

《彖》曰：“旅小亨”，柔得中乎外，而顺乎刚①，止而丽乎明②，是以“小亨旅贞吉”也。旅之时义大矣哉③！

【注释】

①柔得中乎外，而顺乎刚：指六五。六五居中，又在上卦离中，故曰“柔得中乎外”。六五以阴柔之性顺承于上九，九为阳刚，故曰“顺乎刚”。

②止而丽乎明：止，下卦为艮，艮为止。丽，附丽。明，即外卦离。

离为火，卦象有“止”道附着于光明之象，故曰“止而丽乎明”。

③旅之时义大矣哉：失其所居，出门行旅，使其依附于光明之处，要实现这样的目标，只有具有大智慧的人才能做到，故曰“义大”。

【译文】

《彖传》说：“行旅而稍得亨通”，这是因为柔爻六五居中于外卦离，顺从于阳刚，以静止之性附丽于光明，所以能“稍有亨通，行旅吉祥”。这说明行旅之时的意义有多么的宏大啊！

《象》曰：山上有火，旅①。君子以明慎用刑而不留狱②。

【注释】

①山上有火，旅：艮为山在下，离为火在上，故曰“山上有火”。火附丽于山，故曰“旅”。

②君子以明慎用刑而不留狱：君子，指九三。离为“明”，艮为“慎”，故曰“明慎”。互卦兑，兑为“刑”。六二至六五有大坎之象，坎为狱，《旅》成而坎毁，因《旅》有“明慎”毁狱之象，故曰“不留狱”。

【译文】

《象传》说：山上燃烧着火光，象征着“行旅”。君子因此知道要明察、慎重地动用刑罚而不要滞留人于狱中。

【评析】

《说卦》曰“艮为径路”，“离为火”。《旅》之卦象下艮上离，有光明附丽于“径路”之象，因而《彖传》认为“柔得中乎外而顺乎刚”的《旅》卦有“大义”。这个“大义”就是在光明中旅行，在旅行中传播光明。但是，俗常以《旅》为“雀鸟焚巢之象”，巢焚则人不得不“旅”，故卦辞曰“小亨”。然《象传》也以“明慎用刑”赋予《旅》重大责任。从总体上把握，则《旅》集“止而丽乎明”、“大义”、“明慎”于一“行”。由此可见，所谓“小亨”是指旅行者的感觉而言，并非指旅行者的作用和目的。

初六，旅琐琐，斯其所取灾①。

【注释】

①旅琐琐，斯其所取灾：琐，细小，猥琐。斯，此，这。《正义》曰："琐琐者，细小卑贱之貌也。"《说卦》曰"艮为小石"，初六居艮初，故曰"琐琐"；失位而上应于四，四位多凶也不正，所居不当，所应不当，故曰"斯其所取灾"。

【译文】

初六，行旅时行为卑贱猥琐，这等于是自取其灾祸。

《象》曰："旅琐琐"，志穷灾也①。

【注释】

①志穷灾：初六失位不正，上应不正之四，此志穷之所为，故曰"志穷灾"。

【译文】

《象传》说："行旅时行为卑劣"，这是因为初六志穷所以招致了灾祸。

【评析】

初六远应凶四，不见其明而招其凶。《论语》曰："君子居必择邻，游必择士。"然初六行而不择其"正"，故其行也"琐琐"，其志也"穷"迫。

六二，旅即次，怀其资，得童仆，贞①。

【注释】

①旅即次，怀其资，得童仆，贞：即，就。次，舍，这里指客舍。资，资

财。六二当位居中艮，艮为宫室，故曰“旅即次”。上承三阳，阳为实，又互为巽，巽有“市利三倍”之得，故曰“怀其资”。艮为少男，初为“琐琐”，六二履初，即以初为僮仆；又《说卦》曰“艮为阍寺”，故也有僮仆之象。

【译文】

六二，行旅中住进客舍，怀中藏着资财，随身带着僮仆，就当守持正道。

《象》曰：“得童仆贞”，终无尤也。

【译文】

《象传》说：“随身带着僮仆，就当守持正道”，所以最终也会没有什么过错。

【评析】

六二于《旅》“怀其资，得童仆”，皆因其居中处正。故“子张问行”，孔子曰：“言忠信，行笃敬，虽蛮貊之邦行矣。言不忠信，行不笃敬，虽州里行乎哉？”六二虽不能上应六五，却以中正之德，恭顺于上，怀柔于下，六爻之于旅，唯六二有得。因此，说到底，六二之“得”非止得之于《旅》，实得之于“德”。

九三，旅焚其次，丧其童仆，贞厉①。

【注释】

①旅焚其次，丧其童仆，贞厉：九三所应在离，离为火，艮为僮仆，三欲应上，故动而往，因艮为“次”，动则艮体毁，故曰“旅焚其次”。艮为僮仆，动则成坤，坤为丧，故曰“丧其童仆”。正而当位，则不

应有动，动而失其正，故曰“贞厉”。

【译文】

九三，行旅途中被火烧毁了客舍，丧失其僮仆；贞问的结果是有危险。

《象》曰：“旅焚其次”，亦以伤矣；以旅与下，其义丧也[①]。

【注释】

①以旅与下，其义丧也：与，两人共处。下，指僮仆。义，通“宜”。九三与僮仆同在旅途，故曰“以旅与下”。三动成坤，坤为丧，故曰“其义丧”。

【译文】

《象传》说：“行旅途中被火烧毁了客舍”，这说明九三在旅途中受到了损失和伤害；因为与下人僮仆同行于旅途中，故丧失僮仆也在情理之中。

【评析】

九三处阳刚之正，本有好动躁进之特性，又因上无所应，故急而动，动则失其正。《孙子》曰：“致人而不致于人。”九三得正，本应静以“致人”，却动而“致于人”，结果失正而违背其“旅贞吉”之卦义，故有“焚次”、“丧仆”之祸。

九四，旅于处，得其资斧，我心不快[①]。

【注释】

①旅于处，得其资斧，我心不快：处，场所，地方，这里指暂时的栖身之处。九四因失位不正，远应于初，故为暂时之住处，非安居之

"次",故曰"旅于处"。资斧,或作"齐斧",古代兵器。四居离下,离为戈兵、为甲胄,故曰"得其资斧"。九四处艮体之上,离之下,行旅之途而见"资斧",且以失位之身而下应失位之初,故曰"我心不快"。

【译文】

九四,于旅途中暂时得到栖身之处,又得到斩除荆棘的利斧,但是我心中还是深感忧虑。

《象》曰:"旅于处",未得位也;"得其资斧",心未快也。

【译文】

《象传》说:"于旅途中暂时得到栖身之处",这是因为九四未得其当位之正的缘故;"得到斩除荆棘的利斧",因只是用于斩除暂时栖身地的荆棘,我心中感到不快。

【评析】

九四之所得非其所欲,故"得其资斧"也"心不快"。对于"资斧"前人之注略有二种:或以"斧"训"辅",则"资斧"即为"资辅",是指旅途中得到意外的资助。从卦象上看,离为龟,周初以龟贝为货币,故以"资斧"作资助也与卦象通。或以"资斧"为兵器,则离为甲胄、戈兵,也与卦象通。但是,"旅于处"而得"资斧",实为意外之得,为何心有不快呢?或许是因为得之意外,非应得之财。即使是如此,还归应得之人也是一件快事啊?故细细品味其中的意思,还是应该从《正义》之解,释以"兵器"较妥。

六五,射雉,一矢亡,终以誉命①。

【注释】

①射雉，一矢亡，终以誉命：亡，亡命。离为雉，又有戈兵之象，故曰“射雉”。六五失位不正，变而动，动则乾成而离亡，故曰“一矢亡”。六五变而得正，下应六二，故曰“终以誉命”。

【译文】

六五，用箭射雉，一箭就射了下来，结果受到赞誉、爵命。

《象》曰：“终以誉命”，上逮也①。

【注释】

①上逮：逮，及，至。六五变正，二上而应之，故曰“上逮”。

【译文】

《象传》说：“结果受到赞誉、爵命”，这是因为居上而有所获。

【评析】

对于“一矢亡”，前人注“丢失了一支箭”，但是，既然前有“射雉”，就应该是一箭使“雉”亡，而不是“亡一矢”，且若亡一矢而不见雉亡，又怎么能“终以誉命”？因此还是宜释为“一箭就射了下来”。

上九，鸟焚其巢，旅人先笑后号啕①。丧牛于易，凶②。

【注释】

①鸟焚其巢，旅人先笑后号啕：离为雉，互有巽，巽为高，上九处巽上之离火，故有“鸟焚其巢”之象。因于《旅》中处上位，故“先笑”。然居位不正，终必为人所夺，故曰“后号啕”。又先有牛，故先笑；后丧牛，故“后号啕”。

②丧牛于易，凶：易，变易。上本应于三，然上九失位不正，故不能

相应。上在离卦，离为牛，有牛，故而“先笑”。动而变，变虽有应，然离象毁，离象毁则无牛，故“后号啕”。或以坤为牛，则上九待三变而应上，也有“丧牛于易”之象。

【译文】

上九，高树枝上的鸟巢被焚烧，行旅之人先是欢笑，后来又号啕大哭；丢失了牛，有凶险。

《象》曰：以旅在上，其义焚也；“丧牛于易”，终莫之闻也。

【译文】

《象传》说：在树枝的高处旅行，所以就容易被焚烧；“丢失了牛”，最终也没有听到牛的消息。

【评析】

“易”，《正义》、《集解》释为容易之“易”。高亨先生注为“国名”，即有易氏。在此，注如《大壮》之六五“丧羊于易”，解为“变易”之“易”，聊备一说。

巽(䷸)

【题解】

《说卦》曰：“巽为入。”两两相重的《巽》卦，以阴在下而顺于上阳为特征。因此《象传》以“刚巽乎中正而志行”来解释“顺”而“入”的过程：初六柔而无应，所以有利于以刚健之行来改变，故曰“利武人之贞”；九二以阳居阴，失位无应，然只要屈居床下，也能“吉”而“无咎”；九三本是阳刚之爻，因其不甘于顺从，故而有“吝”；六四猎获“三品”，所以有功；九五因居于《巽》中正之位而获“吉”；唯上九不正，有“丧”有“凶”。观乎以上诸爻概况，我们可以看到《巽》具有两方面的特征：一是君子“巽乎中正”而职“申命行事”之任；二是“柔皆顺乎刚”，故有利于刚健之行。

巽①：小亨②，利有攸往③，利见大人④。

【注释】

①巽：卦名，巽下☴巽上☴。《说卦》云：“巽，入也。”又曰：“巽为风。”一阴入于二阳之下，如风之来，风行无所不入，故以“入”为训。也就是说，既然卦象“风”，那么，它就既有“顺行”的本质，也有“进入”的特征。

②小亨：四阴为卦主，四阴当位而顺从于九五之刚，阴为小，顺刚为“亨”，故曰“小亨”。

③利有攸往：二阳失位，变正而往应九五，故曰“利有攸往”。

④利见大人：大人，指九五，九五当位居正，以中正之德尊居君王之位，故曰“利见大人”。

【译文】

《巽》卦象征着“入”：稍有亨通，有利于有所前往，有利于出现大人。

《彖》曰：重巽以申命①。刚巽乎中正而志行②，柔皆顺乎刚③，是以“小亨，利有攸往，利见大人”。

【注释】

①重巽以申命：申，重复，反复。命，《集解》引陆绩曰：“巽为命令，重命令者，欲丁宁也。”《巽》下上皆为巽，故曰“重巽以申命”。

②刚巽乎中正而志行：刚，指九五。九五以阳刚入于《巽》卦之中正之位，故曰“巽乎中正”。居中得正，又有阴爻顺从，故曰“志行”。

③柔皆顺乎刚：柔，指初、四二阴爻。初顺承于二，四顺承于五，故曰“柔皆顺乎刚”。

【译文】

《彖传》说：上下都象征着“入”就意味着重申命令。阳刚者入于中正之位后他的志向就得以实行，阴柔者顺承阳刚，所以卦辞说“稍有亨通，有利于有所前往，有利于出现大人”。

《象》曰：随风，巽[1]。君子以申命行事[2]。

【注释】

①随风，巽：随，连续相随。《说卦》曰：“巽为风。”风连续而来，故曰“随风”。

②君子以申命行事：君子，指九五，居中处正，尊而当位，故曰君子。申命，反复地宣布下令。行事，推行政事。也就是说君子观风行之象而效法，“申命”于众，“行事”于天下。

【译文】

《象传》说：风与风相随，就象征着顺从而入。君子因此知道要像风与风相随那样，反复地宣布政令来推行政事。

【评析】

《说卦》曰“巽为风”，风行则无所不入，无所不通。《论语》曰：“君子之德风，小人之德草，草上之风必偃。”古代的圣贤君子观风行之象而知教化、政令之所以“入”，于是，用于人则使其“顺”行而勿逆，用于事则连续不断地相随而入。

初六，进退，利武人之贞[1]。

【注释】

①进退,利武人之贞:初六失位不正,进则无应,退则失位,有进退犹豫之象,故曰“进退”。若变而为乾,乾刚健,故曰“武”。刚健有进,当位有应,故曰“利武人之贞”。

【译文】

初六,处于进退之中时,有利于勇武刚健的人。

《象》曰:“进退”,志疑也;“利武人之贞”,志治也[①]。

【注释】

①志治:初六失位,变而正则成乾,《乾文言》曰“乾元用九,天下治也”,由此可知,乾有治国之德。

【译文】

《象传》说:“处于进退之中时”,这说明初六心中有疑虑;“有利于勇武刚健的人”,这是因为勇武刚健的人有志于治国安邦。

【评析】

因初六卑顺,失位于初,若一味地安于本位,则不仅失位,而且不能上应于四,故卑而“退”则有失;若变而“进”则当位有应,然“进”须有刚健之勇,所以应于“武人之贞”。

九二,巽在床下[①],用史巫纷若,吉,无咎[②]。

【注释】

①巽在床下:巽为木,二阳居上以象床干,一阴居下以象床足,故二居其中,有床之象。因九二上不能应五,故下据初六,故曰“巽在床下”。

②用史巫纷若，吉，无咎：史，古代在帝王身边掌管卜筮、记事的官员。巫，古代从事占卜、祈祷、沟通鬼神的人。《国语·楚语》曰："在男曰觋，在女曰巫。"《正义》曰："史谓祝史，巫谓巫觋，并是接事鬼神之人也。"纷，众多。《正义》曰："纷若者，盛多之貌。"九二上无所应，以阳居阴，下据初阴，似有人患病在床。古代若人有病，则以史、巫祝祷天地众神以缓解病情，故曰"用史巫纷若，吉，无咎"。

【译文】

九二，谦恭卑顺地屈居于床下，若史、巫纷纷前来祝祷，就会得到吉祥，没有过错和灾害。

《象》曰："纷若之吉"，得中也。

【译文】

《象传》说："若史、巫纷纷前来祝祷，就会得到吉祥"，这是因为九二居正得中的缘故。

【评析】

对于《巽》之九二为何要用史、巫，《正义》认为九二"卑甚失正，则入于过咎"，应以其卑顺之情礼于神祇，而不可用"威势"，如此则可以吉而"无咎"。《本义》的观点也类此。《集解》则认为九二以臣之阳上应九五君之阳，有"将在外，君命有所不受"的"军帅"之象。这些见解均以义理为解，似远离卦象。若从卦象看，九二动则二至四互为坎；若九二不动，则初至六四为大坎，坎为疾。九二虽居中正之位，然一不当位，二无上应，三有阴风来入，故有疾象。有疾则史、巫纷纷而至，巫为治病而来，病愈则"吉"。

九三，频巽，吝①。

【注释】

①频巽，吝：频，通“颦”，皱眉。九三上为四阴所乘，且居大坎之内，坎为忧，故曰“频巽”。坎为险，故曰“吝”。

【译文】

九三，皱着眉头装成驯服的样子，这说明他遇到了困难。

《象》曰：“频巽之吝”，志穷也①。

【注释】

①志穷：三居于阳刚之位，且为四阴所乘，上无所应，又不能进，故曰“志穷”。

【译文】

《象传》说：“皱着眉头装成驯服的样子，这说明他遇到了困难”，这是因为九三心志处于困穷难振的地步。

【评析】

“九三”本来是刚勇好进的爻位，而在《巽》卦中则为阴所乘，又遇坎险，其志屈不得伸，故有志穷之恨。然其所以“穷”，并非九三不为、不能，实因受制于上下之环境。

六四，悔亡，田获三品①。

【注释】

①悔亡，田获三品：品，品种，类别。四本与初应，然初失位不能应，故有“悔”。田，打猎。九三至九五互为离，“离为戈兵”。四动而变为阳，则有乾象，乾为野。变而下应初六，初在巽，“巽为鸡”。四临互离而应下巽，有猎获之象，乾为三阳爻，故曰“田获三品”。

"三品",也可指位于四下的三爻,于初则成巽鸡,于二则成兑羊,于三则成离雉。田有所获,故曰"悔亡"。

【译文】

六四,悔恨消失,田猎时获得三种猎物。

《象》曰:"田获三品",有功也。

【译文】

《象传》说:"田猎时获得三种猎物",这是因为四上承五而建立功绩。

【评析】

按《易》例"四"本多凶,但是,《巽》之四则"田获三品"而"有功",这是因为一则四当位履正,二则四上承九五之尊,五既多功,四以阴柔顺承五,则四也"有功"。

九五,贞吉,悔亡,无不利①,无初有终②。先庚三日,后庚三日,吉③。

【注释】

①贞吉,悔亡,无不利:九五当位处中,得正,故曰"贞吉"。二不能应五,故曰"有悔",有六四承之,故曰"悔亡"。居正处中,又有六四顺承于下,如《象传》之所谓"柔顺乎刚",故曰"无不利"。

②无初有终:无初,指初、二皆失位不正,不能应上,故曰"无初"。若二变正有应,则下卦成艮象。《系辞》曰"艮为万物之终始",故曰"有终"。

③先庚三日,后庚三日,吉:庚,在十"天干"中,戊己为居中之数,

“庚”第七位，在“己”之后，为“过中”之数，过中则变，故庚象征着“变更”。巽为风，比喻政令传播。九五为君王，“先庚三日”即宣布政令，“后庚三日”即实行政令。

【译文】

九五，守持正道则有吉祥，悔恨消失，没有什么不利的事，没有好的开始却有好的结果。预先在象征变更的“庚”日前三天发布政令，而在“庚”日后三天实行这个政令，这样才能获得吉祥。

《象》曰：九五之吉，位正中也。

【译文】

《象传》说：九五所得到的吉祥，因为其居于《巽》中正之位。

【评析】

古人论《易》以《巽》比政令，《巽》之九五居中处正，尊而当位，有行令天下之威，然实行政令需有一过程，所以就以“庚”这一象征变更的日子为期，这样政令才能宣传到家家户户，才能深入人心，得到遵从和拥护，正如《程传》所言：“‘先庚三日，后庚三日，吉’，出命更改之道，当如是也。甲者，事之端也；庚者，变更之始也，十干戊、己为中，过中则变，故谓之‘庚’。”

上九，巽在床下，丧其资斧，贞凶①。

【注释】

①巽在床下，丧其资斧，贞凶：资斧，当作“齐斧”，即“利斧”（参见《旅》之九四注）。上九穷尽于上则反于初，二曰“巽在床下”，上反于初也是“巽在床下”。互卦有离，离为戈兵，有利斧之象，三

变而应上，则离毁而无戈兵，故曰“丧其资斧”。不变则反初，变则丧斧，故曰“贞凶”。

【译文】

上九，驯服地屈居于床下，因为丧失了刚坚的利斧，占问的结果是凶险。

《象》曰：“巽在床下”，上穷也；“丧其资斧”，正乎凶也①。

【注释】

①正乎凶：上九既失位，动而变则正，变正则上卦成坎象，“坎为险，为陷”，正而遇险，故曰“正乎凶”。

【译文】

《象传》说：“驯服地屈居于床下”，这说明上九处于《巽》之穷尽之位；“丧失了刚坚的利斧”，这是因为上动而失正得凶。

【评析】

二、上皆有“巽在床下”之说，然二有吉而上有凶。这是因为，九二居中比初，而上九则穷极《巽》上，故有“凶”。二变正则当位而上应九五之尊，上变则不当位，所应也不当位。或变而“吉”，或变而“凶”，可知吉凶之事，不仅在变，更在变而当正。

兑(䷹)

【题解】

《说卦》曰：“泽以润生万物，所以万物皆说。”观《兑》象，确有乐观喜悦的内容，如《彖传》所言：“说以先民，民忘其劳；说以犯难，民忘其死。说之大，民劝矣哉！”从卦中六爻看，很明显地能看到《兑》有劝勉民众的大义：初九能与人和悦而吉利；九二诚心喜悦而吉利；六三与九二正好相反，以媚态取悦于人，故有“凶”；九四能因事而悦，故“有喜”；上六引他人来悦，可见其诚信未能光大。总之，《兑》卦有一个特点：就是六三与上六两阴爻没有四阳爻吉利。

兑[①]：亨，利贞[②]。

【注释】

①兑：卦名，兑下☱兑上☱。《说卦》曰："说万物者莫说乎泽。"说，通"悦"，兑为悦、为泽，万物得润泽则"悦"，故以"兑"为卦名。

②亨，利贞：阴在上，阳在下，二阴润泽四阳，通融和悦，故有"亨"。九五当位居中，"刚中柔外"，以内征外则有利，以柔悦人也有利，故曰"利贞"。

【译文】

《兑》卦象征着愉悦：亨通，有利于守持正道。

《彖》曰：兑，说也。刚中而柔外，说以利贞[①]，是以顺乎天而应乎人[②]。说以先民，民忘其劳；说以犯难，民忘其死[③]。说之大，民劝矣哉[④]！

【注释】

①刚中而柔外，说以利贞：刚中，指九二、九五，二者皆以阳刚居中。柔外，指三、上，以阴柔显于二、五之外。内正而悦于外，内刚而应于外，故曰"说以利贞"。

②是以顺乎天而应乎人：天，指九五，五于三才居天位。人，指六三，于三才之中居人位。二、四不正，变正则互坤，坤为"顺"，二变正则上应五下承三，故曰"顺乎天而应乎人"。

③说以先民，民忘其劳；说以犯难，民忘其死：先，引导，率领。犯，

抵御。指君子当先民而劳则民忘其劳，犯民而难则民忘其死。

④说之大，民劝矣哉：劝，勉励。这两句承前二句，说明愉悦的意义重大。

【译文】

《彖传》说："兑"，就是指愉悦。就像一个人内怀阳刚之正气，待人接物则谦虚柔和，愉悦而有利于守持正道，因此也就能上顺承于天，下顺应于民众。大人君子以愉悦之情、不辞劳苦地率领民众，民众就会忘记自己的劳苦跟随他；大人君子以愉悦的态度迎接危难的挑战，民众就会舍生忘死地跟随他。愉悦的意义是宏大的，民众就是以此而获得勉励啊！

《象》曰：丽泽，兑①。君子以朋友讲习②。

【注释】

①丽泽，兑：丽，《王注》曰："犹连也。"《尔雅·广言》："丽，两也。""丽泽"即两泽相连。兑水交流，润泽万物，故卦名"兑"。

②君子以朋友讲习：兑之二阳同类为"朋"。兑与艮为"山泽通气"，兑旁通为艮，故艮为"友"。兑为口，两兑相对则有"讲习"之象，故曰"君子以朋友讲习"。

【译文】

《象传》说：两泽相连，象征着"愉悦"。君子因为能够与朋友讲论道理，研习学业而感到愉悦。

【评析】

兑于自然为泽，泽有润泽万物之德；兑于人生为少女，少女有悦人之容；兑于人身则为口，口有讲习之能。圣人君子观此卦象而知"说之大"义，并以"说以先民"、"说以犯难"的精神劝勉民众"忘其劳"、"忘其死"。其实，《兑》象蕴含的大义是：以言语悦人、以言语感人、以言语动人。恳切诚挚的圣人之情，全包含在他们立言、立功、立德的三种追求之中。

初九，和兑，吉①。

【注释】

①和兑，吉：初九当位居正，本应九四，然九四失位无应，故与九二同志相和。阳阳相敌，九二本为其敌，因处“悦”中，有同志之趣，故相和。和而承阴三之“润”，故“吉”。

【译文】

初九，和善愉悦地对待别人，吉祥。

《象》曰：“和兑之吉”，行未疑也①。

【注释】

①行未疑：初九上无所应，遇敌于二，本有其疑，然同志相和而上行，因与九二志趣相投，故“行未疑”。

【译文】

《象传》说：“和善愉悦地对待别人就会吉祥”，这说明初九行事公正不为人所疑忌。

【评析】

在《兑》卦中，初、五、六当位，其余三爻失位，其各爻之间均不能相应。按《说卦》，“兑为口”，“兑为悦”，众口为说，不在其同，而在其“和”，和而不同，相异成趣，方可为“悦”。若众口一词，虽同，必失“和”而无“悦”。

九二，孚兑，吉，悔亡①。

【注释】

①孚兑，吉，悔亡：孚，诚信。九二本上应九五，因九二失位而不能应五。二比近于三，三与九二相与而亲，则九二即“孚”于三。三为兑主，“孚”三而悦，故“吉”。二失位而不能应九五之尊，本有“悔”，动而变正，上应九五则“悔亡”。

【译文】

九二，诚信愉悦地对待别人，就会吉祥，悔恨也将消失。

《象》曰：“孚兑之吉”，信志也①。

【注释】

①信志：犹言“其志信”，即心志诚信，如《程传》所言：“心之所存为志，二刚实居中，孚信存于中也。”

【译文】

《象传》说：“诚信愉悦地对待别人就会吉祥”，这说明九二的心志是诚实的。

【评析】

“孚兑”，简言之，就是要说老实话。老子曰：“美言不信，信言不美。”孔子曰：“君子于其言无所苟而已矣！”“兑为口”，口能言，然言而无信，就会“尚口乃穷”。言而有信，则“悔亡”有“吉”。

六三，来兑，凶①。

【注释】

①来兑，凶：三本为阳位，阴来居之，本为阳刚之身，却变以柔媚之

态求说，故言“来兑”。来而不正，不能应上，身陷离中，故有“凶”。

【译文】

六三，前来谋取愉悦，有凶险。

《象》曰：“来兑之凶”，位不当也。

【译文】

《象传》说：“前来谋取愉悦，有凶险”，这是因为六三居位不当的缘故。

【评析】

六三以阴居阳，失位不正，有悖于“刚中而柔外”和“说以利贞”的宗旨。与初、二相比，六三既没有如初“和悦”于二，也没有像九二那样“孚悦”于三，也就是说，初、二皆上行以应其“刚中而柔外”之悦，唯六三柔不能上行，弱不能外出，故“来兑”。观六三之不幸，不能不生哀怜之情，哀其柔弱不能自强。再从三者的关系来看，无六三则初九不能有“吉”，九二也不能“悔亡”。六三有成人之美之功，而无自救其身之能，故再观六三之不幸，不能不生感叹之心，叹其成人而不能自成。

九四，商兑未宁，介疾有喜①。

【注释】

①商兑未宁，介疾有喜：商，商谈。《正义》曰：“商量裁制之谓也。”未宁，九四以阳居阴，下比于弱三，上承于尊五，且位于两兑之间，故有商谈“未宁”之象。介，《集解》曰：“纤也。”变互艮为小，故曰“介疾”。又“介”通“疥”，即疥癣之疾，皆有“小”义。因四不

正，变则有互艮之象，艮为小，故曰“介疾”。四变而得正，上承九五，则小疾不用药治而愈，故曰“有喜”。

【译文】

九四，与人商谈喜悦的事情尚未宁定，所患小疾就不治而愈，令人喜悦。

《象》曰：“九四之喜”，有庆也。

【译文】

《象传》说：“九四得到了喜悦”，是一件可庆可贺的事。

【评析】

其一，“商兑”之“商”，《集解》释为“商市”之“商”，因四处于互巽之中，《说卦》曰：“巽为近利市三倍。”但是四处于两兑之间，从“商谈”上解更近卦义。其二，“介疾”之“介”，《正义》解为“阻隔”，“介”本有“阻隔”之义，如《庄子·田子方》：“其神经乎大山而无介。”然四不正，须变正而下应初，变正则互有坎象，坎为忧、为疾，以“小疾”解则合于卦象。

九五，孚于剥，有厉①。

【注释】

①孚于剥，有厉：六三至九五互有巽象，上卦为兑，兑于时主秋，木遇秋则有剥落之象，故曰“孚于剥”。“剥”本有“厉”，若九五动则变为坎，坎为险，为陷，则更有“厉”。

【译文】

九五，对消剥阳刚君子的小人讲诚信，这是一件危险的事。

《象》曰:“孚于剥”,位正当也。

【译文】

《象传》说:“对消剥阳刚君子的小人讲诚信”,这是因为他居于阳刚、诚实的正当之位。

【评析】

“孚”本为诚信之德,然信于君子则吉,信于小人则不吉。九五上比上六之阴,下临不正之四,或“孚”阴邪,或“孚”不正,于时则应于秋杀之气,于人则应为小人。“临杀气”,“近小人”,错用其“孚”,不仅无益于阳刚之德,而且有“厉”于己身之正。

上六,引兑[1]。

【注释】

①引兑:上应在三,三不正不能应上,上欲使三变正来上应己,故曰“引兑”。

【译文】

上六,引导他人愉悦。

《象》曰:上六“引兑”,未光也。

【译文】

《象传》说:“引导他人愉悦”,这说明上六的愉悦之道未能光大。

【评析】

六三曰“来兑”,就是要上六来“兑”己;上六曰“引兑”,就是要引得六三来“兑”。然六三曰“凶”,上六却不言凶,这是因为,上六当位而居兑之主，"引兑"本所应当之事，而六三却失位不正，自己已经不正，还要使他人来"兑"己，故"凶"。

涣(䷺)

【题解】

"涣"之为义，内险外安，故外卦好于内卦。卦中六爻最为吉祥的是六四爻，由此可见，"涣"之大义在"涣散"其不利之事物，故《涣》无一爻有凶，或"无悔"，或"无咎"，或"元吉"，读来有涣然散开、明朗阔大、愉悦舒畅之感。又因为《涣》中含有木行水上之象，所以《彖传》以"利涉大川，乘木有功"概括卦象的意义。然卦有舟楫之象，而爻无舟楫之辞，言"涣"而不言"舟"，则"舟楫"快然无阻，仿佛行于无人之境。

涣①：亨，王假有庙②。利涉大川，利贞③。

【注释】

①涣：卦名，坎下☵巽上☴。"涣"有三解：一为离散之义，《正义》曰："'涣'者，散释之名。《杂卦》曰：'涣，离也。'"二为水流无阻的样子，如《诗·郑风·溱洧》"溱与洧，方涣涣兮"，郑笺："仲春之时，冰已释，水则涣涣然。"三为通"焕"，有文理灿然之貌，朱骏声《六十四卦经解》曰："涣，流散也，又文貌，风行水上，而文成焉。"

②亨，王假(gé)有庙：假，通"格"，到，至。冰释而水流，水流则通，故曰"亨"。乾为王，三至五互艮，艮为门阙，又为鬼门，故有王至"宗庙"之象。

③利涉大川，利贞：坎为水，巽为木，木行水上，正如《系辞下》所言"舟楫之利，盖取诸《涣》"，《涣》有舟楫之象，故"利涉大川"。二失位，变正应五，故曰"利贞"。

【译文】

《涣》卦象征着涣散:亨通,君王至于宗庙祭祀神灵。有利于涉越大河川流,有利于做事。

《彖》曰:"涣,亨",刚来而不穷,柔得位乎外而上同①。"王假有庙",王乃在中也。"利涉大川",乘木有功也②。

【注释】

①刚来而不穷,柔得位乎外而上同:刚,指九二,九二居阴中成坎,坎水流而无阻,故曰"不穷"。柔,指六四,四得位于外卦,故曰"柔得位乎外"。四上承九五,故曰"上同"。

②乘木有功:巽为木在上,坎为水在下,木行水上,则得"舟楫之利"而"涉大川",故曰"乘木有功"。

【译文】

《彖传》说:"涣散,亨通",阳刚来居阴位使水流不穷,阴柔得位于外卦而与上之九五协同。"君王来到宗庙祭祀神灵",这是因为君王居中处正,其诚信能感动天地神灵。"有利于涉越大河川流",这是因为《涣》有乘木舟行于水上的功能。

《象》曰:风行水上,涣①。先王以享于帝立庙②。

【注释】

①风行水上,涣:风行于水上,则寒阴涣散,故取名曰"涣"。

②先王以享于帝立庙:九二至六四互震,震为长子,有继统之责,九五在震上,尊居君王之位,故曰"先王"。震主祭祀,又有虚筐之象,六四在互震之上,承五而享王,故曰"享于帝"。三至五互有

艮，艮为寺庙，故曰“立庙”。

【译文】

《象传》说：风行于水面上，这种景象象征着“涣散”。先代的君王因此通过祭祀天帝建立宗庙来教化人心。

【评析】

因《涣》卦是“刚来”居中，故所涣散的是小人、寒冰、阴气等不利之事物，且又有“柔得位”而与“上同”，所以能得舟楫之利而“乘木有功”。同时，按《象传》以风比德教，以水比群众，以风行水上比德教流行于群众。故古代圣贤先王通过设立天地神灵教育群众，使其敬贤尊上，慎终追远，这样做不仅有利于君王统治民众，而且能够使民风淳厚。

初六，用拯马壮，吉①。

【注释】

①用拯马壮，吉：拯，读为承，即顺承于九二。初六处于《涣》之初，坎之下，“坎为险”，初六陷在下，故需上承九二。九二在坎，坎为美脊，故曰“马壮”。因不当位，动而变，变而下卦成兑，九二至六四互为震，兑为悦，震为动，悦而动，且承“壮马”，故曰“吉”。

【译文】

初六，顺承于壮马，吉祥。

《象》曰：初六之吉，顺也①。

【注释】

①初六之吉，顺也：初六失位于《涣》初，然柔承九二，故曰“顺”。初六虽失位于下，然知雄守雌，以柔顺之情上承九二。九二阳壮为

"美脊"之马，怜其顺承之情而"拯"之，初得助于九二，动而上行，因而得吉。观《涣》初则可知，世间万物顺之则吉，逆之则否。故君子之德在"顺"不在"逆"，物理与人情实有相同之处。

【译文】

《象传》说：初六之所以能获得吉祥，是因为顺承于二。

【评析】

《王注》释"拯"不以字义，而以譬况之辞曰："处散之初，乖散未甚，故可以游行，得其志而违于难也，不在危剧而后乃逃窜。"从"可以游行"及"不在危剧而后乃逃窜"分析，可知《王注》所释"拯"并非如《疏》之所言"可用马以自拯拔"，并没用"拯救"的意思。从卦象看，初失位不正，又不能应于上，处涣散之时，位在卑贱，怎么可能"自拯拔"？且《正义》既言"可用马"，又说"自拯拔"，前后矛盾，不能自圆其说。郑释"拯"为"承"。细究《王注》"拯"义，似与郑注通。就卦象而言，初六失位不正，又不能上应，处涣散之时，当无力自拯拔，唯有上承于九二，九二处坎中，坎为马，为美脊，初六以阴承阳，得美脊，故辞曰"拯马壮，吉"。《象》曰："吉，顺也。"实指初六能顺承于九二而"顺"、"吉"。

九二，涣奔其机，悔亡①。

【注释】

①涣奔其机，悔亡：奔，疾走。机，通"几"，为凭依之物。《正义》："机，承物者也。"初承于二，故二以初为"机"。二不能应五，比于初而受初之所承，故曰"涣奔其机"。二失位，本有悔，动而变正，上应于五，故"悔亡"。

【译文】

九二，涣散之时奔向像几案一样可供依靠的地方，那么，悔恨就会消亡。

《象》曰："涣奔其机"，得愿也[1]。

【注释】

①得愿：坎心为"愿"，二居坎中，变而得正，上应九五，故曰"得愿"。

【译文】

《象传》说："涣散之时奔向像几案一样可供依靠的地方"，这说明九二能得偿阴阳相聚不散的愿望。

【评析】

九二以阳居阴，失位无应，本有其悔。然居中能变，则既不失其中，又能得其正，故于处《涣》之时，有"几"可依，如险中能得其安身之处，故可以使悔恨消失。

六三，涣其躬，无悔[1]。

【注释】

①涣其躬，无悔：三失位不正，以阴居阳，既不能如九二秉持阳刚之德，又不能像初六那样顺承于上。变而得正又不能上应，故唯靠自身之力应上，故曰"涣其躬"。失位不正，本有其"悔"，然身在震卦，震为动，动而上行以应上则"无悔"。

【译文】

六三，涣散自身，无所悔恨。

《象》曰："涣其躬"，志在外也[1]。

【注释】

①志在外：上在外卦，三变应上，故曰"志在外"。

【译文】

《象传》说："涣散自身"，这说明六三的志向在外面。

【评析】

《涣》之卦象，内险而外安，六三舍弃近二，远应上九，实际上就是舍险而就安，所以其"志在外"是明智之举。

六四，涣其群，元吉①。涣有丘，匪夷所思②。

【注释】

①涣其群，元吉：六四下据坎象，坎为水，为众。六四又在巽下，有木舟行水之象，故曰"涣其群"。出于坎险，得位于巽，上承九五，与上同志，散其"群"险，建立大功，故曰"元吉"。

②涣有丘，匪夷所思：四至上互艮，艮为山，四居半山，故曰"丘"。匪，通"非"，不是。夷，平常。坎为心，有心则"思"，水大漫山，舟"涣其群"险，故曰"匪夷所思"。

【译文】

六四，涣散其朋党，大为吉祥。涣散像山丘一样大的朋党，非平常的人所能想象。

《象》曰："涣其群元吉"，光大也。

【译文】

《象传》说："涣散其朋党，大为吉祥"，这说明六四的品德得以光大。

【评析】

同居《涣》卦，六四与二、三不同，二、三所"涣"皆在自身，而六四则能"涣其群"。这是因为六四身任三种德能：其一，出于坎险之上；其二，得位于巽体之下；其三，上承九五与其同志。唯此三德，众生才能“风行水上”，“涣”散重险之围。六四“光大”之德，在六十四卦中的四爻中无爻可比，即使是其他爻也难以相比，因为六四之德岂止是“涣其群”，更多是“救众生”。

九五，涣汗其大号，涣王居，无咎①。

【注释】

①涣汗其大号，涣王居，无咎：汗，出汗。《正义》曰：“人遇险厄，惊怖而劳，则汗从体出，故以汗喻险厄也。”也就是说九五因受惊而出汗。号，号令。九五处尊居正，在巽中，巽为号令，君王行号令以散险厄，故曰“涣汗其大号”。九五本为君王之尊位，为涣之主，唯王居其位，才能“无咎”，故曰“涣王居，无咎”。

【译文】

九五，因受惊于险厄之事而散出汗水，但还是发布了大的号令，涣散其君王居处的阴邪之气，没有什么过错。

《象》曰：“王居无咎”，正位也。

【译文】

《象传》说：“君王居其位而没有过错”，这是因为九五当位居正的缘故。

【评析】

王居九五，处于巽中，巽为号令，君王既掌号令之权力，就有能力涣散其阴邪不正之事、之人，此之所谓“圣人之大宝曰位”。

上九，涣其血，去逖出，无咎[①]。

【注释】

①涣其血，去逖出，无咎：血，流血，以喻伤害。逖，远。《正义》曰："血，伤也；逖，远也。"上九处于卦上，离坎险最远，远出于险而居巽木之上，故曰"涣其血，去逖出"。上九能涣散其伤，远离受害之地，故曰"无咎"。

【译文】

上九，散去流血之伤，远离危险，没有危难。

《象》曰："涣其血"，远害也[①]。

【注释】

①远害：因《涣》有内险外安之象，上处《涣》之极，巽之上，故能远离受害之地。

【译文】

《象传》说："散去流血之伤"，这说明上九已远离于伤害。

【评析】

上九失位而应于六三，六三在坎，坎为血。上九在巽之上，又远离坎之上，坎为血，涣而"去逖"，巽为木，木浮于水上，出坎则"无咎"。《涣》之有"远害"之象，实为舟楫之能。就其爻象而言，其舟楫之事始于六四而成于上九，因上九失位，故吉不如六四。

节(䷻)

【题解】

《节》之《彖传》曰"当位以节"，又曰"中正而通"，时以位显，则"当位”,以当位之正而节之以时,其节制可达到“中正而通”的理想境界。子曰:“道千乘之国,敬事而信,节用而爱人,使民以时。”(《论语·学而》)其义与《节》卦的意义是相通的。《节》之六爻:初九知有阻于前而节制自己“不出户庭”,故“无咎”;九二节之过当,失时有“凶”;六三当节而不节,悔而知改则“无咎”;六四居正“安节”,故致“亨通”;上六过于节制,守正则“悔亡”;最吉之爻莫过于九五之“甘节”,来知德誉其为“节之尽善尽美”,“立法于今,而可以垂范于后也”(《来氏易注》)。天以四时之节则美,人以制度之节则正,故《彖传》曰:“节以制度,不伤财,不害民。”就卦象而言,《节》为六十四卦中唯一公开主张“不害民”的卦。

节①:亨②。苦节,不可贞③。

【注释】

①节:卦名,兑下☱坎上☵。下泽上水,泽以止水,水被节制在泽中,故曰“节”。

②亨:五当位以节,处中得正,中正而通“坎”,故曰“亨”。

③苦节,不可贞:上六言“苦节”,故“苦节”指上六。上本应三,三失位不应,水在上极难节制,故曰“苦节”。节当以时节制,若节制不时,则节之太苦,其节道也不能长久,故曰“不可贞”。《正义》曰:“为节过苦,不可为正。若以苦节为正,则其道困穷。”

【译文】

《节》卦象征着节制:亨通。但是,一味地苦苦节制则不利。

《彖》曰:“节亨”。刚柔分而刚得中①。“苦节不可贞”,其道穷也。说以行险,当位以节,中正以通②。天地节而四时成③。节以制度,不伤财,不害民④。

【注释】

①刚柔分而刚得中：兑为阴卦，为柔；坎为阳卦，为刚。又九五为刚，六四为阴，故曰“刚柔分”。二、五皆以阳刚居中，故曰“刚得中”。

②说以行险，当位以节，中正以通：内兑为说（悦），外坎为险，互震为行，故曰“说以行险”。五当位居中以节制坎险，又以中正之德居坎，坎为通，故曰“当位以节，中正以通”。

③天地节而四时成：《节》互有震，震为春，下兑为秋，上坎为冬，三变成离，离为夏，天地之数以六十为“节”，故《周易》至六十而有《节》卦，节之以四时，则“四时成”。

④节以制度，不伤财，不害民：《说文》：“制，裁也。”度，尺度，制度。君王能以制度节制国民，则不会损伤国家的财源，也不会伤害民众的利益。

【译文】

《彖传》说：“节制而得亨通”。刚柔以上下区分的制度使阳刚居于中正之位。“一味地苦苦节制则不利”，这是因为过分节制会导致趋向于困穷。以愉悦的心情经历险情，居于正当之位而行节制之道，处在中正之位行事必然亨通。天地因受到节制而形成四季变化。若以典章制度、度量尺度为节制，则不会损伤财产，也不会伤害民众。

《象》曰：泽上有水，节①。君子以制数度，议德行②。

【注释】

①泽上有水，节：兑泽在下，坎水在上，故曰“泽上有水”。泽蓄容水，多则溢之，适则容之，其蓄积之量当有所节制，故曰“节”。

②君子以制数度，议德行：数度，即礼数，法度。议，评议。《正义》曰：“数度，谓尊卑礼命之多少。德行，谓人才堪任之优劣。君子

象节以制其礼数等差，皆使有度，议人之德行任用，皆使得宜。”也就是说君子效法《节》象，制定礼数、法度为节制之准则，来评议人的德行才能。

【译文】

《象传》说：大泽之上蓄积有水，就需要“节制”。君子通过所制定的法度、尺度来衡量人们的德行。

【评析】

自六四以上，爻辞有“安节”、“甘节”、“苦节”之分，可见卦象虽名之为“节”，但“节”本身的意义并不限于“节制”，重要的是要节之以时，“以时”则为“安节”、“甘节”，节之则“中正而通”，不以时，则为“苦节”，苦节则有“不可贞”之事发生。古代的圣贤君王，正是从节制水量的情况看出了制定政治制度的平衡与和谐性，即必须以适时、适量、适度为准则，使民众的生活像分明的四季一样井然有序。

初九，不出户庭，无咎①。

【注释】

①不出户庭，无咎：初得位居正，上应六四，四为艮，艮为止，互为震，震为行，行而遇止，故曰“不出户庭”。又初上应四，然四为坎险，行而遇险则有“咎”，“不出户庭”则不历险，故曰“无咎”。

【译文】

初九，不出于门户庭院，就不会有灾祸。

《象》曰：“不出户庭”，知通塞也。

【译文】

《象传》说：“不出于门户庭院”，这是因为初九深知畅通则行，阻塞则止的道理。

【评析】

对于“不出户庭”和“通塞”之义,《集解》有两种解释:其一,以为四为坎险之阻,故不通;其二,以为二失位,动而变正,则互为坤,坤为土,土有壅塞之象。二者虽皆与卦义通,但是,二失位而近于初,故所阻更近。又,《系辞上》引子曰:“乱之所生也,则言语以为阶。君不密则失臣,臣不密则失身,几事不密则害成,是以君子慎密而不出也。”这些话只是从卦义上发挥,于卦象、经意则没有多大关系。

九二,不出门庭,凶①。

【注释】

①不出门庭,凶:互有艮,艮为“门庭”。二失位,若不变而出应上五则凶,故曰“不出门庭,凶”。

【译文】

九二,不走出门户庭院,就会有凶险。

《象》曰:“不出门庭凶”,失时极也①。

【注释】

①失时极:极,《说文》“极,栋也”,《集解》引虞翻曰“极,中也”,《正义》也曰“中”。“极”既为屋之“栋”,“栋”为一屋之“中”,故曰“中”。这里喻指九二居中而失其应变的时机。

【译文】

《象传》说:“不走出门户庭院就会有凶险”,这是因为九二失去了适中的时机。

【评析】

初"不出"曰"无咎"，九二"不出"则曰"凶"，这是因为初得位，出则遇险，而"不出"则可守正；九二失位不正，无正可守，不得不出，出则变而正，且能上应九五之尊，故宜出"门庭"，不出则凶。

六三，不节若，则嗟若，无咎[①]。

【注释】

①不节若，则嗟若，无咎：嗟，嗟叹，哀伤。三因失位而不能"节"，故"嗟若"。失位则有"咎"，变而正则成《既济》(䷾)，六爻皆应，故曰"无咎"。

【译文】

六三，不能自我节制，于是嗟叹哀悔，但最终还是没有灾祸。

《象》曰："不节之嗟"，又谁咎也[①]？

【注释】

①又谁咎：咎，归罪。以阴居阳，失位乘刚，违背节制之道，此皆自招其咎，不能怨别人，故曰"又谁咎"。

【译文】

《象传》说："因为不能自我节制而嗟叹哀伤"，这又能怪谁呢？

【评析】

六三不能自我节制，本来有咎，其所以曰"无咎"，究其原因，在其有"嗟若"之悔，悔过则改，"善莫大焉"，能变而正，则终于"无咎"。

六四，安节，亨[①]。

【注释】

①安节，亨：六四当位于上，顺承九五，既能安于下，又能顺承上，节以适度，无往不通，故曰“亨”。

【译文】

六四，安于自我节制，所以亨通。

《象》曰：“安节之亨”，承上道也①。

【注释】

①承上道：六四当位，顺承九五，既节制有度，又安于节制，故曰“承上道”。

【译文】

《象传》说：“安于自我节制而获得亨通”，这是因为六四能顺承于尊上的节制。

【评析】

六四当位居正，下可应于初，上能承于五，中可比于三。故其虽居“多危”之位，却可以“安节”。

九五，甘节，吉，往有尚①。

【注释】

①甘节，吉，往有尚：甘，《说文》曰“甘，美也”，《正义》曰“不苦之名也”。尚，借为“赏”。九五居于尊位，居正处中，能以中正为《节》之主，故曰“吉”。自内曰“往”，自外曰“来”，则“往”指九二，九二失位不正，若变正上应九五，则必有“嘉尚”，故曰“往有尚”。

【译文】

九五，以节制为美德，吉祥，前往必有所嘉赏。

《象》曰:"甘节之吉",居位中也。

【译文】

《象传》说:"以节制为美德而获得吉祥",这是因为九五居于《节》卦的中正之位。

【评析】

九五当位居尊,处中得正,为《节》之主,因此,其位可当《彖传》之所谓"中正以通",其任可当《象传》之所谓"节以制度",故能以"节"为"甘","不伤财,不害民"。《彖传》说的"当位以节,中正以通",说的正是此爻。

上六,苦节,贞凶,悔亡①。

【注释】

①苦节,贞凶,悔亡:上六处《节》之极,有过节之嫌,过节则为贪吝,因上六不堪其过节,故曰"苦节"。上六虽得位而正,然三不能应上,自己又处在"节"之穷尽处,故虽"贞"也"凶"。至三变正应上,则卦成《既济》(䷾),六爻皆应,故曰"悔亡"。

【译文】

上六,过分节制,令人苦痛,有凶险,但是悔恨还是会消失。

《象》曰:"苦节贞凶",其道穷也。

【译文】

《象传》说:"过分节制,令人苦痛,有凶险",这说明上六处于节制之道的穷尽之处。

【评析】

“节”本为“不伤财，不害民”的好事，但是，过“节”则民不堪其苦。世上的事大略皆如此，本来是好事，过极了就不好了，故孔子执中庸之道，叹“过犹不及”。

中　孚(䷼)

【题解】

《中庸》曰：“唯天下至诚，为能经纶天下之大经，立天下之大本，知天地之化育。”《中孚》正是一个讲诚信的卦，其各爻的吉凶悔吝皆与“诚信”有关。其中初九因为当位居正，守持诚信，上应六四，故于六爻中有“吉”，也是六爻中唯一一个系以“吉”辞的爻象。其余则九二以阳居中，有“中孚”之实，不明言“吉”，实一个“吉”字难以尽言；六三失信“得敌”，故“或泣或歌”；六四居于互震之上，守信有应，故终于“无咎”；九五虽不得九二来应，却诚信守望，也能“无咎”；上九失位不正，不顾念六三，背信远走，故有“凶”。如此看来，诚信不仅是判断各爻吉凶的标准，而且成为人们观此卦象的心灵感觉。因为，当我们带着对诚信的期待之心去理解《中孚》时，那么，我们对守信者的赞赏与对失信者的痛恨也就自然而然地进入我们对卦象的理解之中了。

中孚①：豚鱼，吉②。利涉大川，利贞③。

【注释】

①中孚：卦名，兑下☱巽上☴。《说文》：“孚，信也。”《正义》曰：“信发于中，谓之中孚。”中，指九二、九五，二者皆以刚中当位，中为心，心实则诚，故卦名《中孚》。

②豚鱼，吉：豚，即小猪。二、三失位，动而变正则有坎，坎为“豚”。上卦为巽，巽为鱼。诚信及于“豚鱼”，故曰“吉”。

③利涉大川，利贞：坎水为大川，二已变正应五，三阴失位，动而变正则二至四成坎象，坎上为巽，巽为木，一如《涣》之“木道乃行”，故曰“利涉大川”。

【译文】

《中孚》卦象征着心怀诚信：心怀诚信能感化小猪和鱼，吉祥。有利于涉越河水大川，有利于做事。

《彖》曰：“中孚”，柔在内而刚得中[①]，说而巽，孚乃化邦也[②]。“豚鱼吉”，信及豚鱼也[③]；“利涉大川”，乘木舟虚也[④]；中孚以利贞，乃应乎天也[⑤]。

【注释】

①柔在内而刚得中：三、四以阴柔居于《中孚》卦内，故曰“柔在内”。二、五以阳刚居上下卦中，故曰“刚得中”。

②说而巽，孚乃化邦也：内卦为兑，外卦为巽，故曰“说而巽”，即“和悦而谦逊”。二、三皆失位，变正则二至四有坎，坎为“孚”。以坎“孚”之诚信之于天下，则其诚信能感化邦国，故曰“说而巽，孚乃化邦也”。

③“豚鱼吉”，信及豚鱼也：信，诚信。二、三变正后，二至四有坎象，坎为豚。上卦为巽，巽为鱼，二者处于《中孚》，则其诚信及于“豚鱼”。故《正义》曰：“鱼者，虫之幽隐。豚者，兽之微贱。人主内有诚信，则虽微隐之物，信皆及矣。莫不得所而获吉，故曰‘豚鱼吉’也。”

④乘木舟虚：二、三动而变正而有坎象，上为巽，巽为木，自二至上成《涣》(䷺)，有风行水上之象，得舟楫之利，故曰“乘木舟虚也”。

⑤乃应乎天：五在天位，二变而应于五，故曰“应乎天”，即诚信感动上天。

【译文】

《彖传》说："心中怀有诚信"，柔顺处于内心，阳刚居于中正，和悦而谦逊，那么，诚信之德就会感化邦国。"心怀诚信能感化小猪和鱼就会获得吉祥"，这说明《中孚》的诚信之德能及于豚鱼；"有利于涉越河水大川"，这是因为卦象中含有乘坐内虚外实的木舟；内心怀有诚信则会有利，于是诚信也就应合于天道。

《象》曰：泽上有风，中孚①。君子以议狱缓死②。

【注释】

①泽上有风，中孚：上巽为风，下兑为泽。按，《象传》以风比德教，巽风在上，实际上也就是德教行于上；泽润于下，犹如恩泽布施于下，二者皆须心中有诚信才能做得，故其象蕴涵着"中孚"之诚。

②君子以议狱缓死：下卦为兑，兑为口；互卦有震，震为声，口动有声，故曰"议"。六三至九五互有艮，艮为室，室不外通，故如"狱"。坤为丧死之象，然九二失位不能应上，则互无坤象，待其九二变正，则二至四互有坤，故曰"缓死"。

【译文】

《象传》说：泽水之上有风吹动，这种情境象征着"心怀诚信"。君子因此而审议讼狱，宽缓死刑。

【评析】

"柔在内而刚得中"的卦象使《中孚》具有诚信的美德，但是，这绝不仅仅是因为卦有"刚中"的原因，也不是《正义》所谓的"信以发中"就能说得清。试想，在六十四卦中，有"刚中"之象的何止《中孚》一卦，如《困》(䷮)、《需》(䷄)、《大过》(䷛)、《小畜》(䷈)等皆有此象，它们为何就不能说成"刚中"而"信"呢？它们为何就没有"信以发中"呢？因此，中孚之"孚"，不能仅从"刚中"来看，还须注重"柔在内"的情况，虚实相依才是真“孚”。其实,《中孚》还有一种更加生动感人的情景,下卦为兑,兑为少女,上卦为巽,巽为木,恍若一个少女立在树木之下。她为什么会在树下呢?我们可以猜想她是如约而来,在等待她的心上人。于是,这样动人的情景也很自然地使我们联想到《诗·邶风·静女》中的诗句:“静女其姝,俟我于城隅。爱而不见,搔首踟蹰。”这种情景难道不是一种更加真切感人的“诚信”吗?当然,《中孚》不仅为我们带来了“诚信”的美德,还富有教化的功能。因为“泽”有润下之性,风有化民之德,故圣人君子以诚信为本,上宣号令以播德教,下施恩泽以抚民心,如此,则诚信的美德及于“豚鱼”,及于“议狱”;如此,则君子的诚信上可以“应天”,下可以“化邦”。

初九,虞吉,有它不燕①。

【注释】

①虞吉,有它不燕:虞,《集解》引荀爽曰“虞,安也”,《仪礼·士虞礼》郑玄也注“虞,安也”。有它,即另有他图。燕,安宁,安闲。《正义》曰“燕,安也”,《释诂》也曰“燕,安也”。初得位居正,上应六四,位正有应,故安守则吉,若有它图,则失正,也就不能“燕”。

【译文】

初九,安于本分则会吉祥,如有它求则不得安宁。

《象》曰:初九“虞吉”,志未变也①。

【注释】

①志未变:初与四应,彼此皆正,初不变就能上应于四,故曰“志未变”。

【译文】

《象传》说：初九之所以“安于本分则会吉祥”，这是因为他的志向没有改变。

【评析】

《中孚》下为兑，“兑为悦”。二至四互为震，“震为动”。初九以当位之正“悦而动”，动而应于四，《象》曰“志未变”，实“不可变”。

九二，鸣鹤在阴，其子和之①。我有好爵，吾与尔靡之②。

【注释】

①鸣鹤在阴，其子和之：《中孚》下互有震，《说卦》曰“震为善鸣”，故曰“鸣”。二变正则上应九五，九五在巽，巽为鸡，类如“鹤”。其子，喻指老鹤之子。和，以歌声相应和。下互为震，震为雷，上卦为巽，巽为风，雷与风为“同声相应”，故曰“其子和之”。

②我有好爵，吾与尔靡之：我，指九二。爵，饮酒之器，《说文》曰“礼器也，所以饮器象爵者”，此处借指“酒”。尔，指九五。靡，《集解》曰“共也”，即共同。之，指“好爵”。

【译文】

九二，白鹤在树荫下鸣叫，小鹤咯咯地应和着。我有甘甜的美酒，我与你共同享用这美酒。

《象》曰：“其子和之”，中心愿也①。

【注释】

①中心愿：中心，犹言“内心”。二、五皆居卦中，二变正应五，故曰“中心愿”。《程传》曰：“谓诚意所愿也，故通而相应。”

【译文】

《象传》说："小鹤应和着老鹤鸣叫"，声音中表达着内心真诚的意愿。

【评析】

《系辞上》引用孔子对此爻的评议："君子居其室，出其言善，则千里之外应之，况其迩者乎？居其室，出其言不善，则千里之外违之，况其迩者乎！"爻象为我们描绘出的是一幅生动感人、亲切怡人的"鸣鹤在阴"图，而孔子的话却从这一美感中揭示了九二所蕴涵的哲理性，即君子的善言善行必然能得到他人的应和。

六三，得敌，或鼓或罢，或泣或歌①。

【注释】

①得敌，或鼓或罢，或泣或歌：三、四皆为阴爻，阴阴相斥，三、四处上下两卦之间，故曰"得敌"。罢，通"疲"。古代作战时，击鼓而进，鸣金则退。三失位不正，与四相敌，击鼓而进，不能取胜，故疲惫而退，故曰"或鼓或罢"。六三在兑上，兑为口。震为声，为鼓。四当位而正，三不能胜则忧惧四反击，故"泣"之；四守正得胜，则"歌"之。

【译文】

六三，面临敌人，有的人击鼓前进，有的人疲惫败退；有的人哭泣，有的人欢声歌唱。

《象》曰："或鼓或罢"，位不当也。

【译文】

《象传》说："有的人击鼓前进，有的人疲惫败退"，这是因为六三所处的位置不当所致。

【评析】

三本刚勇好进,《中孚》之六三,虽居阴失正,仍然不失其本性,遇敌则击鼓噪进,然以不正之身攻正义之身,何以能制胜?故退而泣之也是在情理之中的事。

六四,月几望,马匹亡,无咎①。

【注释】

①月几望,马匹亡,无咎:几,汉帛书《周易》作“既”。九二至六四互为震,震为马,然九二终要变正上应,变则震象失而坤象成,坤为丧,震失于坤,故曰“马匹亡”。匹,匹配。初与四应,现四承上而舍初,犹如马失其匹配,然舍下承上,顺承九五之尊,故曰“无咎”。

【译文】

六四,在月亮将要满圆时,马失去了自己的匹配,但没有灾祸。

《象》曰:“马匹亡”,绝类上也①。

【注释】

①绝类上:绝,断绝。类,同类。上,动词,上承。此句意即断绝同类上承九五。如《正义》曰:“‘绝类上’者,绝三之类,不与三争,而上承于五也。”

【译文】

《象传》说:“马失去了自己的匹配”,这是因为断绝了与自己匹配的同类而上承于九五的缘故。

【评析】

六四居《中孚》之中，处巽顺而应兑说（悦），且当位而正。因含恭顺之本性，故不求得配于初，但求上承于五，如月之将要圆满时，充满着阴柔和合之美。

九五，有孚挛如，无咎①。

【注释】

①有孚挛如，无咎：挛，《说文》曰“挛，系也”，即拘牵连系。《正义》曰：“‘挛如’者，相牵系不绝之名也。”五应二，二失位不能应，五以诚信“挛”二，使其变化为坤，坤为城邑，为邦，此为九五以诚化邦之举，故曰“无咎”。

【译文】

九五，用诚信牵系天下，没有灾祸。

《象》曰：“有孚挛如”，位正当也①。

【注释】

①位正当：以阳居五，得中得正，刚健诚实，以诚“挛”二，二变正上应己，故曰“位正当”。

【译文】

《象传》说：“用诚信牵系天下”，说明九五居于中正适当之位。

【评析】

九五居《中孚》之中正，当任君王之位，故有“孚乃化邦”之命。正如胡炳文在《周易本义通释》中所言：“六爻皆不言‘孚’，惟九五言之，九五‘孚’之主也。”

上九,翰音登于天,贞凶[1]。

【注释】

①翰音登于天,贞凶:翰,《王注》曰"高飞",《集解》曰"高也"。上应于三,三在下卦,互震为声,上九在天,巽为高,巽为鸡,类于鸟,故曰:"翰音登于天。"上与三皆不正,故曰"贞凶"。

【译文】

上九,高飞的鸟鸣声响彻天宇,此时有凶险。

《象》曰:"翰音登于天",何可长也[1]?

【注释】

①何可长:上穷于"孚",且以阳居阴,失位不正,所应三也不正,故其"翰音"不可长久。

【译文】

《象传》说:"高飞的鸟鸣声响彻天宇",这种声音怎么能够长久呢?

【评析】

上九高而失位,徒有其音,不见其实,有悖于诚信之道。与九二相比,九二"鸣鹤",上九"翰音",然九二"在阴"有"子和",上九"登天"则"贞凶",因其九二所应五得正,上九所应三不正。二实而上虚,故虽皆有音,关键在于"善"与"不善"。

小　过(䷽)

【题解】

《小过》的境界,概言之就是"宜小而不宜大,宜下而不宜上"。初六以柔弱处下就不能远飞高举,否则就有"凶";六二虽当位于中正,然上无所应，故过而有"遇"才能"无咎"；九三因盲从他人很可能会有被戕害之凶；九四应守正"勿用"，因为其位不正，故不能有所作为；六五阴气过于向上，故遭受弋射；上六阴盛于上，过而无遇，故有"灾眚"。由此可见，《小过》实际上在强调"小于过越"时，更向往一种不期而遇的巧遇。

小过[①]：亨，利贞[②]。可小事，不可大事[③]。飞鸟遗之音，不宜上，宜下，大吉[④]。

【注释】

①小过：卦名，艮下☶震上☳。按卦例，阴小而阳大，此卦二阳在内，四阴在外，阴盛于阳，如《象传》所言有"过恭、过哀、过俭"，故曰"小过"。《本义》曰："小谓阴也，为卦四阴在外，二阳在内，阴多于阳，小者过也，即过于阳。"

②亨，利贞：阴柔得中而应阳刚，正符合礼之用，且如卦辞所言"不宜上，宜下，大吉"，即若"小过"则"亨"。如《正义》所言："过为小事，道乃可通，故曰'小过，亨'也。"

③可小事，不可大事：因二、五皆柔而失位，阴柔为小，故可以为小事，不可以为大事。《周易集说》："'小过'之时，可过者小事而已，大事则不可过也。"《折中》曰："大事，谓关系天下国家之事；小事，谓日用常行之事。"

④飞鸟遗之音，不宜上，宜下，大吉：上卦为震，《说卦》曰："震为鹄。"鹄，即天鹅，故卦有"飞鸟"之象。遗，遗失，留下。震为声，鸟声遇山而止，故曰"飞鸟遗之音"。

【译文】

《小过》卦象征着小有过越：亨通，有利。可以做小事，不可以做大事。就像飞鸟飞来时留下的声音，不宜飞得太上，使人听不到声音，应该向下飞，使人听到声音，如此则会获得大的吉祥。

《彖》曰：小过，小者过而亨也①。过以利贞，与时行也②。柔得中，是以小事吉也；刚失位而不中，是以不可大事也③。有飞鸟之象焉④，“飞鸟遗之音，不宜上，宜下，大吉”，上逆而下顺也⑤。

【注释】

①小者过而亨：阳大阴小，故“阴称小”。九四应初，初阴过二而去，九三应上，阴过五而去，阴过于阳，五居中见过而不见应，故曰“小者过而亨”。

②过以利贞，与时行也：五失位不正，过五则变正，变正则卦成《咸》（䷞），过，应时而行，故曰“过以利贞，与时行也”。

③柔得中，是以小事吉也；刚失位而不中，是以不可大事也：柔，指六二。六二为阴柔之爻，居下卦之中位，六五也以阴爻居上卦之中位，故曰“柔得中”。此喻才小力弱之人居于要职，故只可以为小事。刚，指九四，九四为阳刚之爻，以阳居阴位，故曰“刚失位”。此喻才大力强者处在不适当的职位上，所以不可以干大事。

④有飞鸟之象焉：《说卦》曰“震为鹄”，鹄为天鹅，也有飞鸟之象。或“震为龙”，鸟与龙都有飞腾之象。

⑤上逆而下顺：四、五失位，故曰“上逆”。二、三得位，故曰“下顺”。

【译文】

《彖传》说：小有过越，这说明柔小之事有所过越则可亨通。过则有利，并顺应适当的时间行进。因柔小者居于卦中，所以做小事则会吉利。阳刚失位不正且不能居中正之道，所以不可以为大事。因为卦象中含有飞鸟之象，所以卦辞说：“飞鸟飞来时留下的声音，不宜飞得太高，使人听不到声音，应该向下飞，使人听到声音，如此则会获得大的吉祥。”这说明向上行不能顺利，而向下行则顺利。

《象》曰：山上有雷，小过[1]。君子以行过乎恭，丧过乎哀，用过乎俭[2]。

【注释】

①山上有雷，小过：下艮为山，上震为雷，故其象为“山上有雷”。山大而雷小，因为艮一阳在上，故曰“山大”；震重阴在上，故曰雷小。就卦象而言，山上有雷，是小过于大，故曰“小过”；又阳大而阴小，而《小过》阴过于阳，故曰“小过”。

②君子以行过乎恭，丧过乎哀，用过乎俭：君子观此卦象，知过而矫之以正，故于其行则过于恭谨，于其丧则过于哀伤，于其用则过于节俭。

【译文】

《象传》说：山上有雷声震动，象征着“小有过越”。君子因此在行事时就稍过于恭谨，遇到丧事时就稍过于悲哀，使用东西时就稍过于节俭。

【评析】

《小过》与《大过》相对，《大过》四阳居中，阳多而居内，阳盛于阴，故曰“大过”；《小过》是二阳居中，阴多而居于外，阴盛于阳，故曰“小过”。然“小过”之“过”并非过错之“过”，从卦象上来看，它是指超过之“过”，所以卦辞有“亨，利贞”之说，又说“不宜上，宜下，大吉”。若为过错，即使是小的过错，也不可能有“大吉”。然君子知阴盛于阳则不能为“大事”，故以“三过”矫之。

初六，飞鸟以凶[1]。

【注释】

①飞鸟以凶：初失位不正，欲上而应四，然四失位不正，如《象传》所

言“上逆而下顺”，四在上，所应在上卦，进而遇逆，故有“凶”。按卦象，初失位，筮得此爻则动，动则变，变正则爻为阳，卦成离，离为雉。上卦为震，震为动，雉动象如“飞鸟”。然初六失位于下，不动、不变则失位而应于失位之九四，动而变之则无应，故曰“飞鸟以凶”。

【译文】

初六，飞鸟逆势向上飞行就会遇到凶险。

《象》曰：“飞鸟以凶”，不可如何也①。

【注释】

①不可如何：无可奈何的意思。明知上而遇险，还要上飞，自取其咎，别人也无法解救。《来氏易注》：“不可如何，莫能解救之意。”

【译文】

《象传》说：“飞鸟逆势向上飞行就会遇到凶险”，这是初六自取其咎，谁也不知该如何救它。

【评析】

初六之“凶”，原因有三：一则自己失位而不正，二则“飞”动于“艮止”，三则应于失正之九四。

六二，过其祖，遇其妣①。不及其君，遇其臣，无咎②。

【注释】

①过其祖，遇其妣（bǐ）：《曲礼》：“生曰父母，死曰考妣。”父死曰“考”，母死曰“妣”。《说文》：“妣，殁母。”初为坤体之始，故称“祖母”；二在初上，则二已过初，故曰“过其祖”。筮得六二则动，动

则变，变则二至四互有乾，乾为父，为祖，动而有乾，也是“过其祖”。乾伏坤，坤为母，坤伏则母失其象而不显，故曰“遇其妣”。

②不及其君，遇其臣，无咎：及，赶上，到达。二本应五，然中有三、四阻隔，且有艮止，又因五失位不正不能下应二，使二不得应于尊居王位的六五，故曰“不及其君”。退而求其次，则与九三、九四相遇，此二位均为臣位，故曰“遇其臣”。六二在艮而止，止而承三，以阴承阳，以下承上，故曰“无咎”。

【译文】

六二，越过象征着祖父的初爻，遇到象征着祖母的三爻。然而，还是没有到达象征着君王之位的六五，但是遇到象征着大臣的九三爻，所以还是没有什么灾祸。

《象》曰：“不及其君”，臣不可过也[①]。

【注释】

①臣不可过：二居艮止之中，五君为三、四所隔，使六二只能“相遇”，不能“越过”，故曰“臣不可过”。

【译文】

《象传》说：“没有到达象征着君王之位的六五”，这是因为作为臣仆的六二不能超过尊上之位。

【评析】

六二虽当位居正于《小过》之中，然而，既失之于应，又阻隔于臣，所遇非所求，所求非所应。作为一个中正仁和的君子，阻于逆臣，蔽于暗主，“不及于君”，不能有所作为，这是多么痛心的事！故爻辞虽曰“无咎”，其实“有悔”，只是悔得太深、太甚，说不出来而已。

九三，弗过防之，从或戕之，凶[①]。

【注释】

①弗过防之，从或戕（qiāng）之，凶：防，防备。从，随从。或，或者，《正义》曰“言‘或’者，不必之辞也”。戕，杀害。三得位应上，然为四所阻，三恃其阳刚之强，不愿过于防备四，故曰“弗过防之”。二至四互为巽，巽为木；三至五互为兑，兑为毁折。九三为九四所阻，阳阳相敌，以木象入于毁折之中，故曰“从或戕之，凶”。

【译文】

九三，不仅不肯过分地防备，而且随从其上，可能会受到杀害，有凶险。

《象》曰：“从或戕之”，凶如何也①！

【注释】

①凶如何：九四失位不正，既阻隔二，又蔽碍九三，有小人之象。九三从于“小人”，从而受“戕”，既伤于情，又失其身，凶险严重，故《程传》曰：“凶如何也，言其甚也。”

【译文】

《象传》说：“随从其上就可能会受到杀害”，凶险是多么的严重啊！

【评析】

《正义》曰：“上六小人最居高显，而复应而从焉。其从之也，则有残害之凶至矣。”由此可知，《正义》是将上六当作“小人”。但是，我们需要弄清楚的是，九三所随的究竟是“四”还是“上六”。现做如下分析：其一，上六当位，不能称“小人”；其二，三阳当位，上六也当位，二者本有其应，如何又害之？其三，三以阳刚之强，上六又如何害得？由此可知，害三者不是上六，而是九四。按卦例，四多凶，且居于互《大过》(䷛)中，兑主西方之卦，多杀气，为毁折，三不防而从，故为其所害。同类为“从”，三与四同属阳爻，故曰“从”。若非同类则为“应”。上六以阴居阴为当位，三为阳，故可知“从”非指上六。这里要强调的是“三”自恃其强，不“过防”而“从”，则为其所害，若“防”而不“从”，则可能免于其害，因为爻辞中有“或”字，即“或者”之意。

九四，无咎，弗过遇之①；往厉必戒，勿用，永贞②。

【注释】

①无咎，弗过遇之：九四以阳居阴，失位不正，本来有“咎”，然居互巽之中，巽为入，入则遇五，易位而正，故曰“无咎”。四失位不正，然居于《小过》上震之初，震而动，动则上居于五，用不着过五就能遇五，故曰“弗过遇之”。

②往厉必戒，勿用，永贞：戒，戒备。四阳不正，且前往会遇互卦兑，兑为毁折，应有戒备之心，故曰“往厉必戒”。四阳居《小过》，虽具阳刚之才，然不可以为“大事”，故曰“勿用”。宜长久地守持正道，故曰“永贞”。

【译文】

九四，没有灾祸，不用越过而有遇合；前往有危险，一定要有所戒备，不可施展阳刚之才能，应长久地守持正道。

《象》曰：“弗过遇之”，位不当也；“往厉必戒”，终不可长也①。

【注释】

①终不可长：九四以阳居阴，失位不正，因所居不正，要时刻戒备小心，故不能长久，故曰“终不可长”。又筮得此爻则动，动则变，变而上卦为坤，坤为顺，四变而当位于坤，也可谓“终不可长”。

【译文】

《象传》说:“不用越过而有遇合”,这是因为九四居位不当所致;“前往有危险,一定要有所戒备”,这说明九四不能长久地居于阳刚之道。

【评析】

九四以阳居阴,正应了《象传》所谓“行过乎恭”,这样做本无可厚非,但是,九四居位不正,以“往厉必戒”之心处《小过》之世,才能得不到施展,所以应以守持正道为上。

六五,密云不雨,自我西郊①;公弋取彼在穴②。

【注释】

①密云不雨,自我西郊:上卦为震,震为雷,六五为震主,有雷则必有云,故曰“密云”。坎为水,有震象而无坎象,故曰“不雨”。又六五在互兑之上,兑为西方卦,雷动于兑,六五在兑上,故曰“自我西郊”。

②公弋取彼在穴:公,指三,三以阳刚得位。弋,本指系有细绳的箭,这里指用箭射。下卦为艮,艮为山,九三至六五互为兑,兑为口,山中之口,故为“穴”。辞曰“宜下”而“不宜上”,故曰“公弋取彼在穴”。六二至九四互为巽,巽为高;初六变正则下卦成离,离为雉;上卦为震,震为龙,有腾飞之象,故《小过》之初六、六五、上六辞皆有“鸟飞之象”。

【译文】

六五,浓云密布却不降雨,浓云从我们所居住城邑的西郊兴起;王公用箭射取藏在洞穴中的鸟兽。

《象》曰:“密云不雨”,已上也①。

【注释】

①已上：六五之阴本在四，四居阴则当位，阴不上，则四为阴，五为阳而卦成坎，坎为水，则有“雨”。然阴上至五，则震象成而坎象毁，故有“云”而无“雨”。总此卦情则可知，“密云”之所以不雨，原因皆在于四阴“已上”至五而毁了坎水之象。

【译文】

《象传》说：“浓云密布却不降雨”，说明阴柔之气已过于向上。

【评析】

六五有两个特征需要我们特别注意：其一，对于“密云不雨”，《正义》曰：“六得五位，是小过于大，阴之盛也。阴盛于上，而艮止之，九三阳止于下，是阴阳不交，虽复至盛，密云至于西郊，而不能为雨也。”也就是说，虽然阴气很盛，但是因艮止阴阳二气不能交流，故而不能“雨”。这是从义理上解释六五，虽于理也通，但无关卦象。其二，以六五之尊重，却只能“公弋取彼在穴”。这是因为六五的失位实际上暗示着他的失职，因其失位不正，不能为“大事”，故以“公”之尊、之才、之德，只能弋取穴中之鸟兽。

上六，弗遇过之①；飞鸟离之，凶，是谓灾眚②。

【注释】

①弗遇过之：上六本与三阳有应，然因过至极高，故不能相遇，故曰“弗遇过之”。马其昶在其《重定费氏学》中说：“阴阳之气，同类则相拒，异类则相感。上变阳则与三相失，弗能亲遇，但有过之而已。先曰‘弗遇’，见上本有可遇之道，其弗遇也，自为之也。”这里所说的“自为之”，是说上六过之极高，违背了卦辞中所言的“不宜上，宜下”之道，故得到“弗能亲遇”的结果。

②飞鸟离之，凶，是谓灾眚：离，通“罹”，即遭受。眚，灾异。是，指

前面所说“飞鸟离之,凶”这件事。《小过》有飞鸟之象,然飞鸟飞至过高,不能有遇,无遇则无所寄托,互兑为毁折,离又有戈兵之象,故必遭弋射,故曰“飞鸟离之,凶”。飞至过高而遭遇凶险,故曰“是谓灾眚”。

【译文】

上六,不能遇合阳刚而超过阳刚;就像飞鸟遭受射杀一样,有凶险,这件事真可谓是“灾异”。

《象》曰:“弗遇过之”,已亢也[1]。

【注释】

①已亢:已,已经。亢,高,这里指“极高处”。《正义》曰:“‘已亢’者,释所以‘弗遇过之’,以其已在亢极之地故也。”

【译文】

《象传》说:“不能遇合阳刚而超过阳刚”,这是因为上六已到达极高之处。

【评析】

《乾》上曰:“亢龙有悔。”《小过》之“亢”就不仅仅是一个“悔”字了得,而是遭受“飞鸟离之”那样凶险之“灾眚”。在《小过》中,九三、九四皆曰“弗过”,唯上六曰“过之”,这是因为上六处于《小过》之极,过至上极,则过而不知所限,以至于“亢”。

既　济(䷾)

【题解】

在六十四卦中,《既济》是唯一六爻皆当位有应的卦。《折中》引俞琰曰:“三刚三柔皆正而位皆当,六十四卦之中,独此一卦而已,故特赞之也。”正因为如此,在《集解》中,虞氏解卦若逢爻位不能相应者,必设法变为《既济》而解之，并以《既济》为标准来解释卦象。若以虞氏解卦为法，则六十四卦变成一卦了。另一方面，从《既济》所系的卦爻辞来看，其卦爻辞也不是六十四卦中最好的。当然，所有卦位当位有应的特征也是给《既济》带来一些好处，如在《既济》中，被《左传》认为“在祀与戎”的“国之大事”都在其中了，如九三“伐鬼方”，九五“禴祭”；另外，在各爻俱当位有应的《既济》中，九五也因此得到了“实受其福”的好处，且六爻中无一有“凶”，唯上六因处于穷极之处而有“濡首”之厉。

既济①：亨小，利贞②；初吉终乱③。

【注释】

①既济：卦名，下离☲上坎☵。既，已经。济，本义指渡河，“济”前有“既”，则为已经渡过河，故字义有“成功”的意思。《尔雅·释言》曰：“济，成也。”《正义》曰：“济者，济渡之名，既者，皆尽之称，万事皆济。”故以“既济”为名。

②亨小，利贞：亨小，小，指六二。在《既济》中，六爻皆正，各得其应，如《乾》之《彖传》所言“保合太和”，故柔小者也得以亨通，故有利于所“贞”之事。

③初吉终乱：初，《说文》曰：“初，始也。”初当位有应，所应在四，四当位于互离之中，离为光明，以光明见之于光明，故曰“初吉”。九三上应上六，上六在坎，坎为险，知险而应险，似有乱事，故曰“终乱”。其实，“初吉终乱”也是劝诫之辞，若不居安思危，慎终如始，则“终乱”之事也是当然。

【译文】

《既济》卦象征事已成功：能够让小事亨通，有利；开始时吉祥，最终还是会陷入危乱之中。

《彖》曰："既济，亨"，小者亨也①。"利贞"，刚柔正而位当也②；"初吉"，柔得中也；"终止则乱"，其道穷也③。

【注释】

①小者亨：既然卦成《既济》，则大小皆亨，此处特言"小者亨"，言小则及于大，且小者尚且亨通，更何况大者。《集解》引荀爽曰："天地既交，阳升阴降，故'小者亨也'。"所谓"天地既交"，交，即为"应"。阳为天，阴为地，既然阴阳相应，则"天地之交"也包含在其中。又二在"田"位，田在地中，二上应九五，九五在天，故二者之相交也是天地相交。

②刚柔正而位当：《既济》之初、三、五以阳居阳，当位居正；二、四、六以阴居阴，当位居正，故曰"刚柔正而位当"。

③"终止则乱"，其道穷也：《泰》极则反《否》，虽然《既济》中六爻皆正，然正不可极，极则有穷尽之时，穷则终成乱。乾极反坤，故曰"其道穷也"。又《既济》之上六为阴爻，居一卦之终，象征着《既济》走向终极的阶段；上六居九五之上，这是以柔乘刚，象征着以臣凌驾于君王之上，有以臣欺君之象，故曰"乱"，乱则"其道穷"。

【译文】

《彖传》说："事已成功，亨通"，说明此时即使是柔小者也获得亨通。"有利"，这说明阳刚和阴柔各得其正，所居之位也适当；"开始吉祥"，这是因为六二以阴柔得居中位；"最终停止不前就会导致危乱"，这说明《既济》之道已经到了穷尽的地步了。

《象》曰：水在火上，既济①。君子以思患而豫防之②。

【注释】

①水在火上，既济：上坎为水，下离为火。水在火上，有炊事饮食之

象，有火在水下烧，则饮食可成，也是象征着“既济”，即事已成功。又火上有水，有救火之象，即发生火灾后，以水浇其上，则火灭而灾去，救火之功告成，也是“既济”。

②君子以思患而豫防之：豫，读为预，即事前，预先。君子观此卦象则知有患则应预防，这样才能防患于未然。

【译文】

《象传》说：水在火上，象征着“事已成功”。君子思虑可能出现的祸患而预先做好防备。

【评析】

《既济》之六爻皆居正得位，且均得其应，故事凡大小皆得亨通，但越是这样，就越是应该守持正道，否则正穷则终乱。从卦象上讲，水在火上既有炊事之成，又有救火之功，二者皆象征着“事已成功”。但是君子之贤就在于能于成功中居安思危，防患于未然，这样才能保住“初吉”的成果。

初九，曳其轮，濡其尾，无咎①。

【注释】

①曳其轮，濡其尾，无咎：二至四有坎象，坎为轮，坎又为险，见险而“曳其轮”。初动则变，变则下卦为艮，艮为狗，类如“狐”。艮在坎下，初在艮下，如狐之尾，狐在水中，故曰“濡其尾”。然因初九位正而有应，故曰“无咎”。同时，“曳”而不渡于险，也是“无咎”。

【译文】

初九，拖曳住车轮，小狐狸渡河沾湿了尾巴，但没有什么灾祸。

《象》曰：“曳其轮”，义无咎也。

【译文】

《象传》说:"拖曳住车轮",这说明了宜使初九不遭受灾祸。

【评析】

高亨先生认为"曳",当作以手引之。轮,疑借为"纶",汉帛书《周易》作"纶",纶为古人扎系衣带的穗子;"尾"为西周时衣饰之假尾。人在渡河时要揭起衣纶,不使其湿,而衣尾则已沾湿,由此可见,所涉河水不深,故无咎。但是,这里有两个疑点,其一,初爻并无衣之卦象;其二,《说卦》曰:"坎为轮。"故不应当作"纶"解。

六二,妇丧其茀,勿逐,七日得①。

【注释】

①妇丧其茀(fú),勿逐,七日得:茀,遮蔽车辆的竹席。离为中女,故曰"妇"。互有坎象,坎为盗,盗其"茀",故曰"妇丧其茀"。因当位居中,又与五有应,"逐"则失位、失应,故曰"勿逐"。二应五,二、五相加为七,故曰"七日得"。

【译文】

六二,有妇女丢失了遮蔽车辆的竹席,不要去追寻,七日后将会失而复得。

《象》曰:"七日得",以中道也。

【译文】

《象传》说:"七日后将会失而复得",说明六二处于中正之道。

【评析】

《正义》、《集解》均释"茀"为妇人之首饰。而其所以能七日"勿逐"

而“得”，仅就卦象而言，因其居中有应，有应则合，故可以七日复得。《周易通说》引刘沅曰：“六二柔中得位，上应九五中正之主，光明中正，不以去茀为嫌，静以俟之。此柔中之最美者。”六二在离中，上应九五，又见于离中，离有火光之丽，离而见离，可谓“美而又美”。以女子之美而见之以美，则“茀”为首饰之美。

九三，高宗伐鬼方，三年克之，小人勿用①。

【注释】

①高宗伐鬼方，三年克之，小人勿用：高宗，指殷高宗武丁。鬼方，国名，古代西北地区猃狁部落之一。《诗·大雅·文王》有“覃及鬼方”句，《毛传》曰：“鬼方，远方也。”克，战胜。小人，庶民之通称。内卦为离，离为戈兵，三在离以阳刚得位，外卦坎阴为鬼方，高宗为殷之中兴之主，因三以阳刚居卦中，有中兴之象，故曰“高宗伐鬼方”。《正义》曰：“高宗伐鬼方，以中兴殷道，事同此爻，故取譬焉。”三年，六为阴暗之极，九三为离火之阳，明能除暗，故上而征之，四至上六为三，以阳胜阴，故曰“三年克之”。伐，国之大事，小人筮得此爻则不能用之，是以“小人勿用”。

【译文】

九三，殷高宗讨伐鬼方，三年后才得到胜利，庶民筮得此爻则不能用之。

《象》曰：“三年克之”，惫也①。

【注释】

①“三年克之”，惫也：惫，疲劳，疲惫。坎为劳，三年之征，故曰“惫也”。

【译文】

《象传》说:"三年后才得到胜利",这说明仗打得很疲劳。

【评析】

《说卦》曰"坎为盗",又为北方之卦,故以狎狁之"鬼方"比之。四多凶且乘三阳,三刚健好勇,且居离火之上,力能胜敌,明能除暗,故有征伐之象。

六四,繻有衣袽,终日戒①。

【注释】

①繻(rú)有衣袽(rú),终日戒:繻,彩色的帛,这里借指华美的衣服。《正义》释"繻"应作"濡",即濡湿了破烂的衣服,于卦理也通。《说文》曰:"彩缯为繻,敝衣为袽。"袽,破衣败絮。筮得六四则动,动则变,变则二至四互有巽象,巽为绳直,其类如衣。又六四在互离之中,以阴柔为美,故有"繻有衣袽"之象。互卦有离,离为日,四出离外,故曰"终日"。"四多惧",上承九五,近尊则多惧,也应戒之,处两坎之间(六二至六四互为坎)。坎心为疑,且多险,也应戒之,故曰"终日戒之"。

【译文】

六四,华美的衣服破成烂衣败絮,应当整日保持戒备之心。

《象》曰:"终日戒",有所疑也。

【译文】

《象传》说:"应当整日保持戒备之心",这说明六四有所疑惧。

【评析】

六四过《既济》之中,转有"败絮"之象,在这种时刻就应像《象传》要求的那样"思患而豫防之",故应"终日戒"。不仅如此,四本多惧,又居坎险之间，故戒备之心不可稍有松懈。

九五，东邻杀牛，不如西邻之禴祭，实受其福[①]。

【注释】

①东邻杀牛，不如西邻之禴(yuè)祭，实受其福：禴，祭品仅用饭菜，不用杀牲，为薄约之祭。《王注》曰："牛，祭之盛者。禴，祭之薄者。"《集解》引崔憬曰："五坎为月，月出西方，西邻之谓也；二应在离，离为日，日出东方，东邻之谓也。离又为牛，坎水克离火，东邻杀牛之象。"五在坎险中，故西邻指九五，再者九五与六二相应，故可知东邻指六二，九五当《既济》之主，故当受因"禴祭"而获得的福泽。故曰"实受其福"。

【译文】

九五，东边的邻邦杀牛盛祭宗庙，不如西边的邻邦微薄的"禴祭"，因为西边的邻邦能更为实在地受到神灵降下的福泽。

《象》曰："东邻杀牛"，不如西邻之时也[①]；"实受其福"，吉大来也。

【注释】

①不如西邻之时：时，适当之时。《王注》："在于合时，不在于丰也。"高亨先生认为"时"当释"善"，考《广雅·释诂》曰："时，善也。"于理也通。

【译文】

《象传》说："东边的邻邦杀牛盛祭宗庙"，不如西边的邻邦以合适的时间祭祀；"西边的邻邦能更为实在地受到神灵降下的福泽"，这说明吉祥宏大,源源而来。

【评析】

《系辞》曰:“《易》之兴也,其当殷之末世,周之盛德邪?”九五爻辞的内容类于文王与商纣王之事。五居《既济》而得中正之位,象征着周受命于天。殷纣在东,文王在西,东西为邻。然文王修德,殷纣败德,故神灵所享者不在于祭品丰盛,而在于祭者之有德,正所谓“黍稷非馨,明德惟馨”,所以实受其福者还是西邻。

上六,濡其首,厉①。

【注释】

①濡其首,厉:五自乾来,乾为首。坎为水,乾象没而坎象成,故曰“濡其首”。济至极则终将有乱,故曰“厉”。

【译文】

上六,渡河濡湿了头部,有危险。

《象》曰:“濡其首厉”,何可久也①?

【注释】

①何可久:居坎险之上,位及穷极,乘五濡首,泰极则否至,故不可长久。

【译文】

《象传》说:“渡河濡湿了头部”,这说明上六已处于穷尽之处,何以能长久保持既济之道呢?

【评析】

否极泰来,泰极否至,天道循环,一盛一衰,这本是自然之理。但是，上六所处的位置不仅不能延缓“否”来，而且在促使“否”来。这是因为，在《既济》的六爻中，唯有上六当位居上，却以坎险之阴凌乘于五阳之上，这不仅是他自己的不幸，也是《既济》中所有爻位的不幸。也因此，才使得《既济》有“初吉终乱”的遗憾。

未　济(䷿)

【题解】

六十四卦以《未济》为结尾，这不能不使人们再三地想起《系辞》所谓：“作《易》者，其有忧患乎？”《未济》卦有水火不容，阴阳错位之象。《诗》云：“靡不有初，鲜克有终。”“未济”之“未”，一方面以“未成”来承前，另一方面，则以“未终”来启后。龚自珍《己亥杂诗》之一曰：“《未济》终焉心缥缈，百事翻从缺陷好。吟到夕阳山外山，古今谁免余情绕。”美学中有以缺陷为美的观点，以《未济》求《既济》正好能说明《未济》的“美”的一面。卦中六爻：初六柔弱无力，如过河之小狐，濡湿了尾巴，故而有“困难”；九二守正则吉；六三陷于坎险，然“利涉大川”；九四“有赏于大国”；六五有“君子之光”，故而吉祥；上九虽有诚信之德，但是容易以酗酒误事。与《既济》相比，《未济》六爻之中反而凶少而吉多。

未济①：亨②。小狐汔济，濡其尾，无攸利③。

【注释】

①未济：卦名，下坎☵上离☲。《正义》曰：“‘未济’者，未能济渡之名也。未济之时，小才居位，不能建功立德，拔难济险。”相对于《既济》而讲，《未济》卦上离下坎，六爻皆不当位，离为火，坎为水，水在火下则不能炊事饮食，亦不能救火，故曰“未济”。

②亨：卦二、五爻俱失位，然六五以柔得中，有谦和之气，“谦受益”。且二、五虽有失位之憾，却有相应之得，天地之气相交，交而通，

故曰“亨”。《正义》曰：“未济有可济之理，所以得通，故曰‘未济，亨’。”此处，《正义》解释的就是二、五。

③小狐汔（qì）济，濡其尾，无攸利：汔，即将，几乎。艮为狗，类为狐，《九家说卦》曰：“艮为狐。”按《尚氏学》认为“卦有三艮形”，而不说有三艮，因其卦中有艮形而未具艮象，故如此说，也说得很妙。初六至九二为一“艮形”，六三至九四为二“艮形”，六五至上九为三“艮形”。三者皆半艮之象，故谓之形。若艮象全，则狐象全，可谓“狐”，因其艮象未全，故谓之“小狐”。坎为水，二在坎水中，故曰“濡其尾”。古有谚语说：“狐欲渡河，无奈尾何。”狐性多疑且尾大，不能渡河，老狐狸多疑不渡，小狐无知，渡而“濡其尾”。初、二、三皆失位不能应上，故曰“无攸利”。

【译文】

《未济》卦象征着事未成功：努力促成事情成功也会亨通。小狐狸在即将渡河成功时，濡湿了尾巴，没有利益。

《彖》曰：“未济，亨”，柔得中也①。“小狐汔济”，未出中也②；“濡其尾，无攸利”，不续终也③。虽不当位，刚柔应也④。

【注释】

①柔得中：指六五，以阴柔居上卦之中，为一卦之主，下应九二，持中和之道。《王注》曰：“以柔处中，不违刚也。能纳刚健，故得亨也。”刚柔相应，“以柔纳刚”，故曰“柔得中”。

②未出中：坎为险，九二居下坎之中，未能走出险境。

③不续终：初六柔居一卦之下，“濡尾”而力弱，不能济事，因而使九二不能脱离险境，故曰“不续终”。

④虽不当位，刚柔应也：《未济》卦中，初六、六三、六五皆以阴居阳；

二、四、六爻皆以阳居阴，故曰“不当位”。然皆能以阴应阳，以柔应刚，故曰“刚柔应也”。此句与前句“柔得中”同释《未济》所以“亨”的理由。

【译文】

《彖传》说：“事虽未能成功，但努力促成其成功就会获得亨通”，因为有柔顺之德守持正道。“小狐狸即将渡河成功”，这是因为它尚未脱离坎险之中；“濡湿了尾巴，没有利益”，这是因为小狐狸力小不能持续至终。虽然，《未济》中的六爻皆未居适当之位，但是，都能刚柔相应。

《象》曰：火在水上，未济①。君子以慎辨物居方②。

【注释】

①火在水上，未济：离为火在上，坎为水在下，水在下则虽有火也不能煮食物；火在上而水在下即使是有火灾也不能救，卦象以此来喻指“事未成功”。

②君子以慎辨物居方：辨，分辨。居，处于。方，犹“所”，即所居之“所”。《未济》卦有水火不相济，刚柔相错位之象，君子观此卦象，悟知处“未济”之世，应慎辨事物之异同，以类区别，使它们能各居其适当之位，这样才能免“未济”之过，促“既济”之得。如《王注》所言“辨物居方，令物各当其所”。

【译文】

《象传》说：火在水上燃烧，象征着“事未成功”。君子因此知要认真谨慎地分辨事物，使它们能各就其适当的位置。

【评析】

总观《未济》之卦辞、《彖》义、卦象，则可知卦之所以称“未济”，其根本原因就在于卦中各爻皆失位不正。位不正，则名不正，子曰：“名不正则言不顺，言不顺则事不成。”在此情况下，做起事来就犹如小狐狸过河一样，河未能渡成，却濡湿了尾巴，因而有始无终。君子“辨物居方”，欲改变《未济》所造成的困境，于是就使其“方以类聚，物以群分”。名分各得其正，如《来氏易注》之言：“慎辨物，使物以群分；慎居方，使方以类聚，则分定不乱，阳居阳位，阴居阴位，‘未济’而成‘既济’矣。”

初六，濡其尾，吝①。

【注释】

①濡其尾，吝：初六柔居其坎下，如小狐在河水边，小狐弱而无力，狐又不能渡河，渡则“濡其尾”。且初居位不正，所应在四，四互有坎水之险，故前往必遭遇困难，故曰“吝”。

【译文】

初六，小狐狸在渡河时濡湿了尾巴，这预示着初六将遇到困难。

《象》曰：“濡其尾”，亦不知极也①。

【注释】

①亦不知极：《说文》曰“极，栋也”，《逸雅》曰“栋，中也，居屋之中也”，故“极”训“中”。初应四，四居坎水中，小狐“濡其尾”，而“不知极”，即不知陷入坎水之中。

【译文】

《象传》说：“小狐狸在渡河时濡湿了尾巴”，这说明它不知水有多深。

【评析】

初六以小狐“濡其尾”为喻，来说明初六非可用之才。已处在危险中却茫茫然，不知其险，无能无知，处险而冒险。但是，在现实生活中，我们很少看到“小狐”如此，却往往能看到很多人是这样的。

九二，曳其轮，贞吉①。

【注释】

①曳其轮，贞吉：《说卦》曰：“坎为轮，为曳。”坎两阴在外，一阳居中，有车之象。九二居“未济”之时，处险难之内，处险而应于险，任重忧深，故曰“曳其轮”。虽不得位，处中而行，故也能“贞吉”。

【译文】

九二，拖曳着车轮，吉祥。

《象》曰：九二贞吉，中以行正也①。

【注释】

①中以行正：二居下卦之中，故曰“中”。六爻皆应变正，初已变正，二动成震，震足为行，故曰“中以行正”。

【译文】

《象传》说：九二之所以能获得吉祥，原因在于他能以中和之道使自己的行为端正不偏。

【评析】

九二能于“未济”之世，处中而行正，故能“贞吉”。《折中》曰：“‘既济’之时，初、二两爻犹未敢轻济，况‘未济’乎？故此爻‘曳轮’之戒，与《既济》同。而差一位者，时不同也。”所谓“差一位”，指《既济》在初，《未济》在九二。

六三，未济，征凶，利涉大川[①]。

【注释】

①未济，征凶，利涉大川：三不正，所应也不正，又居两坎之中，险中有险，故曰“未济”。因身居坎中，又在互坎之中，且以阴居阳，阴弱而阳强，力弱不应有征，故曰“征凶”。然六三已出于下坎之中，乘二阳而上，此涉而脱险之象，故曰“利涉大川”。如《本义》所言：“以柔乘刚，将出乎坎，有‘利涉’之象。”

【译文】

六三，事未成功，出征前行必有凶险，有利于涉越大河川流。

《象》曰：“未济征凶”，位不当也。

【译文】

《象传》说：“事未成功，出征前行必有凶险”，这是因为六三失位不当。

【评析】

六三居位不当，按《集解》释义，离为中女在外，坎为中男居内。女外男内，男女居位不当，以此喻指婚姻未成。《杂卦》曰“《未济》，男之穷也”，即指此义。男女不正，实在是因为阴阳不正，故曰“未济，征凶”。其所以能“利涉大川”，因其本身在坎险之中，唯“涉”险，才能出于险。

九四，贞吉，悔亡[①]；震用伐鬼方，三年，有赏于大国[②]。

【注释】

①贞吉，悔亡：四失正，本有其“悔”，动而变正则得位，故曰“贞吉悔亡”。

②震用伐鬼方，三年，有赏于大国：九四不正，四变正，与二、三互震；离为戈兵，四在离初，故有用兵之象；又四变正后，自初到五有《师》(䷆)象，故曰“震用伐鬼方”。三年，《既济》在离三，故曰“三年”；又四应初，初至于四有三爻，也是“三年”。四变正后三至五有坤，坤为邦，《未济》四变正后，二至四成震，震为诸侯，故曰“大国”。四至上为艮，卦象本有坎川，故有赏封“山川”于“大国”。

【译文】

吉祥，悔恨消失；以雷霆之势讨伐鬼方国，三年大功告成后被封赏为大国诸侯。

《象》曰：“贞吉悔亡”，志行也。

【译文】

《象传》说：“吉祥”，说明九四的志向得以实行。

【评析】

朱骏声在《六十四卦经解》中认为，九四爻辞中的“震”为人名“挚伯”。从卦爻辞的内容推理，《既济》、《未济》均言及殷周之事，而九四爻辞更像是在说周人助殷讨伐鬼方的故事，三年胜之，故受殷王封赏。

六五，贞吉，无悔①；君子之光，有孚吉②。

【注释】

①贞吉，无悔：六五以柔居离之中，离为火，有文明之象，五为《未济》之主，故曰“贞吉”。五失位本有悔，变正则为乾之九五，故曰“无悔”。

②君子之光，有孚吉：五居离中，以柔顺之德居文明之中，有君子之

光华，故曰“君子之光”。坎为孚，五居互坎上，所应在二，二也在坎，孚而有应，故曰“有孚吉”。

【译文】

六五，吉祥，无所悔恨；君子之行光明磊落，心怀诚信就有吉祥。

《象》曰："君子之光"，其晖吉也①。

【注释】

①其晖吉：晖，《释文》曰："晖字又作辉。"《说文》曰："晖，光也。"《程传》曰："光盛则有晖；晖，光之散也。君子积充而光盛，至于有晖，善之至也，故重云'吉'。"

【译文】

《象传》说："君子之行光明磊落"，这说明他的光辉焕发出吉祥的瑞兆。

【评析】

六五柔居离中，有"君子之光"，且待人以诚信，居中应刚，故而"无悔"而有"辉"。谦之于六五之德，可谓益而又益，吉而又吉。

上九，有孚于饮酒，无咎①；濡其首，有孚失是②。

【注释】

①有孚于饮酒，无咎：上之所应在三，三在坎，坎为孚，坎水有酒水之象，三在坎中，上也居互坎之上，故曰"有孚于饮酒"。因其失正居上，本有其"咎"，变正应三，则"无咎"。

②濡其首，有孚失是：是，《说文》曰"是从日从正"，故曰："是，正也。"爻按卦例上为首，动而失位，首应坎中，故曰"濡其首"。上

九所应在坎，坎为孚，又失正于《未济》之极，故曰“失是”，即失于正道。

【译文】

上九，满怀信任地与他人饮酒，没有灾祸；然而，因为无节制地饮酒以至于濡湿了头部，这说明他们虽然有诚信，却因为无节制而失去了正道。

《象》曰：“饮酒濡首”，亦不知节也。

【译文】

《象传》说：“毫无节制地饮酒以至于濡湿了头部”，这说明上九不知节制。

【评析】

《既济》六爻皆正而有应，然爻辞少言“吉”字；《未济》六爻皆失位不正，爻辞却多“吉”字，此正所谓“生于忧患，死于安乐”。初曰“不知极”，上曰“不知节”，孔子皆以“不知”责之。饮酒本来就多误正事，故《尚书·酒诰》载周王戒酒之意。“孚”本为诚信，然诚信于饮酒，则“失节”于“濡首”。

周易系辞上

【题解】

在易学的体系中，“系辞”有两种意思，一是指系属之义，即《周易正义》所谓“系属其辞于爻卦之下”，将卦爻辞系连在卦画与爻画之下，用以解释各卦、各爻的吉凶含义；二是指分为上下二篇列于“十翼”中的《系辞》，它是《易传》思想的主要代表作，用以说明《易经》的基本意义、原理、功用、起源及筮法等。《系辞》内容从“一阴一阳之谓道”出发，阐明了自然界中阴阳、动静、刚柔等是两种相反势力的“相摩”、“相荡”，而这种对立与对立所生成的过程反映了事物发展的普遍规律。同时，《系辞》还提出“穷则变、变则通、通则久”的辩证观。在承认一切皆变中，又以“天尊地卑，乾坤定矣，卑高以陈，贵贱位矣”来强调变化之中有不变，不变是变的前提。《易经》认为变与不变都是必然的，但是，变在《易经》中具有普遍性，而不变只是作为相对的因素而存在。自然和社会总是在不变与变的交替作用中进行着。

先秦的典籍到了汉代后，就有了“经”与“传”之分，“经”者，典常之意，“传”者，转述之旨。《论衡》曰“圣人作经，贤人作传”，班固又曰“圣人作经，贤者纬之”，故“经”、“传”二者相对而存在，“经”是本干，“传”是枝叶。对于现在学习《易经》的人而言，应该重视对《易传》的认识和理解，因为，从时代上讲，“传”是最接近《易经》本来面目的注释和讲解，此其一；要想真正理解《周易》的卦爻辞，比较好的方法就是以“传”去理解“经”，此其二；《易传》包含着很重要的中国古人的辩证哲学观以及朴素的自然科学内容，此其三；《易传》具有很高的文学价值，此其四。而《系辞》是《易传》中的主体。

天尊地卑，乾坤定矣①。卑高以陈，贵贱位矣②。动静有常，刚柔断矣③。方以类聚，物以群分，吉凶生矣④。在天成象，在地成形，变化见矣⑤。是故刚柔相摩，八卦相荡⑥，鼓之以雷霆，润之以风雨⑦；日月运行，一寒一暑⑧。乾道成男，坤道成女⑨。乾知大始，坤作成物⑩。乾以易知，坤以简能⑪；易则易知，简则易从⑫；易知则有亲，易从则有功⑬；有亲则可久，有功则可大⑭；可久则贤人之德，可大则贤人之业。易简而天下之理得矣⑮。天下之理得，而成位乎其中矣⑯。

【注释】

①天尊地卑，乾坤定矣：《易》含万象，天应乾象，地应坤象。乾坤为天下万物之门户，所以《系辞》先从天地讲起。天以刚阳而尊，地以柔阴而卑。《易纬乾凿度》曰：“清轻者上为天，浊重者下为地。”乾健与天阳同，坤顺与地阴同，天地相分，则乾坤之体各有定分。

②卑高以陈，贵贱位矣：以，同“已”。陈，陈列。位，定位。天高则为贵，地卑则为贱，天高地卑之势陈列后，人们也就按照这种情形确立人类中的贵贱位置。

③动静有常，刚柔断矣：断，《集解》引虞翻曰“断，分也”。古人认为乾体刚健而常动，坤体阴柔而常静，则阳刚与阴柔也就在乾坤中判然分明。

④方以类聚，物以群分，吉凶生矣：方，观念，意识。《正义》曰：“方，

谓法术性行。”也就是从人们的心性与情趣来讲事情的所向。天地生成万物，万物则以其观念、意识按类聚集，以群分别，故《韩注》曰：“方有类，物有群，则有同有异，有聚有分也。顺其所同则吉，乖其所趣则凶，故吉凶生矣。”

⑤在天成象，在地成形，变化见矣：天象因天而示，地物随地而形。天之象日月星辰，风雨雷云；地之形山泽草木，鱼鸟虫兽。天象与地形皆随着时间的变化而变化。

⑥是故刚柔相摩，八卦相荡：刚，指乾(☰)。柔，指坤(☷)。摩，摩擦，即阴阳刚柔相互摩擦交感。荡，推动，即刚柔相互激荡。刚柔两体摩擦、推荡，如十一月一阳生而推去一阴，五月一阴生而推去一阳。诸卦递相推移，本从八卦而来，故云“八卦相荡”。又乾(䷀)以二、五爻摩去坤(䷁)之二、五则卦之下上则为坎(☵)，互有震(☳)艮(☶)；坤(䷁)以二、五爻摩去乾(䷀)之二、五则卦之下上皆为离(☲)，互有巽(☴)兑(☱)。然后八卦(乾、坎、震、艮四位阳卦，坤、巽、离、兑四阴卦)两相重，演绎六十四卦。《尚氏学》：“摩，即交也。乾坤初爻摩成震巽，中爻摩成坎离，上爻摩艮兑，而六子以生，八卦以一卦荡八卦，而六十四卦备矣。荡，犹推也。不曰‘重’而曰‘荡’者，言以一卦加于此卦，复加于彼卦，有类于推荡也。”

⑦鼓之以雷霆，润之以风雨：鼓，鼓动。润，润泽。霆，《说文》曰“霆，余声也”，京房曰“霆者，雷之余声”。震为雷，雷震而动；巽为风，坎为雨，雨随风而来，有润泽万物之德，故曰“鼓之以雷霆，润之以风雨”。

⑧日月运行，一寒一暑：日月运行的变化造成了一寒一暑的时节变化。故曰“日月运行，一寒一暑”。

⑨乾道成男，坤道成女：乾阳初至于坤则为震，正所谓初索得男为长男；乾阳二至于坤为坎，为中男；乾阳三至于坤为艮，为少男。

坤阴初至于乾为巽，为长女；坤阴二至于乾则为离，为中女；坤阴三至于乾则为兑，为少女。此言乾得自然而成男，坤得自然而成女，故曰“乾道成男，坤道成女”。

⑩乾知大始，坤作成物：知，《经义述闻》引王念孙曰：“知，犹‘为’也，‘为’亦‘作’也。”大始，即最初创始，正如《乾·彖传》所谓“大哉乾元，万物资始”。乾为造作天地万物的初始，故曰“乾知大始”。坤承乾道，形成万物，故曰“坤作万物”。

⑪乾以易知，坤以简能：易，平易，简约。知，通“智”。乾为首，光明正大，故能具有智慧，故曰“乾以易知”。坤因简约而有所作为，故曰“坤以简能”。《老子》所谓“天得一而清，地得一而宁”，“一”为世间平易、简约之极，所以才能有“知”有“能”。

⑫易则易知，简则易从：前之“易”字为平易之“易”，后之“易”字为容易之“易”。知，当作知晓之“知”。从，遵从。天道平易则容易为人所感知，地道简约则容易为人所遵循。

⑬易知则有亲，易从则有功：亲，亲近。功，建功，有为。易于为人所知则人感其亲切，容易为人所遵从则可以建立功业。

⑭有亲则可久，有功则可大：阴阳相和则有亲，有亲相得，则生生不息，故可以长久。阴阳相合则生成万物，载物众多，繁衍不已，故曰“功大”。

⑮易简而天下之理得：天地皆以“易”、“简”而有亲、有知、有化、有功，故曰“易简”。《列子》云：“不生者能生生，不化者能化化。”简易之道实际上就是天地之道，若知“易简”则能通天下之理，故曰“天下之理得”。

⑯而成位乎其中：成，确立。位，定位。象成则阴阳、贵贱、刚柔就可以定位其象于天地之中。

【译文】

天尊贵而地卑下，这样乾坤的位置就确定了。当卑下与高贵陈列出来时，高贵与卑贱也就随之有了各自的位置。天地之间一动一静都有一定的规律性，阳刚与阴柔也因此得以分断清楚。天下的事物各以其类别聚集，各种动物、生物也以其不同的群体而区分，吉与凶就在事物的同异中产生。当阴阳、刚柔分化后，在天空中形成天体如日月星辰的形象，在大地上形成了山川、动植物等景象，事物的变化就是通过它们得以体现。所以阳刚与阴柔相互摩擦交流而生成了八卦，八卦又相互推衍生成了六十四卦，就如同以雷霆鼓动，而风雨润泽；对于天象而言，日月的往来运行之间，形成一寒一暑的交替。对于人类而言，乾道演变成男性，坤道演变成了女性。乾道的智慧在于它是万物的伟大创始者，坤道的作为在于她在大地上生成了万物。乾以其平易而充满智慧，坤以其简易而大有作为；事情只有平易才会使人容易明白，事情只有简易才会使人容易随从；容易为人所知就会有人亲近，容易随从就会建立功业；有人亲近则可以立身长久，建立功业就可立身宏大；立身长久是贤人的美德，立身宏大是贤人的事业。若能明白乾坤的平易与简约，那么，就会晓得天下的道理。晓得了天下的道理后，就能将刚柔、阴阳、贵贱安排在适宜的位置。

【评析】

此段为《系辞上》第一章。开篇以天地之门户"乾坤"言起，二者的变化形成八卦，又演绎出六十四卦，世间万物的变化皆在其中。在这种变化中，《系辞》重点强调了天地皆以"简易"为本，所以《正义・序》引郑玄曰："《易》一名而含三义：'易简'一也，'变易'二也，'不易'三也。"天地本"简易"，知"简易"则可知天地之理。世间之简易莫过于"一"。乾坤的"简易"之道，不仅揭示了事物的根本特征，而且还为人们认识复杂问题指明了正确的方法。世上的事物也许在表现形式上是复杂多变、繁琐深奥的，但是有了"简易"的"门户"，就可以提纲挈领，以简驭繁，最终抓住事物的本质。

圣人设卦观象[①]，系辞焉而明吉凶[②]，刚柔相推而生变化[③]。是故吉凶者，失得之象也[④]；悔吝者，忧虞之象也[⑤]；变化者，进退之象也[⑥]；刚柔者，昼夜之象也[⑦]。六爻之动，三极之道也[⑧]。是故君子所居而安者，《易》之序也[⑨]；所乐而玩者，爻之辞也[⑩]。是故君子居则观其象而玩其辞，动则观其变而玩其占，是以自天佑之，吉无不利[⑪]。

【注释】

①圣人设卦观象：圣人，指伏羲氏。设，就是创立的意思，即创立六十四卦。伏羲氏“仰观象于天，俯观法于地，中观万物之宜，始画八卦，卦有三爻，因而重之，为六十四卦”，故曰“圣人设卦”。观象，就是观察六十四卦之卦象。

②系辞焉而明吉凶：皇甫谧曰：“文王在羑里，演六十四卦，著七八九六之爻，谓之《周易》。”文王推演六十四卦三百八十四爻之吉凶而系属其辞于各卦、各爻之下，故曰“系辞焉而明吉凶”。

③刚柔相推而生变化：六爻有阴柔与阳刚之分，刚与柔一往一来曰“推”，阳称“变”，阴称“化”，故曰“刚柔相推而生变化”。

④吉凶者，失得之象也：失得，指阴阳的“当位”与“失位”，当位象征着处事得当，所以就“吉”，“失位”象征着处事失当，故曰“凶”。

⑤悔吝者，忧虞之象也：悔吝，下文解释为“悔吝者，言乎其小疵也”，即小的过失和困难。悔，事过则“悔”。吝，指困难。虞，忧虑。事有悔吝则人怀有“忧愁、忧虑”之思，故曰“忧虞之象也”。

⑥变化者，进退之象也：阳息而进，故曰“息卦为进”；阴消为退，故曰“消卦为退”。阴阳的变化实际上象征着旧的事物退去，新的事物进来，故曰“变化者，进退之象也”。

⑦刚柔者，昼夜之象也：乾阳为“昼”，坤阴为“夜”，阴阳消息往来象

征着“昼夜交替”，故曰“刚柔者，昼夜之象也”。

⑧六爻之动，三极之道也：极，《说文》曰：“极，栋也。”《逸雅》曰：“栋，中也，居屋之中。”郑《易》注：“三极”即三才。六爻中，初至二以象地，三至四以象人，五至上以象天。《广雅·释诂》曰：“极，高也。”天、地、人“三才”象征着宇宙间的三种境界，故六爻的动与变，也就是三才的变动之道。

⑨所居而安者，《易》之序也：君子观卦象吉凶之变化，则知其所居者何处可安。按《易》之爻位之次序，如居在乾之初九，则安在“勿用”，若居在乾之九三，则安在“乾乾”，故所以居而能安，是从爻位次序中得来。

⑩所乐而玩者，爻之辞也：乐，喜爱。玩，玩味，揣摩。卦、爻皆有其辞，而卦、爻的变化中，辞的含义也随着爻位与卦象的关系而产生着“吉凶悔吝”的变化。故君子于揣摩中“见善则思齐其事，见恶则惧而自改，所以爱乐而耽玩也”。

⑪自天佑之，吉无不利：佑，《说文》曰：“佑，助也。”君子观《易》象而知吉凶之变化，然后择善而从，德合天地之正，则吉祥如意，无所不利，如能得上天之佑助。

【译文】

圣人通过观察万物之象而设立了六十四卦，又在各卦、爻下系以言辞以说明它们所蕴涵的吉凶征兆，阳爻和阴爻一来一往发生着变化。所以“吉”与“凶”，是处事有得有失的象征；“悔恨”与“困难”是忧愁与忧虑的象征；阳进阴退是旧的事物退去及新的事物进来的象征；阳刚与阴柔的变动是昼夜的象征。六爻的变动包含着天、地、人三种境界的道理，所以君子能安居而稳定的原因在于他们遵循了《周易》所规定的秩序；而君子喜爱和揣摩的是爻下所系的辞义。所以平时居住在家就观察卦象而揣摩其卦爻辞所含的意义，出门行动则观察六爻的变化而揣摩占筮所含的吉凶，所以能得到来自上天的保佑和帮助，因而获得吉祥而无所不利。

【评析】

以上为第二章，主要说明卦爻辞与卦爻象之间的关系。实际上，卦爻辞中的“吉凶悔吝”产生于爻位的变化与卦象之间的对应关系。君子在观察卦象的过程中，通过揣摩卦爻辞的意蕴，就可以从中得到何去何从的吉凶启示。

彖者，言乎象者也①；爻者，言乎变者也②。吉凶者，言乎其失得也；悔吝者，言乎其小疵也③。无咎者，善补过也。是故列贵贱者存乎位④，齐小大者存乎卦⑤，辩吉凶者存乎辞⑥，忧悔吝者存乎介⑦，震无咎者存乎悔⑧。是故卦有小大，辞有险易；辞也者，各指其所之。

【注释】

①彖者，言乎象者也：彖，通“断”，判断。《周易》中总论卦义的提要。系辞的作者称卦辞为彖，非《彖传》之“彖”。《韩注》曰：“彖，总一卦之义也。”

②爻者，言乎变者也：爻，指爻辞。《系辞》作者称“爻”，非爻画之“爻”。因爻辞属于爻画，故简称“爻”。《韩注》曰：“爻，各言其变也。”依《周易》传统筮例，以变动之爻的爻辞来判断吉凶，故曰“言乎变者也”。

③悔吝者，言乎其小疵也：《周易》所谓的“吉凶”，是对人们行为的得失情况的总结之言；而悔吝则相对吉凶而言，指德行方面有“小疵”。“小疵”尚能予以补救，所以在爻辞中常可以看到，“悔吝”之后就缀辞以“无咎”，以说明“小疵”之过是可以补救的。

④列贵贱者存乎位：位，指爻位。六爻的顺序是从下往上数，《易

传》的作者认为，爻位象征着人在社会中的地位，如《正义》所言："六爻之立，皆上贵而下贱。"故初爻为卑位，上爻为高位，二爻为臣民位，五爻为君位。

⑤齐大小者存乎卦：齐，陈列。俞樾曰："齐犹言列也。"《集解》引王肃曰："阳卦大，阴卦小。"八卦中的乾、震、坎、艮为阳卦，坤、巽、离、兑为阴卦，阳卦象征着君、男人、君子，故为"大"；阴卦象征着臣民、女人、小人，故为"小"。六十四卦，皆两卦相重而成，两个阳卦相重则为大，若为两阴卦相重则为小。

⑥辩吉凶者存乎辞：辩，借为"辨"，辨别。一卦之吉凶是通过卦爻辞来辨别的，故曰"存乎辞"。

⑦忧悔吝者存乎介：介，《韩注》曰："介，纤介也。"即细小、细微之义。如上句"悔吝者，言乎小疵也"所言，人们之所以有"悔吝"之事，皆在于他们忽略日常生活中的小过失。

⑧震无咎者存乎悔：震，震动。在卦爻中，悔，本有其吝，然"动"而悔过，则"无咎"。故"动"往往是悔过的表现。

【译文】

彖，是从整体上解释卦象的；爻辞，是用来解释爻位的变化情况的。吉凶，是用来说明处事中的得与失；悔恨与困难，是用来说明为人处事中的小过失。没有大的灾祸，是因为人们在处事中善于弥补自己的过失。所以陈列贵贱不同的方法存在于爻位之中，陈列大小不同的方法存在于卦体的大小之中，辨别吉凶的方法存在于具体的卦爻辞中，人们之所以有悔恨且遭受困难在于人们往往忽略小的过失所致，而人们在行动中能免于灾祸的方法在于对自己言行的悔过改错。所以卦体有小大之分，辞义有危险与平易之别；卦爻辞的意义，就在于它能指示给人们应该去的方向。

【评析】

以上为第三章，主要解析卦爻辞中常常出现的"吉、凶、悔、吝"所蕴含的意义，并指出它们产生的原因，故朱熹《本义》认为："此章释卦爻辞之通例。"而其中的"震无咎者存乎悔"，"无咎者，善补过者也"等含劝诫之义的哲理性说教，其实是将爻象中"避凶趋吉"的方法做了哲学性的解释。同时，因为《周易》本身所具有的这种特殊结构，又使得它在哲学观的阐释方法上异于其他的哲学。按照传统的哲学认识论，则先有世界观后有方法论，理论指导着实践，而《周易》的结构体系则是先有方法论后有世界观，世界观是建立在方法论之上的。也因此，它对实践与人生有着更切实的指导意义。

《易》与天地准，故能弥纶天地之道①。仰以观于天文，俯以察于地理，是故知幽明之故②；原始反终，故知死生之说③；精气为物，游魂为变，是故知鬼神之情状④。与天地相似，故不违⑤；知周乎万物，而道济天下，故不过⑥；旁行而不流⑦，乐天知命，故不忧；安土敦乎仁，故能爱⑧。范围天地之化而不过，曲成万物而不遗⑨，通乎昼夜之道而知⑩，故神无方而《易》无体⑪。

【注释】

①《易》与天地准，故能弥纶天地之道：准，标准。弥，普遍。《经典释文》引京房曰："准，等也。弥，遍也。"纶，《集解》引虞翻曰"络也"，即包络。就是说《周易》讲的道理与天地的道理相通，所以就能够普遍地包络天地之道。

②仰以观于天文，俯以察于地理，是故知幽明之故：天以日月星辰悬示天象如文章在天，故称"天文"。地有山川原隰，各有条理，故称"地理"。圣人善于观察宇宙万物，上可知天上之所以有光明，下可见地之所以有条理，故可以知天之明，知地之幽。

③原始反终，故知死生之说：原，推究其原。反，反求其理。生者为“始”，死者为“终”。推知其原始，求知其终究，则生死之理也就明了了。

④精气为物，游魂为变，是故知鬼神之情状：精气，指阴阳聚合着生灵之气。精气不依附于实物，则为“神”，即精神。游魂，指精气散去离开人身，故变而为“鬼”。《集解》引郑玄曰：“精气谓之神，游魂谓之鬼。”实际上，《系辞》所言的“鬼”和“神”是指阴阳二气在人和事物间的变化情况，并非民间之所谓“鬼神”。

⑤与天地相似，故不违：不违，即不违背自然规律。指圣人之德与天地相似，是顺应而不是违背天地自然之理。

⑥知周乎万物，而道济天下，故不过：济，成功。《尔雅·释诂》曰：“济，成也。”过，过失。这说明圣人因通《周易》之理，广知天下万物之理，就能以其真理成就天下万物，所以没有过失。

⑦旁行而不流：旁，《说文》“溥也”，即分布。指圣人处事旁通而不流于滥淫。

⑧安土敦乎仁，故能爱：安，安于所居之地。敦，敦厚，仁爱。指圣人能安分于所处的环境，敦厚其仁爱之心，博爱天下之人。

⑨范围天地之化而不过，曲成万物而不遗：范围，指模拟效法，周备。《集解》引《九家易》曰：“范者，‘法’也；围者，‘周’也。”化，变化。过，过失。曲，细致周密。遗，遗失。此句言《周易》包容天地万物化育之理，细致周密地成就天地万物，故无所遗失。

⑩通乎昼夜之道而知：昼夜之道，即一阴一阳之道。知，同“智”，即智慧。通晓昼夜变化的规律实际就等于通晓阴阳之道的规律，所以也就充满智慧。

⑪故神无方而《易》无体：神，神妙，神明。无方，无一定之方位。无体，无确定之具体。神妙之道，变化莫测，故“无方”、“无体”。

【译文】

《易经》中所蕴含的道理与天地之间存在的道理相似，所以《易》也就能无所不包地涵盖天地间的道理。而运用《周易》所包含的道理去仰观天上日月星辰所垂示的天文，俯察大地上的山川原野所表现的条理，就能从中了解幽隐无形与明显有形的来龙去脉；推究事物开始的情况，求取万物终结的情况，就可以知道生与死的道理；精气聚集在一起就会变成人身和生物，反之，精气游离于魂魄之外就会改变这种情况，所以通过这种变化就可以了解所谓的鬼神之形状与情况。明白了《周易》所含的道理与天地之间的道理相类似，做起事来就不会违背自然规律；知识能遍布万物之理，就会运用其中的道理成就天下的事业，行为也不会有大的过失；处事应变旁通而不流于滥淫，安于天道，知其天命之变数，就没有忧愁；安分于所处的环境敦厚其仁爱之心，所以才能博爱天下之人。《周易》包容天地之变化的自然规律，细致周密地成就天地万物而无所遗失，通晓阴阳变化的规律而充满智慧。所以说神妙的变化之道，不会拘泥于一种方法，而《易》道的变通也不会局限于一个卦体中。

【评析】

以上为第四章。第三章主要是论述卦爻辞之义，此章则论述卦体之美。其美在“弥纶天地”、“曲成万物”的博大精神，在“道济天下”、“安乐敦仁”的博爱胸怀，在“旁行不流”、“乐天知命”的博大精深。

一阴一阳之谓道①，继之者善也②，成之者性也③。仁者见之谓之仁，知者见之谓之知，百姓日用而不知，故君子之道鲜矣④。显诸仁，藏诸用⑤，鼓万物而不与圣人同忧⑥，盛德大业至矣哉！富有之谓大业⑦，日新之谓盛德⑧。生生之谓易⑨，成象之谓乾，效法之谓坤⑩，极数知来之谓占⑪，通变之谓事[12]，阴阳不测之谓神[13]。

【注释】

①一阴一阳之谓道：道，指事物发展的客观规律性。一阴一阳，谓对立矛盾，二者即相互依存，又互相转化，它们贯穿于整个事物的发展变化之中，故以“道”名之。

②继之者善：继，承继，连续。善美者能继，故曰“继之者善”。

③成之者性：性，谓本质属性。欲成就其物就不能违背其本性，故曰“成之者性”。

④君子之道鲜：鲜，少，不多。君子之道，通达兼容，故能知者少。

⑤显诸仁，藏诸用：显，显现。藏，隐藏。阴阳之道显现在它成就万物的仁爱之心上，故曰“显诸仁”；而其之所以成就万物则不显现，故曰“藏诸用”。

⑥鼓万物而不与圣人同忧：阴阳之道的功用是能鼓动万物，使之化育，故云“鼓万物”。然“道”以虚无之体化育万物，故知其为而不知其忧；圣人以有体而化物，故有经营之忧。正如《老子》曰：“吾所以有大患者，为吾有身，及吾无身，吾有何患?”“道”无身，故“无忧”，圣人有身，故有忧。

⑦富有之谓大业：圣人效法天地阴阳之道，广大悉备，万事富有，所以谓之“大业”。

⑧日新之谓盛德：圣人旁通变化，又日日增新其德，所以德能盛极，故谓之“盛德”。

⑨生生之谓易：生生，生而不绝之义。易，变易。前死而后生，新陈代谢，变化不已，生生不已，变化改易，此皆得之于阴阳转变之中。

⑩成象之谓乾，效法之谓坤：此言《易》道在天成象，乾为天，在地成形，坤为地。天地之道皆可从“乾”象、“坤”法中得知。

⑪极数知来之谓占:极,极尽。占,古人用龟甲、蓍草等预测吉凶的方法。指《易》穷极蓍策之数,就可预知未来事,占问吉凶,故谓之“占”。

⑫通变之谓事:通晓变化之道,才能知吉凶,知吉凶才能做好事情,故曰“通变之谓事”。

⑬阴阳不测之谓神:阴阳变化,有必然性也有偶然性,有能测者也有不能测者,其不能测者,唯有神明可知。如《韩注》所言:“神也者,变化之极,妙万物而为言,不可以形诘者也,故曰‘阴阳不测’。”

【译文】

一阴一阳的矛盾对立和变化统一就是事物发展的“道”即规律性,继承这个“道”的是美善,而成就这个“道”的则是事物内在的固有本质。有仁爱之心的人从这个“道”中发现的只是“仁爱”,有智慧的人从这个“道”中发现的只有“智慧”,百姓在日常生活中每天都在运用此“道”却茫然不知,所以通达兼容的君子之“道”就更少为人所知了。阴阳之道往往显示在成就万物的仁爱之心中,隐藏在日常运用之中,“道”能鼓动化育万物,但是,因为它是纯然客观的自然体,故不像圣人一样有忧虑,由此可以看出,阴阳之“道”的盛美德行和宏大功业是多么的崇高而又博大。富有万事万物就可以称作是“大事业”,每日都能使事物有新的面貌,这就是“道”育万物的盛大美德。生生不灭就是阴阳相互转化产生的“变易”,能呈现天象就称作“乾”,能效法地势就称作“坤”,能穷极蓍策之数预知未来之事就称作“占筮”,能通晓阴阳变化然后采取行动就称作“做事”;阴阳变化莫测、微妙难识就称作“神”。

【评析】

以上为第五章。“道”在中国古代哲学中,是一个深刻而又广泛的命题。《老子》说“道,可道,非常道”,就是因为“道”没有具体可观的形象,有的只是融入事物千变万化的道理,所以它只能被人们认识,而不能为人触摸到，“道之为物，惟恍惟惚”。同样《周易》中所说的阴阳之道也存在于一切事物的发展过程中，只有在经历了长期的揣测之后，人们才能逐渐发现一些事物发展的必然联系及其规律和特征。于是，中国的古人通过普遍联系的方法找到了事物之间的对应性规律，即借用蓍策之数认知事物的奥秘，以期达到神妙难测的智慧境界。

夫《易》，广矣大矣，以言乎远则不御①，以言乎迩则静而正②，以言乎天地之间则备矣。夫乾，其静也专，其动也直，是以大生焉③。夫坤，其静也翕，其动也辟，是以广生焉④。广大配天地，变通配四时，阴阳之义配日月，易简之善配至德⑤。

【注释】

①以言乎远则不御：不御，犹言“无止境”。《集解》引虞翻曰：“御，止也。”因为《易》道广涉万物，通而无阻，故曰“以言乎远则不御”。

②以言乎迩则静而正：《说文》曰：“迩，近也。静，审也。”《易》道能远也能近，因为“近”，所以能在宁静中得其精审之理。

③夫乾，其静也专，其动也直，是以大生焉：乾为天，其德刚健，宁静专一，其震动“大”而“直”，所以“大”生于天。

④夫坤，其静也翕，其动也辟，是以广生焉：翕，收敛，合拢。辟，打开，张开。这是指坤道阴柔，有静闭之时，有开动之时，动静之间，开合之中，才能生育万物。

⑤易简之善配至德：易，平易。简，简约。此指《易》道“平易”、“简约”，仁善之性与“广生”之德相配，则可以达到配天地、日月、四时的“至德”境界。

【译文】

《周易》的内容是多么的广泛而又博大，用它来象征和论说远处的事物则没有止境，用它来论说近处的事物则精审而正确，用它来论说天地之间的事物则万物尽在其中。象征阳刚正气的“天”，当它静止的时候是宁静专一，当它发动起来则刚直正大，所以伟大的精神和力量就产生于“天”。象征阴柔的“地”，当它静止的时候就处于闭合隐藏的状态，当它兴然而动时就开通了生气，所以能广生万物于其中。《易》道博大可以与天相配，而其宽广可以与地合，阴柔与阳刚的变化与交通可以配合四季变化的规律，阴柔与阳刚所产生的作用和意义可以与太阳和月亮相匹配，它平易而又简约，其美善能与至高无上的美德相配合。

【评析】

此章为第六章，开章即言《易》道广大。“大”可以与天配，“广”可以与地合。天地之道，均有动有静，天能“大”生，地可“广”生。但是，它们皆以“易简”行其道，故可以“配至德”。

子曰：“《易》，其至矣乎！夫《易》，圣人所以崇德而广业也。知崇礼卑①，崇效天，卑法地。天地设位，而《易》行乎其中矣②。成性存存，道义之门③。”

【注释】

①知崇礼卑：知，同“智”，智慧。智慧贵在崇高，礼仪贵在谦卑。

②天地设位，而《易》行乎其中矣：天在上，地在下，故曰“天地设位”。天地变化则万物生于其中，如《韩注》曰：“天地者，《易》之门户，而《易》之为义，兼周万物，故曰‘行乎其中矣’。”

③成性存存，道义之门：成性，谓万物成之以性而不失其性。存存，谓存而又存。如《本义》曰：“成性，本成之性也；存存，谓存而又存不已之意也。”圣人既能“成性存存”，使物开通得宜，则能通“道义之门”。

【译文】

孔子说："《易》的道理应该是至善至美的吧！《易》，是圣人用来崇高道德而广大事业的。智慧贵在崇高，礼节贵在谦卑，崇高仿效天道，谦卑效法地情。天地设立了尊贵与卑下的位置，而《易》的道理就运行于其中。能成就其万物之性而不要伤害万物之性，能永恒地保存万物的存在而不要损伤万物的存在，这样就会找到通向道义的门户。"

【评析】

本章为《系辞》第七章。主要赞美了圣人效法天地之道的微妙境界。实际上，这种微妙是指圣人在遵循天地之道时，既有顺应之德，又有化育之功。而实现这一境界的关键方法是抓住事物的主要矛盾和特征。

圣人有以见天下之赜①，而拟诸其形容，像其物宜②，是故谓之象。圣人有以见天下之动，而观其会通，以行其典礼③，系辞焉以断其吉凶，是故谓之爻。言天下之至赜而不可恶也④，言天下之至动而不可乱也⑤。拟之而后言，议之而后动，拟议以成其变化⑥。

【注释】

①圣人有以见天下之赜（zé）：赜，《正义》："谓幽深难见。"此处指深奥的道理。圣人智效天地，所以能发现天下深奥的道理。

②拟诸其形容，像其物宜：拟，比拟。形容，指物之形体面貌。像，象征。宜，适宜恰当。此句言圣人见天下之物理，就以《易》卦比拟其形态，象征其适宜之物象。

③观其会通，以行其典礼：会通，融会变通。典礼，典章制度。万物的变化总是有其相通的地方，典章制度的作用就是要以少制多，

一通百通，百事能定于一典，则为制度之妙用，不能多少事就定多少法。故法在简而不在多，多则繁，繁则乱，乱则违背创制制度的本意。

④言天下之至赜而不可恶：言，论述。恶，厌恶。即论述天下深奥的道理不可以有轻视厌恶的态度。

⑤言天下之至动而不可乱：至动，谓天下最复杂深刻的变动。不可乱，即不可妄谈乱说。

⑥拟议以成其变化：拟，比拟。议，审议。成，确定，决定。即圣人通过比拟、审议，就可确定变化之道。

【译文】

圣人发现天下之幽深难见的道理，就将它比拟于具体的形象与面貌，并以其作为适宜的物象本性的象征，所以称作“卦象”。圣人发现天下万物的运动变化，而观察其会合变通，从而推行管理社会众象的典章制度，于是在各爻之下系上爻辞以判断其吉凶，所以称作“爻”。论说天下幽深微妙的道理，不可以有鄙贱轻恶的态度；论说天下最复杂的变化和运动，不可以妄谈乱说。这是因为《易》比拟天下复杂的事物然后论说其中的道理，先审议这些道理然后才能揭示其运动规律，通过比拟和审议就形成了变化之道。

“鸣鹤在阴，其子和之。我有好爵，吾与尔靡之①。”子曰：“君子居其室，出其言善，则千里之外应之，况其迩者乎②？居其室，出其言不善，则千里之外违之，况其迩者乎？言出乎身，加乎民③；行发乎迩，见乎远。言行，君子之枢机。枢机之发，荣辱之主也④。言行，君子之所以动天地也，可不慎乎⑤？”

【注释】

①鸣鹤在阴，其子和之。我有好爵，吾与尔靡之：此句引自《中孚》之九二爻辞。

②况其迩者乎：迩，近。此言圣人之善言，虽远在千里之外都能得到人们的应和，更不要说在近处。

③言出乎身，加乎民：言，言论。圣人的言论出于自身，施加于民众，故不可不慎。

④枢机之发，荣辱之主也：枢机，谓弩弓之枢机。弩弓正中有臂，臂之下端置机，名曰弩机。弩机以铁制成小匣，中有枢柱与其他机件相连。射击时发动枢柱，箭即发出，故曰枢机。《易传》的作者以"枢机"来比喻言之所发。放箭是"开弓没有回头箭"，发言也是如此，说出的话再也无法收回，箭或中或否，犹如发言之或得或失，得则荣至，失则辱来，关乎荣辱，故《韩注》曰："枢机，制动之主。"

⑤君子之所以动天地也，可不慎乎：承上句，指君子用"言"来鼓动天地万物，所以君子不可不慎。《论语》君子"敏于行而讷于言"，慎言是儒学反复强调的做人道理，在此《系辞》引用孔子对《中孚》九二卦爻辞的解释来说明言行对君子的重要性。

【译文】

"老鹤在树荫下鸣叫，小鹤应和着。我有甘甜的美酒，我与你来共同享用它。"孔子说："君子居住在家，若他说出的道理是合理而美妙的，那么千里之外也会有人应和，更何况邻近地方的人呢？若居住在家，所讲说的道理不是合理而美妙的，那么千里之外的人也会违背他，更何况邻近地方的人呢？言论出于自身，要施加于民众；行动在近处开始，远方的人也能看见。言行，犹如君子开合思想的枢机。枢机的开启，是荣与辱的关键。言行，是君子之所以鼓动天地万物的工具，怎么可以不谨慎呢？"

"《同人》先号咷而后笑[1]。"子曰:"君子之道,或出或处[2],或默或语。二人同心,其利断金[3]。同心之言,其臭如兰[4]。""初六,藉用白茅,无咎[5]。"子曰:"苟错诸地而可矣[6],藉之用茅,何咎之有?慎之至也。夫茅之为物薄,而用可重也。慎斯术也以往,其无所失矣。"

【注释】

①《同人》先号咷而后笑:此句引自《同人》之九五爻辞。

②或出或处:或,这里指"有时"。出,出动。处,安处。

③二人同心,其利断金:利,锋利。断金,斩断金属。此二句言二人同心,则无物不胜。以断金之利赞"同心"之善。

④其臭如兰:臭,气味。如兰,喻香馥如兰。

⑤初六,藉用白茅,无咎:此句引自《大过》之初六爻辞。

⑥苟错诸地而可矣:苟,如果。错,通"措",放置。《说文》:"措,置也。"承上句可知,置白茅于地垫衬祭品,使祭品洁净,这是对祭事慎重之至。此言君子遵循慎重之道,则行事可以无过失。

【译文】

"《同人》之九五爻说:和同于人,起先是痛哭号咷,后来又笑容满面。"孔子解释说:"君子为人处事的方法的是,有时要出门行动,有时要安静地处在自己所处的环境,有时要保持沉默,有时要发表意见。若两个人能同心同德,其力量就可以如切断金属的利刃一样强有力。心意相同而说出的话,其气味如同兰草一样芬芳。"《大过》卦的初六说:"用洁白柔软的茅草衬垫祭品,没有什么过错。"孔子说:"如果直接把祭品放置在地上也是可以的,而用洁白柔软的茅草衬垫祭品,又有什么过错呢?这样做只能说君子办事很谨慎。茅草作为一种物质是微薄的,而它的作用却是重大的。慎重地运用这种谨慎的方法而去做其他的事,也将会没有过失。”

“劳谦，君子有终，吉。”[①]子曰：“劳而不伐，有功而不德，厚之至也[②]。语以其功下人者也[③]。德言盛，礼言恭；谦也者，致恭以存其位者也[④]。”

【注释】

①劳谦，君子有终，吉：此句引自《谦》之九三爻辞。劳谦，有功劳而能谦虚。终，这里指好的结果。

②劳而不伐，有功而不德，厚之至也：伐，自我夸耀。《左传·襄公十二年》：“小人伐其技。”杜注：“自称其能为伐”。德，自以为有功德。

③语以其功下人者：指“劳谦君子”虽有其功，然甘居人下。

④谦也者，致恭以存其位者也：此句言谦虚之德在于致其恭敬，以存其位。

【译文】

《谦》卦之九三说：“有功劳而又谦虚，君子因此会有一个完美的结果，吉祥。”孔子说：“有功劳而不夸耀，有功德而不居功自傲，真可谓是仁厚至极。这说明君子有功德而又能谦虚地对处在下面的人以礼相待。道德贵在盛大，礼节贵在恭敬；而谦虚的含义，就在于对人恭敬以保存自己的地位。”

“亢龙有悔[①]。”子曰：“贵而无位，高而无民，贤人在下位而无辅，是以动而有悔也。”

【注释】

①亢龙有悔：此句引自《乾》之上九爻辞。

【译文】

《乾》之上九说："巨龙飞得过高就会招致悔恨。"孔子说："身居高贵之处而没有得到适当的位置，就会因为过高而失去民心脱离民众，贤明的人处在下位而得不到帮助，所以行动起来就会有悔恨。"

"不出户庭，无咎[①]。"子曰："乱之所生也，则言语以为阶[②]。君不密则失臣，臣不密则失身，几事不密则害成[③]。是以君子慎密而不出也。"

【注释】

①不出户庭，无咎：此句引自《节》之初九爻辞。

②乱之所生也，则言语以为阶：阶，阶梯。祸从口出，乱之所生，皆因言语不当所致。

③几事不密则害成：几，事之初。"几事"即"办事之始"。害成，有害于事成。

【译文】

《节》卦之初九说："不走出门户庭院之外，就不会有灾祸。"孔子说："危险与动乱的产生，往往是因为言语不谨慎所致。君王不谨慎就会失去大臣的拥护，大臣不谨慎就会失去生命，办事开始时不谨慎就会危害事情的成功。所以君子谨慎缜密而不轻易发言。"

子曰："作《易》者，其知盗乎？《易》曰：'负且乘，致寇至[①]。'负也者，小人之事也；乘也者，君子之器也。小人而乘君子之器[②]，盗思夺之矣。上慢下暴，盗思伐之矣[③]。慢藏诲盗[④]，冶容诲淫[⑤]。《易》曰：'负且乘，致寇至。'盗之招也。"

【注释】

①负且乘,致寇至:此句引自《解》之六三爻辞。

②小人而乘君子之器:小人,指庶民。负物为"小人"之事,车为君子所乘,负物而乘车,故曰"小人而乘君子之器"。

③上慢下暴,盗思伐之矣:慢,《说文》:"慢,惰也。"暴,强暴。若君上骄惰,下民强暴,则"盗寇思伐之"。此句为推论国家"致寇至"的原因。

④慢藏诲盗:慢藏,懒于收藏财物。诲盗,诱诲强盗来盗。此句为推论个人"致寇至"的原因。

⑤冶容诲淫:冶,妖冶。冶容,即妖冶其容貌。诲淫,诱诲淫者来淫。此句为推论女子"致寇至"的原因。

【译文】

孔子说:"创作《易》的人,大概了解盗贼的心理特点吧?《易》说:'背负着财物乘坐在大车上,这等于是自己招致贼寇到来。'自己背负东西,这是庶民的事务;乘车,这是君子的特权。以庶民之身份而乘坐君子才能乘的车,那么,就会导致盗贼思谋着抢夺。处在上位的人懈怠侮慢而处在下位的人骄横暴虐,就会招致强盗的侵伐。怠慢而不藏好财物就会引来盗贼,将体态装扮得妖冶、艳丽,就会诱发淫荡之心。《易》说:'背负着财物乘坐在车上,这等于是自己招致贼寇到来。'盗窃就是这样招引来的。"

【评析】

以上为第八章。内容主要有两个层次:其一,言圣人从《易》中取象,取象而用象,实际上也是赞美圣人的功德。其二,重点论述了君子如何对待"言语"的人生观,"敏于行而讷于言,就有道而正焉",这是儒家对人格的传统要求。在某种意义上,它不是人格的标准而是理想的人格。《易·坤》曰:"括囊无咎。"《道德经》讲:"多言数穷,不如守中。"如此等等,这些前贤先哲对言语的警世名言,已经成为人生的格言警示着人们“慎言语”。而本章《系辞》引用孔子对《中孚》九二卦爻辞的解释来说明言行对君子的重要性，使得儒家对言语的解释更是开张发挥到了极致。因为，它在以“慎言”、“讷言”的前提下，主要强调的是出言要“善”，要说“同心之言”。唯其如此，才将言语的要求从道德的标准运用到哲学的意义上来了。其三，以《中孚》、《同人》、《谦》、《节》、《解》卦为例，具体分析圣人怎样应用卦中的原理化育万物、指导人生。其中蕴含着丰富的文学意义和美学价值，同时也含有深刻的哲理启示和实践意义。

大衍之数五十，其用四十有九①。分而为二以象两②，挂一以象三③，揲之以四以象四时④，归奇于扐以象闰⑤；五岁再闰⑥，故再扐而后挂⑦。天数五，地数五⑧。五位相得而各有合，天数二十有五，地数三十⑨，凡天地之数五十有五⑩，此所以成变化而行鬼神也⑪。《乾》之策二百一十有六⑫，《坤》之策百四十有四⑬，凡三百有六十，当期之日⑭。二篇之策，万有一千五百二十，当万物之数也⑮。是故四营而成《易》⑯，十有八变而成卦⑰，八卦而小成⑱。引而伸之⑲，触类而长之⑳，天下之能事毕矣㉑。显道神德行，是故可与酬酢，可与佑神矣㉒。

【注释】

①大衍之数五十，其用四十有九：大，广大。衍，演算。《释文》引郑玄曰：“衍，演也。”先秦人称算卦为“衍”，汉人称算卦为“演”。按，大衍之数应为“五十有五”，疑“有五”二字在转写中脱去。《正义》引姚信、董遇云：“天地之数五十有五者，其六以象六画之数，故减之而用四十九。”用《易经》演算卦，需备有蓍草五十五

策，但只用四十九策。其余六策舍置不用者，以标明六爻之数。

②分而为二以象两：此为演算的第一营。第一步：在五十五根蓍草中，去除六根，余有四十九，然后合在一起，以象太极。再将四十九策蓍草分为左右两部分，然后，将右边之策置于案之右上方，在下以象地。以左手持左边之策，悬于上方以象天。“两”谓“两仪”，以象征天地。

③挂一以象三：此为演算的第二营。用右手从置于案之右上方之策中取出一根夹持在小指与无名指之间，悬挂于案上之策与左手所持之策之间，故曰“挂一”。所挂之一策如人立于天地之间，以配两仪，以象天、人、地“三才”，故曰“以象三”。

④揲(shé)之以四以象四时：此为演算的第三营半。揲，陆德明曰：“揲犹数也。”《说文》曰：“揲，阅持也。”即手持筮草每四根一组地分而数之，故曰“揲之以四”。四时，指四季。奇，谓四揲之后的余数。

⑤归奇于扐(lè)以象闰：此为第四营半。扐，指手指间。闰，闰月。筮算时，在“挂一”、“揲四”之后，将揲过之策（四策为一组）聚集在一起，置于案之左上方，以象“四时”。然后将所余之蓍草（或一策，或二策，或三策，或四策）夹持于无名指与中指之间，以象其闰月。

⑥五岁再闰：此为演算的第三营半。五岁，即五年。按古历法，前闰与后闰时间相差三十二个月，故五年之中有两次闰月，故曰“五岁再闰”。筮算时，在“归奇”之后，再用右手取原先置于案右之策，用左手每四策为一组的分而数之。

⑦再扐而后挂：此为第四营半。将揲过之策收集在一起，置于案左之第一次揲过之策的下方。然后，将所余之蓍草（或一策，或二策，或三策，或四策）夹持于食指与中指之间，此为“再归奇于扐”，以象五年之中有两次闰月。再取两次“归奇”之策，即第一

次“揲余”、“归奇”挂于手指之间的策数与第二次“揲余”、“归奇”挂于手指之间的策数，即所谓“后挂”。以上为一变。再将一变之后“揲过”之策（放在左案上下）的两部分蓍草合并为一（“揲余”之策不动），如上法数之，为二变。又将上下两部分蓍草并而为一（“揲余”之策不动），如上法数之，是为三变。三变始得其一爻。其结果则上下两部分蓍草之策数各有四种：九揲，有三十六策，为老阳之爻，按筮例为可变之阳爻，《易经》爻题“九”字即“九揲”之九，以标明其为可变之阳爻。七揲，有二十八策，为少阳之爻，按筮例为不变之阳爻。六揲，有二十四策，为老阴之爻，按筮例为可变之阴爻，《易经》爻题“六”字即六揲之六，以标明其为可变之阴爻。八揲，有三十二策，为少阴之爻，按筮例是为不变之阴爻。六爻始成一卦。

⑧天数五，地数五：天数五，指天一，天三，天五，天七，天九。地数五，指地二，地四，地六，地八，地十。《易经》以阳爻一画象天，故曰“天数为一”，以阴爻两画象地，故曰“地数为二”。一为奇数，推之则奇数三、五、七、九皆为天数。二为偶数，推之则偶数四、六、八、十皆为地数。

⑨五位相得而各有合，天数二十有五，地数三十：相得，犹言“相加”。合，犹言“和”，即算术中的“和数”。天数一、三、五、七、九，五位奇数相加，其和数为二十五。地数二、四、六、八、十，五位偶数相加，其和数为三十。

⑩天地之数五十有五：天地之数为二十五加三十，共为五十五。

⑪此所以成变化而行鬼神：成，犹言“定”。行，犹言“通”。根据《周易》筮法，筮得一卦，每爻不外四种：蓍草九揲，为可变之老阳爻，标以“九”字。蓍草七揲，是为不变之少阳爻，标以“七”字。蓍草六揲，是为可变之老阴爻，标以“六”字。蓍草八揲，是为不变之少阴爻，标以“八”字。四种数代表揲数。然后将六爻揲数相加，

得其总数。再从大衍之数(天地之数)五十五中减去揲数之总数,得其余数。然后从初爻往上数,数至上爻,再由上爻往下数,数至初爻,如此往还数之,数至某爻而余数尽,则某爻为宜变之爻。宜变之爻为“九”,则其阳爻变为阴爻,若为“六”,则其阴爻变为阳爻,爻变卦也变,故为“宜变之爻”。不变之爻为“七”、“八”,其爻不变,卦也不变。因为爻卦之变化以大衍之数而定。故曰“此所以成变化而行鬼神”。

⑫《乾》之策二百一十有六:《易经》六十四卦皆以变爻占测吉凶。《乾》卦六位爻数皆为可变之老阳爻,每爻蓍草九揲,每揲四策,共二百一十六策。

⑬《坤》之策百四十有四:《坤》卦六爻皆为可变之老阴爻,每爻蓍草六揲,每揲四策,共一百四十四策。

⑭凡三百有六十,当期之日:期,指一年。《乾》、《坤》两卦合计共三百六十策,与一年三百六十日之数相当。乾为天,坤为地。天地变化一年一循环,所以《乾》、《坤》两卦之策数就象征着天地变化循环之日数。

⑮二篇之策,万有一千五百二十,当万物之数也:战国时,《易经》已分为上下两篇,故曰“二篇”。《易》六十四卦,每卦六爻,共三百八十四爻,阳爻与阴爻各为一百九十二爻。一阳爻蓍草九揲三十六策。一百九十二阳爻则合为六千九百一十二策。一阴爻蓍草六揲二十四策。一百九十二阴爻则合为四千六百零八策。两者相加共一万一千五百二十策,与万物之数大约相当。此以《易》总策数来象征万物之数。

⑯是故四营而成《易》:四营,古有两说:其一,《集解》引荀爽曰:“营者谓七、八、九、六也。”七指少阳之爻,八指少阴之爻,九指老阳之爻,六指老阴之爻。《易》六十四卦皆由此四种爻象构成,爻之阴阳可变与不可变也由四种爻而定,故曰:“四营而成易。”其二,

《集解》又引陆绩曰:"'分而为二以象两',一营也;'挂一以象三',二营也;'揲之以四以象四时',三营也;'归奇于扐以象闰',四营也。"韩康伯之说与此说同。《正义》曰:"营谓经营,谓四度经营蓍策,乃成《易》之一变也。"两说均通。依前说,四营即"四象"。《易》六十四卦皆由四种爻象构成,故曰"四营而成《易》"。若依后说,"四营"指四次揲策方法。四次揲策为一变,三变成一爻,六爻成一卦。《易》六十四卦皆以四次揲策演成卦,故曰"四营而成易"。

⑰十有八变而成卦:有,通"又"。变,谓蓍草策数的演变。揲策时,三变成一爻,一卦六爻,故十八变成一卦。

⑱八卦而小成:八卦仅能象征各孤立之事物,而不能象征各种事物之关系,故为"小成"。

⑲引而伸之:伸,申。《尔雅·释诂》曰:"申,重也。"引而申之,指将八卦两两相重为六十四卦。

⑳触类而长之:触,犹言"遇"。长,增长。触类而长之,是指遇着同类之事物,则扩大其卦象以象征其物象及物象之间的关系。

㉑天下之能事毕:毕,尽。天下之能事毕,指天下之能事尽在《易》六十四卦中。

㉒显道神德行,是故可与酬酢,可与佑神矣:此言《易》能显示道、神、德。与,犹"以"。酬酢,应对报答,指古代宴会之礼节,主客之间以酒回敬,谓之酬酢,这里借指应付他人及事物。佑,佑助。

【译文】

博大精深的筮策之数有五十五根蓍草来演绎,而实用则为四十九根。任意地分为两部分以象征天地两仪,然后从中取出一根悬挂起来以象征天地人三才;每四根分成一组以象征四季,将"一仪"中揲算剩余的策数归放于左手无名指与中指间以象征闰月;因五年后会再次产生闰月,所以要将另外一仪演算剩余的策数当放于左手食指与中指间,之后，再起一卦，反复揲算。天的数字由一、三、五、七、九五位数字组成，地的数字由二、四、六、八、十五位数字组成，五位奇偶之数相加则各得其和数。天数相加为二十五，地数相加为三十，天地之数相加共计五十五，这就是《周易》运用数字变化而通于鬼神的奥妙境界。《乾》卦的筮策之数共计二百一十六策，《坤》卦的筮策之数共有一百四十四策，二者合计为三百六十策，相当于一年有三百六十天。《周易》上下二经的策数相加共有一万一千五百二十策，相当于万物之数。因此，通过分二、挂一、揲四、归奇四个演算步骤就形成《周易》中的一爻，策数变十八次后形成一卦，而每九变形成八卦中的一个卦形只能成为小的卦象。然后再将八卦牵引而相重后就形成六十四卦，遇到相应于卦象的事物就增长或扩大它所能象征的意义，这样，天下的事就全在《周易》中了。《周易》的奥妙就在于它能彰显天地运行的规律、筮数应验的神奇、成就万物的道德、慎密不乱的言行，所以运用《易》理就可以应付、处理万物，又可以佑助神化之功。

【评析】

以上为第九章。主要解析了用筮策演算《周易》卦象的数理方法。《系辞》的作者认为：筮策方法的每一个具体的动作和整个的方法都与天地万物相应相通，因而也就能包罗万象，将“天下之能事”囊括于《易》中。从中我们不难看出，不仅《周易》认识事物的观点是“数”，而且认识事物的方法也是“数”。以“数”推演出卦象的方法就是“筮术”。现在人们常常将《易经》简单地归结为古代哲学的一种，但是，如果我们将它与世界上现有的其他哲学比较就会发现，《周易》的世界观和方法论与其他的哲学有着明显的不同，因为还没有一种哲学像《易经》那样与数学有着如此紧密的联系。而且，正是这种不同，使它的起源与其他自然科学的实验一样将其理论体系建立在数理的基础之上，而不是像其他哲学那样将理论建立在推理之上。这种推理的过程，说到底，只是古人探索宇宙真理的一种精神而已。既然是将其视之为一种方法，这种方法本身并不代表真理，而是认知真理的途径和方式，故《易》道本身就是存在，无论人们是否去占验它，它都存在，只不过如孔子所谓的“不占而已矣”。荀子曰：“善为《诗》者不说，善为《易》者不占，善为《礼》者不相，其心同也。”故《孟子》善辩，通篇引《诗》而不言《易》，而程子断定：“知《易》者，莫如孟子。”《孟子》通篇提倡“王道”而不引《春秋》之言，而程子又曰：“知《春秋》者，莫如孟子。”天道、人道、地道皆相通，故《易》之用，一言以蔽之：“推天道以明人事。”既然从“天道”能推知“人事”，则人道也就是《易》道，故孟子不用《易》，因其知而不言。“善易者不占”，因其知《易》而“不占”。故武王举兵伐纣，占辞“大凶”，而太公视之为“枯骨朽木”而不用。王充《论衡》曰：“龟兆蓍数，常有吉凶，吉人卜筮与吉相遇，凶人与凶相逢，非蓍龟神灵知人吉凶，出兆见数以告之也。”实际上，筮者所得之吉凶之兆，并不是龟策之得，实为人之所得，凶者逢凶，吉人遇吉，有因必有果，皆因果之所以然。

子曰：“知变化之道者，其知神之所为乎①？”《易》有圣人之道四焉：以言者尚其辞②，以动者尚其变，以制器者尚其象，以卜筮者尚其占。是以君子将有为也，将有行也，问焉而以言，其受命也如响③，无有远近幽深，遂知来物④。非天下之至精，其孰能与于此⑤？参伍以变，错综其数⑥，通其变，遂成天下之文⑦；极其数，遂定天下之象⑧。非天下之至变⑨，其孰能与于此？《易》无思也，无为也，寂然不动，感而遂通天下之故⑩。非天下之至神，其孰能与于此。

【注释】

①知变化之道者，其知神之所为乎：神，神明。变化的道理在《易》中体现得很充分，从一阴一阳之爻变为万数之策，如神之所为，

故曰“其知神之所为乎”。

②以言者尚其辞：以，犹言“用”。尚，崇高。以《易》论事，需要崇尚卦爻辞蕴涵的意义，并用以判断是非得失。

③其受命也如响：受命，指《周易》受占筮者所问。《正义》曰：“谓蓍受人命，报人吉凶，如响之应声也。”

④遂知来物：来物，指未来之事。

⑤非天下之至精，其孰能与于此：至精，至为精妙。孰，谁。与，犹言“及”，达到，赶上。

⑥参伍以变，错综其数：参，三。伍，五。变，指爻变、卦变。错，交错。综，综合。数，指爻之位次。《易》各卦六爻之数交错综合，就形成爻与爻之关系。

⑦通其变，遂成天下之文：成，犹言“定”。天下，有本作“天地”。文，文采，文章，这里指卦爻辞。《正义》曰：“以其相变，故能遂成就天地之文。若青赤相杂，故称文也。”事物必有变，《易》以卦爻之变反映事物之变，故通晓卦爻之变，就能形成“天下之文”。

⑧极其数，遂定天下之象：极，穷尽。事物之间必有关系，《易》以卦爻之数反映事物之关系，故能穷尽《易》卦爻之数，则能定天下事物之象。

⑨至变：最复杂神妙的变化。

⑩《易》无思也，无为也，寂然不动，感而遂通天下之故：寂，静也。感，感应阴阳之变化。故，犹言“事”。《易》本身无思无为，寂静不动。人用《易》占事问吉凶，以诚心感之，则《易》能通天下之事。

【译文】

孔子说：“通晓变化道理的人，大概也会通晓神明所做的事吧？”《易经》含有四种圣人运用的道理和方法：应用言辞的人崇尚其中的辞章之美，用来指导行动的人崇尚其中的变化规律，用来指导制作器物的人崇尚其中的卦象和爻象，用来指导占卜决疑的人崇尚其中的卜筮原理。所以君子若有所作为，有所行动之时，就通过筮策来占问吉凶，然后再根据所占得的结果掌握自己的言行，而《周易》也能如同回声一样去响应占筮者的要求，无论是远近还是幽深，都能推演出未来事物的情状。若不是通晓天下最精深的道理，又有谁能做到这样呢？三变五变之后，再将各爻之数交错综合，会通变化之数，于是就形成天下的文采；极尽筮策之数，于是就确定天下之物象。若非天下最为复杂奇妙的变化，又有谁能做到这样呢？《周易》因为能宁静无思，清静无为，寂然不动，所以人用《易》占事问吉凶，就能敏感地通达于天地之事。若非天下最为神圣之物，又有谁能做到如此呢？

夫《易》，圣人之所以极深而研几也①。唯深也，故能通天下之志；唯几也，故能成天下之务；唯神也，故不疾而速，不行而至②。子曰"《易》有圣人之道四焉"者，此之谓也。

【注释】

①圣人之所以极深而研几：几，《释文》引郑玄曰："几，微也。"这里指微妙的《易》理。此言圣人穷究《易》理之深奥及其"几微"之变化。

②不疾而速，不行而至：疾，《广雅·释诂》："疾，急也。"《正义》曰："无思无为，寂然不动，感而遂通，故不须急疾而事速成，不须行动而理自至也。"《易》道如神，不疾就能速成，不行就能达到目的。

【译文】

《易》，是圣人以极为深奥精深的道理用于研习极其微妙的事物的一部书。只有精深的道理，才能会通天下的心志；只有研习微妙的道理，才能成就天下之事务；只有掌握《易》道的神妙，才能不用急急忙忙地做事，就能迅速地办成事情，不用亲自行动，吉祥的结果就会自然到来。孔子说“《易》具有圣人常用的四种道理和方法”，说的正是这个意思。

【评析】

以上是第十章，主要叙述了《周易》的“圣人之道”。《周易》因其本身“无思”、“无为”、“寂然不动”，所以能达到“至诚如神”的心灵通感境界，即“至精”、“至变”、“至神”；所以也就有了圣人提倡的四种社会功能“四尚”：“尚其辞”、“尚其变”、“尚其象”、“尚其占”。

天一，地二；天三，地四；天五，地六；天七，地八；天九，地十①。子曰：“夫《易》何为者也②？夫《易》开物成务③，冒天下之道④，如斯而已者也。”是故圣人以通天下之志，以定天下之业，以断天下之疑⑤。是故蓍之德圆而神，卦之德方以知⑥，六爻之义易以贡⑦。圣人以此洗心，退藏于密⑧，吉凶与民同患。神以知来，知以藏往⑨，其孰能与此哉？古之聪明睿知⑩，神武而不杀者夫⑪。是以明于天之道，而察于民之故，是兴神物以前民用⑫。圣人以此齐戒⑬，以神明其德夫。是故阖户谓之坤，辟户谓之乾，一阖一辟谓之变⑭，往来不穷谓之通，见乃谓之象，形乃谓之器，制而用之谓之法⑮，利用出入⑯，民咸用之谓之神⑰。

【注释】

①天一，地二；天三，地四；天五，地六；天七，地八；天九，地十：天以奇数为特征；地以偶数为特征。天有五个数字，地也有五个数字。

②夫《易》何为者也：承上句而问，指《易》为何要用这些数字来表示天地。

③开物：揭开事物真相，开启生灵之智慧。成务：成就事务。

④冒天下之道：冒，韩康伯曰："冒，覆也。"即覆盖包容天下之道。

⑤以断天下之疑：断，判断，断定。此说用蓍龟占卜，则《易》道能决断天下之疑。

⑥是故蓍之德圆而神，卦之德方以知：蓍，别称"蓍草"、"锯齿草"。《说文》："蓍，蒿属，生千岁三百茎，《易》以为数。"《说卦》曰："昔者圣人之作《易》也，幽赞于神明而生蓍，参天两地而倚数。"这里的"蓍"，是指用蓍草揲筮演算的方法。德，物质的性质。圆，圆通。《正义》曰："谓团圆之物，运转无穷已，犹阪上走丸也。蓍亦运动不已，故称圆也。"方，方正。知，同"智"。《正义》："且物方者，著地则安，其卦既成，更不移动，亦是止而有分，故卦称方也。"《正义》的意思是，"方"能分物而明，故而使人能够认识事物的本质特征。"圆"以天象尽其妙，"方"以地理见其智。此言蓍之形体则圆，其性质则神；卦之形体则方，其性质则智；因蓍与卦能预知来事，故称为神智。

⑦六爻之义易以贡：易，变化。贡，告知。韩康伯注曰："贡，告也。"

⑧圣人以此洗心，退藏于密：洗心，净化其心灵。《释文》曰："洗，京、荀、虞、董、张、蜀才作'先'，石经同。"《集解》也作"先"。王引之曰："作'先'之义为长。盖'先'犹导也。"《尚氏学》认为："'先'、'洗'古通用，《庄子·德充符》'不知先生之洗我以善邪'，与此'洗'义同。"退藏于密，《集解》引陆绩曰："而退藏之于心也。"此句言圣人以《易》理洗涤恶意而得其至诚之心，然后将筮算出的吉凶藏密于内心，为的是与民同患，不使百姓惊慌。

⑨神以知来，知以藏往：神，神妙。下"知"字，同"智"。藏往，指《易》中蕴涵着往事得失之理，可以为来日之借鉴。此二句是赞颂圣人利用《易》以成其"神妙"之智，以预知来事；又利用《易》以成其智，有知往察来的神明。

⑩睿：《说文》："睿，深明也。"知：同"智"。

⑪杀：残暴。

⑫兴：《广雅·释诂》曰："兴，举也。"神物：指蓍草。前：先导。

⑬圣人以此齐戒：《广雅·释诂》曰："齐，敬也。"戒，警惕。

⑭是故阖户谓之坤，辟户谓之乾，一阖一辟谓之变：阖，闭合。辟，打开。坤为地，此处"坤"指地阴之气。乾为天，此处"乾"指天阳之气。秋冬之时，万物入藏，地合如门之闭关，故曰"阖户谓之坤"；春夏之时，万物出生，天辟如门之开启，故曰"辟户谓之乾"。乾坤如万物之门，一闭一开，万物一入一出，是谓之变。

⑮见乃谓之象，形乃谓之器，制而用之谓之法：见，同"现"。器，器物。显现于天地之间的物质谓之"象"。具有形体的东西谓之器物。而人用其智慧与力量，制器形象而利用之，皆有方法可以遵循，故"谓之法"。

⑯利用出入：言圣人以利为用，或出或入，不能离开《易》道。《朱子语类》曰："利用出入者，便是人日常都离他不得。"

⑰民咸用之谓之神：人们都使用《易》象成就的器物，却浑然不知这些器物从何而来，妙然如神。

【译文】

天数一，地数二；天数三，地数四；天数五，地数六；天数七，地数八；天数九，地数十。孔子说："《周易》为什么会这样呢？这是圣人开通天下人的智慧，成就天下之事物，包容天下万物中蕴涵的道理，如此而已。"所以圣人用《周易》来会通天下人的意志和思想，以成就天下之事业，以决断天下之疑难。所以用来演算卦象的蓍草具有圆通而神奇的特征，而用来象征吉凶的卦体则具有方正而明智的特征。六爻的意义在于通过变化告知人们卦爻辞中所包含的吉凶。圣人以此来净化心灵，然后退而深藏于隐密之处，在吉凶方面则与百姓同忧同患。由此可知，神奇的《易》道不仅能预测未来的情况，同时还蕴涵着过去的经验教训，有谁能做到这样呢？只有古代聪明慧智、神明英武而不好残暴杀虐的君主才能达到如此境界。所以只有明白天地万物之道，才能清楚地了解民众的事情，所以圣人取神妙的蓍草来占验吉凶得失之理，又以此《易》理指导民用之事。圣人用《易经》以肃敬警惕，以神明其道德，所以关闭门户包藏万物叫"坤"，打开门户生成万物就叫"乾"，一闭一开称作"变化"，来来往往地变化无穷叫做会通；将变化的情况表现于具体的事物就叫做"形象"，具有形体的东西叫做"器物"，按照《易》理揭示的物象制作出器物就叫做"方法"，利用乾坤"闭合开启"的道理来出入于宇宙万物之中，民众都用《易》象造就的器物，却浑然不知这些器物从何而来，圣人对民众的教化和恩德真是奇妙如神啊！

【评析】

以上为第十一章。此章讲述了圣人如何运用筮策之数启发心智，以明其德，以决其疑，以成其业，以制其法，以利其民。《史记》太史公曰："自古圣王将建国受命，兴动事业，何尝不宝卜筮以助善！唐虞以上，不可记已。自三代之兴，各据祯祥。涂山之兆从而夏启世；飞燕之卜顺故殷兴；百谷之筮吉故周王。王者决定诸疑，参以卜筮，断以筮龟，不易之道也。"(《太史公自序》)善良的愿望总是要通过具体的方法才能实现。《系辞》对筮法的解释，目的不是教人如何演算卦象，而是想通过这样一种演算方法借以表现圣人居安思危的忧患意识和成业"利民"的善良愿望。

是故《易》有太极①，是生两仪②。两仪生四象③。四象生八卦④。八卦定吉凶，吉凶生大业⑤。是故法象莫大乎天地；变通莫大乎四时；县象著明莫大乎日月⑥；崇高莫大乎富贵⑦；备物致用，立成器以为天下利，莫大乎圣人；探赜索隐⑧，钩深致远⑨，以定天下之吉凶，成天下之亹亹者，莫大乎蓍龟⑩。是故天生神物，圣人则之⑪；天地变化，圣人效之；天垂象，见吉凶，圣人象之⑫；河出图，洛出书，圣人则之⑬。《易》有四象，所以示也⑭；系辞焉⑮，所以告也；定之以吉凶，所以断也。

【注释】

①《易》有太极：太极，宇宙之本体。老子名之曰“一”，《吕氏春秋·大乐》名之曰“太一”。因为《系辞》作者认为《易》包含着宇宙间最为根本的道理，象征着万物生成之本原，包括天地之最大、最高之物，故称为“太极”。

②是生两仪：两仪，即天地之法。《国语·周语》：“百官轨仪。”韦昭注：“仪，法也。”宇宙之本体太极变而为二仪，一为天，一为地，故曰：“是生两仪。”

③两仪生四象：四象，指四季之象。有天地然后生四时，故曰“两仪生四象”。按筮法说，则蓍草七揲为少阳之爻，以象征春天；由春往夏，还是阳气增长之时，故七揲为不变之阳爻。蓍草九揲为老阳之爻，以象征夏天；由夏往秋，是由阳气变阴气时，所以九揲为可变之阳爻。蓍草八揲为少阴之爻，以象征秋天；由秋往冬，是阴气增长之时，所以八揲为不变之阴爻。蓍草六揲为老阴之爻，以象征冬天；由冬往春，是由阴变阳之时，故六揲为可变之阴爻。少阳、老阳、少阴、老阴四种爻象以象征四时。

④四象生八卦：八卦由少阳、老阳、少阴、老阴四种爻构成，故曰“四象生八卦”。

⑤八卦定吉凶，吉凶生大业：八卦相重则成六十四卦，以蓍草占之则可从中断定吉凶之象。能趋吉避凶，则能成就大业。

⑥县象著明莫大乎日月：县，通“悬”，即悬挂。著，显著，显明。

⑦崇高莫大乎富贵：这里指卦中的九五之爻，其崇高则为君，其贵

则为王，其富则有天下。

⑧探赜（zé）索隐：赜，复杂，深奥。探赜，探讨事物之复杂深奥。索，求索。索隐，求索事物之隐晦难知。

⑨钩深致远：钩，钩取。钩深，钩取事物深奥之理。致，招致。致远，招致事物之深远。

⑩成天下之亹亹（wěi）者，莫大乎蓍龟：亹，勤勉的样子。亹亹，勤勉奋进。此句言成就天下勤勉奋进的，没有什么能超过蓍龟所蕴藉的智慧和意义。

⑪天生神物，圣人则之：神物，指蓍龟。则，效法，《广雅·释治》："则，法也。"此句言天生蓍龟两种神物，圣人取法于"蓍"，以确立筮法；又取法于龟，以造就卜法。

⑫天垂象，见吉凶，圣人象之：此言上天垂示天象以显示吉凶之征兆，或吉或凶，圣人摹仿天象，作六十四卦，其卦象也有吉有凶。

⑬河出图，洛出书，圣人则之：河，黄河。洛，洛水。据传说：伏羲氏时，有龙马负图出于河，身有文符如八卦状，伏羲氏取法图文而画八卦。夏禹时，有神龟出于洛水，背上有文字，禹取法之以作书。郑玄注引《春秋纬》云："河以通乾出天苞，洛以流坤吐地符。河龙图发，洛龟书感。《河图》有九篇，《洛书》有六篇也。"孔安国以为《河图》则八卦是也，《洛书》则九畴是也，《尚书正义》曰："《河图》者，一六居北为水，二七居南为火，三八居东为木，四九居西为金，五十居中为土，此大衍之数五十，其用四十有九，分挂揲归以成八卦，故云《河图》，则八卦也。"《洛书》者，戴九履一，左三右七，二四为肩，六八为足，五居中。此即《乾凿度》太乙下行九宫之法，而箕子据之以衍《洪范》，故曰"《洛书》，九畴也"。实际上，这些话都是在说《周易》与《河图》、《洛书》之间的关系。

⑭《易》有四象，所以示也：四象，少阳、老阳、少阴、老阴四象。四象以示事物之阴阳刚柔及其变化与否。

⑮系辞焉：在卦爻之下写上卦爻辞。辞，即卦爻辞。

【译文】

所以《周易》包含有宇宙生成的本体“太极”，由它生成天地阴阳“两仪”，由两仪生成象征四时的四种爻象，再由这四种爻象生成象征着天、地、雷、风、水、火、山、泽八种符号的八卦。八卦相重成六十四卦，是用来断定一件事物是吉是凶的演算系统，有了对吉与凶的判断就可以确立天下大业。所以效法物象没有什么比天和地更大；而变化与会通也没有什么比四季的变化更大；而高高悬起在天空之中显示光明的也没有什么比日月更大；而尊崇高尚也没有什么比九五的富贵更大；具备天下之物以使之有所用，建立成就天下之器以使其能有利于天下，没有谁能比圣人的功德更大；探索复杂事物，求取隐密事物，钩取近处而招致远方的事物，并用这些事物来断定天下之事的吉凶，使天下的人能勤勉努力做事，在这方面，没有什么能大过蓍策和龟卜的作用。所以大自然生成神奇奥妙的蓍草和灵龟，圣人效法其中原理；天地本来就存在着四季的变化，圣人就效法这些变化来创立与之相应的刑律政令；天上通过日月星辰等垂示含有吉凶征兆的天象，于是圣人模仿这些“天象”创作六十四卦的卦象以表示吉凶的情况；黄河中出现龙马背负着图示，洛水中出现龟背上图示，圣人效法这些图像制作八卦、九畴。《周易》有太阳、太阴、少阳、少阴四象，是用来显示事物之阴阳刚柔及其变化与否的；在每个卦、爻下系上文辞，是用来告知人们事物变化中的吉凶情况；而根据这些变化，文辞确定了吉凶的意思，这就是圣人所以用来判断吉凶祸福、得失悔吝的依据。

【评析】

以上为第十二章。此章言圣人受《河图》之启示，借蓍草之神灵，制定筮法，创作《易经》。圣人用《易》理仿效宇宙形成之过程，象征天地日月四时诸种现象之变化，探求复杂隐晦、深奥遥远之事物，然后定其吉凶，用以指导人们的行动。占筮之法一经圣人应用，就有了出神入化的功效。用今天的观点看待这些情况，我们可以认为，非“蓍”有其“神”，实圣人用“蓍”能“神”。《中庸》曰：“至诚之道，可以前知。国家将兴，必有祯祥。国家将亡，必有妖孽。见乎蓍龟，动乎四体。祸福将至，善必先知之。不善必先知之，故至诚如神。”古人借助卜筮方法以期先知的过程，实际上也是内容和形式统一的过程，其中的形式部分，即卜筮过程及其这种过程所因应的方法，就是要达到一个“至诚”的心理境界，因为当认识的心量聚集在一个目标上时，那么，那种“探赜索隐”、“钩深致远”的研究精神就能与认知对象达到统一。

《易》曰：“自天佑之，吉无不利①。”子曰：“佑者，助也。天之所助者，顺也；人之所助者，信也。履信思乎顺②，又以尚贤也。是以‘自天佑之，吉无不利’也。”子曰：“书不尽言，言不尽意。”然则圣人之意，其不可见乎③？子曰：“圣人立象以尽意，设卦以尽情伪④，系辞焉以尽其言。变而通之以尽利⑤，鼓之舞之以尽神⑥。”

【注释】

①自天佑之，吉无不利：此句引自《大有》上九爻辞。

②履信思乎顺：履，履行，践行。信，诚信。

③然则圣人之意，其不可见乎：承上句，“书不尽言，言不尽意”，则言圣人之意不可以见之书、言；启下句“圣人立象以尽意”，则说立象则可以见圣人之意。

④圣人立象以尽意，设卦以尽情伪：《正义》曰：“情谓情实，伪谓虚伪。”情伪，犹言诚实与虚伪。

⑤变而通之以尽利：变而使之通，则可以尽利之用。《集解》引陆绩曰：“变三百八十四爻使相交通，以尽天下之利。”

⑥鼓之舞之以尽神:《系辞》之美,可以悦百姓之心,百姓之心乐而顺之,如同受鼓舞的样子,则能尽神妙之道,非神明则不能如此,故曰“鼓之舞之以尽神”。

【译文】

《易》说:“来自上天的佑助,吉祥而无所不利。”孔子说:“佑助,就是帮助的意思。上天所帮助的人,是那些顺从正道的人;人所帮助的人,是那些笃实守信的人。能够履行诚信的人也就时时想着要顺从正道,又能以这种诚信的态度去尊重崇尚有贤德的人。所以说‘来自上天的佑助,吉祥而无所不利’。”孔子说:“书面上的文字不能完全表达作者想要说的话,而作者说出的话也不能完全表达其所思所想。”那么,圣人的思想,难道就不可以显现了吗?孔子说:“圣人创立象征性的图像以全面详尽地表达自己的思想,通过设立六十四卦象来揭示事物中的真假,又在每个卦、爻下系上文辞来完整详细地发表他们的言论。又变化出三百八十四爻来会通万物以全面地有利于天下,并用以鼓舞百姓以尽可能地发挥《周易》的神奇作用。”

乾坤,其《易》之缊邪[①]?乾坤成列,而《易》立乎其中矣。乾坤毁,则无以见《易》[②]。《易》不可见,则乾坤或几乎息矣[③]。是故形而上者谓之道,形而下者谓之器[④]。化而裁之谓之变,推而行之谓之通[⑤],举而错之天下之民谓之事业[⑥]。是故夫象,圣人有以见天下之赜,而拟诸其形容,象其物宜,是故谓之象。圣人有以见天下之动,而观其会通,以行其典礼,系辞焉以断其吉凶,是故谓之爻。极天下之赜者存乎卦;鼓天下之动者存乎辞[⑦];化而裁之存乎变;推而行之存乎通;神而明之存乎其人[⑧];默而成之,不言而信[⑨],存乎德行。

【注释】

①乾坤,其《易》之缊邪:缊,《王注》:“渊奥也。”即精微深奥之处。乾、坤既象征天地,又为一阴一阳,天地能生万物,《易》象征万物;阴阳为《易》六十四卦的基本元素。故所问即所答,乾坤实《易》之渊奥。

②乾坤毁,则无以见《易》:如乾坤毁灭,则无以见阴阳之矛盾对立,也无以知阴阳变化之《易》道。故曰“乾坤毁,则无以见《易》”。

③乾坤或几乎息:或,或者。几,几乎,将近。乾,为阳,为天。坤,为阴,为地。承上句,此言阴阳变化之道不可见,则乾坤也就将近于灭亡。

④形而上者谓之道,形而下者谓之器:道,道理,客观规律,此处指思想意识。器,器物。形而上者,谓处于实有形体之上的思想意识、理论方法、制度等。形而下者,如天地、动物、植物、器械等。《集解》李道平疏曰:“形而上者,无形者也,故谓之道。形而下者,有形者也,故谓之器。”

⑤化而裁之谓之变,推而行之谓之通:化,变化。裁,裁制。将道与器加以裁制,就谓之“变”。将道与器予以推行,就谓之“通”。

⑥举而错之天下之民谓之事业:举,犹言“取”,即“拿”。错,通“措”,即“措置”。用“道”与“器”施之于天下之民,使民皆能有用,则“谓之事业”。

⑦鼓天下之动者存乎辞:鼓,鼓动。辞,卦爻辞。此句言鼓动天下而使之动而有用,皆在于《易》之卦爻辞,因为通过卦爻辞能知吉凶得失。

⑧神而明之存乎其人:神,至诚若神。由诚而神,由神而明,则能明《易》,而能达到神而明,则非圣人不可,如《系辞下》曰“苟非其人,道不虚行”。若其人愚,则不能神而明之。

⑨默而成之,不言而信:天不言而四时成焉,《易》不言而能成万物,

如圣人之德行。《正义》曰:“若有德行,则得默而成就之,不言而信也。若无德行则不能然。”《重定费氏学》曰:“君子学《易》,贵默成其德行。”默,是定力的一种表现,心不能定,则浮躁轻狂,不能成就事业。故《大学》曰:“知止而后有定,定而后能静,静而后能安,安而后能虑,虑而后有得。”故“定”心“默”言,是儒家的心性之学,也是儒家所提倡的高远沉静的人格境界。

【译文】

乾坤,这两卦可以说是《周易》的精微深奥之处了吧?乾坤的创立与上下分列,其中也就象征着《周易》的基本原理。若是乾坤的卦象毁灭,那么也就无从发现《周易》的道理了。若《周易》的道理不可以发现,那么,乾坤化育万物的道理也就大概要接近停止或熄灭了。所以居于形体之上的意识形态叫做“道理”,而处在形体之下的客观物质叫做“器物”。化育而裁制万物的就称作“变化”,推广并实行这种变化的就叫做“旁通”,将《周易》中的这些道理用之于天下的民众就可以称之为事业。因此,所谓“象”,就是所以用来发现天下幽深复杂事物的象征性符号,将这些象征性的符号比拟成具体可观的形体和面貌,以象征其所对应的事物的意义,就称作“象”。圣人用来发现天下变动,并因此而观察其中的融会与变通,以有利于制定和实行典章制度、礼仪法度,并在三百八十四爻下系上判断吉凶的爻辞,所以就称作“爻”。使能够穷尽天下幽深难现道理的存在于卦象中,鼓舞天下万物振作运动的存在于卦爻辞中,化育而裁制万物的存在于卦爻的“变通”之中,推广并实行这种变化的存在于卦爻“旁通”之中,使《易》道神奇而又显明的则在于运用《周易》的人;静默潜修就会有所成就,无须言辞就能取信于人,则在于运用《周易》占验吉凶的人们的德行。

【评析】

以上为第十三章。此章言《易经》能充分反映人之思想、言论和社会活动,又能反映天地万物之变化,所以如能得其道,就如同得到上天的佑助一样。人类的事业在于灵活变通地利用“道”与“器”，这样《周易》卦爻象及卦爻辞就足以指导人们从事正当的事业。全章从内容上分为两层意思：其一，主要以“书不尽言，言不尽意”为前提，说明圣人“立象尽意”的用意。“象”，作为存在的形式，既有模糊的概念，又有朦胧的感觉，故能“尽意”的功效本身并不在于“象”，而在于人们的想象。因为想象超过了存在本身，所以，书不能尽其言，言也不能尽其意，能尽其意者只有圣人所立之“象”。其二，从形而上的“道”和形而下的“器”来说明“变通”的奇妙功效。在《周易》中，“变通”不是说教，而是可以实行的思想方法。“鲁将伐越，筮之”，得“鼎折足”。子贡占之以为凶，因为行用足，鼎而折足，故谓之凶。孔子占之以为吉，曰：“越人水居，行用舟不用足，故谓之吉。”鲁伐越，果克之。同样的卦象，子贡筮辞得之于书，故曰“凶”，孔子筮辞得之于理，故曰“吉”。故理不可尽言，此所谓“书不尽言”。虽然如此，“象”为人们的认知提供了一个对象，因而“象”是不可或缺的。但是，同样的认识对象，即同一个“象”并不能达到同一的认识结果，这些差异性也说明书中之“言”本身也不能极尽存在的意义，只有在认识对象与认识方法的对应与变通中去获得相对正确的结论，这种思想成就是将“形而下”的“器”变通成“形而上”的“道”，是否能达到这样认识，在具备了“象”这一认知对象后，一切都“存乎其人”，“存乎德行”，因为，当我们用知识培养人、塑造人时，知识的最高境界就是“道德”。

周易系辞下

八卦成列，象在其中矣；因而重之，爻在其中矣；刚柔相推，变在其中焉[①]；系辞焉而命之，动在其中矣[②]。吉凶悔吝者，生乎动者也[③]；刚柔者，立本者也；变通者，趣时者也[④]。吉凶者，贞胜者也[⑤]；天地之道，贞观者也[⑥]；日月之道，贞明者也[⑦]；天下之动，贞夫一者也[⑧]。

【注释】

①刚柔相推，变在其中焉：阳爻为刚，阴爻为柔，相推而互变，刚变柔是刚推去柔，柔变刚是柔推去刚。

②系辞焉而命之，动在其中矣：命，告知。《尔雅·释诂》："命，告也。"《易经》作者系卦爻辞于卦爻之下，以辞告知人们吉凶得失情况，人们行动的得失都是通过卦爻的变动来说明，故曰"动在其中"。

③吉凶悔吝者，生乎动者也：就是说吉凶悔吝这些事，皆出自人们的行动。而人们行动的得失则是通过爻位的变动得以体现。

④变通者，趣时者也：趣，趋，疾走。时，《易传》所谓"时"指当时之

具体形势、环境与条件。人行事有变通,则急趋以应当时的情况需要。而变通的具体体现就是要顺应其形势的变化,故曰“趣时者也”。

⑤吉凶者,贞胜者也:《集解》引虞翻曰:“贞,正也。”贞胜,以正当的方法和正直的品德取得吉利的结果。人事之吉凶在其事情本身是否正,正则胜而吉,不正则败而凶。

⑥天地之道,贞观者也:观,朱熹曰:“观,示也。”《尔雅·释言》:“观,示也。”贞观,即以“正”示之于人。天地之道本有其规律,这种规律有其必然性,故曰“正”,而天地之道就是以“正”示之于人。

⑦日月之道,贞明者也:贞明,因为有“正”而有光明。日月运行以其规律之“正”而“明”。

⑧贞夫一:夫,犹言“于”。贞夫一,即正于一。如《老子》所言:“天得一而清,地得一而宁。”若王侯二三其德,则不能治正天下。

【译文】

八卦形成而分列其相应之位后,对物质的象征也就在其中了;然后再将八卦两两相重后就形成六十四卦,则三百八十四爻就存在于其中了;柔爻与刚爻相互推移,变化的道理就存在于其中了;系卦爻辞于各卦、爻下告知人们吉凶后,人们行动得失的规律也就存在其中了。吉、凶、悔、吝皆体现于卦象与爻象的变动之中;阳刚与阴柔是确立六十四卦的根本;而卦中刚柔的变通,是为了趋向于适宜的时机。吉凶的变化,说明坚持正义的人会获得胜利;天地运行的规律是将“正义”显示给人们;日月运行的规律是将光明显示给人们;天下的运动规律告诉人们应当守正以专一。

夫乾,确然示人易矣[①];夫坤,隤然示人简矣[②]。爻也者,效此者也[③];象也者,像此者也。爻象动乎内,吉凶见乎外,功业见乎变[④]，圣人之情见乎辞[⑤]。天地之大德曰生[⑥]，圣人之大宝曰位[⑦]。何以守位？曰仁。何以聚人？曰财。理财正辞，禁民为非曰义[⑦]。

【注释】

①夫乾，确然示人易矣：确，坚定刚健的样子。《释文》引马融曰："确，刚貌。"易，平易。乾道平易，故能以刚健之德示人以平易。

②夫坤，隤（tuí）然示人简矣：隤，安然。《释文》引马融说："隤，柔貌也。"简，简约。坤为地，地静而能安，故《系辞》曰"安土敦乎仁"。又天圆地方，地方则止，止则能安。坤虽然能载生万物，然从其爻象而言，皆为阴柔之道，阴而无杂，故曰"简"。

③爻也者，效此者也：乾之"确"而"易"，地之"隤"而"简"，皆从爻象得以体现。效此者，谓用爻象效法天地之道。

④爻象动乎内，吉凶见乎外，功业见乎变：爻象变动于卦内，吉凶表现于卦外，因人依据爻象之变采取趋吉避凶之措施始能成其功业，所以人之功业则见之于爻象之变。

⑤圣人之情见乎辞：情，谓思想感情。辞，指卦爻辞。圣人的情感从卦爻辞中得以体现。

⑥天地之大德曰生，圣人之大宝曰位：天地生育万物，故称其"德大"。"不在其位，不谋其政"，圣人因有位而有政权，有政权则能建功业；无位则无政权，无政权则不能建功业。所以正当适宜之位是圣人之大宝。

⑦理财正辞，禁民为非曰义：理财，指圣人治理财政，用之以节。辞，制度法令之条文。正辞，指正定号令之辞，然后禁约其民为非法、非礼之事，勿使行恶，如此，可谓之"义"。

【译文】

乾的特征，是坚定刚健地将平易展示给人们；坤的特征，是柔顺安然地将简约显示给人们。卦之爻，就是仿效刚与柔变动；卦之象，就是模拟事物的形象。爻与象变动于卦体之内，吉凶则表现于卦体之外，功绩与事业表现于爻象变动之中，圣人的思想和情感则表现在卦爻辞里。天地的宏大恩德润泽、生育万物，圣人的重大珍宝在于得到适宜的位置。用什么来坚守重要的位置呢？应当是仁爱之心。用什么来聚集人呢？应当是财物。治理财政，正定号令，禁止民众为非作歹就是“道义”。

【评析】

此为《系辞下》第一章。此章首论《周易》的意蕴与功用，次论圣人守位治民之要点。其中“贞夫一者也”，既揭示出易道简易的特征，又点明君子治民的要则。这个要则就是人心定于一则诚。“至诚如神”，故定于“一”，是儒家人格修养在心性方面的最高要求。对于自身之外的事，“定于一”就更重要了，如《老子》有言：“天得一以清，地得一以宁，神得一以灵，谷得一以盈，万物得一以生，侯王得一以为天下正。”治国理政，当以一统万，以简驭繁，反之，多则乱，乱则不能治。因此，“一”不仅是万物的本原，而且是至诚的精神，有了这种精神，就会通万物而顺民心。

古者包牺氏之王天下也①，仰则观象于天，俯则观法于地②，观鸟兽之文，与地之宜③，近取诸身，远取诸物，于是始作八卦④，以通神明之德，以类万物之情⑤。作结绳而为罔罟，以佃以渔，盖取诸《离》⑥。包牺氏没，神农氏作⑦，斲木为耜，揉木为耒⑧，耒耨之利，以教天下，盖取诸《益》⑨。日中为市⑩，致天下之民，聚天下之货，交易而退⑪，各得其所，盖取诸《噬嗑》⑫。

【注释】

①包牺：古书多作伏牺或伏羲，是传说中的文化始祖和氏族领袖。

②仰则观象于天，俯则观法于地：雷风日月在天为象，故曰“观象于天”。法，法则。草木鱼虫，河海川泽在地，故曰“观法于地”。

③观鸟兽之文，与地之宜：此句言圣人始作八卦时，极其细致地观察天地之物，察看鸟兽之文，还有与其地相适宜的植物、动物之情况而画八卦以象之，如震为龙、为竹、为雷，乾为天、为马、为玉，坤为地、为牛，兑为羊、为泽等。

④近取诸身，远取诸物，于是始作八卦：取诸身，如乾为首，坤为腹，坎为耳等。取诸物，如巽为风，离为火之类。此句言包牺氏画八卦时，观察天象、地法、鸟兽、草木、人身、器物等，分为八类，画八卦以象之。

⑤以通神明之德，以类万物之情：通，会通。德，性质。类，分类。情，情况。包牺氏画八卦，对相同性质的物质，则以同一卦形代表，以会通天地万物的神明之德。据《系辞》可知，圣人画八卦，是通过对宇宙万物的观察、分析、综合后，画出了八个符号以代表八类物质。至于何人重为六十四卦，《系辞》没有明确的说法，而下文谓包牺：“作结绳而为罔罟，以佃以渔，盖取诸《离》。”又曰：“神农氏作，斲木为耜，揉木为耒，耒耨之利，以教天下，盖取诸《益》。日中为市，致天下之民，聚天下之货，交易而退，各得其所，盖取诸《噬嗑》。”这些说法足证《系辞》作者认为作重卦的人也是包牺氏。王弼、虞翻、陆德明、孔颖达等皆谓伏羲重为六十四卦，此说与《传》意合。

⑥作结绳而为罔罟（gǔ），以佃以渔，盖取诸《离》：罔，同“网”。罟，古人用以统称“网”。《释文》引马融曰：“罟犹网也。”佃，通“田”。《释文》：“佃本亦作田。”即打猎。古人捕鸟兽也常用网罗。渔，捕鱼。盖取诸《离》，离为绳。《离》（䷝）是两离相重，象重绳结

网，故曰包牺取象于《离》而作网罟。

⑦神农氏作：神农，古代传说中的三皇之一。作，兴起。

⑧斲(zhuó)木为耜(sì)，揉木为耒：斲，《说文》："斲，斫也。"即砍削。耜，古代翻土犁地的农具。揉，用火烤软后使木弯曲。耒，《说文》："耒，手耕曲木也。"耒即犁，耒与犁一声之转。

⑨耒耨(nòu)之利，以教天下，盖取诸《益》：耨，本指用来锄草的锄，这里用作动词，即锄草。利，即好处。《益》(䷩)是上巽下震，《说卦》曰："巽为木。"又曰："震，动也。"二者合起来解释则《益》的卦象是"木动"。耒耜以木制成，动而耕田，所以说神农创造耒耜盖取象于《益》卦。

⑩日中为市：《噬嗑》(䷔)是上离下震。《说卦》曰："离为日。"又曰："震，动也。"那么，《噬嗑》之卦就象征着人在日下动。日中为市，众人在日下往来。按卦象，"震为苍筤竹、为萑苇、为蕃鲜"，离为贝类，西周以贝为货币。货物与货币在"日中"公平明白地交易，故曰"日中为市"。

⑪交易而退：《噬嗑》卦三、四、五、上爻皆不正，三往交四，则四退至三，五与上交，则上退于五，故曰"交易而退"。

⑫各得其所，盖取诸《噬嗑》：《噬嗑》退而各得其正而成《既济》(䷾)，故曰"各得其所"。所以说神农创造市场，大概是取象于《噬嗑》卦。

【译文】

上古的圣人包牺氏治理天下时，抬头仰望天空中的天象，俯身观察形成地形的法则，观看飞鸟、走兽身上华丽的文饰，以及与地情相适宜的种种动物、植物，在近处则从身体上取其象征，在远处则从各类事物中取其象征，于是创立了八卦，用来会通神明的美德，用来归类天下万物的情态。包牺氏发明了编结绳子并用其编织成罗网，用它来打猎和捕鱼，这大概是吸取了《离》卦之中虚外实的形象特征。包牺氏去世后，神农氏兴起，他砍削树木制成犁地的耜，又将树木用火烤软后弯曲成耜上端的曲柄，而将这些翻土除草的好处，教给天下的人们，大概是吸取了《益》卦中的木体入而下动的特征。又在中午时分设立市场交易，使天下的百姓来到市场，使天下的货物聚集于市场，使他们相互交易货物后退回家中，各自取得自己需要的货物，这大概是吸取了《噬嗑》卦中的日下有震动、各取所需的象征性意蕴。

神农氏没，黄帝、尧、舜氏作①，通其变，使民不倦②，神而化之，使民宜之③。《易》穷则变，变则通，通则久。是以"自天佑之，吉无不利"。黄帝、尧、舜垂衣裳而天下治④，盖取诸《乾》、《坤》⑤。刳木为舟，剡木为楫⑥，舟楫之利，以济不通，致远以利天下，盖取诸《涣》⑦。服牛乘马，引重致远，以利天下，盖取诸《随》⑧。重门击柝，以待暴客，盖取诸《豫》⑨。断木为杵，掘地为臼，臼杵之利，万民以济，盖取诸《小过》⑩。弦木为弧，剡木为矢，弧矢之利，以威天下，盖取诸《睽》⑪。上古穴居而野处⑫，后世圣人易之以宫室，上栋下宇，以待风雨，盖取诸《大壮》⑬。古之葬者，厚衣之以薪⑭，葬之中野，不封不树，丧期无数⑮。后世圣人易之以棺椁，盖取诸《大过》⑯。上古结绳而治⑰，后世圣人易之以书契⑱，百官以治，万民以察，盖取诸《夬》⑲。

【注释】

①黄帝、尧、舜氏作：黄帝、尧、舜皆为上古氏族领袖。

②通其变，使民不倦：《正义》曰："事久不变，则民倦而穷。今黄帝、尧、舜之等，以其事久或穷，故开通其变，量时制器，使民用之日

新，不有懈倦也。”变而通其用，如作舟楫、服牛乘马等皆因变通而来，用之则可使民无倦怠。

③神而化之，使民宜之：此句言黄帝、尧、舜通于事物之变化，使民利用不厌，加以神妙之改作，使民利用皆宜，各得其宜。

④垂衣裳而天下治：裳，古人下身穿的衣裙。上古之人以兽皮为衣，短而小，后经圣人“神而化之”，则丝麻布帛以为衣，衣长而垂，故曰“垂衣裳”。《正义》曰：“‘垂衣裳’者，以前衣皮，其制短小，今衣丝麻布帛所作衣裳，其制长大，故云‘垂衣裳’也。”《集解》引《九家易》所言：“黄帝以上，羽皮革木以御寒暑，至乎黄帝始制衣裳，垂示天下。”衣丝麻布帛，实为人类文明变通之进步，故垂衣裳示文明之象。

⑤盖取诸《乾》、《坤》：《乾》为天在上，以象其衣在上；《坤》为地在下，以象其裳在下。《集解》引《九家易》曰：“衣取象《乾》，居上覆物。裳取象《坤》，在下含物也。”黄帝、尧、舜创制衣裳实际上是取象于《乾》、《坤》两卦。

⑥刳(kū)木为舟，剡(yǎn)木为楫：刳，挖空，挖掘。剡，尖利。《说文》：“剡，锐利也。”这里作动词，削尖。楫，划船的桨。

⑦舟楫之利，以济不通，致远以利天下，盖取诸《涣》：《尔雅·释言》：“济，渡也。”《涣》(䷺)是上巽下坎。《说卦》曰：“巽为木。”又曰：“坎为水。”则《涣》之卦象是木在水上，以渡其坎水之险，故曰“以济不通”。此句言黄帝、尧、舜以木为舟楫，浮行于水上，大概是取象于《涣》卦。

⑧服牛乘马，引重致远，以利天下，盖取诸《随》：服，驾驭。乘，乘坐，驾驭。用牛马驾车，以运重物，则能行远路。《随》(䷐)上兑下震，即前兑后震。按古代当有“兑为畜牲”之说，《说卦》未载。因兑为泽，泽处于最卑下之地，畜牲为卑下之物，故兑为畜牲。又古代有震为车之说，如《国语·晋语》：“震，车也。”《说卦》未

载。然则《随》卦的卦象是畜牲在车之前，就是牛马在前牵引车。按，《易传》的意思是黄帝、尧、舜使人驾牛马以拉车大概是取象于《随》卦。

⑨重门击柝（tuò），以待暴客，盖取诸《豫》：柝，古代巡夜打更的梆子。《释文》引马融曰："柝，两木相击以行夜。"暴客，指盗贼。《豫》（䷏）是震上坤下。《说卦》曰："震为雷。"又曰："震，动也。"雷为动而有声之物。坤为地，则《豫》之卦象是动而有声之物震行于地上。人击柝以巡行于地上，防备"暴客"，也是动而有声之物行于地上，故《易传》作者推测黄帝、尧、舜创立击柝巡夜，大概是取象于《豫》。

⑩断木为杵，掘地为臼，臼杵之利，万民以济，盖取诸《小过》：杵，舂米、捣衣用的棒槌。臼，舂米的器具，古时掘地为臼，后多以木、石制成。《说文》："臼，舂也。古者掘地为臼，其后穿木石。"《小过》（䷽）上震下艮。震为雷、为木，即动而有声之木。《说卦》曰："艮为果蓏（luǒ）。"《集解》引宋衷曰："木实谓之果，草实谓之蓏。"百谷也是草类，故百谷之实也为蓏。由此可知，艮也象征着"谷实"。因此，《小过》的卦象就象征着动而有声之木震动于谷实之上。置谷实于臼中，持杵捣之，正是动而有声之木动在谷实之上。所以说黄帝、尧、舜创制杵臼，应取象于《小过》卦。

⑪弦木为弧，剡木为矢，弧矢之利，以威天下，盖取诸《睽》：弦木，加弦于木上。弧，《说文》曰"木弓也"。剡，削尖。矢，箭头。弦木为弧，就是给木杆上加上弦以制成弓箭；剡木为矢，就是将木棍削尖以制成箭头。原始社会初期造弓矢，用于射猎，征服自然。其后又用于部族间战争，故曰"弧矢之利，以威天下"。《睽》（䷥）是上离下兑。离为绳。又《无妄》（䷘）之九五与六二相易，则成《睽》，《无妄》互卦有巽，巽为绳、为木。《睽》卦互有坎，坎为弓，上离为矢。《睽》必有乖违之事，有而决之以弓箭之威，故曰黄

帝、尧、舜发明“弧矢之利”大概就取之于《睽》卦。

⑫上古穴居而野处：穴居，《集解》引虞翻曰：“《无妄》两易象也。”震上乾下则为《大壮》(䷡)，乾上震下则为《无妄》(䷘)。乾在《无妄》之上，故乾为上古；二至四互有艮象，艮山下开则为穴，故曰“上古穴居”。乾位西北在野，故又曰“野处”。

⑬上栋下宇，以待风雨，盖取诸《大壮》：上栋，上之栋梁。《大壮》上为震，震为木，在上，故曰“上栋”。下宇，《集解》引虞翻曰：“宇，谓屋边也。”《说文》：“宇，屋边也。”屋边谓屋之四边墙壁。《大壮》是上震下乾。《说卦》曰：“震为雷。乾为天，为圜。”人自下观之，天体穹隆似圆盖，覆于地上，《大壮》卦下为乾，故曰“下宇”。如上所释，《大壮》之卦象是上有雷雨，下有穹隆似天体之物，雷雨不能侵入。所以说古人创建宫室，以御风雨，所以《易传》作者认为后世圣人创立“上栋下宇，以待风雨”的好处，是取象于《大壮》卦。

⑭厚衣之以薪：衣，包裹。薪，柴草。

⑮葬之中野，不封不树，丧期无数：中野，田野之中。不封，就是不聚土为坟。《礼记·王制》记葬礼曰：“庶人……不封不树。”郑玄注曰：“封谓聚土为坟。”不树，就是不植树作标记。无数，服丧之期也没有规定日数、月数、年数。

⑯后世圣人易之以棺椁，盖取诸《大过》：棺，盛放死者的木制葬具。椁，套在棺外的外棺。《庄子·天下》篇：“古之丧礼，贵贱有仪，上下有等，天子棺椁七重，诸侯五重，大夫三重，士再重。”《大过》(䷛)卦，是外兑内巽。巽为木、为入，兑为口，乾为人，木入口中，如棺椁入于坑洼之地，故《大过》卦有棺殓之象。圣人始造棺椁，以葬死人，也许就是取象于《大过》卦。

⑰上古结绳而治：结绳，就是在绳子上打结。上古之人结绳记事，最初，只是用绳结记物之数量，后来能表示物之性质与关系等。

部落酋长等亦用结绳之法记部落大事，故曰“结绳而治”。《正义》引郑康成注曰：“事大，大结其绳，事小，小结其绳。”

⑱后世圣人易之以书契：书，指文字。契，刻，这里指刻于竹简上。《尚氏学》曰：“盖古用简，须以刀刻字，故曰‘书契’。”

⑲盖取诸《夬》：《夬》(䷪)是上兑下乾。《大壮》之阳进则为《夬》，《大壮》上为震，按《说卦》“乾为金”，“震为竹”，刀，金属之物，故以乾象“刀”。则《夬》之卦象是刀加于竹上。古人创造文字，用刀刻于木简或竹简之上记事，故曰“盖取诸《夬》”。

【译文】

神农氏去世后，黄帝、尧、舜先后兴起，他们会通并变革前人发明的器物、制度，使百姓用起来不至于厌倦，又加以神妙的变化，以适宜于百姓使用。《周易》中蕴涵的道理是事物发展到穷极时就促使其变化，变化后就能使事物达到通顺，通顺了就能长久。所以就如同《大有》之上九爻所说的那样，“来自上天的佑助，吉祥而无所不利”。黄帝、尧、舜改制前人的服饰让人们穿着长垂的衣服使天下大治，这大概是取象于《乾》、《坤》中的上衣而下裳特征吧。他们将树木挖空后做成木舟，又砍削树木为划船的桨，船和舟楫的好处，就在于可以用它们来渡过艰险不通的河流，使人们能达到遥远的地方以有利天下之事，这大概是取象于《涣》卦中木浮于水上的特征吧。用牛马驾车，牵引着重物直到远方，以有利天下，这大概是取象于《随》卦中的下卦动而上卦愉悦的特征吧。设立重重门户夜间击柝警戒，以防备暴徒和强盗，这大概是取象于《豫》卦中雷声在大地上震动的特征吧。斩断树枝做成舂米的杵，在地面上挖掘一个坑臼，杵臼的好处，使万民都能利用它们来舂米为食，这大概是取象于《小过》中含有的上动而下为果蓏的卦象吧。在弯曲的弓形木上加上弓弦，再削尖木杆做成箭，弓箭的好处，可以用来威服天下，这大概是取象于《睽》卦中含有的上有戈兵下有毁折的特征吧。上古时候的人们是居住在洞穴里面，散落在野地里，后代的圣人用宫室代替了洞穴，上有栋梁下有屋边，用来遮蔽风雨，这大概是取象于《大壮》中的上震动而下刚健稳固的卦象特征。古代埋葬人的办法，只用柴草厚厚地裹缠在身上，然后埋葬在荒野中，不堆土为坟，也不植树作标记，居丧的日期也没有规定的天数，后代圣人发明了棺椁代替了过去的丧葬办法，这大概是取象于《大过》木在泽坑中的卦象特征。上古时的人结绳记事，后代的圣人发明了雕刻的文字代替了过去结绳记事的方法，百官可以用它来治理政务，万民用它来明察事务，这大概是取象于《夬》卦中乾金刻木之卦象特征。

【评析】

以上为第二章。主要讲述了传说中的伏羲氏观物立象作八卦的开创之功，又举《益》、《噬嗑》、《涣》诸卦为例，以说明圣人如何以象制器的变通之德。其中"穷则变，变则通，通则久"的观点，揭示出事物发展的永恒真理。

是故《易》者，象也；象也者，像也。彖者，材也[①]；爻也者，效天下之动者也[②]。是故吉凶生而悔吝著也[③]。

【注释】

①彖者，材也：彖，《说文》："彖，断也。"即断定。而这里指《彖传》，它于卦辞之后，总论一卦大义，断定一卦之吉凶，故《系辞》称"彖"。材，通"才"，即卦中的天、地、人三才。

②爻也者，效天下之动者也：爻指六爻及爻辞。《周易》各卦六爻皆可以变，变而动，则六爻皆可以动。以爻之动仿效天下事物之动，再以爻辞告知人之所以行动，故曰"爻也者，效天下之动者也"。

③是故吉凶生而悔吝著也：著，明显，显示。吉凶生于卦中，则"悔吝"也就能显现。

【译文】

《周易》一书，主要讲的是卦象；卦象，就是用象征的方法模仿物象的特征的。彖辞，是通过天、地、人“三才”来论断卦象蕴涵的大义；六爻，是效法天下万物的变动。所以变动中就会产生吉凶而且悔吝也会随之显露出来。

【评析】

以上为第三章，主要是解释“象”、“彖”、“爻”的概念，它们均是组成一卦的重要因素，卦爻辞和卦象中的“吉凶悔吝”必须通过它们才能得以真正理解。在此，“象”是一卦的本体，“彖”主要从整体上论述卦德，“爻”是组成一卦的最基本的单位，通过变动来显示吉凶。

阳卦多阴，阴卦多阳①，其故何也？阳卦奇，阴卦耦②。其德行何也？阳一君而二民，君子之道也③。阴二君而一民，小人之道也④。

【注释】

①阳卦多阴，阴卦多阳：除乾(☰)卦外，震(☳)、坎(☵)、艮(☶)三卦，其爻皆五画，五为奇数，奇数为阳数，故此三卦为“阳卦”；除坤(☷)卦外，巽(☴)、离(☲)、兑(☱)三卦，其爻皆四画，四为偶数，偶数为阴数，故此三卦为阴卦。乾为纯阳之卦，其爻三画，亦奇数。坤为纯阴之卦，其爻六画，为偶数。阳卦中都有两个阴爻，故曰“阳卦多阴”。阴卦中都有两个阳爻，故曰“阴卦多阳”。

②阳卦奇，阴卦耦：奇，奇数。耦，通“偶”，偶数。乾为三画，故为奇，震、坎、艮五画也为奇，故曰“阳卦奇”；坤为六画，巽、离、兑为四画，皆偶数，故曰“阴卦耦”。

③阳一君而二民，君子之道也：阳，指阳卦。君子，指统治者。小人，指庶民。震、坎、艮三阳卦皆一阳爻两阴爻。按卦例以阳爻

象君，以阴爻比民。故阳卦象征着一君二民，犹如官少民多，故曰“君子之道”。

④阴二君而一民，小人之道也：阴，指阴卦。巽、离、兑三阴卦皆两阳爻一阴爻。故阴卦象征着二君一民，犹如官多而民少，民不堪其重，故曰“小人之道”。

【译文】

阳卦中阴爻居多，阴卦中阳爻居多。这是什么缘故呢？这是因为三个阳卦的数字是奇数“五”，三个阴卦的数字为偶数“四”。那么，它们的德行又如何呢？阳卦是一阳爻为“君”二阴爻为“民”，所以是君子之道；阴卦是二阳爻为“君”一阴爻为“民”，这是小人之道。

【评析】

以上为第四章，主要解释八卦中除乾坤二卦之外的三个阳卦与三个阴卦的爻位和爻数。阴阳两种卦象的不同特征，实际上是由爻位与爻数决定的。更为重要的是，这种不同特征反映了古人先进而又开明的政治观点，即民多君少是“君子之道”，民少君多则为“小人之道”。

《易》曰：“憧憧往来，朋从尔思①。”子曰：“天下何思何虑？天下同归而殊途，一致而百虑②。天下何思何虑？日往则月来，月往则日来，日月相推而明生焉。寒往则暑来，暑往则寒来，寒暑相推而岁成焉。往者屈也，来者信也，屈信相感而利生焉③。尺蠖之屈，以求信也④；龙蛇之蛰，以存身也⑤。精义入神，以致用也⑥；利用安身，以崇德也⑦。过此以往，未之或知也⑧；穷神知化，德之盛也⑨。”

【注释】

①憧憧往来，朋从尔思：此引自《咸》九四爻辞。憧憧，心神不定。

朋，朋友。思，语气词。《系辞》释“思”为思想，于理也通。

②天下同归而殊途，一致而百虑：殊，异。涂，同“途”，道路。致，同“至”。如天下人同归于一地，而所走的道路却多异；同至于一处，而怀抱的想法却有百种之多。此本为社会人生之常理，不过是圣人得而用其道，百姓用而不晓其理而已。

③往者屈也，来者信也，屈信相感而利生焉：屈，弯曲，屈服。信，通“伸”，伸展。《释文》：“信，本又作‘伸’。”此所谓“屈信”之说还是来自于《咸》之九四，九四“来”初，则四变为阴，阴为屈，初变为阳，阳为伸。往者屈而退，来者伸而进，屈伸相感交替，而后有利于物，有利于人。

④尺蠖（huò）之屈，以求信也：蠖，是一种生活在树上的虫子，行进时一屈一伸，如用尺量布，故称为“尺蠖”。《说文》：“蠖，尺蠖，屈信虫也。”《正义》曰：“初行必屈者，欲求在后之信也。言信必须屈，屈以求信，是相须也。”也就是说，尺蠖蜷屈时，实际上为了求得更进一步的伸展。

⑤龙蛇之蛰，以存身也：蛰，蛰伏。《集解》引虞翻曰：“蛰，潜藏也。”龙蛇在蛰伏时，是处于静止的状态，然而，这种静止是为了求得更好的动。

⑥精义入神，以致用也：精义，精于事物之义理。入神，进入神妙之境地。致用，使之用。以入神之学“致用”于世，故《正义》曰：“圣人用精粹微妙之义，入于神化，寂然不动，乃能致其所用。”

⑦利用安身，以崇德也：利用，利用其所学。崇德，提高才德。利用则能安身，能安其身，才能“崇德”。

⑧过此以往，未之或知也：过此，指上述往来、屈伸、学用之事。以往，即超出上述所叙之事。因为“入神”、“安身”已经是人生很难达到的境界，超过这种境界则圣人也不可知。

⑨穷神知化，德之盛也：穷神，穷究事物之神妙。知化，认识事物之

变化。有此二者，则为“盛德”。

【译文】

《易·咸》之九四爻说：“心神不定地来来往往，但是，朋友会顺从你的思想。”孔子说：“天下的事为何一定要这样的思虑不定呢？天下的人都有一个共同的归宿，只不过是走着不同的道路而已；都到达一个地点，而心中的想法却各不相同。天下的事为何一定要思虑不定呢？譬如太阳西下后月亮就要升起来，月亮落下山太阳就从东方升起来，太阳和月亮相互推移就产生了光明。寒季去了暑季就要到来，暑季去了寒季就会到来，寒季与暑季相互推移就形成了年岁。‘过去的’就屈着身子，‘到来的’则伸直身子，屈与伸相互感应则有利的因素就从中产生了。尺蠖之虫在蜷屈身子时，为的是求得伸展身子；龙蛇在处于蛰伏时，是为了之后更好的动。精研事物的道理，并使其进入到神妙的境界，就是为了这种学识能得到有效的使用；利用精研的学识安身立命，提高自己的道德修养。超过这些境界再往前发展，大概就不是我能知道的了；穷究事物的神妙，了解事物的变化，才能算得上是伟大的道德。”

《易》曰：“困于石，据于蒺藜，入于其宫，不见其妻，凶①。”子曰：“非所困而困焉，名必辱②。非所据而据焉，身必危③。既辱且危，死期将至，妻其可得见耶？”

【注释】

①困于石，据于蒺藜，入于其宫，不见其妻，凶：此引自《困》六三爻辞。

②非所困而困焉，名必辱：非所困，指九四。若六三不往犯九四，则不会为之所困，而六三犯之是自取其困。名必辱，此言上述之困，皆非必然之困，而是自取其困，故所困者的名誉必然受到污辱。

③非所据而据焉，身必危：指六三凌乘九二，六三以阴乘阳，虽不为其害，然非所据，非所据而居，虽不至于受辱，然必危于身。

【译文】

《易·困》之六三爻辞说："困在巨石下，手攀附于刺多的蒺藜上，回到自己的家后，妻子不见了，有凶险。"孔子说："不是应该受困的地方而遭受到困厄，其名声一定会受辱。不是应该凭依据守而去凭依据守，其身体必定会受到危险。已经受到耻辱和危险，死期都将要来到了，还哪有可能见到妻子呢？"

《易》曰："公用射隼于高墉之上，获之，无不利①。"子曰："隼者，禽也；弓矢者，器也；射之者，人也。君子藏器于身，待时而动，何不利之有？动而不括，是以出而有获，语成器而动者也②。"

【注释】

①公用射隼于高墉之上，获之，无不利：此引自《解》上六爻辞。隼，猛禽。墉，城墙。

②动而不括，是以出而有获，语成器而动者也：括，《方言》曰："括，闭也。"《广雅·释诂》："括，塞也。"此言射隼之人，既持弓矢，待隼可射之时动而射之，没有括结和阻碍，故能出而有所捕获。若君子应该藏善道于身，待可动之时而动，也会像"射隼之人"一样，行无阻碍，出而有获。

【译文】

《易·解》之上六说："王公用箭射下了栖落在高城墙上的恶隼，猎获它，没有什么不利。"孔子说："隼这种鸟，是一种猛禽；弓箭，是一种武器；用弓箭射猛禽的是人。君子随身藏着器具，等待合适的时机而采取行动，有什么不利的呢？有所行动而不会受到塞结阻碍，所以能够出动就有所收获，这说明人备有可用之器具才能采取行动。”

子曰：“小人不耻不仁，不畏不义①，不见利不劝，不威不惩②。小惩而大诫，此小人之福也③。《易》曰：‘屦校灭趾，无咎④。’此之谓也。”

【注释】

①小人不耻不仁，不畏不义：小人，无才德之人。无才无德则不知羞耻，也不讲仁爱，不畏惧真理，也不行道义。

②不见利不劝，不威不惩：劝，《说文》：“劝，勉也。”即努力。此言不见其利则不知勉励自己。威，临之以刑威。惩，惩戒。不临之以威刑则不知惩戒其过。

③小惩而大诫，此小人之福也：指受小惩罚以警惕大事，庶民将因此而得福。

④屦校灭趾，无咎：此引自《噬嗑》之初九爻辞。

【译文】

孔子说：“小人不知羞耻，不讲仁爱，不畏惧真理，不履行道义，不见到有利可图就不会勉励自己，不受到威胁就不知道有所惩戒。直到受到小的惩罚后才会在大事上有所警惕，这是小人的幸运。《易·噬嗑》之初九说：‘脚上戴着刑具伤没了脚趾，但是没有大的灾祸。’说的正是这个道理。”

“善不积不足以成名，恶不积不足以灭身。小人以小善为无益而弗为也，以小恶为无伤而弗去也，故恶积而不可掩，罪大而不可解。《易》曰：‘何校灭耳，凶①。’”

【注释】

①何校灭耳，凶：此引自《噬嗑》之上九爻辞。何，通“荷”，即负荷。灭耳，伤没了耳朵。

【译文】

“不积累美善之行就不足以成就功名，不积累罪恶就不足以使自己灭亡。小人把小的善事当作是无益于己的事而不去做，又把小的恶事当作无伤大体的事而不去不做，所以积累下了恶行是不可以遮掩的，罪恶大了就不能得到解脱。《易·噬嗑》之上九爻辞说：‘肩上荷负的刑具伤没了耳朵，有凶险。’”

子曰：“危者，安其位者也；亡者，保其存者也；乱者，有其治者也①。是故君子安而不忘危，存而不忘亡，治而不忘乱，是以身安而国家可保也②。《易》曰：‘其亡其亡，系于苞桑③。’”

【注释】

①危者，安其位者也；亡者，保其存者也；乱者，有其治者也：此句言统治者唯有知危，才能安坐其位；唯有知有亡乱之祸而防备之，才能保持自身的存在；唯有知乱之所以生，才能思而治之。

② 君子安而不忘危，存而不忘亡，治而不忘乱，是以身安而国家可保也：此句意在提醒统治者，要居安思危，处安防患，得治备乱。因为安、存、治可转变为危、亡、乱，若君子处安、存、治之境，警惕危、亡、乱之来，则可免于危、亡、乱之祸。

③其亡其亡，系于苞桑：此引自《否》九五之爻辞。

【译文】

孔子说：“危险，可以提醒人们如何安居其位；灭亡，可以提醒人们如何保持存在；动乱，可以提醒人们如何维持治世。所以君子应该在安居其位时不忘记危险的存在，在家国存在时不忘记有可能会遭受灭亡，在天下大治时不忘记会有动乱的隐患，这样，自身才可能安居其位，国家才能保持长久。《易·否》之九五爻辞说：'将要灭亡！将要灭亡！要使我系之于如山之固，如桑之坚。'"

子曰："德薄而位尊，知小而谋大，力少而任重，鲜不及矣[①]。《易》曰：'鼎折足，覆公悚，其形渥，凶[②]。'言不胜其任也。"

【注释】

①鲜不及：鲜，少。及，遭受灾祸。

②鼎折足，覆公悚，其形渥，凶：此引自《鼎》九四之爻辞。

【译文】

孔子说："德行微薄而居位尊贵，智慧微小而企图很大，力量微弱而任务重大，很少有不遭受灾祸的。《易·鼎》之九四爻辞说：'鼎器折断了鼎足，王公的美食被倾覆于地，地上和鼎器也被濡湿，有凶险。'讲的就是力不能胜任的情况。"

子曰："知几其神乎！君子上交不谄，下交不渎，其知几乎？几者[①]，动之微，吉之先见者也。君子见几而作，不俟终日。《易》曰：'介于石，不终日，贞吉[②]。'介如石焉，宁用终日？断可识矣[③]。君子知微知彰，知柔知刚，万夫之望[④]。"

【注释】

①几：微妙，细微。

②介于石，不终日，贞吉：此引自《豫》之六二爻辞。

③断可识矣：断，断然，迅速。即当时就可悟知。

④知微知彰，知柔知刚，万夫之望：微，隐微。彰，明显。望，仰望。此句言君子既知隐微、彰显之事，又知刚柔之宜，则能知吉凶，故为万夫所仰望。

【译文】

孔子说："人若能预知微妙的事理大概就达到了神明的境界了吧！君子与处在上层的人士交往而不谄媚，与处在下层的人士交往而不轻视、怠慢，大概就能算得上是预知微妙之事吧？几，是指事物变动中微小的征兆，是吉凶征兆的预先显现。君子发现这些微妙的征兆后就立即开始行动，而不去等到一天终了。《易·豫》之六二爻辞说：'攻石治玉，不到一日就完成了任务，这是一件吉利的事。'这说明如果我们有了耿介如石的精神，又怎么等到一日之终呢？当时就能断然可知中正之理。君子既能知道隐微之事，也能知道彰显之事；既能知道阴柔之理，也能知道阳刚之理，这样就可以得到万民的仰望。"

子曰："颜氏之子，其殆庶几乎[①]？有不善未尝不知，知之未尝复行也。《易》曰：'不远复，无祇悔，元吉[②]。'"

【注释】

①其殆庶几乎：殆，大概，可能，也许。庶几，差不多，接近。

②不远复，无祇悔，元吉：此引自《复》之初九爻辞。

【译文】

孔子说："颜家的儿子颜渊，大概算得上是道德上近于完美的贤能之士了吧？一旦有什么不好的事，没有他不知道的，知道了就不再重复错误了。《易·复》之初九爻辞说：'前行不远就来回复，就没有大的悔恨，大为吉祥。'"

“天地絪缊，万物化醇[①]；男女构精，万物化生[②]。《易》曰：‘三人行，则损一人，一人行，则得其友[③]。’言致一也。”

【注释】

①天地絪缊，万物化醇：絪缊，通“氤氲”，指阴阳二气相互交融。醇，醇厚。天之阳气与地之阴气交融，则万物之化育醇厚。

②男女构精，万物化生：构，《正义》曰：“构，合也。”男女，此处泛指世间万物之阴阳，故《集解》引干宝曰：“男女，犹阴阳也。”而《来氏易注》也曰：“男女，乃万物之男女，雌雄牝牡，不独人之男女也。”

③三人行，则损一人，一人行，则得其友：此引自《损》之六三爻辞。

【译文】

孔子说：“天地二气交融在一起，则万物化育醇厚；阴阳精气交合，则万物化育生成。《易·损》之六三爻辞说：‘三人出行，损失了一人，一人出行，得到了朋友。’这说明专心致志则能得到阳刚之友。”

子曰：“君子安其身而后动，易其心而后语[①]，定其交而后求。君子修此三者，故全也[②]。危以动，则民不与也[③]；惧以语，则民不应也；无交而求，则民不与也；莫之与，则伤之者至矣。《易》曰：‘莫益之，或击之，立心勿恒，凶[④]。’”

【注释】

①易其心而后语：易，平和。君子发言之时，当先平心静气。《重定费氏学》引《朱子语类》曰：“‘不学《诗》，无以言’，先儒以为心平气和则能言。”

②故全：于己、于人可以两全。

③危以动，则民不与也：民，泛指百姓。与，帮助。此句言人若冒危险行事，怀恐惧而发言，又无所交谊却有所求，则人皆不帮助他。

④莫益之，或击之，立心勿恒，凶：此引自《益》上九之爻辞。

【译文】

孔子说："君子先安定自身，然后才有所行动，先平和心情，然后才发表自己的言论，先稳定其所交往的友情然后才对朋友有所求助。君子能修养好这三种品性，所以于人于己才能两全。若冒险采取行动，民众就不会给予帮助；在自己内心处于恐惧中发表言论，就不会得到民众的响应；平时不与民众交流，民众就不会予以帮助；没有人能给予帮助，那么伤害自己的人和事就会到来。《易·益》之上九爻辞说：'没有人增益他，有人攻击他，居心无常，有凶险。'"

【评析】

以上为第五章，主要记录了孔子对《周易》中十一条爻辞的解释。本章与前两章在内容的阐释方面互有关联。总的说来，第三章统论象爻大义，第四章举象义取材之例，第五章举爻位效动之例，通过列举十一个爻辞，使象中反复解释的"吉凶悔吝"得到了具体的说明。在十一例中，举一事则以相应之爻解说印证，皆从"象内"引申至"象外"，具有精粹深刻的说服力和哲理性。

子曰："乾坤，其《易》之门耶？"乾，阳物也；坤，阴物也。阴阳合德而刚柔有体[①]。以体天地之撰，以通神明之德[②]。其称名也，杂而不越[③]。于稽其类，其衰世之意邪[④]？夫《易》，彰往而察来，而微显阐幽，开而当名辨物，正言断辞则备矣[⑤]。其称名也小，其取类也大[⑥]。其旨远，其辞文，其言曲而中[⑦]，其事肆而隐[⑧]。因贰以济民行，以明失得之报[⑨]。

【注释】

①阴阳合德而刚柔有体：天阳地阴，阴阳之德相配合。阳为刚，阴为柔，天刚地柔，各有其体性。

②以体天地之撰(suàn)，以通神明之德：体，体现。撰，《集解》引《九家易》训“撰”为“数”。此句意指依靠阴阳两德与大衍之数，则可会通创造万物的神明之德。

③其称名也，杂而不越：称名，指卦爻辞所称之物名。杂，指《易》卦爻辞的辞理杂碎。越，乖越，混淆。

④于稽其类，其衰世之意邪：稽，《集解》引虞翻曰：“稽，考也。”类，《正义》曰：“类，谓事类。”衰世，指殷纣之时。此句言考察《周易》卦爻辞所言之事类，似有衰世之意味。

⑤开而当名辨物，正言断辞则备矣：名、物、言、辞，均指卦爻辞中所具备的内容。

⑥其称名也小，其取类也大：称名，举事物之名而言之。取类，取类似之事物以为喻。《周易》常常举小事物以比喻大事物，如《正义》所言：“言虽是小物，而比喻大事，是所取义类而广大也。”

⑦其旨远，其辞文，其言曲而中：旨远，近说此物，远指彼事，其旨意深远。辞文，不直言所论之事，而以辞文饰其言。言曲而中，言辞委婉曲折，变化有致，但能切中其理。中，指言辞符合事实，如射箭，射在“正中”。此句意在说明《周易》卦爻辞的语言特色。

⑧其事肆而隐：肆，直露。《集解》引虞翻曰：“肆，直也。”言辞放肆显露，而义理则深刻幽隐。

⑨因贰以济民行，以明失得之报：因，依靠。贰，指阴阳之道，吉凶之理。《周易》是通过阴阳符号的组合方式和变化特征来象征事物发展的规律，通过这些规律预知吉凶，则可以避凶而趋吉，并进而明得失之报，故能济民行事。

【译文】

孔子说:“乾、坤两卦,应该算得上是《周易》的门户吧?”乾卦,是阳刚之物的象征;坤卦,阴柔之物的象征。阴阳两种性质配合在一起而刚与柔都有各自的体性。依靠阴阳两德与大衍之数,则可会通创造万物的神明之德。《周易》所称谓的六十四卦之物名,虽然具有一定的复杂性,但是它们都不相互逾越混淆。稽考卦爻辞表述忧患警戒的事类,或许是作者处于衰危之世的缘故吧?《周易》能彰显以往的事情并察觉未来之事,显示细微之事而阐明幽隐之事,作《易》者以开释卦爻之义来正卦爻之名而辨别物类,端正言辞,判断卦爻辞义,则天下之道理全部具备。其卦爻辞所称述的物名虽然小,但是它们象征的事类却很大。其意旨深远,其言辞有文采,其语言虽然委婉曲折而切中事理,其言辞放肆直白而所论义理幽深。用吉凶之兆中蕴涵的道理来帮助百姓的行动,揭示吉凶得失的应验。

【评析】

以上为第六章。此章从乾坤为《易》之门户说起,以阴阳两种性质的形成来分析卦爻辞所蕴涵的吉凶意义。辞中的“名小类大”、“旨远辞文”、“言曲而中”等语,不仅概括了《周易》的语言特色,而且也为后世确立了“文质彬彬”的文学创作理论。

《易》之兴也,其于中古乎[①]?作《易》者,其有忧患乎[②]?是故《履》,德之基也[③];《谦》,德之柄也[④];《复》,德之本也[⑤];《恒》,德之固也[⑥];《损》,德之修也[⑦];《益》,德之裕也[⑧];《困》,德之辨也[⑨];《井》,德之地也[⑩];《巽》,德之制也[⑪]。《履》和而至[⑫],《谦》尊而光[⑬],《复》小而辨于物[⑭],《恒》杂而不厌[⑮],《损》先难而后易[⑯],《益》长裕而不设[⑰],《困》穷而通[⑱],《井》居其所而迁[⑲],《巽》称而隐[⑳]。《履》以和行[㉑],《谦》

以制礼[22]，《复》以自知[23]，《恒》以一德[24]，《损》以远害[25]，《益》以兴利[26]，《困》以寡怨[27]，《井》以辩义[28]，《巽》以行权[29]。

【注释】

①《易》之兴也，其于中古乎：兴，兴起。中古，指《周易》创作时代。历来有二说：一是以伏羲氏为作者，以其所处的时代为中古，以天为上古，以黄帝、尧、舜为后世。二是以伏羲氏为上古，以文王之世为中古，孔子为下古。因《系辞》后有"《易》之兴也，其当殷之末世，周之盛德邪？当文王与纣之事邪"，故以后说为是。当然，《系辞》作者在认为《易经》成书可能在文王之时，但亦未敢肯定。故后缀有疑问语气词"邪"。

②作《易》者，其有忧患乎：因《周易》中颇多危辞和劝诫之语，故《系辞》作者认为文王作《周易》卦爻辞时，怀有忧国忧民之心。司马迁所谓"文王拘而演《周易》"，大略也是此意。

③是故《履》，德之基也：《序卦》曰："履者，礼也。"《系辞》作者认为《履》的意义是履行礼义。《履》之《象传》曰："君子以辩上下，定民志。"辩上下，就是辨别上下等级之礼。德以礼为基础，仁、义、忠、信等道德皆建筑在礼仪之上，故曰"德之基"。

④《谦》，德之柄也：《谦》卦象征着谦虚。柄，权柄。《系辞》作者认为人谦虚始能执德，骄傲则必失德，故《谦》为德之柄。

⑤《复》，德之本也：《复》卦以"一阳来复"象征着回复正道。上文释《复》初九爻辞"不远复"曰："有不善未尝不知，知之未尝复行也。"知不善而不重复不善，就等于返归善道，始能有德，故《复》为德之本。

⑥《恒》，德之固也：《恒》卦象征着永恒，以恒心守持正道、德操，久而不易，故内秉恒心，其德操才能坚固。

⑦《损》，德之修也：《损》卦象征着自我减损其不善。修，修养。

《损》的义理就是人需减损其之恶念与过错，如《损》之《象传》所言“君子以惩忿窒欲”，才能修养道德。

⑧《益》，德之裕也：《益》卦象征着增益。裕，充裕，扩充。《系辞》作者认为《益》启发人们增益其善念与美行。《益》之《象传》曰“君子以见善则迁，有过则改”，略同此说。因为人只有在增益善念与美行之后，才能扩充其德，故曰《益》为德之裕。

⑨《困》，德之辨也：《困》卦象征着人处于穷困之境。《困》之《象传》曰：“君子以致命遂志。”就是说君子穷困，虽死也不愿屈其志。孔子所谓：“君子固穷，小人穷思滥矣。”故能否在困穷中坚守其正道，是辨别一个人是否有德的分水岭，故曰《困》为德之辨。

⑩《井》，德之地也：《井》卦象征着“井水养人”。《井》之《彖传》曰：“井养而不穷也。”井能以水养人，则为君子居德之处所。《集解》引姚信曰：“井养而不穷，德居地也。”

⑪《巽》，德之制也：《巽》卦象征着“号令”。制，《说文》：“制，裁也。”巽以九五之中正，申明号令，以示法制，故能为德之制度。

⑫《履》和而至：履，礼。和，不争。至，达到。《礼记·乐记》曰：“礼至则不争。”也是此义。

⑬《谦》尊而光：《谦》之《彖传》曰“天道下济而光明”，若人能谦卑，则其德更为尊崇、光明。

⑭《复》小而辨于物：《复》之卦象是一阳回复，始见于初，故曰“小”。《复》于细微初小之时，就能辨物之吉凶，故能速归于善道。

⑮《恒》杂而不厌：杂，风雷相杂，阴阳相交。然《恒》之道在长久，故虽杂而不厌。

⑯《损》先难而后易：《损》之道在自损其恶而获益于后，自损则“先难”，获益则“后易”。《正义》曰：“先自减损，是先难也。后乃无患，是后易也。”

⑰《益》长裕而不设：设，设置。《说文》曰：“设，施陈也。”《益》有德

之裕，故不虚设其法，而能宽裕长养于物。

⑱《困》穷而通：穷则变，变则通。韩康伯注曰："处穷而不屈其道也。"朱熹曰："身困而道亨。"亨即亨通。

⑲《井》居其所而迁：井永居其处，而井水则可迁移以养人。此喻人居于其位，而能施德于人。《正义》曰："言《井》卦居得其所，恒住不移，而能迁其润泽，施惠于外也。"

⑳《巽》称而隐：称，扬。而，犹言"且"。隐，隐藏。《说卦》曰"巽为风"、"巽为入"，风有其入，而不见其入；风见其扬，而不显其身。此象征着君子敢于申命，又不彰显自己。

㉑《履》以和行：人有利害矛盾，皆循礼而行，则其行能和而不争，如《论语》所言"礼之用，和为贵"，故曰"《履》以和行。"

㉒《谦》以制礼：制，制约。《谦》象为一阳制五阴，五阴顺从谓"礼"，一阳制约为"制"。

㉓《复》以自知：自知，犹言"自觉"。有不善而能自知，则必能返归于善道。

㉔《恒》以一德：此言《恒》之道不二三其德而在于始终如一。

㉕《损》以远害：《损》卦的要义在于提醒人们减损其恶念过错，若如此则必能远害。

㉖《益》以兴利：《益》是增益其善念美行，若如此则能兴利益善。

㉗《困》以寡怨：此言困而不为非义之事，则怨者也少。

㉘《井》以辩义：井水养人，损己以利人，故曰"义"。而辨别义与非义，当以井德为准，故曰"井以辩义"。

㉙《巽》以行权：巽为入、为风，又象征着文教宣化之事，政令如风传播于民间，才能执权行政。

【译文】

《周易》的兴起，大概在殷商之末的中古时代吧？创作《周易》的人，大概是心怀忧患吧？所以《履》卦是树立道德的基础，《谦》卦是实行道德的权柄,《复》卦是遵循道德的根本,《恒》卦是巩固道德的前提,《损》卦是修养道德的方法,《益》卦是充裕道德的途径,《困》卦是辨别道德的标准,《井》卦是聚集道德的处所,《巽》卦是展示道德的规范。《履》卦教人平和而能履礼,《谦》卦教人谦虚才能受到尊崇而光明其德,《复》卦教人返归善道要从小的征兆去辨析事物的善恶,《恒》卦教人在邪正相杂的环境中坚守德操而不厌倦,《损》卦教人先以修身为难事才能达到获益的平易之境界,《益》卦教人长久地充裕其德行而不虚设其"益"名。《困》卦教人在困穷时要守正才能得到亨通,《井》卦教人居得其所广施润泽之惠于外,《巽》卦教人顺势称扬号令而不要彰显自己。《履》卦启发人们保持平和的言行,《谦》卦启发人们以礼节约束自己,《复》卦启发人们要自知其得失之道,《恒》卦启示人们要始终如一地坚守其美德,《损》卦启示人们要减损其恶念以远远地避开祸害,《益》卦启示人们要增益其美德善行以兴起利益,《困》卦启示人们要在困穷时减少报怨,《井》卦启示人们要辨别什么是真正的仁义,《巽》卦启示人们要顺时、顺势地行使权力。

【评析】

以上为第七章。主要从《履》、《谦》、《复》、《恒》、《损》、《益》、《困》、《井》、《巽》九卦的意义来阐明《周易》的政治功能和教育作用,从而说明"忧患可以兴国、逸豫可以亡身"这样一个深刻的道理。《重定费氏学》曰:"《履》、《谦》、《复》三者进德之大端也;《恒》、《损》、《益》三卦申言持身之道;《困》、《井》、《巽》三卦申言涉世之方。"说到底,心怀忧患的《易》之作者,主要是通过卦象及卦名中所蕴涵的意义来劝勉人们慎重地修养自己的道德。因为,能够趋吉避凶的最好方法,主要不是靠预知未来,而是要"进德修业",在艰难困苦中磨砺自己的心性和意志。在这个意义上讲,孟子的"苦其心志,劳其筋骨,饿其体肤,空乏其身,行拂乱其所为","我善养吾浩然之正气"就是《易》理,它真正揭示了《周易》的实质及终极目的。因此,真正使我们免于灾祸的不是卜筮,而是"进德"与"修能"。

《易》之为书也，不可远[1]，为道也屡迁，变动不居，周流六虚[2]，上下无常，刚柔相易，不可为典要，唯变所适[3]。其出入以度，外内使知惧[4]。又明于忧患与故[5]。无有师保，如临父母[6]。初率其辞而揆其方，既有典常[7]。苟非其人，道不虚行。

【注释】

①《易》之为书也，不可远：远，远离。此谓《周易》包含有天地万物之理，对人生有着切实的指导意义，故不能远离它。《集解》引侯果曰："居则观象，动则玩占，故'不可远'也。"

②变动不居，周流六虚：不居，犹言"不停"。六虚，《韩注》："六虚，六位也。"指卦中的六爻之位。《正义》曰："'虚'者，位本无体，因爻始见，故称'虚'也。"爻之变动不固定于一位，而周流于六位，六爻皆可变。

③上下无常，刚柔相易，不可为典要，唯变所适：常，经常。易，变易。典，《尔雅·释言》："典，经也。"又《释诂》："典，常也。"典要，即典常纲要。适，适宜。六爻之变或在上位，或在下位，刚爻并不常为"刚"，柔爻也不常为"柔"，或刚变为柔，或柔变为刚，常常是相互变易，故不可为经常之纲要。而六爻之动，刚柔相易，或远而应，或近而比，唯变爻所适，故曰"唯变所适"。

④其出入以度，外内使知惧："出入"与"内外"互文，"出"即"外"，"入"即"内"。《韩注》以为"出入"犹"行藏"，"外内"犹"隐现"。度，即法则，法度。此言人之出入当遵守法度，无论是内藏还是外露都要有所警惕。

⑤明于忧患与故：韩康伯曰："故，事故也。"即事情的原委。此谓《周易》使人明于忧患与事故。

⑥无有师保，如临父母：师保，古代贵族之子弟皆有师保。《礼记·文王世子》曰："入则有保，出则有师。"师保承担教育辅导之责。此言《周易》能指导人之行事，即使是没有师保，人得其书，如同当面听取父母教诲。

⑦初率其辞而揆其方，既有典常：率，《尔雅·释诂》："率，循也。"辞，指卦爻辞。揆，揆度。《说文》："揆，度也。"方，意义，方式。《广雅·释诂》："方，义也。"典常，此处指经常可行的变化规律。此言人若能在开始时，就依循《易》之辞文，揆度《易》之义理，则能知《易》有典常之义。

【译文】

《周易》这本书，人们不应该须臾远离，其中所体现的道理不断运动着，变动而不固定于某一位，循环往复于六爻之间，或往上或往下并无常规可寻，阳刚与阴柔也相互变易，我们不应视它为典常纲要，只有在变动中求其适宜的方法。《周易》启示人们出入时应遵守法度，无论是内藏还是外露都要有所警惕。《周易》又可以使人明察忧患和事故，虽然没有师保的监督，却如同当面领受父母教诲一样。人们在开始研习时要遵循卦爻辞的本旨而揆度其卦义，就可以掌握《周易》所揭示的事物变化的典型性规律。如果不是贤明的人研习《易》理，则《周易》的道理也不会凭空虚浮地推行。

【评析】

以上为第八章。本章主要强调《周易》既有典常之理，又有不典常之变。就"变"本身而言，它没有规律可循，是"上下无常"、"唯变所适"。但就其"变"出的道理而言，它们以卦爻辞、卦象为形式，又有一定的规律性和稳定性。因为"变"与"不变"实际上是反映着"出"与"入"的吉凶之事故，所以这一章承上一章反复强调《周易》对人生的指导意义。

《易》之为书也，原始要终，以为质也[①]。六爻相杂，唯其时物也[②]。其初难知，其上易知，本末也[③]。初辞拟之，卒成之终[④]。若夫杂物撰德，辩是与非，则非其中爻不备[⑤]。噫！亦要存亡吉凶，则居可知矣[⑥]。知者观其彖辞，则思过半矣[⑦]。二与四同功而异位，其善不同[⑧]，二多誉，四多惧，近也[⑨]。柔之为道，不利远者[⑩]；其要无咎，其用柔中也[⑪]。三与五同功而异位，三多凶，五多功，贵贱之等也[⑫]。其柔危，其刚胜邪[⑬]？

【注释】

①原始要终，以为质也：原，推究，考察。始，开始。要，求取。终，终了。质，卦体，韩康伯曰："质，体也。"此言《易》为观察事物之始，探求事物之终，表明事物由始至终之整个情况，一卦之体象征一事物之整体。

②六爻相杂，唯其时物也：杂，错综。一卦六爻，阴阳相错综，卦有卦象，爻有爻象，其所象征之物皆为一定时间内的事物。故《尚氏学》曰："六爻刚柔相杂，然爻各有其时，各有其物；时物当则吉，否则凶也。"

③其初难知，其上易知，本末也：初，指初爻。上，指上爻。在占筮时，仅得初爻，难知全卦，既得上爻，则易知全卦之义。初爻如树之本，上爻如树之末，仅见其本，难知全树，既见其末，易知全树之貌。以此比喻人事，则仅有开端，难知全部，既有结果，易知全部之概况。

④初辞拟之，卒成之终：初辞，初爻之辞。拟，比拟。卒，上爻之辞。成，犹言"定"。此言初爻之辞比拟事物之开端，上爻之辞可定事物之结局。

⑤若夫杂物撰(suàn)德，辩是与非，则非其中爻不备：杂物，指刚柔

之物相杂。撰，算，数。辩，通“辨”。中爻指二、五两爻。此言错杂其事物，数算其卦德，辨别其是非，则非二、五之中爻不能完备其义。

⑥要存亡吉凶，则居可知矣：要，求取。此言用《周易》求知人事之存亡吉凶，则安坐在家也可知之。

⑦知者观其彖辞，则思过半矣：知，同“智”。彖辞，指卦辞。卦辞据一卦之象，断一卦之吉凶，故智者观其卦辞，则所虑者已过其半。如《正义》所言：“聪明知达之士，观此卦下彖辞，则能思虑有益以过半矣。”

⑧二与四同功而异位，其善不同：二，指第二爻。四，指第四爻。功，指阴阳变化之功能。位，爻位。善，《说文》：“善，吉也。”这里泛指吉凶得失。二爻与四爻，爻位均为阴位，属性相同，故曰“同功”；然二位在下，四位在上，且二爻居下卦之中正之位，四爻居上卦之偏位，故曰“异位”。二、四两爻因为爻位不同，则其吉凶善恶也有不同。

⑨二多誉，四多惧，近也：此言二爻爻辞多誉，四爻爻辞多惧，皆因其爻位有远近。第二爻居于内卦在近处，故多誉；第四爻居于外卦在远处，故多惧。又四近于五，五为君王，四之位如臣之伴君之侧，伴君如伴虎，故多惧；二远于君王，且居柔处中，故多誉。

⑩柔之为道，不利远者：因二、四爻均当位在阴，阴为柔，故曰“柔之为道”。“柔”弱则不可行远，故曰“不利远者”。

⑪其要无咎，其用柔中也：要，概要，关键。用，功用。此句还是在说二、四之爻。虽然二、四均当位在阴，但二者的位置决定了它们在一卦中的作用有很大的不同，四爻在下卦之末，上卦之下，是孔子所谓“上不在天，下不在田，中不在人”（见《乾文言》）的位置，因此，其“关键”的作用“无咎”即可。然二爻当位的位置在下卦之中，以中正柔顺之德居于下卦之中，且上应九五之尊，故曰

"其用柔中"。若二爻为阳,则失位,也不能算"柔中"。

⑫三与五同功而异位,三多凶,五多功,贵贱之等也:三,指第三爻。五,指第五爻。第三爻与第五爻爻位均为阳位,阳为刚,则两爻皆以刚健为事,故曰"三与五同功"。又第三爻居下卦之偏位,第五爻居上卦之中位,故曰"异位"。第三爻爻辞多凶,以其居下卦之偏位,刚健自主,故多凶;第五爻爻辞多功,因其居上卦之中位,处尊贵之位,宜刚健自主,故多功。此两爻多功、多凶之区别,皆在其所处之位本身就有贵贱之别。

⑬其柔危,其刚胜邪:阴爻为柔,阳爻为刚。三、五两爻本为阳位,是职事自主之位,如为柔爻,因"柔"象征着人之才德弱小,以才德弱小之人处职事自主之位,则危险,故曰"其柔危"。三、五爻如为刚爻,因"刚"象征着人之才德强盛,才德强盛之人处职事自主之位,定能胜任其职,故曰"其刚胜"。

【译文】

《周易》这本书,追溯事物的原始情态,寻求事物最终结局,然后将这些由始至终地反映事物的道理归纳为一个个卦体。六爻互相错综,只是反映特定时间内的阴阳物象。象征事物开始的初爻的意义难以理解,而象征事物终极的上爻的意义则比较好理解,这就像是事物发展的本末一样。初爻的爻辞比拟事物的开端,上爻则决定了事物的最终形态。如果错综其物象而数算其卦德,辨别是非吉凶之理,则没有二、五之中爻就不能完备其道理。是啊!若理解了二、五之中爻的吉凶之理,求知人事吉凶存亡,安坐在家中就可以知晓。明智的人只要观察《周易》的卦辞,就可以将一卦的大半意义掌握了。二爻与四爻俱以柔顺之道为事,但是,因为它们所处的位置不相同,所以二者所象征的吉凶得失也各有不同,一般而言,二爻多得赞誉,四爻却多有忧惧之心,因为它太靠近君王之位了。像六四这样阴柔的爻象,它象征弱小的力量不利于远行。因此,六四的关键作用在于不犯错误就可以了,而六二则可以

“柔中”之德大有作为。三与五俱以阳刚为事而居于一卦之不同之位，但是，三多有凶险之辞，五多有功德之占，这是因为它们有上下贵贱的不同。概而言之，若三、五爻为阴柔则有危险，若二者为阳刚之爻则能胜任其职。

【评析】

以上为第九章。此章综述了六爻在卦中的位置及其特点，实际上是从阴阳的当位与不当位来论证吉凶产生的原因。从六十四卦的爻辞来看，中间四爻一般是当位则“吉”，失位则“凶”，而初爻与上爻则视其具体情况而定，因此，当我们真正地理解了爻辞时，也就能够达到“思过半”的境界。故此章对我们具体掌握卦爻辞的真正意义有着重要的指导意义。

《易》之为书也，广大悉备。有天道焉，有人道焉，有地道焉。兼三才而两之①，故六。六者非它也，三才之道也②。道有变动，故曰爻③；爻有等，故曰物④；物相杂，故曰文⑤；文不当，故吉凶生焉⑥。

【注释】

①兼三才而两之：此言一卦之六爻象征着天、地、人三才，初二两爻象地，三四两爻象人，五上两爻象天。两之，有二义：一是三才各有二爻，奇数为阳爻，偶数为阴爻；二是六十四卦，每卦皆为两两相重，以六爻组成上下两卦。

②六者非它也，三才之道也：此言六就是指六爻，六爻形成三才之道，而非指其他。

③道有变动，故曰爻：爻，《说文》：“爻，交也。”《小尔雅·广诂》：“交，易也。”天地人之道有变动，这种变动在《周易》中是通过阴

阳两爻的交易来象征的，故谓之“爻”。

④爻有等，故曰物：等，韩康伯曰：“等，类也。”爻有阴阳两类，象征着阴阳两类事物，所以爻本身也是象征着实有之物，故谓之“物”。

⑤物相杂，故曰文：文，这里指卦象。物相杂形成文，象征阴阳两类事物相杂后形成的文理与文章。

⑥文不当，故吉凶生焉：文，这里指爻画。爻画或为当，或不当，一般而言，阴得阴位，阳得阳位则谓之“当”，当则吉，不当则不吉。故曰“文不当，故吉凶生焉”。

【译文】

《周易》这本书，广泛博大，万事俱备于其中。其中含有天的道理，含有人的道理，也有地的道理。它兼容天、地、人三才而两两相重，就形成了六爻。六爻并没有指向其他的意义，说的其实就是“三才”的道理。“三才”的道理在一卦中有所变动，这种变动在《周易》中是通过阴阳两爻的交易来象征的，故谓之“爻”；爻有阴阳两类，象征着阴阳两类事物，所以爻本身也是象征着实有之物，故谓之“物”；物象相互错综，形成卦象，象征阴阳两类事物相杂后形成的文理与文章；卦象中的爻画有当位的，有不当位的，所以吉凶就产生了。

【评析】

以上为第十章。此章以夸张性的议论说明《易》道广大，包容天、地、人三才之道。三才在一卦之中，“变”则形成“爻”，“爻”字本义为“变”，阴阳变则吉凶生于六爻之中。

《易》之兴也，其当殷之末世，周之盛德邪①？当文王与纣之事邪②？是故其辞危③。危者使平，易者使倾④。其道甚大，百物不废。惧以终始，其要无咎，此之谓《易》之道也⑤。

【注释】

①《易》之兴也，其当殷之末世，周之盛德邪：殷之末世，指殷纣王当政之时。周之盛德，指文王姬昌当政时，因其有美德盛誉。《集解》引虞翻曰："文王三分天下而有其二，以服事殷，周德其可谓至德矣。"联系第七章"《易》之兴也，其于中古乎？作《易》者，其有忧患乎"，可知《易传》的作者在推测《周易》成书的年代。句末之"邪"字，表示疑问语气，可知《系辞》作者也不是肯定《周易》就作于殷之末代。《韩注》曰："文王以盛德蒙难而能亨其道，故称文王之德，以明易之道也。"

②当文王与纣之事邪：此言从时代上来看，《周易》的内容应当是反映文王与纣之事。

③其辞危：辞，卦爻辞。危，危难，危险。指卦爻辞多自危其辞，以警戒世人。

④危者使平，易者使倾：易，平易。倾，倾覆。此句的含义是自以为危险者，可能会平安，而自以为平安者，可能会导致倾覆。知惧则可获得平安之吉，不知惧则可能引来倾覆之危。

⑤惧以终始，其要无咎，此之谓《易》之道也：以，犹言"于"。此承前之所言"辞危"。因为《易传》的作者认为只有始终怀有警惧之心，慎守正道以求其"无咎"，才是《易》道的真谛。

【译文】

《周易》这本书的创作时代，大概是在殷商之末年，周文王道德隆盛的时候吧？其内容反映的是文王与纣之事吧？因此其卦爻辞中多含警戒危惧之辞。知道危险的存在就能使人平安，而自以为平安而怠慢疏忽就将导致倾覆。此中包含的道理是很广大的，一切事物都不能除外。若人自始至终都能保持警惧之心，那么，做起事来大体上就"没有过失"，这就是所谓《周易》的真谛。

【评析】

以上为第十一章。此章从《周易》作于殷末周盛之时来揣测圣人作《易》多“辞危”的深义。文中“危者使平，易者使倾”的观点，既有劝诫之意，又含有辩证的安危观，对后世之人有着切实的哲理启示。同时，作者又提出摆脱“危险”的方法“惧以终始，其要无咎”，也就是要求人们在生活中像《乾》之九三所说的那样“君子终日乾乾，夕惕若厉”，时刻保持警惕，这样才能免于灾祸。曾子“吾日三省吾身”就是这种“忧惧”之心的真实反映。胡远濬曰：“《诗》三百，一言以蔽之，曰‘思无邪’；《易》六十四卦，一言以蔽之，曰‘惧以终始，其要无咎’。”（《劳谦室易说·读易通识》）人在世间，必要有所“惧”，无“惧”则恣意妄为。司马牛问孔子怎样可以做一个君子时，子曰“不忧不惧”，因为君子做事要仰不愧于天，俯不怍于父母，才能“内省而无疚”。孔子“内省”，曾子“三省”，君子“夕惕”，这些实际上都是以有“惧”之心行无“惧”之事，且只有行无惧之事，才能修无惧之心。如《中庸》之所谓：“有所恐惧，则不得其正。”惧其不正，则因惧而正。故《易》之“惧以始终”，实为劝勉人们行“中正”之事，做“中正”之人。

夫乾，天下之至健也，德行恒易以知险[①]。夫坤，天下之至顺也，德行恒简以知阻[②]。能说诸心，能研诸侯之虑[③]，定天下之吉凶，成天下之亹亹者[④]。是故变化云为，吉事有祥[⑤]。象事知器，占事知来[⑥]。天地设位，圣人成能[⑦]。人谋鬼谋，百姓与能[⑧]。八卦以象告，爻彖以情言，刚柔杂居，而吉凶可见矣[⑨]。变动以利言，吉凶以情迁[⑩]。是故爱恶相攻而吉凶生[⑪]，远近相取而悔吝生[⑫]，情伪相感而利害生[⑬]。凡《易》之情，近而不相得则凶，或害之，悔且吝[⑭]。将叛者其辞惭，中心疑者其辞枝[⑮]，吉人之辞寡，躁人之辞多，诬善之人其辞游[16],失其守者其辞屈[17]。

【注释】

①夫乾,天下之至健也,德行恒易以知险:乾,乾为天。易,平易。知,知道。天创始万物,是宇宙中最为刚健的事物,然因其有正常之规律,其运行之道平易,故可以预知其艰难险阻。天险有久旱、久雨、暴雪、狂风等,皆因其"恒易"而能知。此句应与《系辞上》的"乾以易知"联系起来看。

②夫坤,天下之至顺也,德行恒简以知阻:坤,坤为地。地顺承天道以养万物,是宇宙中最为柔顺的事物,因其有正常之规律,其德行常是简约的。坤之德行,恒为简易至静,心中没有烦乱,所以能知其阻碍。《正义》曰:"大难曰险,乾以刚健,故知其大难;小难曰阻,坤以柔顺,故知其小难。"然地虽简易也有高山、峻岭、大川、巨泽,因简易而知其阻。

③能说诸心,能研诸侯之虑:说,通"悦"。研,研习。司马光、朱熹并谓"侯之"二字是衍文,此文当作"能研诸虑"。意谓能悦其道,才能研习其道,正如《论语》所谓"学之者不如好之者,好之者不如乐之者"。

④定天下之吉凶,成天下之亹亹(wěi)者:亹,勤勉的样子。承上句则可知人能"说诸心"、"研诸虑",就可预知未来吉凶之事,成就天下勤勉之人。

⑤变化云为,吉事有祥:云为,即"有为"。孔颖达曰:"或口之所云,或身之所为也。"俞樾《群经平议》:"云,亦'有'也,《尔雅·释诂》曰'云,有也'。"祥,征兆。此谓《周易》的作为是通过变化来体现的,因为通过变化就可以预知未来事物吉凶之征兆。正如《韩注》所言:"夫'变化云为'者,行其吉事,则获嘉祥之应。"

⑥象事知器,占事知来:此言以《周易》的卦象象征事物,就可知制

器之方法;用《周易》的阴阳变化之理去占验事理,就可预知未来之结果。

⑦天地设位,圣人成能:天地设位,犹如《系辞上》之“乾坤定位”。因圣人能循天地之道,所以也就能成就其功业。

⑧人谋鬼谋,百姓与能:人谋,由人谋之。鬼谋,通过卜筮,由鬼神谋之。与,帮助。凡事经人谋鬼谋之后,则可知事之未来吉凶得失。

⑨八卦以象告,爻彖以情言,刚柔杂居,而吉凶可见矣:象告,通过卦象来告知。爻,指爻辞。彖,谓卦辞。刚柔,阳爻为刚,阴爻为柔。杂居,相交杂处。此言通过卦象、爻辞、卦辞、阴阳相交的情况,就可以发现吉凶之理。

⑩变动以利言,吉凶以情迁:迁,推移。指六爻的变动以利为准,以利论定,而事之吉凶也因其情况的变化而发生转移。

⑪是故爱恶相攻而吉凶生:此言人与人以爱恶之情相攻击,而吉凶也由此而生。在卦中,阴阳相爱而求其合,阴阴、阳阳相遇则恶而攻之,《尚氏学》:“阳遇阴,阴遇阳,则相求相爱。”“阳遇阳,阴遇阴,则相敌相恶。”“爱则吉,恶则凶,故‘爱恶相攻而吉凶生’。”

⑫远近相取而悔吝生:远,指上下卦中之爻的相应。近,指相邻之爻的相比。一般而言,远则相应、相取,近则相攻、相比,应而不当则无应,比之不当则有凶,故悔吝则由此而生。

⑬情伪相感而利害生:情伪,犹言“真伪”。《正义》曰:“情,谓实情。伪,谓虚伪。虚实相感,若以情实相感则利生,若以虚伪相感则害生也。”

⑭近而不相得则凶,或害之,悔且吝:此指爻与爻相近而比,并不意味着吉利,若相近而不相得,则相憎恶,相贼害,所以就“凶”。因与人不相得则不能得其助,反而会被人伤害,故“悔吝”由此而生。

⑮枝:分散,散乱。

⑯ 诬善之人其辞游：游，指言辞虚浮，游移不定。《正义》曰：“游，谓浮游。诬罔善人，其辞虚漫，故言其辞游也。”

⑰屈：邪曲不正。

【译文】

乾，是天下最为刚健的象征，因为有正常的规律，其德行常常平易而又能在平易中预知危险的因素。坤，是天下最为柔顺的象征，其德行常常简易并能在简易中预知前面可能存在的阻碍。领会这些道理就能悦天地之道，就能在心中研习天地之道，借助占筮就能断定天下的吉凶得失的情况，并以此促成那些勤勉有为的人。所以在变化中或有所说的，或有所做的，这都是为了让吉利的事有一个征兆。用《易经》模拟事物就可以知道如何制作器物的方法，用《易经》来占验事情就可以知道未来事情的吉凶情况。天地设立了刚柔尊卑的位置，圣人遵循天地之道就能成就功德。因此，先由人谋略其事，再求证于像“鬼神”一样神奇的占筮之谋虑，则天下的百姓也会帮助谋略得当的人。八卦以形象来表示吉凶道理，卦爻辞以事物变动的情况来反映吉凶的道理，刚与柔错综相处，则吉凶之理就可以显现出来。事物变动的吉与凶由爻位变动是否有“利”来决定，而事物变动的吉凶则因变动的具体情况而转移。所以人们所厌恶的与人们所爱好的相互攻击则吉凶就从中得以产生。远与近或有所应，或有所比，若比应不当，悔恨与困难就从中产生了。或以真情相感悦，或以虚伪相感应，利益与损害就在这种真实与虚伪的相互感应中产生。凡是《周易》各卦、爻所比拟的事物情态，相近而不相投合就会有凶险，或有人来伤害就会有悔恨和困难。将有叛逆之心的人其言辞必然是惭愧不安，内心有所疑惧的人其言辞必定是散乱无章，贤美吉善的人言辞少，浮躁轻薄的人言辞多，诬蔑善良的人言辞浮游虚妄，失去操守的人言辞邪曲不正。

【评析】

以上为第十二章。章首有回应《系辞上》之意，故又从乾坤之道说起。因为《周易》有“象事知器，占事知来”的功能，所以“人谋鬼谋”以得天之佑助。最后集中在“情”上，分析了人物在不同情景中的六种表现，这些表现特征，从心理上解析了“卦”情与人“情”的联系。应该说，从“象”到“情”的延伸，是《周易》在推理与判断上的一大进步，有了这样一种进步，就使得《易》道从“通神明之德”的玄虚之感中深入到人们的现实生活中，因而具有了更为深切的内容。

周易说卦

【题解】

《说卦》的主要内容是记述了八卦所象征的事物。古人说的卦象是八种基本的卦象，如乾为天、坤为地等，也有后来演绎引申的卦象，如乾为马、震为龙等。这些或引申、或演绎的卦象大部分是触类旁通、由此及彼的合理演绎，有些则是占筮时灵活运用、机智应变的结果。所以，对于我们今天研习《周易》的人而言，应注意两个方面的问题：其一，对前人在《说卦》中提出的象征物象要区别分析，不可全信其说，也不可拘泥于其说；其二，要以发展的观点看待古人从卦象中找出的对应物象，因为有些过去存在的物象今天已经不存在了，而有些过去不存在的物象则出现在今天的日常生活中。对于前者，不能抱残守缺，对于后者则应善于探索、善于发现。由于《说卦》中解说的卦象与卦爻辞中阐释的道理有着直接而又紧密的联系，所以认真、审慎地研习《说卦》有助于我们正确地理解卦爻辞的真正含义。

昔者圣人之作《易》也，幽赞于神明而生蓍①，参天两地而倚数②，观变于阴阳而立卦③，发挥于刚柔而生爻④，和顺于道德而理于义，穷理尽性以至于命⑤。

【注释】

①幽赞于神明而生蓍:幽,幽隐,暗中。《集解》引荀爽曰:"幽,隐也。"此处用"幽"字,并非指神明"暗中"助之,实际是喻指偶然得之的感慨。赞,佐助。《小尔雅·广诂》:"赞,佐也。"神明,即神祇。《说文》:"神,天神。"实际上是指造化万物的大自然。

②参天两地而倚数:参,《集解》引虞翻曰:"参,三也。"韩康伯曰:"参,奇也。两,耦也。"三代表奇数,两代表偶数。倚,《集解》引虞翻曰:"倚,立也。"

③观变于阴阳而立卦:天地万物皆有阴有阳,阴阳常有其变化。作《易》者观察物之阴阳变化,因而立阴阳两种卦,以象征阴阳两类事,又以卦之变化象征物之变化。故曰"观变于阴阳而立卦"。

④发挥于刚柔而生爻:阳为刚,阴为柔,万物皆有刚有柔。作者发挥物之刚柔两性,因而创制刚柔之爻以象征物用之理。

⑤穷理尽性以至于命:穷,穷究,极尽。性,性质。命,天命,即自然规律。天地万物各有其理,各有其性,各有其命。作《易》者穷究万物之理及其性质,然后才能通达万物运动变化的规律性。

【译文】

从前圣人创作《周易》时,偶然得到神明的帮助而生出了神圣的蓍草作为占筮之物,于是就用象征天的"三"数和象征地的"两"数建立了卦中的奇偶之数,并且通过观察阴阳的变化而建立了卦象,将客观事物中固有的刚柔两种性质的物质大加发挥就生成了阴爻和阳爻,和谐顺从圣人的道德并以适宜的方法整治道理,穷极万物深妙之理,究尽生灵所禀的特性以至于通达天下万物运动的规律性。

【评析】

以上为《说卦》之第一章。《周易》六十四卦的成卦方式有很多种,然其根本在于"数"。古人将演算数的工具"蓍草"赋予神圣的意蕴,目的是强调《易》理是来自于自然之道。

昔者圣人之作《易》也，将以顺性命之理。是以立天之道曰阴与阳，立地之道曰柔与刚，立人之道曰仁与义。兼三才而两之，故《易》六画而成卦。分阴分阳，迭用柔刚，故《易》六位而成章。

【译文】

从前圣人创作《周易》的时候，是要通过它来顺从天地生成万物的性命之理。所以确立天的道理有“阴”有“阳”，确立地的道理有“刚”有“柔”，确立人的道理有“仁”有“义”。兼容天、地、人三才而将阴阳两种卦象两两相重，所以《周易》以六画形成一卦。六画之中又分为阴阳两种爻位，然后迭用柔刚之爻，所以《周易》是由六爻相互错综而形成文章的。

【评析】

以上是第二章。圣人作《易》遵循天地之道，将阴阳分为三个境界，对于天而言就是阴阳，对地而言就是刚柔，对于人而言就是仁义。这三种不同的境界实际就等于“三才”，而“三才”本身又有阴阳，于是就有了“六画”，也就是六十四卦的卦象。

天地定位①，山泽通气②，雷风相薄③，水火不相射④，八卦相错⑤。数往者顺，知来者逆，是故《易》逆数也⑥。

【注释】

①天地定位：天在上，地在下，天地定高下之位。

②山泽通气：艮为山、为土。兑为泽。泽水润土，故曰“山泽通气”。又据纳甲法，艮纳丙，兑纳丁，二者皆内秉“火”性，故曰“山泽通气”。

③雷风相薄：薄，《释文》：“马、郑、顾云‘入也’。”这里指应和。《集

解》:"震巽同声相应,故相薄。"

④水火不相射:射,《尔雅·释诂》:"射,厌也。"水火相克而实通,实通则不射。水与火,可谓相反相成的两类事物。

⑤八卦相错:错,交错。八卦,指上文之天、地、雷、风、水、火、山、泽八物,此八物交错于宇宙之中,它们不是彼此孤立,而是彼此联系。

⑥数往者顺,知来者逆,是故《易》逆数也:数,作动词,犹言"推算"。卦有六爻,其顺序如自上而下数之,是顺数;自下而上数之,是逆数。因为《易》可以占知未来之事,人在历数往事时,皆自远而近,如"夏、商、周、秦、汉",此为顺数,故曰"数往者顺"。人之知来者皆自近而远,此为逆数,故曰"知来者逆"。用《易》占事,在于知来,所以六爻逆数。

【译文】

天地确定了上下之位,山与泽气息交流相通,雷风相互应和,水火之性相异却不相厌弃而相资助,数以象天、地、雷、风、水、火、山、泽莫不交错。如果人们想知道既往之事,顺着推演就可知道;人欲知将来之事,逆着推演就可知道,所以《周易》的推演是逆着数的。

【评析】

以上为《说卦》之第三章。所谓"天地定位",实际上就是说,《易》道的变化是以"不变"为前提,当然这种"不变"是相对于"变"而言,不是绝对不变。变有"顺"有"逆",知"顺"、"逆"之理则可以预测未来和过去事。其实,这是引导人们探索事物本身固有的客观规律。

雷以动之①,风以散之②,雨以润之,日以烜之③,艮以止之④,兑以说之⑤,乾以君之⑥,坤以藏之⑦。

【注释】

①雷以动之:雷,震为雷。雷以震动万物。

②风以散之：风，巽为风。风以吹散万物。

③日以烜（xuǎn）之：烜，晒干。《释文》引京房云："烜，干也。"日热所以能晒干万物。

④艮以止之：艮，阳止于上。

⑤兑以说之：说，同"悦"。泽能润泽万物，故能"悦"万物。

⑥乾以君之：乾，阳居九五，象征着君临天下。

⑦坤以藏之：坤为地，地能生万物，也能藏纳万物。

【译文】

雷（震）是用来鼓动万物的，风（巽）是用来散布流通万物的，雨（坎）是用来滋润万物的，日（离）是用来晒干万物的，艮（山）是用来抑止万物的，兑（泽）是用来愉悦万物的，乾（天）是用来君临天下的，坤（地）是用来藏纳万物的。

【评析】

以上为《说卦》之第四章。此章从卦象本身所具有的特性来说明它们对事物的基本作用。

帝出乎震①，齐乎巽②，相见乎离③，致役乎坤④，说言乎兑⑤，战乎乾⑥，劳乎坎⑦，成言乎艮⑧。万物出乎震，震东方也⑨。齐乎巽，巽东南也⑩；齐也者，言万物之絜齐也⑪。离也者，明也，万物皆相见，南方之卦也⑫，圣人南面而听天下，向明而治，盖取诸此也⑬。坤也者，地也，万物皆致养焉，故曰："致役乎坤"。兑，正秋也，万物之所说也⑭，故曰："说言乎兑"。战乎乾，乾西北之卦也，言阴阳相薄也⑮。坎者水也，正北方之卦也，劳卦也⑯，万物之所归也，故曰：劳乎坎。艮，东北之卦也。万物之所成终而成始也，故曰："成言乎艮"。

【注释】

①帝出乎震：帝，天帝。这里指生育万物的阳气。震于时节当春分时，阳生初而成震卦，实谓天帝出万物于震，而非天帝自出于震。

②齐乎巽：齐，整齐。巽，时值立夏，万物皆长至整齐兴旺。

③相见乎离：离卦当夏至时，此时万物皆出现在大地之上，故曰“相见乎离”。

④致役乎坤：役，《集解》曰“事也”。坤西南之卦，位在七月，时当立秋，此时万物皆得其地养，故曰“致役乎坤”。

⑤说言乎兑：兑卦于时令当值秋分，此时万物成熟，故曰“说言乎兑”。

⑥战乎乾：战，交接。乾为西北之卦，时令立冬。《说卦》以八卦配八方，乾为西北，又以八卦配四时，乾为秋末冬初四十五日之季节，时值冬至。此季节阴气与阳气相搏斗，为阴阳二气相交接时，如万物处在阴阳搏斗之中，故曰“战乎乾”。

⑦劳乎坎：坎为正北方，以八卦配四时，坎为正冬四十五日之季节，时当冬至。此季节万物在战乎乾之后，皆已疲劳，因其劳而归藏于此时，故曰“劳乎坎”。

⑧成言乎艮：冬末是万物有成而终之时，春初是万物有成而始之时，艮于时节值立春，此时是冬终春初时分，旧岁已终，新岁开始。于新于旧而言，都意味着“成”，故曰“成言乎艮”。

⑨万物出乎震，震东方也：出，出生。《说卦》以八卦配四时。按古代历法，一年约三百六十日，《说卦》分一年为八季节，每卦配一季节，则各占四十五日。震为正春四十五日之季节。此季节万物皆生出，故曰“万物出乎震”。《说卦》又以八卦配八方，震为东方，故曰“震，东方也”。

⑩齐乎巽，巽东南也：按《说卦》言，巽为东南方，故曰“巽，东南也”。

⑪齐也者，言万物之絜齐也：絜，同“洁”，整洁。这里形容万物在春

天出生后，崭新整洁，欣欣向荣的样子。

⑫离也者，明也，万物皆相见，南方之卦也：离为日。日光明照天下，故曰“离也者，明也”。离为南方之卦，故曰“南方之卦”。

⑬圣人南面而听天下，向明而治，盖取诸此也：《老子》有言曰：“道生一，一生二，二生三，三生万物，万物负阴而抱阳。”古代帝王象天法地，坐北朝南，向明听政，此皆因南方光明之象而取之于离卦，故曰“盖取诸此也”。

⑭兑，正秋也，万物之所说也：承上文“说言乎兑”。兑值正秋，故曰“兑，正秋也”。此季节万物皆喜悦于长成，故曰“万物之所说也”。

⑮乾西北之卦也，言阴阳相薄也：此释承上文“战乎乾”。乾为西北之卦，故曰“乾，西北之卦也”。

⑯坎者水也，正北方之卦也，劳卦也：此释承上文“劳乎坎”。坎为水，《说卦》以之配正北方，故曰“正北方之卦也”。万物在“战乎乾”之后，皆已疲劳，故曰“劳卦”。

【译文】

天帝从震卦象征的东方和春分时节生出万物，在巽卦象征的东南方与立夏时节生长整齐，又纷纷显现于象征夏至与南方的离卦方向，在坤卦象征的西南方和立秋时节颐养万物，在兑卦象征的西方和秋分时节愉悦万物，在乾卦象征的西北和立冬时节交接，因此而疲劳于象征北方与冬至时节的坎卦，万物的终结与开始都存在于象征东北和立春的艮卦。万物生于震，因为震卦象征着东方；生长整齐于巽，因为巽为东南方；所谓“齐”，就是讲万物的状态整洁一致。离卦是光明的象征，万物皆生长茂盛，纷纷显现于大地之上，它代表的是南方之卦，古代的圣人面朝南而听政于天下，面向光明而治理政务，大概是效法于此卦吧。坤卦，象征着大地，大地养育天下万物，所以说“使之有助于颐养万物于坤”。兑卦，象征着正秋时节，万物皆在这个季节成熟，因而愉悦于此时，所以说“能愉悦万物在于兑”。交接于乾卦，乾卦是象征着西北的卦，讲的是阴阳于此相互交接迫近。坎卦，象征着水，是代表着北方的卦，万物在此处疲劳，归藏休息于此，所以说疲劳于坎卦。艮卦是象征着东北方的卦，这是造就万物的地方，也是万物终了的地方，所以说“终成万物在于艮”。

【评析】

以上为《说卦》之第五章。主要以发展的观点，使八卦的卦象与事物发展的不同阶段相联系，同时，又从八卦所对应的方位与时节来说明事物发展的状态和原因。在描写方式上，其“出”、“见”、“齐”、“战”等，以气体之势来形容事物的情状，有声有色，以理通情，因事传神，拟物于情理之中，言虽在于解释其卦理，却能跃然出情理于文章，可谓传神之笔。

神也者，妙万物而为言者也①。动万物者莫疾乎雷②，桡万物者莫疾乎风③，躁万物者莫熯乎火④，说万物者莫说乎泽⑤，润万物者莫润乎水⑥，终万物始万物者莫盛乎艮⑦。故水火不相逮⑧，雷风不相悖⑨，山泽通气，然后能变化，既成万物也。

【注释】

①神也者，妙万物而为言者也：神，神明。妙万物，使万物神妙。因为自然界往往有神妙而不可言之物景，故以“神”赞万物神妙、神奇之功。

②动万物者莫疾乎雷：疾，《广雅·释诂》：“疾，急也。”《说卦》曰“震为雷”，又曰“雷为躁卦”，震为动，雷动急而迅猛，故曰“动万物者莫疾乎雷”。

③桡万物者莫疾乎风：桡，同“挠”，吹拂。巽为风，风能吹拂万物，又风有狂风、有飓风，故曰“桡万物者莫疾乎风”。

④躁万物者莫熯(hàn)乎火：熯，《释文》：“熯徐作暵，云：‘热暵也。’”熯、暵古通用。莫熯乎火，即莫热于火。

⑤说万物者莫说乎泽：兑，《说卦》曰“兑为泽”，泽水能润物，故曰“莫说乎泽”。

⑥润万物者莫润乎水：这里指坎兑两卦，因两卦皆有水汽润物。

⑦终万物始万物者莫盛乎艮：艮，指艮卦。艮时值冬末春初时节，故终于旧而始于新皆莫能过于此卦。

⑧故水火不相逮：逮，《尔雅·释言》：“逮，及也。”水火不相逮，即水火不在一处，不相及，而可以并存。

⑨雷风不相悖：悖，《玉篇》：“悖，逆也。”以五行言，则震为木，巽也为木；以纳甲言，震纳庚，巽纳辛，属性相同；以自然现象言，则雷风可以同时并作，故二者为“同声相应”之物，不相悖逆，相容共存。

【译文】

所谓“神”，是指它能神奇微妙地化育万物。鼓动万物的没有比雷更为迅猛的，吹拂万物的没有比风更为疾速的，干燥万物的没有比火更为炎热的，愉悦万物的没有比泽更为喜悦的，滋润万物的没有比水更为湿润的，最终成就万物的没有比艮更为盛美的。所以说水火不处在一起，雷与风不相互排斥，山泽高低不一却能气息相通，然后阴阳二气才能在变化中形成万物。

【评析】

以上为《说卦》之第六章。天、地、雷、风、水、火、山、泽，这是最基本的卦象，但是万物都是在这几种自然物象的影响下生存和发展。或者说，事物的发展本身就具有以上几种特性。

乾，健也[①]；坤，顺也[②]；震，动也[③]；巽，入也[④]；坎，陷也[⑤]；离，丽也[⑥]；艮，止也[⑦]；兑，说也[⑧]。

【注释】

①乾，健也：乾为天，天道刚健，故乾有刚健之德，而能健行。

②坤，顺也：坤为地，地道柔顺，能顺承天道，顺养万物，故曰“顺”。

③震，动也：震为雷。雷能自行震动，又能震动万物，故曰“动”。

④巽，入也：巽为风，风吹万物，无孔不入，故曰“入”。

⑤坎，陷也：坎之卦象是一阳陷于二阴之中，故曰“陷”。又坎为水，水自陷低洼之地，又能陷物于其中，也是“陷”。

⑥离，丽也：丽，附也，即附丽于物。离为火，火必附丽于可燃之物，故离为丽。

⑦艮，止也：艮为山，山为静止不动之物，故艮为止。又一阳止于上，止其二阴于下，也是“止”。

⑧兑，说也：说，同“悦”。兑为泽，水草生于泽，鱼游于泽，鸟飞于泽，兽饮于泽，人取养于泽，泽能使万物欣悦其中，故曰“悦”。

【译文】

乾，象征着刚健；坤，象征着顺从；震，象征着震动；巽，象征着潜入；坎，象征着险陷；离，象征着附丽；艮，象征着静止；兑，象征着愉悦。

【评析】

以上为《说卦》之第七章，从运动的特性来说明“八卦”的运动方式。这些运动方式在对应于某种卦象时，其卦象本身的意义已经不再是纯粹自然的物体，而是具有物理性的运动中的物体。所以，运动也就成为它们存在的方式和发展变化的基本结构。

乾为马[①]，坤为牛[②]，震为龙[③]，巽为鸡[④]，坎为豕[⑤]，离为雉[6],艮为狗[7],兑为羊[8]。

【注释】

①乾为马:乾为天。“天行健”,马为家畜中之行健者,故曰“乾为马”。

②坤为牛:坤为地。地道柔顺,能载物,牛性柔顺,也能载物,故曰“坤为牛”。

③震为龙:震为雷。雷动于云中,古人视为神物,龙能飞于云中,古人也视之为神物,故曰“震为龙”。

④巽为鸡:巽为风。风吹而万物动,鸡晨鸣而人与鸟兽等皆兴起而活动,故曰“巽为鸡”。如《九家易》曰:“风应节而变,变不失时;鸡时至而鸣,与风相应也。”

⑤坎为豕:坎为水。豕喜处有水之洼渎中,故曰“坎为豕”。

⑥离为雉:离为文明,雉也有鲜明之羽毛文采,《正义》曰:“离为文明,雉有文章,故为雉也。”

⑦艮为狗:艮,止也。狗守家,所以禁止外人入内,故以艮象狗。

⑧兑为羊:兑为悦。羊性柔顺,为人所喜悦,故以兑比羊。

【译文】

乾象征着马,坤象征着牛,震象征着龙,巽象征着鸡,坎象征着猪,离象征着野鸡,艮象征着狗,兑象征着羊。

【评析】

以上为《说卦》之第八章。从八卦的基本形态中,又演绎出具体的物象,象征着八种常见的动物。这也是从另一个方面来印证“远取诸物”的道理。

乾为首[1],坤为腹[2],震为足[3],巽为股[4],坎为耳[5],离为目[6],艮为手[7],兑为口[8]。

【注释】

①乾为首：乾为天。天尊在上，为宇宙之最上部分，首为人身之最上部分，故曰“乾为首”。

②坤为腹：坤为地。地柔顺而能藏纳万物，腹柔，于人身而言，也能藏纳食物，故曰“坤为腹”。

③震为足：震为动。震卦一阳动于下，人身之下为足，足动，故“震为足”。

④巽为股：巽为顺。人之股能顺随于足，又巽下有一阴二分，象人之股，故曰“巽为股”。

⑤坎为耳：坎为陷，如地之洼坑。以地之洼坑比人之头部凹陷处“耳”，故“坎为耳”。

⑥离为目：离为火，为明。目之明能视物如离日之光能照万物，故“离为目”。

⑦艮为手：艮为山。山有峰，手之掌与指似山峰，故“艮为手”。又震一阳动于下，艮一阳止于上，上下相对如人之手足上下相对。

⑧兑为口：泽如地上有口之象，犹如人之口在身。泽，吞吐河流如口吞吐饮食，故“兑为口”。

【译文】

乾为头象，坤为腹象，震为足象，巽为大腿象，坎为耳象，离为眼象，艮为手象，兑为口象。

【评析】

以上为《说卦》之第九章。类情拟物使得《周易》具有“类万物之情”的广大体系，如果说第八章是在“远取诸物”中演绎卦象在动物中的对应关系，那么，这一章则以“近取诸身”的特征，来寻找八卦在人体本身中的对应关系。

乾，天也，故称乎父①；坤，地也，故称乎母②；震一索而得男，故谓之长男[3]；巽一索而得女，故谓之长女[4]；坎再索而得男，故谓之中男[5]；离再索而得女，故谓之中女[6]；艮三索而得男，故谓之少男[7]；兑三索而得女，故谓之少女[8]。

【注释】

①乾，天也，故称乎父：称，这里犹言“比”。天为万物之首，父为一家之主，故以天比父。

②坤，地也，故称乎母：地为阴之盛，母为众阴之主，故以二者相比。

③震一索而得男，故谓之长男：索，孔颖达曰：“索，求也。”也就是说，父母之交合为求其男女。震之第一爻为阳爻，阳爻象男，故一索而得长男。“一索”象征着父母的初次交合。

④巽一索而得女，故谓之长女：巽之第一爻为阴爻，阴爻象女，故一索而得长女。

⑤坎再索而得男，故谓之中男：坎之第二爻为阳爻，故再索而得中男。

⑥离再索而得女，故谓之中女：离之第二爻为阴爻，故再索而得中女。

⑦艮三索而得男，故谓之少男：艮之第三爻为阳爻，故三索而得少男。

⑧兑三索而得女，故谓之少女：兑之第三爻为阴爻，故三索而得少女。

【译文】

乾，是天的象征，所以称作父；坤，象征着地，所以称作母；震是阴阳二气第一次交合而得的男性，所以称作长男；巽是阴阳二气第一次交合而得的女性，所以称作长女；坎为阴阳二气第二次交合而得的男性，所以称作中男；离为阴阳二气第二次交合而得的女性，所以称作中女；艮为阴阳二气第三次交合而得的男性，所以称作少男；兑为阴阳二气第三次交合而得的女性，所以称作少女。

【评析】

以上为《说卦》之第十章。此章通过阴阳在一卦中的位置变化，来说明八卦对应的家庭关系，并进而使八卦能以伦理特征分析社会环境。

乾为天，为圆①，为君②，为父，为玉，为金③，为寒，为冰④，为大赤⑤，为良马⑥，为老马⑦，为瘠马⑧，为驳马⑨，为木果⑩。

【注释】

①为圆：《大戴礼记·天圆》曰："夫子曰'天道曰圆，地道曰方'。"天圆地方，天行地静，能行者圆，能止者方，故曰"圆"。

②为君：君，这里指君主，君王。乾之九五，以阳为尊，如君临天下，且天为万物之主，君为人世之主，故以天比君。

③为玉，为金：天道刚硬，其体清明。玉、金也性刚硬，体清明，故乾"为玉，为金"。

④为寒，为冰：以八卦配四时，乾为秋末冬初，此时天寒，水结冰，故乾"为寒，为冰"。

⑤为大赤：《集解》引虞翻曰："太阳为赤。"天以太阳为主，太阳最红，盛阳之色，故天为大赤。

⑥为良马：天能行健，马也能健行，故乾为"良马"，瘠马以体肉言，驳马以毛色言。

⑦为老马：老马以齿显示年龄，此取其行健之久象。

⑧为瘠马：瘠，《正义》曰："瘠马，骨多也。"良马好在骨相，乾六爻皆阳，《集解》引崔憬曰："骨为阳，肉为阴。"六爻皆阳故曰"瘠马"。

⑨为驳马：驳，驳杂，混杂。这里指马的毛色不纯。驳马即花马。

⑩为木果：乾为圆，木果也是圆形，以圆比圆，故乾为"木果"。

【译文】

乾为天象，为圆象，为君王象，为父亲象，为玉象，为金属象，为寒冷象，为冰象，为大红颜色象，为良马象，为老马象，为瘦马象，为花马象，为木类果实象。

坤为地，为母，为布①，为釜②，为吝啬③，为均④，为子母牛⑤，为大舆⑥，为文⑦，为众⑧，为柄⑨，其于地也为黑⑩。

【注释】

①为布：布，古代指钱币。地广而能遍布万物于其上，若为钱币也能流通遍布使用，故曰“坤为布”。《正义》曰：“为布，取其地广载也。”

②为釜：釜，锅。地生成物也能使物成熟，以供人食，釜之煮物也能使之熟，以供人食，故“坤为釜”。《尚氏学》曰：“万物资地成熟，故为釜。”

③为吝啬：地生养草木，草木固植于一处，离地则死，有保守其财物之性。地又深藏金银铜铁之矿物，不以示人，故坤为“吝啬”。《尚氏学》曰：“坤闭，故吝啬。”

④为均：均，平均。地之于万物无不载之，无不育之，故“坤为均”。《尚氏学》曰：“不择地而生，故为均。”

⑤为子母牛：“坤为牛”，离也为牛，坤为离之母，故谓之子母牛。《尚氏学》曰：“坤为牛，地生生不已，今之童牛，不日又生子而为母牛矣，故为子母牛。”或曰：子母牛，指子牛与母牛。如《正义》曰：“为子、母牛，取其多蕃育而顺之也。”

⑥为大舆：舆，车。地载万物，大车也能载人载物，故坤为“大舆”。

⑦为文：地有草木文饰大地，如图画、文章饰于纸上，故坤“为文”。

⑧为众：众，三者为众，坤以三阴比物之众，故曰“坤为众”。又众指

民众与乾君相对。

⑨为柄：柄，根本。万物以地为本，故“坤为柄”。

⑩其于地也为黑：地，土地。坤为纯阴之卦，纯阴则为黑，天象阳明，地象阴暗，黑是阴暗之色，故曰坤“其于地也为黑”。

【译文】

坤为地象，为母亲象，为钱币象，为釜锅象，为吝啬象，为平均象，为子牛母牛象，为大车象，为文采文章象，为众多象，为根本象，对于大地来说为黑色土壤之象。

震为雷①，为龙②，为玄黄③，为旉④，为大途⑤，为长子，为决躁⑥，为苍筤竹⑦，为萑苇⑧。其于马也，为善鸣⑨，为异足⑩，为作足⑪，为的颡⑫。其于稼也，为反生⑬。其究为健，为蕃鲜⑭。

【注释】

①震为雷：阳始交于阴，阴阳相薄而动，故曰“震为雷”。

②为龙：北方为玄武，南方为朱雀，东方为青龙，西方为白虎，中宫为勾陈。震主东方之卦，故曰“为龙”。

③为玄黄：玄黄，天玄而地黄，乾阳始交于阴土，其色混合，故曰“玄黄”。

④为旉(fū)：旉，《释文》引干宝云：“旉，花之通名。”震为正春之季节，此季节百花齐放，故震为旉。《释文》：“旉本又作专。”《集解》本作“专”。

⑤为大途：涂，同“途”。大途，大路。震为动。大路上有人与车马行动，故震“为大途”。

⑥为决躁：决，刚决；躁，急躁；决躁就是行动迅速刚决。震为雷，雷

之动迅速，故震为“决躁”。

⑦为苍筤竹：《集解》引《九家易》曰：“苍筤，青也。”震为东方，为正春，为木，为青。竹为木类，苍筤为青色，故震“为苍筤竹”。

⑧为萑（huán）苇：萑，荻类植物。苇，芦苇。萑、苇同类，萑茎细而中实，苇茎粗而中空。萑苇也属竹类，其色青，故震为“萑苇”。

⑨其于马也，为善鸣：善鸣，鸣声宏大。震为雷，雷声能震百里，以其声比之马，则为“善鸣”。如《正义》曰：“取其象雷声之远闻也。”

⑩为馵（zhù）足：馵，马左后足为白色。

⑪为作足：作，兴起，振作。《重定费氏学》引蔡渊曰：“作足，谓双举。”即马蹄双举。

⑫为的颡（sǎng）：的，白色。颡，额头。即额头上有白毛长出。

⑬其于稼也，为反生：稼，庄稼，包括菜蔬。反生，即倒生，果实在地下，茎叶在地上，如葱、蒜、萝卜、地瓜、土豆、山药等是。震是两阴爻在上，一阳爻在下之卦，即两柔在上，一刚在下。反生之稼，茎叶柔而在上，果实刚而在下，故“为反生”。

⑭其究为健，为蕃鲜：究，《正文》曰：“究，极也。”震为雷，雷之动极健，故曰“其究为健”。蕃鲜，《说文》：“蕃，草茂也。”鲜，新鲜。以八卦配四时，震值正春时节，此时草木茂盛而新鲜，故曰“为蕃鲜”。

【译文】

震为雷象，为龙象，为青黄颜色交杂之象，为花朵象，为宽阔的大路象，为长子象，为刚决躁动象，为青竹象，为萑苇象。对于马而言，为善于鸣叫象，为左后足为白色象，为举双足腾跃象，为额首斑白象。对于庄稼而言，为果实在下茎叶在上的反生之象。震卦发展到极端就会产生刚健之象，为草木繁茂新鲜之象。

巽为木①，为风②，为长女，为绳直③，为工④，为白⑤，为长⑥，为高⑦，为进退⑧，为不果⑨，为臭⑩。其于人也，为寡发，为广颡，为多白眼⑪。为近利市三倍⑫。其究为躁卦⑬。

【注释】

①巽为木：阳动而阴静，二阳动于上，以象枝叶，一阴静于下，以象树根，故曰"巽为木"。又巽卦时值立夏时节，此时草木茂盛于地。

②为风：风，《庄子》："大块噫气，其名为风。"大块，即土地。《集解》引陆绩曰："风，土气也。"巽阴自坤来，一阴静下，二阳动上，于风象则取其静于本而动于末。又巽为入，以象其无所不入，巽一阴在下，为巽主，以象其风无所不入而入于下。

③为绳直：巽为木。木匠制木为器，引绳为准以取直，故巽"为绳直"。

④为工：巽为木。制木为器或以木盖屋，此皆为工匠之事，故巽"为工"。

⑤为白：坤于地为黑，因其阴重，而巽二阳在上，阳白而阴黑，故曰"巽为白"。《正义》曰："取其风吹去尘，故洁白也。"

⑥为长：长，长远。巽为风，风能行万里之遥，故曰"为长"。

⑦为高：巽为风，风上至云霄，故巽为高。又阳高而阴下，巽有二阳在上，也象其"高"。

⑧为进退：巽为风，风常转变方向，故巽"为进退"。

⑨为不果：果，果决。巽为风，风或东或西，或大或小，或强或弱，或急或徐，多变无常，没有果决之性，故巽"为不果"。《正文》曰："取其风性前却，不能果敢决断，亦皆进退之义也。"

⑩为臭（xiù）：臭，气味的总称。巽为风，风吹则物之气味远闻，故巽"为臭"。

⑪其于人也，为寡发，为广颡，为多白眼：寡发，谓天生发少之人。巽为风，秋风之落木如人之落发。故《正义》曰：“风落树之华叶，则在树者稀疏，如人之少发，亦类于此，故为寡发也。”广颡，即“宽额”。乾阳为首，巽有二阳在上，以象其宽额。如前之所言“巽为白”，两巽相重则为六十四卦中的《巽》，互有离卦，离为目，故曰“多白眼”。

⑫为近利市三倍：巽为木。人栽植树木，树木长成，或售其果，或卖其材，可在市场上得近于三倍之利，故巽“为近利市三倍”。

⑬其究为躁卦：究，《正义》曰“极也”。躁，急躁。巽为风，然风极，则为急躁，动而不止，故曰“究为躁卦”。

【译文】

巽为树木之象，为风象，为长女之象，为拉直的绳子之象，为工匠、工巧之象，为白色象，为长远之象，为高象，为进退转变之象，为迟疑不决之象，为气味之象。对于人而言，为头发稀少之象，为额头宽阔象，为多以白眼视人之象。为交易可得近于三倍之利之象。巽卦发展到极点会转化为浮躁之卦。

坎为水①，为沟渎②，为隐伏③，为矫輮④，为弓轮⑤。其于人也，为加忧，为心病，为耳痛，为血卦，为赤⑥。其于马也，为美脊，为亟心，为下首，为薄蹄，为曳⑦。其于舆也，为多眚⑧。为通⑨，为月⑩，为盗⑪。其于木也，为坚多心⑫。

【注释】

①坎为水：一阳在中，二阴在外，其象如水之内刚而外柔，故曰“坎为水”。

②为沟渎：渎，《说文》：“渎，沟也。”沟渎，为水流之地，故坎为沟渎。

③为隐伏：坎为水，有时水隐藏地中，则可掘而出之，故坎为“隐伏”。

④为矫輮：矫，矫正。輮，使木弯曲。《正义》曰：“使曲者直为矫。使直者曲为輮。”水之流也可直可曲，故曰“为矫輮”。

⑤为弓轮：承上句“坎为矫輮”，弓轮皆矫輮制成之器物，故曰“为弓轮”。

⑥其于人也，为加忧，为心病，为耳痛，为血卦，为赤：坎为陷、为险。人在险难，则增加忧虑，增加忧虑，则成心病，故坎为加忧，为心病。坎为水，又为耳，耳中有水，则成耳病，故坎为耳病。血为液体类，故“为血卦”，血红色，故又“为赤”。

⑦其于马也，为美脊，为亟心，为下首，为薄蹄，为曳：脊，脊背。一阳处在二阴之中，象马有美脊，即健美的脊背。亟，迅速，《说文》：“亟，敏疾也。”亟心，内为阳爻，故曰“亟心”。此处指马性敏捷。下首，乾为首，陷于阴下，故曰“下首”，此处谓马低头不振。薄蹄，水流趋下，马蹄也在下，分流易散，故曰“薄蹄”。曳，拖曳。以象其水摩地而行，故“为曳”。

⑧其于舆也，为多眚：眚，灾异。《集解》引虞翻曰：“眚，败也。”坎为沟渎，为坑陷，车遇沟渎、坑陷，或阻而不能行，或陷而不能出，甚至于倾覆，此皆常有之事，坤为大车，坎以一阳折之，故曰“多眚”。

⑨为通：坎为水。水流则曲折前行，终能通达，故“坎为通”。

⑩为月：坎为水，水寒白而有光，月也寒白有光，又坎为弓，月形如弓，故坎“为月”。

⑪为盗：水伏地而行，如盗之所行潜伏而行，故曰“为盗”。

⑫其于木也，为坚多心：坎卦是一阳爻在内，两阴交在外，即内刚而外柔。木坚多心，而其内刚而外柔。故曰“其于木也，为坚多心”。

【译文】

坎为水象，为沟渠之象，为隐伏之象，为曲变直而直变曲之象，为弓箭和车轮之象。对于人而言，为增加忧虑之象，为心病之象，为耳有病痛之象，为鲜血卦，为红色象。对于马而言，为脊背壮美的马象，为内心焦急的马象，为头部下垂的马象，为马蹄频频跳动的马象，为拖曳吃力的马象。对于车而言，为多灾多难的车象。为通行之象，为月亮象，为盗寇之象。对于树木而言，为坚硬多心之象。

离为火①，为日②，为电③，为中女，为甲胄，为戈兵④。其于人也，为大腹⑤。为干卦⑥。为鳖，为蟹，为蠃，为蚌，为龟⑦。其于木也，为科上槁⑧。

【注释】

①离为火：阳爻在外，象火外照，故“为火”。

②为日：阳光外照，以象日，故曰“为日”。

③为电：电有光，火也有光，故引申“为电”。

④为甲胄，为戈兵：胄，盔甲。兵，兵器。离卦两阳爻在外，一阴爻在内，外刚保卫内柔；甲胄戈兵为刚，人身为柔，以甲胄戈兵保卫人身，正是外刚保卫内柔，故离为“甲胄，为戈兵”。

⑤其于人也，为大腹：离之中爻为阴，上下两爻为阳，中柔而上下刚，以象腹在人身之中部，无骨而柔，故为“大腹”。又坤为腹，乾为大，乾之阳大处于腹中，故曰“大腹”。

⑥为干卦：干，干燥。离为火，为日。火与日能使物干燥，故离“为干卦”。

⑦为鳖，为蟹，为蠃(luó)，为蚌，为龟：蠃，同“螺”，回旋形硬壳软体动物的统称。离是两阳爻在外，一阴爻在内，即外刚保卫内柔。鳖、蟹、蠃、蚌、龟皆是外有硬壳，内有肉身，外刚保卫内柔。故离

为鳖、蟹、蠃、蚌、龟。

⑧其于木也，为科上槁：科，《正义》曰："科，空也。"又曰："阴在内为空，木既空中者，上必枯槁也。"离是两阳爻在外，一阴爻在内，外刚实而内柔虚。木干外刚而内柔，则外实而内空，即木有空心者。空心木之上部枝叶枯槁，故离为"科上槁"。

【译文】

离为火象，为太阳象，为闪电之象，为中女之象，为护身之甲胄之象，为戈矛兵器之象。对于人而言，为大腹之象。为干燥之卦。为鳖象，为蟹象，为螺象，为蚌象，为龟象。对于木而言，为枝干上部枯槁的空心木象。

艮为山①，为径路②，为小石③，为门阙④，为果蓏⑤，为阍寺⑥，为指⑦，为狗，为鼠⑧，为黔喙之属⑨。其于木也，为坚多节⑩。

【注释】

①艮为山：艮之卦象是一阳居上，二阴居下，阳为高大，阴为卑小，一阳高而显，二阴内藏不露，故曰"艮为山"。又《正义》曰："艮为山，取阴在下为止，阳在于上为高，故艮象山也。"

②为径路：艮为阳卦之小，故有"小"义。径路，小路。山上之路皆小路，故艮为径路。

③为小石：石性硬而刚，故《集解》曰："石，土之阳也。"艮为山，艮为阳卦之"小"，故为"小石"。

④为门阙：阙，《说文》："阙，门观也。"门之两旁筑台，其台谓之"阙"，也谓之"观"。艮为山，门阙高崇，似两山对峙，故艮为门阙。

⑤为果蓏（luǒ）：蓏，《释文》引应劭曰："木实曰果。草实曰蓏。"艮为

山，山体外坚实，果蓏之体外形坚实，故艮“为果蓏”。

⑥为阍(hūn)寺：阍，守门人。《集解》引宋衷曰：“阍人主门，寺人主巷，艮为止。”艮，止也。阍人守门，寺人守巷，禁止人妄入门巷，故艮“为阍寺”。

⑦为指：上文曰：“艮为手。”艮为山，山之峰象人手之指，故艮“为指”。

⑧为狗，为鼠：艮卦一阳在上二阴在下，形象洞穴，狗、鼠皆洞中之动物，故曰艮“为狗，为鼠”。又《正义》曰：“为狗，为鼠，取其皆止人家也。”也就是说二者皆家居之物。

⑨为黔(qián)喙(huì)之属：黔，黑色。喙，鸟兽的嘴。《说文》：“喙，口也。”鸟兽皆为黔喙之属。《集解》引马融曰：“黔喙，肉食之兽，谓豺狼之属。黔，黑也。”故艮“为黔喙之属”。

⑩其于木也，为坚多节：上文曰“艮为指”，指多节，以此象木，也为多节之木。阳刚在外，多节之象，如松柏之类。

【译文】

艮为山象，为小路象，为小石象，为高阙之象，为草本植物的果实象，为阍人寺人之象，为手指象，为狗象，为鼠象，为黑嘴之野兽象。对于树木而言，为木质坚硬而多节之象。

兑为泽①，为少女，为巫②，为口舌③，为毁折④，为附决⑤。其于地也，为刚卤⑥。为妾⑦，为羊⑧。

【注释】

①兑为泽：兑卦一阴在上，二阳在下，《集解》引虞翻曰：“坎水半见，故为泽。”又引宋衷曰：“阴在上，令下湿，故为泽也。”

②为巫：巫，指巫师，古称女巫为巫，男巫为觋。《国语·楚语》：“在男曰觋，在女曰巫。”兑为女，为口。女巫恃口取食，故兑“为巫”。

③为口舌：上阴象口，中阳象舌，故“为口舌”。

④为毁折：震为足。震二阴变阳则兑成震毁，故为“毁折”。又兑主秋天之卦，秋风过后能毁折草木，也为“毁折”。于五行则兑为金，震为木，也为“毁折”。

⑤为附决：决，开裂。阴如口开于二阳之上，故为“附决”。

⑥其于地也，为刚卤：卤，咸碱地。陆德明曰：“卤，咸土也。”兑为泽，泽水所停之地，则坚硬而含碱质，故兑为刚卤之地。

⑦为妾：兑为泽，泽之位卑下，兑又为少女，少女在家庭中处卑下之位，故曰“兑为妾”。又泽能悦人，少女如妾，好取悦于上，取悦于夫，故也“为妾”。

⑧为羊：兑形阴爻二分，其形象羊角，故为羊。又兑为西方卦，在中国，畜牧羊群多在西方，也为羊。

【译文】

兑为湖泽之象，为少女象，为巫师之象，为口舌之象，为毁坏摧折之象，为附岸溃决之象。对于地而言，为坚硬的盐碱地。对于人而言，为妾妇之象，对于动物而言，为羊象。

【评析】

以上为《说卦》之第十一章。本章在原来的基本卦象上，进一步演绎出各卦的其他象征物。这些象征性的物象可以帮助我们生动细致地理解世间万物。但是，并不是所有的卦象都能找到合适的对应物，有些演绎可能是后来的卜筮者变化或捏造的事物；有些物象可能是占筮者灵活应变的机智解释。虽然如此，《说卦》在演绎诸卦卦象的过程中，还是深入地运用了联想与比喻的思维方式，因此，从这些比喻中，很多的物象还是能找到对应性的特征。同时，《说卦》的比喻还采用了通感比喻的方式，这为文学中的拟人与拟物开拓了广阔的思路，因而使得中国传统的文学表现手法能够创造出意在言外的奇妙意境。

周易序卦

【题解】

《序卦》分析了六十四卦之所以如此编排顺序的原因，故名之以《序卦》。全文分为两段：前段叙解上经的卦次，后段叙解下经的卦次。因文中所释卦义与《彖传》、《象传》或相同或不相同，所以一般认为《序卦》与《彖传》、《象传》不是同一个作者。孔颖达《正义》认为："文王既系六十四卦，分为上下二篇，其先后之次，其理不见，故孔子就上下二《经》，各序其相次之义，故谓之《序卦》焉。"《序卦》全文以极其简略的概括性语言解释卦名，同时又按照事物发展的规律使各卦之间产生必然的联系，其中包含着中国古代朴素的辩证法思想。《序卦》的作者认为客观事物总是处在不断运动变化之中，但是，在整个发展过程中，有时是相因相成的，有时则表现为相反相成，即有时是向着正面发展，有时是向反面转化。如解释《屯》、《蒙》、《需》、《讼》、《师》、《比》之类是顺着事物发展的轨迹解释；而解释《乾》、《坤》、《坎》、《离》、《泰》、《否》之类则从事物发展的相反方向解释。正如《折中》引蔡清所言："《序卦》之义，有相反者，有相因者。相反者，极而变者也；相因者，其未至于极者也。总不出此二例。"但是，我们应该认识到，《周易》一书是先有六十四卦，后有《序卦》之说，所以并不是所有的顺序都有合理的解释，而且从卦名理解一卦之真义也过于简单化、概念化。因此,我们要想理解《周易》中各卦的真正意思,还是应该先从卦象和卦爻辞入门。

有天地,然后万物生焉。盈天地之间者唯万物,故受之以《屯》。屯者,盈也。屯者,物之始生也[①]。物生必蒙,故受之以《蒙》。蒙者,蒙也,物之稚也[②]。物稚不可不养也,故受之以《需》。需者,饮食之道也[③]。饮食必有讼,故受之以《讼》。讼必有众起[④],故受之以《师》。师者,众也。众必有所比[⑤],故受之以《比》。比者,比也。比必有所畜[⑥],故受之以《小畜》。物畜然后有礼[⑦],故受之以《履》。履者,礼也。履而泰然后安,故受之以《泰》。泰者,通也[⑧]。物不可以终通,故受之以《否》。物不可以终否[⑨],故受之以《同人》。与人同者,物必归焉[⑩],故受之以《大有》。有大者,不可以盈,故受之以《谦》。有大而能谦必豫[⑪],故受之以《豫》。豫必有随[⑫],故受之以《随》。以喜随人者必有事,故受之以《蛊》。蛊者,事也[⑬]。有事而后可大[⑭],故受之以《临》。临者,大也[⑮]。物大然后可观,故受之以《观》。可观而后有所合[⑯],故受之以《噬嗑》。嗑者,合也[⑰]。物不可以苟合而已,故受之以《贲》。贲者,饰也。致饰然后亨则尽矣[⑱],故受之以《剥》。剥者,剥也。物不可以终尽剥,穷上反下[⑲],故受之以《复》。复则不妄矣,故受之以《无妄》[⑳]。有无妄,物然后可畜,故受之以《大畜》。物畜然后可养,故受之以《颐》。颐者,养也。不养则不可动,故受之以《大过》[㉑]。物不可以终过,故受之以《坎》。坎者,陷也[㉒]。陷必有所丽,故受之以《离》[㉓]。离者,丽也。

【注释】

①屯者，物之始生也：《说文》："屯，难也，象草木之初生屯然而难。"屯，刚柔始交，万物初生。事物的"初生"，都是一件艰难的事，故曰"屯"。

②蒙者，蒙也，物之稚也：蒙，《集解》引郑玄曰："蒙，幼小之貌，齐人谓萌为蒙也。"《说文》："稚，幼禾也。"引申之，物之幼小者皆可谓"稚"。草木等在萌芽之时，皆幼小，故蒙为"物之稚"。

③需者，饮食之道也：坎水在乾上，互有离象，有水，有火，故曰"饮食之道"。

④讼必有众起：争讼必然有众人兴起。

⑤众必有所比：比，人之相亲为"比"，《彖传》曰："比，辅也。"谓《比》有比辅相亲之义。

⑥比必有所畜：畜，同"蓄"，积蓄。物"比"而合，故有所蓄积。

⑦物畜然后有礼：礼，指礼制。《荀子·富国》："礼者，贵贱有等，长幼有差，贫富轻重皆有称者也。"所以有财物而后有礼。礼为适当适宜之用，故《韩注》曰："礼所以适用也。故既畜则宜用，有用则须礼也。"

⑧泰者，通也：物能亨通则能泰。

⑨物不可以终否：否，闭塞不通。

⑩与人同者，物必归焉：与人同心同德，则物也能归于己。

⑪有大而能谦必豫：豫，喜悦，快乐。富贵不骄而能谦，则与人、与己都会愉快。

⑫豫必有随：随，随从。王肃注："欢豫，人必有随。"愉快则有人随从。《正义》引郑玄云："喜乐而出，人则随从。孟子曰：'吾君不游，吾何以休？吾君不豫，吾何以助？'此之谓也。"

⑬蛊者，事也：事，有事可为。

⑭有事而后可大：有事可为，才能建功立业。事大则大有可为。

⑮临者，大也：《广雅·释诂》："临，大也。"

⑯可观而后有所合：《韩注》："可观则异方合会也。"物有可观，然后能合。

⑰嗑者，合也：合，《易》之《噬嗑》本是含其食物而合其口之象，而《序卦》则引申至合于人之意。

⑱致饰然后亨则尽矣：贲，文饰，褒美，此处指饰之以文。物加以文饰，应恰到好处，如过分文饰，则失其质朴之美，故曰"致饰然后亨则尽矣"。

⑲穷上反下：穷上，指《剥》一阳将要剥尽。反下，指阳穷于上位后，必返于下位而复升之。

⑳复则不妄矣，故受之以《无妄》：阳复于初，阳实而阴虚，实则不妄，故《复》之后，继之以《无妄》。

㉑颐者，养也。不养则不可动，故受之以《大过》：养，颐养。《韩注》："不养则不可动，养过则厚。"王肃注："过莫大于不养。"不养其身则身病，不养其家则家败，不养其臣则臣叛，夺民之养则民乱。所以人不得其养则不可能有所作为，此可谓大过大失，故《颐》之后继之以《大过》。

㉒坎者，陷也：一阳陷于二阴之中，将遇坎坷，遭险难。

㉓陷必有所丽，故受之以《离》：丽，附丽，依附。人遇坎坷，遭险难，必附丽他人以赖其援，故《坎》之后继之以《离》。

【译文】

有天地，然后万物才开始产生，最初充盈于天地之间的只有万物，所以《周易》在《乾》、《坤》定位后首先继之于象征事物初生状态的《屯》卦。"屯"表示阴阳二气在孕育生命时生气充盈的状态，"屯"又表示事物开始萌生的状态。万物初生时必定会处在蒙昧之中，所以继之以象征蒙昧幼稚的《蒙》卦。"蒙"表示蒙昧，是万物处在幼稚的状态，处在幼稚状态时不能不去养育，所以就继之以象征"饮食之道"的《需》卦。

"需"表示需待饮食的道理。面临饮食问题必有所争讼,所以就继之以象征着"争讼"的《讼》卦。争讼必定有众人兴起,所以就继之以象征"兵众"的《师》卦。"师"表示兵众兴起的意思。兵众兴起必定互相比辅,所以就继之以象征"比辅"的《比》卦。"比"表示比辅的意思。万物相互比辅才能有所蓄积,所以就继之以象征"小有蓄积"的《小畜》卦。"小畜"表示财物稍有蓄积的意思,只有蓄积了财物,才能知道以礼节来约束自己的言行,所以继之以象征"履行礼仪"的《履》卦。"履"表示言行要有礼节之义。人只有行而有礼才能泰然安处,所以就继之以象征"安泰亨通"的《泰》卦。"泰"表示亨通的意思。事物不可能总是处于安泰亨通之中,所以就继之以象征"否闭"的《否》卦。事物不可能长久地处在否闭之中,所以就继之以象征"与人同心同行"的《同人》卦。与人同心同行,则物必定纷纷来归附,所以就继之以象征"大有所得"的《大有》卦。大有所得的人,不可以盈余自满,所以就继之以象征"谦虚"的《谦》卦。大有所得而又能谦虚必定是安乐愉快的,所以就继之以象征"愉快安乐"的《豫》卦。愉快安乐的人必定有人随从,所以就继之以象征"随从"的《随》卦。因为随从别人必定要有事可为,所以就继之以象征"有事可为"的《蛊》卦。"蛊",表示有事可为的意思。能有事可为才能建立大的功业,所以就继之以象征"以盛大面临他人"的《临》卦。"临",表示盛大的意思。事物盛大才有可观之处,所以就继之以象征"观瞻"的《观》卦。物有可观之处才能有所融合,所以就继之以象征"啮合"的《噬嗑》卦。"嗑",表示啮合的意思。事物不可以苟合,所以就继之以象征"文饰"的《贲》卦。"贲",表示文饰的意思。过分文饰就会因失真而穷尽其亨通之义,所以就继之以象征"剥落"之义的《剥》卦。"剥",就是剥落的意思。事物不可以剥落终尽,剥落穷尽于上就会导致回复于下,所以就继之以象征"回复"的《复》卦。能回复正道就不会虚妄,所以就继之以象征"不妄为"的《无妄》卦。能够不虚妄然后就可以蓄积众物,所以就继之以象征"大有蓄积"的《大畜》卦。物大有蓄积才能施之于颐养,所以就继之以象征“颐养”的《颐》卦。“颐”，表示颐养人生的意思。人不能颐养身体，就不能有所行动，所以就继之以象征“大为过越”的《大过》卦。事物不可能始终处于“大有过越”之中，所以就继之以象征“陷险”的《坎》卦。“坎”，就是陷险的意思。人陷入于危难之中，就应该依附于他人而得其援助，所以就继之以象征“附丽”的《离》卦。“离”的意思是将光明与美丽付着于实体之上。

有天地然后有万物，有万物然后有男女，有男女然后有夫妇，有夫妇然后有父子，有父子然后有君臣，有君臣然后有上下，有上下然后礼义有所错。夫妇之道不可以不久也，故受之以《恒》。恒者，久也。物不可以久居其所，故受之以《遁》。遁者，退也①。物不可以终遁，故受之以《大壮》。物不可以终壮，故受之以《晋》。晋者，进也②。进必有所伤，故受之以《明夷》③。夷者，伤也④。伤于外者必反于家，故受之以《家人》。家道穷必乖，故受之以《睽》⑤。睽者，乖也。乖必有难⑥，故受之以《蹇》。蹇者，难也⑦。物不可以终难，故受之以《解》。解者，缓也⑧。缓必有所失，故受之以《损》。损而不已必益⑨，故受之以《益》。益而不已必决⑩，故受之以《夬》。夬者，决也。决必有遇⑪，故受之以《姤》。姤者，遇也⑫。物相遇而后聚，故受之以《萃》。萃者，聚也。聚而上者谓之升，故受之以《升》。升而不已必困，故受之以《困》。困乎上者必反下⑬，故受之以《井》。井道不可不革⑭，故受之以《革》。革物者莫若鼎⑮，故受之以《鼎》。主器者莫若长子⑯，故受之以《震》。震者，动也。物不可以终动，止之，故受之以《艮》。艮者，止也。物不可以终止，故受之以《渐》。

渐者，进也[17]。进必有所归，故受之以《归妹》。得其所归者必大，故受之以《丰》。丰者，大也。穷大者必失其居，故受之以《旅》[18]。旅而无所容，故受之以《巽》。巽者，入也。入而后说之，故受之以《兑》[19]。兑者，说也。说而后散之，故受之以《涣》[20]。涣者，离也[21]。物不可以终离，故受之以《节》。节而信之，故受之以《中孚》[22]。有其信者必行之，故受之以《小过》。有过物者必济，故受之以《既济》[23]。物不可穷也，故受之以《未济》，终焉。

【注释】

①遁者，退也：遁，逃避，逃遁，故曰“退”。

②物不可以终壮，故受之以《晋》。晋者，进也：《晋》卦象火升于地上，故有阳升阳“进”象。《彖传》曰：“晋，进也。”物不可终止于壮，壮则前进，壮于羽者则飞，壮于足则走，故《大壮》之后则继以《晋》。

③进必有所伤，故受之以《明夷》：《晋》为火出地上，继之以《明夷》，明入于地下，意味着明受伤于地下。

④夷者，伤也：《小尔雅·广言》：“夷，伤也。”《明夷》谓象征着光明受损伤，故曰“伤”。

⑤家道穷必乖，故受之以《睽》：《广雅·释言》：“睽，乖也。”此言家道穷落后则易出乖违之事。

⑥乖必有难：人有乖违则易出现危难之事。

⑦蹇者，难也：此释《蹇》之义，《蹇》水漫涣于山上，山路更为难行，故曰“难”。

⑧解者，缓也：困难解除，则事情可以得到缓和。

⑨损而不已必益：损而不已则返于益，此言损极则益生。

⑩益而不已必决：决，决裂。益极则必反而决溃之，如水益则必有其“决”。

⑪决必有遇：《韩注》曰：“以正决邪，必有喜遇。”

⑫姤者，遇也：不期而遇谓之“姤”。

⑬困乎上者必反下：反，同“返”。这里指泽水困穷于上，必返于下而为“巽”，成《井》。

⑭井道不可不革：革，革除旧井之污秽。井用久则井水浊秽、井壁损毁，必须整治旧井。故曰“井道不可不革”。

⑮革物者莫若鼎：鼎煮生物为熟物，改生为熟，故曰“革物者莫若鼎”。

⑯主器者莫若长子：主，主持。长子，《说卦》曰：“震为长子。”鼎为礼器。古代宗法世袭制度，王侯大夫之国与邑原则上由长子继承，故曰“主器者莫若长子”。故《鼎》之后继之以《震》卦。

⑰渐者，进也：《彖传》曰：“渐之进也。”

⑱穷大者必失其居，故受之以《旅》：穷，《说文》：“穷，极也。”大，丰大。此言穷尽其大，则必失其居，故不得不寄身于《旅》。

⑲入而后说之，故受之以《兑》：入，巽为入。说，同“悦”。旅居于外，得所宿舍，为喜悦之事，故《巽》之后继之以《兑》。

⑳说而后散之，故受之以《涣》：旅客于外，得居其所，虽有喜悦，然也不能久居，必离散而去，故《兑》之后继之以《涣》。

㉑涣者，离也：离，离散。风能散物，故曰“离”。

㉒节而信之，故受之以《中孚》：信，诚信。有制度必须以诚信守之，不然则制度也等同于虚设，故《节》之后继之以《中孚》。

㉓有过物者必济，故受之以《既济》：过，指《小过》。物，事。人行事有“小过”。《韩注》曰：“行过乎恭，礼过乎俭，可以矫世厉俗，有所济也。”有过越而能“矫世厉俗”，则事必有成，故《小过》之后继之以《既济》。

【译文】

有了天地然后才有万物，有了万物后才有男人女人，有了男人女人然后才能配成夫妇。有了夫妇繁衍后代才有了父子之序，有了父子之序然后才有了君臣关系。有了君臣关系然后才有了上下之别，有了上下之别然后才有实行礼义的地方。夫妇之间的规矩不可以不长久保持，所以就继之以象征“永恒”的《恒》卦。“恒”的意思是长久。但是事物不可以长久地处于一个处所，所以就继之以象征“逃避归隐”的《遁》卦。“遁”的意思是退避。事物不可以终结于退避，所以就继之以象征“大为强盛”的《大壮》卦。事物不可以终于壮大强盛之中，所以继之以象征“进取”的《晋》卦。“晋”，表示有所进取。有所进取就必然导致有所伤害，所以就继之以象征着“光明殒伤”的《明夷》卦。“夷”的意思是损伤。在外面受到伤害必要返回家中，所以就继之以象征“一家人”的《家人》卦。家道穷困必定是因为有背离差错之事，所以就继之以象征“背离乖违”的《睽》卦。“睽”有乖违背离的意思。乖违背离就必然导致危难，所以就继之以象征“路途艰难”的《蹇》卦。“蹇”的意思是艰难。事物不可以始终处在艰难之中，所以就继之以象征“舒缓和解脱”的《解》卦。“解”就是舒缓解脱的意思。而事物舒缓必定就有所损失，所以就继之以象征“有所减损”的《损》卦。能够不断自我减损反而会受到益处，所以就继之以象征“增益”的《益》卦。增益不止，就必定会溃决，所以就继之以象征“决断”的《夬》卦。“夬”的意思是决断。有所决断则必有所喜遇，所以就继之以象征“不期而遇”的《姤》卦。“姤”的意思是邂逅相遇。物有所相遇然后才能聚集，所以就继之以象征“荟萃聚集”的《萃》卦。“萃”的意思是会聚。物聚在一起就会引起上升，所以就继之以象征“上升”的《升》卦。物上升不停则必然导致困穷，所以就继之以象征“困穷”的《困》卦。困穷于上必然要返归于下，所以就继之以象征“井养无穷”的《井》卦。治理水井的道理是不可以不革除泥污，所以就继之以象征“变革”的《革》卦。革故鼎新没有比“鼎”器更好的东西，所以就继之以象征“鼎立新事物”的《鼎》卦。用鼎器来主持祭祀的人没有比长子更为合适的，所以就继之以象征“长子”的《震》卦。“震”的意思是震动。事物不可以终止于震动之中，应当有所抑止，所以就继之以象征“抑止”的《艮》卦。“艮”的意思是抑止。事物不可以最终还处在抑止中，所以就继之以象征“渐进”的《渐》卦。“渐”的意思是渐进。渐进就必然有所依归，所以就继之以象征“归于夫家”的《归妹》卦。得到了应该归依的人和事就必然丰大，所以就继之以象征“丰大”的《丰》卦。“丰”的意思是丰大。极尽其丰大的人必定要失去安居之处，所以就继之以象征“行旅之事”的《旅》卦。旅行中没有容身之处，所以就继之以象征“恭顺而入”的《巽》卦。“巽”的意思是恭顺而入。能进入到适宜的住所中就会感到愉悦，所以就继之以象征“愉悦”的《兑》卦。“兑”就是愉悦。愉悦以后就会离散而去，所以就继之以象征“涣散”的《涣》卦。“涣”的意思是离散。事物不可以最终处于离散中，所以就继之以象征“节制”的《节》卦。有制度节制，就必须以诚信去坚守，所以就继之以象征“诚信”的《中孚》卦。心中怀有诚信就必然要履行诚信，行动就会有所过越，所以就继之以象征“小有过越”的《小过》卦。有所过越就可能有所成功，所以就继之以象征“事已成功”的《既济》卦。事物的发展不可以穷尽其成功，所以就继之以象征“事未成功”的《未济》卦作为六十四卦的终结。

【评析】

《序卦》的作者从时间概念上推演出六十四卦的连带关系，这种关系似乎与六十四卦反对与旁通的排列方式并不一致，却符合事物发展的逻辑联系。顺着这样的“联系”展开，我们不仅能够找到事物发展的合理性，而且能够找到事物之间相互联系的变通观。说它“合理”，是因为《序卦》排列出的卦将事物存在与发展的合理性安排在一个顺序渐进的时空理念中了；说它“变通”，是因为《序卦》的卦序并不是一味地按照时间的顺序去理解和排列事物发展的规律，而是在空间转换的思维方式里消除了因为时间造成的必然障碍。因而使我们在六十四卦的顺序里,始终没有滞塞不通的感觉,相反,在一气呵成的语气里,诸如《困》、《蹇》、《讼》之类卦象,也没有给我们的思维造成压力和负担,仿佛一切都在变通中融汇为一条奔腾不息的河流。于是,我们在卦爻辞和卦象里理解的变化,在《序卦》里就很自然地转化为合情合理的"变通"。这也许更符合《周易》的思维逻辑,因为"变化"只是以时间观念解释着客观事物,而变通则赋予变化力量和希望。

周易杂卦

【题解】

《正义》曰:"《序卦》依文王上下而次序之,此《杂卦》孔子更以意错杂而对辨其次第,不与《序卦》同。"故韩康伯注曰:"杂卦者,杂糅众卦,错综其义,或以同相类,或以异相明也。"按照《正义》、《韩注》的观点来看,《杂卦》之所以称"杂"是因为孔子在创作它时,没有像《序卦》那样依照文王所创的六十四卦卦序来解说卦义,而是错杂其卦序,以相对、相应两种方法来解释卦义。这种解释或一两个字,或二三句话,言简而意深,有的符合经义,有的则不合经义。重要的是,《杂卦》解释卦义的方法具有朴素的辩证法思想,这为后来解《易》的人,又拓展了一种新的思路。

《乾》刚《坤》柔,《比》乐《师》忧[①];《临》、《观》之义,或与或求[②]。《屯》见而不失其居。《蒙》杂而著[③]。《震》,起也。《艮》,止也。《损》、《益》盛衰之始也[④]。《大畜》,时也[⑤]。《无妄》,灾也[⑥]。《萃》聚而《升》不来也[⑦]。《谦》轻而《豫》怠[⑧]也。《噬嗑》,食也[⑨]。《贲》,无色也[⑩]。《兑》见而《巽》伏也[⑪]。

《随》无故也[12]。《蛊》则饬也[13]。《剥》，烂也[14]。《复》，反也[15]。《晋》，昼也[16]。《明夷》，诛也[17]。《井》通而《困》相遇也[18]。《咸》，速也[19]。《恒》，久也。《涣》，离也。《节》，止也。《解》，缓也。《蹇》，难也。《睽》，外也[20]。《家人》，内也。《否》、《泰》反其类也[21]。《大壮》则止[22]，《遁》则退也。《大有》，众也。《同人》，亲也。《革》，去故也[23]。《鼎》，取新也[24]。《小过》，过也。《中孚》，信也。《丰》，多故也[25]。亲寡《旅》也[26]。《离》上而《坎》下也[27]。《小畜》，寡也。《履》，不处也[28]。《需》，不进也[29]。《讼》，不亲也[30]。《大过》，颠也[31]。《姤》，遇也，柔遇刚也[32]。《渐》，女归待男行也[33]。《颐》，养正也[34]。《既济》，定也[35]。《归妹》，女之终也[36]。《未济》，男之穷也[37]。《夬》，决也，刚决柔也，君子道长，小人道忧也[38]。

【注释】

①《比》乐《师》忧：《韩注》曰："亲比则乐，动众则忧。"《比》之义为臣辅其君，乐得爵禄。师，军旅。"比"和则有其乐，而兴师动众则有忧患，如忧其战败。

②《临》、《观》之义，或与或求：《临》之义为"与"，《观》之义为"求"。与，施予。临，面临。能临民则能施其政，故为"与"。能观其民风，则能知其所求，故为"求"。

③《蒙》杂而著：杂，交错加杂。著，显明。

④《损》、《益》盛衰之始也：《韩注》曰："极损则益，极益则损。"《序卦》曰："损而不已必益。"益则盛。故《损》为盛之始。《序卦》又曰："益而不已必决。"决则衰。故《益》为衰之始。

⑤《大畜》，时也：畜，同"蓄"，积蓄。《大畜》卦义为积蓄。《韩注》曰："因时而畜，故能大也。"

⑥《无妄》，灾也：妄，虚妄。在《无妄》之世，有“妄”则有“凶”。

⑦《萃》聚而《升》不来也：聚，《萃》之《彖传》曰：“萃，聚也。”不来，上升而不返回。

⑧《谦》轻而《豫》怠：轻，此处指轻视自己而重视别人。怠，怠慢偷安。

⑨《噬嗑》，食也：《噬嗑》之《彖传》曰：“颐中有物曰噬嗑。”《噬嗑》是以齿嚼食物而合其口，故曰“《噬嗑》，食也”。

⑩《贲》，无色也：贲，文饰。质本无“色”，贲饰应以无色为贵，故曰“无色”。

⑪《兑》见而《巽》伏：见，显现。《说卦》曰：“兑，说（悦）也。”兑卦贵在能显示其喜悦之情，故曰“兑见”。巽，为一阴隐伏于二阳之下，故贵其能隐伏。

⑫《随》无故：随以合于时为宜，不应拘系于故旧成见。

⑬《蛊》则饬：饬，整治。蛊有事，有事则需整治其事。所以《蛊》表现的卦义是国家有乱事则予以治理的道理。

⑭《剥》，烂也：剥，剥落。烂，腐烂。腐烂者必剥落。此言《剥》之义为腐烂。

⑮《复》，反也：《复》卦之义为返，即复返于善道。《系辞下》曰：“复，德之本也。”又曰：“复，小而辨于物。”返归善道，则不腐烂剥落，此处《剥》、《复》相对而有劝诫之义。

⑯《晋》，昼也：晋，《彖传》曰：“晋，进也。明出地上。”《晋》之上卦为离，下卦为坤，离为日，坤为地，卦象是日出地上，故曰“《晋》，昼也”。

⑰《明夷》，诛也：夷，诛杀。《明夷》之《彖传》曰：“明入地中，明夷。”《明夷》之上卦为坤，下卦为离，坤为地，离为日，其卦象象征着日入地中。以此比喻人事，则为贤人受罚而被囚禁于暗室，故曰“《明夷》，诛也”。

⑱《井》通而《困》相遇:《井》之《象传》曰:“木上有水,井。”井之下卦为巽,上卦为坎,巽为木,坎为水,则井之卦象是木上有水,即以木瓶汲水而出。井水通于地上,人得其利,故曰“井通”。《困》之《象传》曰:“泽无水,困。”困之上卦为兑,下卦为坎,兑为泽,坎为水,则《困》之卦象是泽水渗入坎中,象征着泽水与坎水相遇,故曰“《困》,相遇也”。如《韩注》言:“困,安于所遇而不滥也。”

⑲《咸》,速也:速,迅速。《咸》之《象传》曰:“咸,感也。天地感而万物化生,圣人感人心而天下和平。”此可谓感应甚速,故曰“《咸》,速也”。

⑳《睽》,外也:《序卦》曰:“睽者,乖也。”《广雅·释诂》:“乖,离也。”此言人情相疏乖违则离家外出,故曰“《睽》,外也”。

㉑《否》、《泰》反其类也:否,闭塞。泰,通达。二者为相反之事类。

㉒《大壮》则止:物壮则老,老则止,此言事物至于“大壮”,则其壮终止,将进入衰老。

㉓《革》,去故也:革,就是革除旧物陋习。

㉔《鼎》,取新也:鼎,是煮生成熟之器,宜得其新食,故曰“取新”。

㉕《丰》,多故也:故,故旧。《丰》之《象传》曰:“丰,大也。”此言丰家大业,则势力也大,则故旧之人多来亲近攀附,故曰“《丰》,多故也”。又《正义》释“故”犹“事”,意谓业大则事也大,家业丰大则忧其失,于理也通。

㉖亲寡《旅》:承上句“多故”则“亲寡”与之相对成文。旅,出门在外。人在外旅行,则少亲而寡友,故曰“亲寡《旅》”。

㉗《离》上而《坎》下:离为火,火动向上。坎为水,水动向下。

㉘《履》,不处也:处,居住,停留。履地而行,非静居不动,故曰“不处”。

㉙《需》,不进也:需,等待。《需》之《象传》曰:“需,须也。”须,即等待之义,“等待”就是“不进”。

㉚《讼》，不亲也：讼，相争则有讼，故曰“不亲”。

㉛《大过》，颠也：颠，《集解》引虞翻曰：“颠，殒也。”殒，殒灭，覆亡。《大过》之上卦为兑，下卦为巽，兑为泽，巽为木，木，即木舟，则《大过》之卦象是舟覆而沉于泽底，则舟中之人亡。故曰“《大过》，颠也”。

㉜《姤》，遇也，柔遇刚也：《姤》之《彖传》曰：“姤，遇也，柔遇刚也。”《姤》之初爻为阴，为柔，上五爻皆为阳，为刚。是柔一出而遇五刚，故曰“柔遇刚”。

㉝《渐》，女归待男行也：归，女子出嫁。《渐》卦辞曰：“女归吉。”《渐》之上卦为巽，下卦为艮，巽为长女，艮为少男，则《渐》之卦象是以男下女，即女子出嫁，待男亲迎而行。

㉞《颐》，养正也：《颐》卦辞曰：“贞吉。”《彖传》曰：“颐，贞吉，养正则吉也。”《序卦》曰：“颐者，养也。”由此可知，《颐》之义为养，而“养正”强调所养者应守持正道。

㉟《既济》，定也：济，成功。《既济》即谓事既成，故曰“定也”。

㊱《归妹》，女之终也：妹，少女之称。少女得嫁夫家，则得其终身归宿，故曰“女之终”。

㊲《未济》，男之穷也：穷，困穷。《未济》谓事未成，即男子志未达，行未通，业未立，功未成，故曰“男之穷”。

㊳《夬》，决也，刚决柔也。君子道长，小人道忧也：刚，喻指君子。柔，喻指小人。则《夬》乃君子道长，小人道消之象。

【译文】

《乾》象征阳刚而《坤》象征阴柔，《比》象征娱乐而《师》象征忧虑；《临》、《观》两卦的意义，或有所施予或有所求。《屯》象征生物出现于大地之上而各居其所。《蒙》交杂万物萌芽的状态而昭明显著。《震》奋发振起。《艮》象征着静止。《损》、《益》象征着盛衰的开始。《大畜》因时蓄积。《无妄》要防备意想不到的灾祸。《萃》处在会聚之时，《升》上升之后就不回返。《谦》轻己而重人而《豫》娱愉懈怠。《噬嗑》象征着嚼食物。《贲》饰应以无色为贵。《兑》愉悦外显而《巽》顺从内伏。《随》不应拘系于故旧成见。《蛊》则有事要整饬。《剥》腐烂剥落。《复》返于正道。《晋》象征着白昼的太阳在上升。《明夷》则象征着光明受到损伤。《井》卦象征着水通于上而《困》象征着泽水与坎水相遇。《咸》感应迅速。《恒》象征着恒心长久。《涣》象征离散。《节》节制而有止。《解》象征着缓解。《蹇》象征着艰难。《睽》象征着乖离在外。《家人》象征着亲和于内。《否》、《泰》两卦是相反的事类。《大壮》则有所止,《遁》则有所退避。《大有》象征着所得众多。《同人》象征着相亲相和。《革》象征着除去陈旧。《鼎》象征着取得新食。《小过》象征小有过越。《中孚》象征着诚信。《丰》因家业丰大而多故旧之亲。亲朋寡少于《旅》途之中。《离》火势炎上而《坎》水向下流动。《小畜》所积甚少。《履》践行而不安处于一地。《需》象征着等待而不躁进。《讼》象征着纷争而不亲。《大过》象征着舟船倾覆于泽水中。《姤》象征着不期而遇,因为是阴柔遇合阳刚。《渐》象征着女子出嫁要等待男子礼毕才能成行。《颐》培养正直之德。《既济》象征着事情已成。《归妹》是女子的归宿。《未济》象征着男子困穷于事业。《夬》象征着处事决断,以阳刚决断阴柔,这说明君子之道在生长,小人之道正在消逝。

【评析】

《杂卦》的创作特征主要集中在“杂”的表现方法上,这种方法不是内容上的“杂”,而是在形式方面的“杂”。作者通过六十四卦本身固有“错”与“综”的对应关系,将六十四卦或以反对的形式,或以旁通的形式组成两两相对的、相反相成的分组形式,然后以精审、简洁的辞句高度概括了各卦的主要特征。这里的“错”,揭示着卦象中的旁通关系,如《师》(䷆)旁通于《同人》(䷌)。“综”,揭示着卦象中的反对关系,如《谦》(䷎)反对于《豫》(䷏)。这样做的好处,一是揭示了卦象中的对立统一与普遍联系的特征,二是通过卦象上的对应特征,使其揭示的意义在对比中更加明确。

《杂卦》在创作思路上，实际上是《说卦》的延续。《说卦》是通过八经卦来说明卦象的，而《杂卦》则是通过六十四卦来揭示其主要特征的。在逻辑思维的形式上，《说卦》主要运用演绎方法来扩展八卦在象征物上的外延，而《杂卦》则更多运用归纳的方法来概括六十四卦的本质属性和行为特征。在具体分析卦象及其卦爻辞的过程中，将《说卦》与《杂卦》联系起来看，实际上，也就等于我们在认知思维的形式上将两种逻辑方法贯通了起来，这极有益于我们更加全面而深刻地理解六十四卦的变化形式及其丰富博大的思想内容。

中华经典名著
全本全注全译丛书
（已出书目）

周易
尚书
诗经
周礼
仪礼
礼记
左传
韩诗外传
春秋公羊传
春秋穀梁传
孝经·忠经
论语·大学·中庸
尔雅
孟子
春秋繁露
说文解字
释名
国语
晏子春秋
穆天子传
战国策
史记
吴越春秋
越绝书
华阳国志
水经注
洛阳伽蓝记
大唐西域记
史通
贞观政要
营造法式
东京梦华录
唐才子传
大明律
廉吏传
徐霞客游记

读通鉴论
宋论
文史通义
老子
道德经
帛书老子
鹖冠子
黄帝四经·关尹子·尸子
孙子兵法
墨子
管子
孔子家语
曾子·子思子·孔丛子
吴子·司马法
商君书
慎子·太白阴经
列子
鬼谷子
庄子
公孙龙子（外三种）
荀子
六韬
吕氏春秋
韩非子
山海经
黄帝内经
素书
新书
淮南子
九章算术（附海岛算经）
新序
说苑
列仙传
盐铁论
法言
方言
白虎通义
论衡
潜夫论
政论·昌言
风俗通义
申鉴·中论
太平经
伤寒论
周易参同契
人物志
博物志
抱朴子内篇
抱朴子外篇
西京杂记
神仙传
搜神记

拾遗记
世说新语
弘明集
齐民要术
刘子
颜氏家训
中说
群书治要
帝范·臣轨·庭训格言
坛经
大慈恩寺三藏法师传
长短经
蒙求·童蒙须知
茶经·续茶经
玄怪录·续玄怪录
酉阳杂俎
历代名画记
唐摭言
化书·无能子
梦溪笔谈
东坡志林
唐语林
北山酒经(外二种)
折狱龟鉴
容斋随笔
近思录
洗冤集录
传习录
焚书
菜根谭
增广贤文
呻吟语
了凡四训
龙文鞭影
长物志
智囊全集
天工开物
溪山琴况·琴声十六法
温疫论
明夷待访录·破邪论
陶庵梦忆
西湖梦寻
虞初新志
幼学琼林
笠翁对韵
声律启蒙
老老恒言
随园食单
阅微草堂笔记
格言联璧
曾国藩家书
曾国藩家训

劝学篇

楚辞

文心雕龙

文选

玉台新咏

二十四诗品·续诗品

词品

闲情偶寄

古文观止

聊斋志异

唐宋八大家文钞

浮生六记

三字经·百家姓·千字文·弟子规·千家诗

经史百家杂钞